탐라문화총서 23

이용옥 심방 〈본풀이〉

제주대학교 한국학협동과정 편

보고사

머리말

제주는 1만 8천 신이 산다는 신들의 고향이다. 신들의 내력을 담은 신화가 많이 남겨져 있어서 신화의 수도라고 할 만하다. 그리스·로마 신화가 기록된 것으로 최고라면 제주의 신화는 구비전승 되는 것으로 최고라 할 만하다. 기록된 신화는 책 속에 죽어 있는 신화다. 제주의 신화는 말과 노래 속에 살아 있다. 무당의 노래 속에 신들의 내력을 담은 이야기가 살아 있다. 그래서 신화라 하기보다는 '서사무가(敍事巫歌)'라 해야 하고, 신들의 근본(根本)을 풀어내는 것이니 '무가 본풀이'라고 불러야 옳다. 무당(제주에서는 심방)과 단골들이 함께 공유하는 것이어서 그냥 '본풀이'라고 해도 좋다.

인류의 역사가 근대를 맞으면서 종교와 신화와 미신을 극복했다고 한다. 합리적이고 논리적인 사고를 갖고 과학적 명징성 속에서 우리의 일상이 꾸려지고 있다. 초월적이고 비현실적인 것들을 청산하고 현실적 사유방식으로 무장하고 살아간다. 꿈 혹은 이상 속에서 무언가를 갖는 것은 중세의 방식이고, 현실에서 무언가를 소유해야 진정 갖는 것이라고 믿고 산다. 이상도 현실화시켜야 만족한다. 너무 많은 것을 꿈꾸고, 현실 속에서 너무 많은 것을 소유하기 위해 우리는 몸부림친다. 자본이 이념과 주의(主義)가 되는 이상한 세상이다.

왜 현실 속에서 가져야만 진정 갖는 것인가. 꿈으로 간직하고 동경(憧憬)으로 만족하는 세상은 어떤가. 현실 속에서만 부비고 사는 세상은 너무 좁다. 현실과 초현실을 넘나드는 자유분방함을 잃고 사는 세상은 너무 가볍다. 신을 죽여 버리고 인간은 신이 지녔던 거대한 힘과 지혜를 갖고자 했다. 그러나 그 힘을 감당하지 못하고 파탄의 경계선에 와 있다. 인간이 인간을 핍박하고 있다. 인간은 과학적 규명의 대상이 되었고, 풀과 개처럼 하나의 생명체로 존재한다. 그렇다고 곁에 있는 생명체들을 인간처럼 고귀하다고 여기지도 않는다. 인간 스스로가 인간의 존엄성을 버린 마당에, 곁의 생명체야 인간을 위한 하나의 도구에 불과하게 되었고, 어디에 영혼의 신비가 남아 있더란 말이냐.

신이 살아 있던 시대에 인간은 인간에게서 신의 존엄성을 발견했었다. 신을 모시는 그 경건함으로 인간을 경배하였던 적이 있다. 삶의 도처에 신이 존재한다고 여기고 경건하게 살았던 적이 있다. 나무에도 풀에도 신이 있고, 집에도 대문에도 장독대에도 부엌에도 신이 있다고 여기며 살았다. 그런 과거형으로 끝나고 마는 것이 우리 현대인의 삶이다. 그런데 제주에는 아직 그 신들이 정낭에도 부엌에도 심지어 화장실에도 살아 있고, 그런 신들의 이야기가 남아 있어, "그랬었다"의 과거형에 그치지 않고 "지금도 그렇다"의 현재진행형이다. 그래서 제주의 삶은 경건하다. 현대의 과학으로는 만날 수 없는 존엄성과 엄숙성이 '지금, 여기'에 있다. 현대의 과학과는 다른 야생의 과학과 철학이 신들의 이야기 – 본풀이 속에 살아 숨쉬고 있다.

제주라고 근대화의 물결을 피할 수는 없다. 그래서 전통문화도 사라지고 있고 오래 지녀왔던 신앙체계도 죽어가고 있다. 본향당의 굿도 예외는 아니다. 굿 속에 남겨진 본풀이도 자꾸만 사라져 간다. 굿을 주재하던 심방과 그 신앙민인 단골들도 사라지고 있다. 하루 빨리 이 본풀이를 기록하지 않으면 인류의 귀중한 자산을 잃어버리게 될 지도 모른다는 절박함에서 본풀이 채록에 나서게 되었다. 말과 노래로 살아 있어야 하는데, 기력이 떨어져 숨을 거두려고 하니 서둘러 기록에 나서야 한다는 사명감에서 이 작업이 시작되었다.

제주에는 아직도 권능을 지닌 큰심방들이 여럿 있다. 큰심방의 노래는 여러 경로로 채록된 바 있다. 그러나 권능 있는 젊은 심방의 노래는 아직 채록되지 못하고 있던 차에 우리는 이용옥 심방을 만나는 행운을 얻었다. 이용옥 심방의 외가 쪽으로 뛰어난 심방이 있는데, 모친 김명월, 외삼촌 김만보, 수양어머니 고군찬 심방 등의 원력을 모두 배워 탁월한 본풀이를 구연할 수 있었다. 칠머리당 영등굿의 기능보유자인 김윤수 큰심방의 그늘이 너무 커 그동안 잘 나타나지 않았을 뿐이었다. 본풀이와 큰굿 제차를 넉넉히 해내는 차세대 굿판의 큰심방을 모실 수 있는 행운을 얻고, 일반신본풀이 열셋과 조상신본풀이 몇 편을 채록하여 이 책에 싣는다.

닷새 동안 한국학협동과정 대학원생과 함께 수고를 아끼지 않은 이용옥 심방께 다시금 감사의 인사를 올린다. 그리고 본풀이의 매력에 빠져 본풀이 채록에 심혈을 기울인 제주대학교 한국학협동과정 대학원생에게도 격려의 말을 전한다. 특히 대학원생의 채록 자료를 꼼꼼히 읽고 가다듬어 주석을 붙인 강소전 선생의 공이 이 책에 녹아 있다. 마지막으로 출판에 선뜻 응해준 <보고사>의 김홍국 사장에게도 감사의 말씀을 올린다.

2008년 세모에

허 남 춘

제주대학교 국어국문학과 교수

탐라문화연구소장

차례

일반신본풀이

조상신본풀이

〈일러두기〉

1. 이 본풀이 자료집은 실제 굿에서 연행된 본풀이를 대상으로 한 것이 아니다. 본풀이 채록을 위하여 인위적인 상황을 만들고, 이용옥 심방이 5일 동안 본풀이만을 연속적으로 구연하였다. 이렇게 해서 얻어진 결과물을 전사하였다.

2. 자료집에 실린 본풀이는 심방이 구연한 순서에 따랐다. 심방은 큰굿에서 행해지는 순서에 따라서 구연하였다.

3. 전사는 가능한 한 제주어표기법의 원칙을 따랐다. 그러나 경우에 따라서는 심방의 발음을 최대한 반영해 해당 심방의 특성을 드러내고자 하였다.

4. 본풀이를 하는데 수반되는 심방의 동작, 무복(巫服), 무구(巫具)의 사용, 연물 연주, 말과 소리 등의 창조의 변화 등은 [ ]를 이용해 모두 나타내었다.

5. 심방이 본풀이에 대하여 설명하는 대목이 있을 경우, 그 내용을 요약 정리해 가장 처음에 제시하였다.

6. 본풀이 내의 세부 제차(祭次)를 구분하여 표시하였다.

7. 심방이 치는 장구 장단을 기준으로 삼아 행을 나누었다.

8. 한문 표기는 ( )를 사용하였다.

9. 본풀이의 말과 소리, 대화를 구분하는데 쓰인 기호는 아래와 같다.
   - – : 한 음으로 길게 끌어 늘인다.
   - ~ : 가락이 있는 음조로 길게 끌어 늘인다.
   - “ ” : 본풀이 내용 중 대화로 이루어진 부분을 나타낸다.

10. 심방이 구연하는 본풀이 내용 중, 채록에 참가한 이들의 인명(人名)과 같은 개인정보는 감추었다.

이용옥 심방 〈본풀이〉 개요

허남춘
-제주대 국어국문학과 교수
-탐라문화연구소장

1. 제주도 〈본풀이〉의 가치와 중요성

기록 신화로서 그리스·로마의 신화가 중심이라면, 구비 신화로서는 제주가 세계의 중심이다. 제주에서 전승되는 '본풀이'는 구비 신화이다. 그만큼 제주에는 다양하고 풍부한 본풀이가 구전되고 있고, 이는 우리나라의 자랑이다. 언어에는 말과 글이 있다. 이제까지 세계 학자들은 기록문화만을 놓고 문화의 우열을 논했고, 기록을 토대로 역사의 실증을 논했다.

그러나 20세기부터 그런 편중된 사고는 청산되었다. 기록보다 오히려 구전이 과거의 삶과 문화를 온전하게 전하는 증거물로 삼게 되었다. 글로 된 것도 중요하지만, 말로 된 것이 더욱 중요한 실증자료로 부각되었다. 20세기까지는 유럽 중심의 세계관이 세계를 지배했다. 그러나 유럽의 제국주의가 청산되고, 제3세계 즉 아시아와 아프리카의 역사와 문화를 소중하게 여기게 되었고, 제3세계의 구전 자료와 비기록적 표징 속에서 인류의 유산을 찾는 작업이 중시되고 있다. 아시아와 아프리카의 구전자료들이 단편적인 전승을 보여주는 데 반해, 제주에는 무당들의 노랫가락 속에 풍부한 본풀이가 전승되고 있고, 이 본풀이 속에는 오래된 인류의 기억들이 온전하게 남겨져 있어 우리의 자랑이 된다. 이를 토대로 인류문화의 흔적을 재구할 수 있게 되니, 제주는 신화의 수도(首都)라고 할 수 있을 것이다.

한국신화는 건국신화 위주여서 세계 신화와 견주어 볼 때 빈약하다고 하겠다. 『삼국유사』, 『삼국사기』의 기록을 토대로 단군신화, 고주몽(고구려)신화, 박혁거세(신라)신화, 김수로(가락국)신화가 신화 반열에서 논의될 뿐 창세신화, 인류창조신화, 만물창조신화, 인간 운명을 관장하는 신에 대한 신화가 미미하다고 평가된다. 결국 3국의 건국시기인 BC.1C～AD.1C 고대국가의 출현이나, 단군조선의 건국시기인 BC.10C～BC.7C(BC.23C는 무시됨) 역사를 언급하는 수준이다. 5000년의 오랜 역사에 비추어 민족의 기원과 활약에 대한 정보는 보잘 것 없는 수준이고, 5000년 역사의 앞부분에 대한 현실적 접근과 규명이 어려운 상황이다. 그러다 보니 중국의 기록에 의해 우리의 역사와 문화가 침해당하고 종속되기도 한다. 기록이 부족하면 구비전승에서 보완하면 된다. 역사를 보완하는 신사고가 바로 구비(口碑)에 대한 관심에서 비롯된다. 제주에는 육지와 주변 국가가 지니지 못한 구비전승이 매우 풍부하다. 3만 년에서 만 년 사이의 중석기 시대의 사유와 이후 신석기 시대의 사유가 신화 속에 남아 있다. 말로 전하는 제주 서사무가를 주목해야 하는 이유가 여기 있다.

제주의 본풀이 속에 장구한 한민족의 삶과 역사가 담겨 있고, 고대사를 유추할 수 있는 근거 구술들이 가득하다. 창세와 운명, 만물창조의 화소도 풍부하고, 공동체문화를 담보한 당신본풀이, 동일 직업집단(혹은 조상 집단)의 조상본풀이가 있어 우주와 개인을 잇는 다양한 신화체계가 존재한다. 이를 활용하여 한국신화의 다양하고 풍부함을 주장할 수 있고, 한국 고대 사유체계에 대한 탐구를 깊이 있게 할 수 있다.

서사무가의 전승이 한반도 지역과 달리 제주에서 왕성한 이유는 무엇인가. 우리는 우선 제주에 무속이 풍부하게 남아 있다는 조건을 해답으로 들 수 있을 것이다. 그렇다면 육지와 달리 무속이 계속 남아 있게 된 이유는 무엇일까.

고대에서 중세로의 시대적 전환 속에서 정치적 중심부와 정치적 입김이 미치는 지역은 불교·유교란 중세 보편주의 문화의 영향을 입게 된 데 반해, 제주는 섬이라는 지정학적 특성 때문에 그 영향력이 미약하였다고 볼 수 있다. 제주는 부족공동체의 고유성을 강하게 지키며 당신본풀이를 유지할 수 있었고, 중세사회로의 전환 속에서도 고대 자기중심주의의 전통을 오랜 동안 유지할 수 있었다. 그리고 서서히 중세적 요소를 받아들이며 성장했다. 제주가 중세 국가의 직접적 통치를 받게 된 것은 고려 후반 혹은 조선 전반이기 때문에 상대적으로 중세이념의 강요와 침투가 미약했고, 이런 까닭에 무속이 배척당하기보다는 무속 안에 유교와 불교를 포용하는 변화가 일어났다고 할 수 있다.

제주의 서사무가 속에는 오래된 과학의 기억이 담겨 있기도 하다. 천지왕본풀이에서 해와 달이 두 개인데 이를 조절하였다는 것은 자연현상의 기억이다. 해가 둘이어서 인간들이 더워 살 수 없었다는 것은 지구가 경험한 혹서기를 의미하고, 달이 두 개여서 인간들이 추워 살 수 없었다는 것은 혹한기의 기억이라 하겠다. 오래 전 인간들이 경험한 자연현상을 신화는 인문현상으로 그리고 있는데, 인간들이 지혜로 그 자연조건을 해결한 과학의 측면이 상징적으로 담겨 있다.

이러한 제주 본풀이에 담긴 역사와 민속, 과학과 철학을 탐구함으로써 제주문화가 지닌 특성을 밝히고 더 나아가 그 사유의 원천을 이해함으로써 현대인이 가져야 할 가치와 덕목을 일깨울 수 있다고 생각한다. 특히 국가주의에 의해 지역의 문화와 정체성이 심각하게 훼손되고 획일화된 현실에서, 지역학의 중요성과 지역문화의 정체성을 재정립하기 위해서는 제주의 삶과 사유와 지향이 담긴 제주 서사무가에 대한 고찰은 더없이 중요하다.

2. 이용옥 심방의 〈본풀이〉 개요

[천지왕 본풀이]

– 내용

태초에 세상은 암흑과 혼돈의 상태였는데, 하늘의 천지왕이 지상에 내려와 총명부인과 결합한다. 이 과정에서 수멩이 제인장제의 악한 행동을 벌한다. 천지왕은 총명부인과 결연한 후에 증표만 남기고 다시 하늘로 돌아간다. 얼마 후 대별왕과 소별왕이 탄생한다. 대별왕과 소별왕은 수수께끼와 꽃 피우기 내기를 통해 저승과 이승을 차지하는 경쟁을 하는데, 부정한 방법으로 이긴 소별왕이 이승을 차지하고 대별왕은 저승을 차지하게 된다. 하지만 소별왕은 세상을 속여 이승을 차지했기 때문에 역적과 살인과 도둑이 판치는 혼란스러운 인간세상이 되었고, 이에 반해 대별왕이 차지한 저승은 맑고 공정한 법이 적용되었다. 한편 하늘에는 해도 둘이 뜨고 달도 둘이 떠서, 낮에는 더워서 죽을 지경이고 밤에는 추워서 죽을 지경이었다. 그리고 사람과 귀신이 뒤섞여 있었고, 초목과 새와 짐승이 말을 하여 혼란스러웠다. 대별왕이 해 하나와 달 하나를 없애 지금처럼 해와 달이 하나가 되고 살기가 편해졌다. 또한 초목과 새와 짐승이 말을 못하도록 만들어 자연의 질서를 잡게 되었다.

- 천지개벽

하늘과 땅이 갈라지고 산과 물이 생겨났으며, 하늘에서 내린 물과 땅에서 솟은 물이 합수하여 세상만물이 만들어졌다고 한다. 이 물은 생명수이고, 정액이다. 음양의 태초 원리가 작동하고 있고, 그때 천지가 개벽한다. 닭의 울음으로 태초의 어둠과 혼돈이 사라졌다. 우리들의 아침은 닭의 울음소리로 시작되듯이, 태초의 아침도 천황닭의 울음소리로 밝아온다. 만물 중에 별이 제일 먼저 만들어졌다고 하니, 우주의 형성과정에 대한 선조들의 과학 지식이 놀랍다. 그 후 인간이 탄생한 이야기도 있을 법한데, 사라지고 말았다. 다른 이야기에서는 하늘에서 금벌레 은벌레가 떨어져 금벌레는 남자가 되고, 은벌레는 여자가 되어 결합하였다고 한다.

- 천지왕과 총명부인의 결합

하늘과 땅이 아득하게 멀어졌지만, 하늘에서 내려온 천지왕과 땅의 총명부인은 결합하여 두 아들을 낳는다. 두 아들은 아버지가 준 박씨를 심어 넝쿨을 타고 하늘나라로 올라가게 되는데, 이 넝쿨은 하늘과 땅을 연결하는 통로역할을 한다. 옛날에는 하늘과 땅의 통로가 있었다. 후에 사악해진 인간 때문에 이 통로는 사라지고 만다. 하늘의 뜻을 모르고 사니 하늘의 재앙이 임박한 것도 모르는 것은 당연하다. 박씨 넝쿨을 타고 하늘로 올라간 이야기는 서양 동화 '재크와 콩나무'에서 익히 들어왔다. 우리 것은 모르고 서양 것은 잘 아는 우리의 천박함을 반성해야 한다.

– 이승과 저승 차지 경쟁

대별왕과 소별왕은 인간세상을 차지하기 위해 내기를 한다. 수수께끼 내기는 지혜를 겨루는 과정일테고 지혜 있는 자가 인간세상을 다스려야 함을 일깨운다. 꽃피우기 경쟁은 생산력을 가늠하는 과정이다. 옛사람들은 생산과 풍요가 통치의 근본이라고 알고 있다. 그런데 이 경쟁에서 트릭을 쓴 소별왕이 이겼다. 그래서 세상은 역적과 살인과 도둑과 간음이 판치게 되었다고 한다.

– 해와 달의 조절

태초에는 해와 달이 둘 떠 있어서, 낮에는 더워서 죽을 지경이고, 밤에는 추워서 죽을 지경이었다고 한다. 그 더위는 인간이 경험한 혹서기의 기억이고, 추위는 인간이 경험한 혹한기의 경험이다. 지구가 한 때 무진장 더웠던 적이 있었다고 한다. 또 지구는 4~5회의 빙하기를 지내왔는데, 현생인류의 시조들은 뇌의 혁명, 지혜를 축적하여 그 추위를 무사히 견뎠다. 신화는 이렇게 지구의 경험을 고스란히 담고 있다. 초목과 새와 짐승이 말을 못하게 되었다는 것은 인간 중심의 사회가 만들어진 상황을 뜻하는 것은 아닐까. 대별왕이 지배하는 세상은 신명(神明)세상이고, 소별왕이 지배하는 세상은 문명(文明)세상이라 말할 수 있다.

[명진국할마님본풀이] [마누라본풀이] [동이용궁할망본풀이]

- 내용

명진국할마님본풀이와 마누라본풀이, 동이용궁할망본풀이는 내용상 서로 밀접한 관련을 가지는 본풀이다. 생불을 주는 명진국할마님을 중심으로 마누라신과 동이용궁할망의 관계가 다채롭게 펼쳐진다. 명진국할마님은 자신의 자손들에게 가혹하게 마마를 주는 마누라신을 혼쭐낸다. 한편 명진국할마님은 동이용궁할망과의 경쟁을 통해 생불할망으로서의 자신의 지위를 돈독히 하고, 반면에 경쟁에서 패배한 동이용궁할망은 구천왕으로 들어서 아이들을 저승 서천꽃밭으로 데리고 가는 존재가 된다.

이용옥 심방은 이 세 가지 본풀이를 정확히 구분하여 본을 풀고 있다. 각각의 본풀이는 저마다 구연되는 목적을 달리 가지고 있다. 명진국할마님본풀이는 자손의 포태와 해산, 15세까지의 양육을 기원하기 위한 목적으로 구연된다. 마누라본풀이는 마마인 홍역을 무사히 넘기고 고운 얼굴과 신체로 자라기를 바라는 목적으로 불려진다. 동이용궁할망본풀이는 어린 아이들이 태어나고 성장하는 과정에서 무탈하기를 기원하기 위해, 동이용궁할망에게 인정을 바치며 범접하지 않기를 바라기 위해 구연한다. 세 본풀이의 내용을 아래에 간단히 살펴보자.

명진국할마님은 명전대왕 따님아기로 하늘의 옥황상제로부터 인간세상에 자손을 점지해 주는 생불할망으로 들어서라는 임무를 부여받게 된다. 명진국할마님은 인간 세상에 내려서 모든 이들에게 포태를 주고 무사히 해산을 시키며 15세까지 잘 자라날 수 있도록 보살펴준다. 말하자면 출산과 양육에 관련된 여러 가지 법을 마련하는 존재이다. 그러니 인간들은 명진국할마님에게 간절한 기원을 드리며 자손들의 무탈한 성장을 도모하게 된다.

마누라신의 이름은 홍진국 대별상이다. 홍진국은 명진국할마님이 포태를 준 자손들에게 가혹하게 마마를 치르게 해서, 궂은 얼굴을 만들어 놓는다. 그러자 명진국할마님이 홍진국에게 엎드리며 마마를 잘 넘길 수 있도록 해달라고 부탁을 했는데, 홍진국은 이에 아랑곳하지 않고 오만한 태도를 보인다. 격분한 명진국할마님은 홍진국의 며느리에게 포태를 주고 해산을 시키지 않음으로써 앙갚음을 한다. 며느리가 죽을 사정이 되자 다급해진 홍진국은 명진국할마님에게 가서 잘못 하였다고 깊은 사죄를 하였고, 명진국할마님은 아이들의 마마를 잘 넘길 수 있도록 하겠다는 홍진국의 다짐을 받고난 뒤에야 홍진국 며느리의 해산을 시켜준다. 인간들은 마누라베송으로 홍진국 대별상에게 인정을 걸어 축원한다.

한편 동이용궁할망은 동해용궁의 셋째딸아기로 태어났는데, 그 행실이 나빠서 부모에 의해 무쇠함에 담겨져 용궁에서 쫓겨나게 된다. 바다를 떠다니던 동이용궁할망은 결국 임박사를 만나게 되고, 임박사의 부탁에 따라 임박사의 부인에게 포태를 준다. 하지만 해산을 시키지는 못해 임박사의 부인이 죽을 사정이 되자, 임박사는 하늘 옥황상제에게 이를 해결해달라고 애원한다. 그러자 옥황상제는 명진국할마님에게 해산을 시키도록 하였고, 명진국할마님은 인간 세상에 내려서서 안전하게 출산을 시킨다. 그런데 해산 사실을 뒤늦게 알게 된 동이용궁할망이 명진국할마님과 다툼을 벌이고, 이에 옥황상제는 둘에게 꽃 피우기 등의 경쟁을 하도록 했고 그 결과에 따라 각각의 역할을 달리 부여한다. 경쟁에서 이긴 명진국할마님은 인간 생불할망으로 들어서고, 패배한

동이용궁할망은 어린 아이들을 저승으로 데리고 가는 구천왕 저승할망으로 들어섰다. 인간들은 이런 저승할망이 아이들에게 따라들지 않도록 인정을 걸며 기원한다.

– 생불꽃

명진국할마님이 생불꽃을 가지고 다니며 아이를 잉태시킨다고 한다. 여기서 생불은 生佛(살아 계신 부처님)을 뜻한다고 하여 불교적인 꽃으로 해석하기도 한다. 그러나 생불은 '아기' '인간' '자식'을 의미하는 것으로 보면 좋겠다. 그러니 생불꽃은 아기를 잉태시키는 꽃을 말한다. 동이용궁할망과 명진국할마님은 둘 다 생불왕이다. 그런데 해산시키는 데 실패한 동이용궁할망은 구할망이고, 아이를 잘 해산시켜 주는 명진국할마님은 생불할망이다. 둘의 경쟁은 꽃씨를 뿌려 누가 번성하는 꽃을 피우는가 하는 것인데, 하나의 꽃씨를 피우는 능력이 아이의 잉태를 가능케 하는 능력으로 전이된다. 생불할망은 아이의 탄생만이 아니라 양육까지 책임지는 신이다. 15세 어른이 되기 전까지 모두 할망의 덕으로 아이가 자란다. 그 할망은 천지자연이다.

– 탄생

아버지 몸에 흰 피 석 달 열흘, 어머니 몸에 검은 피 석 달 열흘, 살을 만들며 석 달, 뼈를 만들어 석 달, 아홉 달 열 달 준삭 채워 어머니의 자궁으로 해산이 이루어진다. 우리의 몸은 아버지와 어머니의 피와 살과 뼈를 받아 이루어졌으니, 내 생명이 부모의 은공임을 알게 해 준다. 그러나 어찌 아버지와 어머니의 공이기만 하랴. 하늘이 도와 생불할망을 냈으니 탄생의 공덕은 하늘에도 있고, 땅이 키운 만물을 먹고 자라니 천지만물이 모두 우리의 부모인 셈이다. 결국 하나의 꽃씨가 곡식이 되고 풀이 되고, 인간을 키우는 근원이다. 우리는 하나의 꽃씨에서 시작된다. 그리고 천지부모의 덕으로 산다.

– 마마신의 방해

아이의 잉태와 해산, 그리고 양육을 책임지는 명진국할마님은 마누라신의 행동을 바로 잡기도 한다. 홍진국 대별상은 마마신으로 인간 자손에게 천연두를 내려 명진국할마님의 양육을 방해하는 신이다. 예전에 마마를 앓게 되면 치사율도 높았을 뿐만 아니라, 낫게 되더라도 얼굴이 얽어 곰보가 되었다. 마마(천연두)는 이제 지구상에서 사라진 질병이지만, 인간이 가장 무서워하던 병마였다. 이 마마라는 병(악마)을 해결하는 또 다른 신이 처용이다. 처용가도 무속의 노래다. 근대 이전의 사람들에게 무서운 병마를 해결할 다른 방도가 존재하지 않았고, 다만 무당의 굿에 의존할 수밖에 없었으니, 당대인에게 무당의 굿은 과학 이상이었을 것이다. 굿을 하면 그래도 70% 이상의 사람들이 죽지 않았으니 굿의 효용성을 무시할 수 없다. 육지에서는 마마를 방지하기 위해 처용의 형상을 대문에 걸었고, 제주에서는 명진국할마님의 공덕에 의지하였다. 세상의 두려움에서 벗어날 방도를 무속인 굿과 신에게서 찾았다는 측면에서 그 의의가 크다 하겠다.

[초공본풀이]

– 내용

임정국 대감과 짐정국 부인 사이에 자식이 없더니 절에 빌어 늦게 여자아이를 얻었는데, 가을 단풍이 드는 철에 태어났다고 하여 그 이름을 '녹하단풍 즈치명왕아기씨'라 했다. 임정국 대감과 짐정국 부인이 옥황상제의 명으로 벼슬을 살러 떠나게 되자 아기씨는 집에 홀로 남겨지고, 살창을 만들어 자물쇠를 단단히 잠그고 구멍으로 밥을 넣어주었다. 어느 날 시주를 받으러 온 주접 선생은 아기씨가 갇힌 살창의 자물쇠를 열고, 전대에 쌀을 붓는 아기씨의 머리를 쓰다듬고 떠났는데 그때부터 태기가 있게 되었다. 급한 전갈을 받고 온 부모는 아기씨를 집에서 내쫓고 아기씨는 방랑의 처지가 되었다. 여러 고생 끝에 용왕의 사자인 거북의 도움으로 바다를 건너 주접선생을 만나고 불도 땅에 내려가 세 형제를 낳았으니, 맏이는 본명두, 둘째는 신명두, 셋째는 살아살축 삼명두라 했다.

그들은 집이 가난하여 어렵게 서당에 다니고, 아궁이 재를 모아 글씨를 썼기 때문에 젯부기 삼형제라는 별명으로 불렸다. 이들 삼형제는 삼천선비와 함께 과거를 보러 가서 선비들의 갖은 방해와 모략을 극복하고 장원급제한다. 그러나 삼천선비의 위계로 어머니가 삼천천제석궁에 갇히자, 세 아들은 벼슬을 버리고 온갖 시련을 견뎌 어머니를 구한다. 그리고 유정승 따님아기에게 육간제비를 주어 삼천선비에게 복수한다. 삼형제는 어머니를 구하기 위해 팔자를 그르쳐 무당(심방)이 되었으며, 무구(巫具)를 만들고 굿하는 법을 시작하게 되었다. 그 굿법이 오늘날까지 이어지고 있다고 한다.

- 고구려 건국신화와 유사

<초공본풀이>는 육지의 <제석본풀이>와 유사하다. 부모가 집을 비운 사이 홀로 남겨져 있던 당금애기가 스님에게 시주를 하다가 손을 접촉하고 임신하여 아들 셋을 낳고 온갖 시련을 극복하여 자신은 삼신

(탄생을 주재하는 신)이 되었고 아들은 삼태성이 되었거나 삼산(三山)의 신이 되었다는 이야기다. 고구려 건국영웅인 <주몽 신화>는 제석본풀이가 역사화 된 흔적을 보인다. 해모수와 사통하여 임신한 유화가 주몽을 낳았고, 아비 없이 자란 주몽은 젯부기 삼형제처럼 아비 없는 자식이라고 놀림을 받고, 주변 금와왕의 아들에게 죽을 위협을 당하지만, 시련을 극복하고 왕위에 오른다는 영웅의 일생이다. 유화는 햇빛에 접촉하여 임신하였다고 기록되어 있기도 한데, 그 탄생의 신성함을 드러내기 위해 신비화시킨 흔적이다. 중이 머리를 쓰다듬었다거나 손을 잡아 여인(당금애기와 즈치명왕 아기씨)이 임신하였다는 것은 불교가 들어온 후에 변모한 내용이다. 애초에는 해모수와 같은 신성한 영웅과 결합한 내용이었을 것이다.

<초공본풀이>는 신성한 인물과 접촉하여 낳은 삼형제가 시련을 극복하고 무당의 조상(巫祖)이 되었다는 신화다. 이런 신화가 생성될 때 무교 즉 샤머니즘은 지배층의 종교였고, 그 당시 지배자는 무당의 역할을 함께 하였다. 후에 불교가 들어와 무당이 민간 무당으로 전락되고 말았지만, 애초 무당은 국가 무당으로서 지배자의 권능을 함께 지닌 존재였다. 그러니 삼형제는 <삼성신화>의 고·양·부 삼신인(三神人)과 같은 국가의 지배자다.

- 대장장이와 쇠를 다루는 능력

즈치명왕아기씨가 낳은 삼형제는 아버지를 만날 때 하늘과 땅과 문을 보며 왔다고 했고, 과거에 급제할 당시 천지혼합(天地混合)과 천지개벽(天地開闢)이란 글을 썼다고 하는데, 이는 삼형제가 천(天)·지(地)와 통하는 문(門)을 관장하는 신격이고, 천지가 혼합되어 있던 것을 개벽시

킨 능력과 연관되는 존재다. 삼형제는 동해바다의 쇠철이(대장장이) 아들을 불러와 여러 기구를 만들었다고 하니, 쇠를 다루는 철기문명의 주역이기도 하다. 신라의 탈해는 숯과 숫돌을 감추었다가 호공의 집을 빼앗고 나중에 왕이 되는데, 그도 대장장이 - 쇠를 다루는 능력을 지닌 자다.

삼형제가 중의 자식이어서 과거에 낙방했다는 내용은 후에 덧붙여진 것이니, 과거제도란 유교가 들어온 후의 것이고, 스님이란 불교가 들어온 후의 것임에서 잘 알 수 있다. 애초에는 삼형제보다 큰 권력을 지닌 방해꾼들에 의해 시련을 당하다가, 온갖 역경을 극복하고 투쟁에서 승리한다는 영웅의 이야기였을 것이다. <초공본풀이>는 기이하게 탄생한 자가 탁월한 능력을 보이고 기존의 세력을 제압하여 승리자가 되는 영웅의 일생이다.

- 어머니 'ᄌᆞ치명왕아기씨'의 능력

아기씨가 집에서 쫓겨나 방랑하다가 자기를 임신시킨 주접선생을 만나게 되는 대목에서 우리는 즐거운 해후를 기대했다. 그러나 주접선생은 아기씨에게 세 동이의 벼를 까라는 시련을 준다. 아기씨가 손톱으로 껍질을 까다가 힘이 들어 잠깐 잠이 들었을 때 새들이 날아와 모든 벼의 껍질을 까주고 간다. 이 모습을 본 주접선생이 아기씨를 인정하게 된다.

우리는 여기서 콩쥐팥쥐와 신데렐라 이야기를 만난다. 의붓어미는 콩쥐가 왕실의 파티에 참석하지 못하도록 벼의 껍질을 까는 일을 부과하였는데, 참새들이 날아와 모두 해결해주었다는 이야기다. 서양에서는 요정의 도움이고 우리나라에서는 선녀의 도움이 있다. 하늘의 은혜를 입는 주인공은 왕비가 되거나 신격이 된다. 하늘의 권능과 여주인공의 능력이 닿아 있다. <초공본풀이>의 아기씨는 곡식을 먹을 수 있도록 해주는 곡모신의 모습이 아닐까. 앞에서 살핀 주몽의 어머니 유화는 아들에게 오곡의 종자를 보내는 곡모로서의 능력을 갖는데, 삼형제의 어머니인 아기씨는 유화의 권능과 대비된다. <제석본풀이>에서 당금애기는 아이의 탄생을 주재하는 삼신이 되었듯이, <초공본풀이>의 아기씨는 곡식과 연관되는 생산신의 모습을 애초에 지녔는데, 후에 어머니의 역할은 축소되고 삼형제 무조신의 능력만이 남게 되었던 것으로 보인다. 제주에는 아이의 탄생을 주재하는 <생불할망>이 이미 있기 때문에 <초공본풀이>의 아기씨는 직업을 잃어버린 것 같다.

[이공본풀이]

– 내용

옛날에 가난한 짐진국 대감과 부자인 원진국 대감이 한 마을에 살았는데 늦도록 자식이 없자 불공을 드려, 짐진국은 아들을 얻고 원진국은 딸을 얻었다. 짐진국의 아들 사라도령과 원진국의 딸 월광암이는 어린 아이 시절에 이미 배필을 맺어, 15세가 된 후에 부부가 되었다. 이후 사라도령이 서천꽃밭에 꽃감관을 살러가게 되었는데, 월광암이는 임신을 한 처지인데도 사라도령을 따라가겠다고 나선다. 하지만 길을 가다가 배가 너무 무거운 월광암이는 제인장제(천연장제 만연장제)의 집에 종으로 팔아두고, 사라도령만 서천꽃밭으로 향하게 된다. 제인장제 집에 남은 월광암이는 아들을 낳고, 사라도령의 말에 따라 할락궁이로 이름을 짓는다. 이후 끊임없이 잠자리를 요구하는 제인장제의 탐욕을 기지로 넘겼지만, 월광암이와 할락궁이에 부과되는 노역은 힘겨운 지경이었다.

성장한 할락궁이는 어머니에게 아버지의 존재를 묻고 아버지를 찾아간다. 제인장제집의 개 천리둥이와 만리둥이가 쫓아오는 것을 짜디짠 범벅을 던져 모면하고 서천꽃밭에 다다른다. 할락궁이는 아버지 사라도령을 만나고, 함께 피를 내서 합하여지는 모양과 본메본짱인 은토시를 보고 부자 사이임을 확인한다. 사라도령은 아들에게 월광암이가 제인장제에게 죽임을 당한 것을 말하고, 이에 할락궁이는 아버지로부터 서천꽃밭의 꽃을 얻는다. 집에 돌아간 할락궁이는 '웃음 웃을 꽃'과 '싸움 싸울 꽃', '씨멸족 할 꽃'을 뿌려 제인장제의 일가친척을 죽인다. 이후에 제인장제의 셋째딸이 일러준 곳에서 어머니 시신을 수습하여 '환생꽃'을 뿌리니 어머니가 되살아나게 된다. 할락궁이는 어머니를 서천꽃밭으로 들어가게 하고, 자신은 꽃감관이 된다.

- 서천꽃밭

서천꽃밭은 다른 본풀이에도 여러 번 등장한다. 탄생을 주재하는 꽃도 있고 죽음으로 몰아가는 꽃도 있고, 죽은 이를 살리는 꽃도 있다. 억울하게 죽은 사람을 살릴 수도 있고 악한 이를 죽일 수도 있는 꽃은 자연의 생명력으로 인간의 생명을 좌우할 수 있다는 생각이고, 우주와 자연과 인간의 운명이 결합되어 있다는 사유의 반영이다. 천상과 지상의 중간 쯤(석해산 같은 곳)에, 혹은 강을 몇 번 건넌 수평적 공간에 서천꽃밭이 있다. 하늘에서 정한 운명과 염라왕이 정한 운명에 순종하지 않고, 죽은 이를 살릴 수 있고 악인을 징벌하여 죽일 수도 있는 도구가 서천꽃밭의 환생꽃과 멸망꽃이다. 제주 신화의 서천꽃밭은 생사의 운명을 극복하려는 소박한 운명 창조 의지라 하겠다. 서천꽃밭은 죽음에 대한 극복의지이고, 그들이 살고 있는 세상과 그것을 넘어선 세상에 대한 이미지의 투영이다. 그곳은 지상의 생명원리와 관련되는 장소로서, 지상에서 가까운 곳에 있다. 강을 건너면 되기도 하고, 거기를 지키는 꽃감관의 허락을 받으면 환생꽃을 가져와 죽은 어머니를 살리고, 죽은 남편을 살릴 수 있다. 수평적 '저기'일 수도 있고, 하늘과 땅의 중간일 수도 있다.

- 할락궁이와 고구려 유리왕

할락궁이는 아버지 없이 태어나 홀어머니 밑에서 자라고, 제인장제의 핍박 속에서 집을 떠나 아버지를 찾아 나선다. 아버지가 남겨 준 신표를 가지고 가서 맞춰보거나, 피를 내서 합하는 것으로 부자간을 확인한다. 그리고 아들임을 인정받은 후 아버지의 대를 이어 서천꽃밭의 꽃감관이 된다.

고구려 주몽의 아들 유리왕의 일대기도 매우 유사하다. 유리는 아버지 주몽이 부여로부터 남하하여 고구려를 건국하러 떠난 상황에서, 홀어머니 예씨부인에게서 태어난다. (주몽도 그랬다. 하늘에서 내려온 해모수가 유화부인을 잉태시키고 떠난 상황에서 태어나, 홀어머니 밑에서 자라고 의붓아버지인 금와왕의 핍박 속에서 살해의 위협을 느끼고 집을 떠나 새로운 세상을 건설하게 된다.) 유리는 아버지가 남겨 준 신표(단검 반쪽)를 가지고 가서 맞춰보고, 피를 내서 합하는 것으로 부자간을 확인한다. 그리고 아버지 주몽의 대를 이어 고구려의 왕이 된다. 할락궁이의 일대기는 고구려 유리왕의 성장기와 거의 흡사하다. 할락궁이 이야기 유형이 떠돌다가 유리왕 신화를 낳았고, <안락국태자전>과 같은 고전소설로 바뀌기도 하였다.

이야기의 원형이 제주에 남겨 있다는 의의를 살피면, 본풀이가 얼마나 중요한 이야기인지를 가늠할 수 있을 것이다.

– 꽃과 사랑

말 한마디에 천량 빚을 갚는다고 했는데, 꽃 한송이에 무량의 미움과 반목을 씻을 수 있다는 것을 생각하면, 인생이 그리 어려운 것은 아니다. 꽃 한송이에 실어 보내는 겸허함과 염치와 용서, 그리고 사랑이 있다면 인생은 아름다울 수 있고 행복할 수 있다. 꽃 한송이로 큰 사랑을 성취한 일이 동서양에 두루 흔한 일 아니던가. 이름을 불러 주지 않아도 꽃은 무한한 생명의 에너지다. 제인장제처럼 월광암이의 인생을 억압하고 남의 인생을 손아귀에 쥐려 한다면, 역으로 꽃 한송이의 힘에 의해 멸망할 수도 있는 것이 인생이다. 살리는 힘은 죽이는 힘이 될 수도 있다.

[삼공본풀이]

– 내용

간이영성은 윗마을에 살았고 홍문수천은 아랫마을에 살던 거지였는데, 부부가 되어 함께 구걸로 연명하였다. 얼마 후 태기가 있어 첫째 딸아이를 낳았다. 마을 사람들이 은그릇에 밥을 주어 먹인 것으로 인해 '은장아기'라 부르게 되었다. 둘째 딸아이가 태어나자 동네 사람들이 놋그릇에 밥을 해 먹이니, 이로 인해 '놋장아기'라 불렀다. 셋째 딸이 태어나 나무바가지에 밥을 해다 먹이니, 이로 인해 '가믄장아기'라 부르게 되었다. 세 딸이 태어나고 이상하게 운이 트여 거지 부부는 부자가 되었다. 세월이 흘러 딸들도 성장하니, 하루는 부부가 심심하여 딸들을 불러 누구 덕에 먹고 사는지 물었다. 큰딸과 둘째 딸은 하늘과 땅의 덕, 부모의 덕으로 산다고 대답했다. 하지만 셋째는 하늘과 땅의 덕, 부모의 덕도 있지만 '내 배꼽 아래 음부' 덕으로 먹고 산다고 대답한다. 부모는 화가 나 셋째 딸을 내쫓고, 얼마 후 걱정이 되어 나가보려다 눈이 벽에 부딪혀 둘 다 봉사가 되었다.

한편 집을 나간 가믄장아기는 밤이 되어 한 초가에 기숙하게 되었는데, 마를 캐서 들어온 마퉁이 삼형제를 만나게 된다. 첫째와 둘째는 마를 삶아 대가리와 꼬리를 부모와 손님에게 주지만, 셋째는 살이 많은 복판을 손님인 가믄장아기에게 주었다. 가믄장아기는 셋째가 쓸 만한 사람임을 깨닫고 그와 연분을 맺게 된다. 가믄장아기와 셋째 마퉁이는 마를 파던 곳에 가서 금덩이를 발견하고 부자가 되었다. 살림이 좋아지면서 가믄장아기는 부모 생각을 간절히 하게 되었다. 이에 부모가 거지가 되어 방랑하고 있을 것이라 여겨 거지 잔치를 열었고, 결국 백 일이 되는 날에 부모를 만나게 된다. 가믄장아기가 자신이 쫓겨났던 딸임을 밝히자 부모는 깜짝 놀라 받아들고 있던 술잔을 떨어트리는 순간 눈이 번쩍 뜨이고, 딸의 배려로 여생을 편안히 살게 되었다고 한다.

– 전상(前生)신

삼공본풀이는 삼공맞이(전상놀이)와 연관된다. 전상이란 전생(前生)에서 왔을 것 같은데, 그 의미는 다르게 쓰인다. 전상은 술을 많이 먹거나 도박과 도둑질을 하여 가산을 탕진하는 행위와 마음가짐을 뜻하고, 한편으로는 이런 행위나 마음가짐을 나쁜 전상이라고도 한다. 삼공신은 이런 '전상'을 차지한 신이다. 이런 점을 미루어 볼 때 '전상'은 전생인연의 뜻인 듯하고, 따라서 '삼공'은 전생인연을 차지하고 있는 신인 듯하다고 현용준 선생은 추정한다. 전상놀이에서는 거지 잔치 장면과 눈 뜨는 장면이 주가 된다. 그 다음 가믄장아기 부모는 동네 사람들을 막대기로 때리며 인정(돈)을 받으며 다닌 후 비를 들고 다니며 '사록'(나쁜 기운)을 풀어낸다. 악한 사록을 내몰고 좋은 사록을 불러들이는데 '사록'은 나쁜 기운이란 의미에 머무르지 않고, 인연과 운명을 지칭하는 '전상'과 같은 면이 있다. 좋은 사록이 집안으로 들어오도록 하고 모질고 악한 사록을 쫓아버리면 천하 거부가 된단다. 삼공신은 나쁜 인연을 털어내고 좋은 인연을 만들어주는 신, 행운의 신이다.

– 백제의 〈서동설화〉

삼공본풀이의 앞부분은 가믄장아기의 부모가 거지였다가 세 딸을 얻은 후 부자가 되었지만, 가믄장아기를 쫓아낸 후 다시 거지가 되고 봉사가 되는 이야기다. 중간 부분은 가믄장아기가 마퉁이(마를 캐는 아이)를 만나 금을 발견하고 부자가 되는 이야기인데, 선화공주가 마퉁이(서동)를 만나 금을 발견하고 부자가 되는 <서동설화>와 매우 비슷하다. 삼공본풀이에서는 가믄장아기(여자)가 적극적으로 마퉁이를 자기 남편으로 만드는데, 서동설화에서는 마퉁이(남자)가 적극적으로(혹은 트릭으로) 선화공주를 자기 아내로 만든다. "선화공주님은 남 몰래 사랑하고 서동을 밤에 안고 가다."라는 노래로 선화공주를 얻게 된다. 아이들에게 마를 나누어주고 헛소문을 퍼트려 공주를 아내로 삼는 서동설화의 마퉁이는 똑똑하고 기지가 넘쳐난다. 삼공본풀이의 마퉁이는 부모를 잘 섬기는 착한 아이고 기회를 잘 포착하는 영리한 아이다. 허나 바보처럼 금인지 똥인지 모르는 점은 두 이야기에서 같다. 마퉁이는 영리한 바보이고 똑똑바보다. 서동설화에서 마퉁이는 금을 진평왕에게 보내 사위로 인정받고 나중에 백제의 무왕이 된다. 남성 중심의 이야기다. 그러나 삼공본풀이는 여성 중심 이야기다. 제주에는 여성이 소외되지 않고 운명의 주인공인 경우가 많다. 제주는 남녀가 평등한 섬이다.

– 〈심청전〉

삼공본풀이의 후반부는 거지 잔치 혹은 맹인 잔치로 부모를 다시 만나고 부모가 눈 뜨는 이야기인데, 우리가 잘 아는 <심청전>과 흡사하다. 왜 이렇게 소설 속 이야기가 제주에서는 인연을 관장하는 신의 이야기(신화)로 전할까. 제주의 삼공본풀이는 무가(무당의 노래)이고 고대로부터 오래도록 전해져 온 신들의 이야기니, 이것이 육지에 올라가 소설을 만드는 구실을 한 것일까. 아니면 육지의 소설이 제주에 전해지고, 여기에 신성한 힘이 덧보태져 신화가 된 것일까. 잘 모르겠다. 애초 '눈을 뜨게 하는 신비한 이야기'가 효성 깊은 심청의 정성으로 맹인 부모가 눈을 뜨는 이야기가 되기도 했고, 그 신비한 이야기에 신성한 힘이 덧보태져 인연을 관장하는 신의 이야기(신화)로 재탄생하였다고 보면 좋겠다. 앞이 보이지 않던 상황에서 눈이 떠 개명천지(開明天地)가 되었다는 것은 이전에 살던 답답한 인생을 청산하고 밝고 명랑한 삶이 새로 시작되었다는 의미다. 새로운 운명이 펼쳐지는 내력은 신비하고 신성한 힘의 신인 가믄장아기에서 비롯된다. 제주에는 답답한 인생을 떨쳐내고 새로운 인생을 살게 만드는 신이 있어 행복하다.

우리 인생은 전생의 인연에 지배되기도 하지만 과거 인연의 사슬을 끊고 새로운 인연을 만들 수도 있는 셈이다. '시절 인연'을 바꿀 수 있는 것이 인간이다. 국화 씨앗에서 나팔꽃이 피게 할 수는 없지만, 가을에 피는 꽃을 봄에 피게 할 수 있는 것이 인간의 힘이다. 나쁜 전상을 버리고 좋은 전상을 만나 보자. 스스로 노력하면 얻어진다. 전상신이 있다는 것은 스스로 운명을 개척할 수 있는 가능성이 열려 있다는 증거다.

[지장본풀이]

- 내용

옛날 남산과 여산이 자식이 없어서 탄복을 하다가 절에 불공을 드려 지장의 아기씨가 태어났다. 하지만 아직 어린 나이에 부모가 모두 죽는다. 그러자 외삼춘 집으로 수양을 가게 되고 가난한 생활을 하다가 집을 나오게 된다. 하늘과 땅, 새들의 도움을 받아 살다가 15세가 되니 착하다는 소문이 나서 서수왕에서 청혼이 와 혼인을 하여 아들을 낳았다. 그러나 18세 되던 해부터 시부모와 가족들이 모두 죽었다. 신세를 한탄한 지장의 아기씨는 시누이의 핍박을 견디던 생활을 하던 가운데, 지나가던 중(僧)에게 자신의 사주팔자를 묻는다. 중은 전새남굿・후새남굿을 하라고 하였고, 지장의 아기씨는 그 말에 따라 굿을 하게 되었다. 신에게 바칠 'ᄃᆞ리'와 시루떡 등 갖가지 제물을 준비하고 정성스레 굿을 하였다. 지장의 아기씨는 좋은 일을 하였기 때문에 이후에 서천꽃밭에 통부체 몸으로 환생을 하였다.

- 죽음과 죽임, 연민과 증오

다섯 살에 어머니가, 여섯 살에 아버지가, 일곱 살에 할머니가, 여덟 살에 할아버지가 죽는 비극을 경험한 지장 아기씨는 외삼촌 밑에서 성장하여 시집을 가게 된다. 허나 열여덟 살에 시아버지가 죽고, 열아홉 살에 시어머니가 죽고, 스무 살에 남편과 자식이 연달아 죽는다. 우연히 그들이 죽게 되었다면 지장아기씨는 연민의 대상이 될 것이요, 재수 없는 여인에 의해 필연적으로 일어난 일이라면 지장아기씨는 증오의 대상이 될 것이다. 우연이라고 하기엔 너무할 정도로 가족이 씨몰살한다. 이런 비극 앞에서 지장아기씨는 쫓아낼 대상이다. 그런데 왜 지장아기씨가 신으로 숭앙되는가.

－새드림

지장아기씨는 자신도 모르는 새에 벌어진 운명에 난감해한다. 그러다가 전새남굿과 후새남굿을 하며 억울하게 죽은 영혼을 달래는 굿을 한다. 정성스럽게 옷을 준비하고 떡을 준비하여 제를 올린다. 명주로 신 길을 마련하여 신 맞이를 하고, 음식을 올려 신 맞이를 한다. 오죽하면 이 지장본풀이를 시루떡을 찌는 과정의 노래라고 할 정도로 떡 찌는 과정이 상세하고 그만큼 정성이 내비친다. 그래서 새(邪氣)를 쫓아낼 수 있게 된다. 쫓겨날 대상이 쫓아낼 주체가 되는 것이 고대 신화의 보편적 특성이다.

이 이야기는 불교를 덧칠하게 된다. 기구한 팔자의 지장아기씨는 머리를 깎고 송낙을 쓰고 장삼을 입고 목탁을 들고 쌀 시주를 받는 승려가 된다. 그리고 시주를 받아 정성스런 제를 드려 억울하게 죽은 혼령을 달래게 된다. 그리고 죽음의 공간, 지하의 공간을 주재하는 지장보살이 되어 죽은 혼령들을 저승으로 잘 천도하는 역할을 한다. 애초에는 식구를 죽음에 몰아넣는 팔자로 태어났지만, 불교적 정화를 거쳐 죽은 영혼을 구제하는 신격으로 승화되었다.

－죽음을 직시함

지장아기씨는 백정들의 수호조상신으로 모셔진다. 백정의 삶 주변에는 무수한 동물의 죽음이 있고 그 죽음을 달래는 일도 만만치 않으리라. 큰굿 시왕맞이에서 강림차사, 멩감, 지장본 이후에 삼천군병지사귐이 행해지는데, 삼천 군병은 전란에 죽은 군병이다. 죽은 영혼을 달래는 이 제차가 저승사자본과 지장본과 함께 있다는 것을 보더라도 지장본의 성격이 가늠된다.

죽음은 어디에서나 있는 것이고, 운명의 반전은 어디에건 있는 것이다. 지장아기씨는 죽음의 원인이면서 치유의 주체이기도 하다. 전후의 반전이 극심하여 그 본풀이의 핵심이 무엇인지 아직도 혼동되는 게 사실이다. 지장본풀이는 죽음을 직시하게 만든다.

[멩감본풀이]

- 내용

옛날 ᄉᆞ만이가 살고 있었는데 어렸을 때 부모를 여의고 거지처럼 가난하게 살았다. ᄉᆞ만이는 성장하여 혼인을 하게 되었고, 자식은 늘어나건만 살림살이는 어려웠다. ᄉᆞ만이의 아내는 머리카락을 잘라 주면서 자식들을 먹일 쌀이나 사오라고 남편에게 권한다. 하지만 ᄉᆞ만이는 장에 가서 쌀 대신 조총(鳥銃)을 사서 '먹고 살아갈 도리'를 구한다. ᄉᆞ만이는 총을 메고 사냥에 나섰지만 허탕을 치자 집에 올 수가 없어 계속 돌아다니다가 굴 속에 들어가 몸을 쉬게 된다. 거기서 ᄉᆞ만이는 잠결에 백년 해골이 자신을 부르는 소리를 듣게 된다. 백년 해골은 자신을 모셔 주면 부자로 만들어 주겠다고 하였고, 이에 ᄉᆞ만이는 해골을 수습하여 자신의 집에 조상으로 모시게 된다. 그 후부터 사냥을 나가기만 하면 갖가지 짐승의 사냥에 성공해 순식간에 부자가 되었다.

한편 저승에서 염라왕이 저승문을 열고 영혼들이 자손에게서 명절을 받아먹고 오게 하였는데, ᄉᆞ만이 부모 조상만 얻어먹으러 내려가지 못하였다. 염라왕이 이유를 묻자 그 부모 조상은 ᄉᆞ만이가 자신들은 제쳐두고 백년 해골만 위한다고 대답하였다. 이를 괘씸히 여긴 염라왕이 ᄉᆞ만이의 정명을 확인하고 삼차사를 보내어 잡아오게 한다. 그러나 이를 감지한 백년 해골이 ᄉᆞ만이에게 삼차사를 대접하는 법 등 피할 방도를 알려준다. ᄉᆞ만이는 음식을 차려 차사를 잘 대접하고 부인에게는 시왕맞이를 하게 하여 저승으로 잡혀 갈 위기를 모면하게 한다. 뜻하지 않게 ᄉᆞ만이에게 얻어 먹은 삼차사는 할 수 없이 저승 문서를 위조해 ᄉᆞ만이의 정명을 삼천 년으로 바꾸어놓는다. ᄉᆞ만이의 정명이 삼십(三十)이었는데 거기에 한 획을 그어 삼천(三千)으로 바꾸어 놓은 것으로, ᄉᆞ만이는 해골 조상의 덕에 액을 막고 삼천 년을 살게 되었다고 한다. 한편 삼차사는 ᄉᆞ만이 대신 동박섹이 삼천년을 저승으로 데리고 간다.

- 명감(命監) 또는 명관(冥官), 그리고 산신(山神)멩감

멩감본풀이는 신과세제(新過歲祭)와 큰굿의 시왕맞이 때 불리는데, 풍요를 기원하는 의미와 죽을 액운을 물리치는 의미를 지닌다. 30세로 정해진 운명을 타고난 ᄉᆞ만이는 차사(저승사자)에게 잡혀갈 처지였는데 차사를 잘 대접해서 죽을 운명을 벗어났다. 여기서 맹감은 '목숨을 살피는' 직위의 명감(命監)일 수도 있고 저승세계에서 인간을 잡으러 온 관리인 명관(冥官)일 수도 있다. 젊은 나이에 죽어야 할 운명을 잘 극복한 이 본풀이는, 운명을 관장하는 신을 잘 위해서 액을 막았다는 이야기로 볼 수도 있다. 위의 이야기에서 집안에 사람이 죽어갈 액(厄)을 막는

데 <시왕맞이>를 하는 이유가 여기 있다. 또한 '멩감코ᄉ'와 결부시킬 수도 있다. 멩감고사는 생업의 풍요를 비는 신년제로, 농신인 세경이나 수렵신인 산신을 청해 농사와 수렵이 잘 되도록 기원하는 것이기 때문에, <세경본풀이>와 함께 <멩감본풀이>가 불린다. 특히 산신을 청해 사냥이 잘 되기를 비는 의례를 '산신멩감고사'라고 하는데, 이때의 맹감은 수렵의 풍요신이다. 위의 이야기에서 해골 조상이 사냥이 잘 되도록 도와주었다고 하니 그가 바로 '산신멩감'이다.

– 백골(白骨)을 조상신으로

ᄉ만이는 사냥을 하다가 백년 해골과 결연을 맺고 집으로 가져와 고방에 모셔 조상님이라 위했으며 그 결과 큰 부자가 되었다. 길 위에 구르는 해골을 잘 위해서 부자가 되었다는 말을 곱씹을 필요가 있다. 여타의 이야기에서도 해골을 잘 장사지내 주었다가 발복했다는 경우도 있다. 무덤을 쓸 수 없던 주인 없는 해골을 위해 정성을 들였다면 복을 받을 만하다. 조상신을 잘 모셔서 복을 받았다는 이야기는 많다. 여기 ᄉ만이는 남의 해골을 조상처럼 잘 위해서 복을 받았다. 장독대 위에 정안수를 떠 놓고 자식의 건강과 행운을 위해 비는 어머니의 손길마냥 따듯하다. 길 위에 구르는 돌 하나, 집 뒤의 나무 하나에도 정성을 쏟으면 복을 받을 것이다. 다른 사람을 위해 정성으로 비는 일도 또한 그러하리라.

어린 나이에 고아가 된 ᄉ만이로서는 딱히 모실 조상이 없었을 것이고 기댈 곳도 없었을 것이다. 그래서 백골을 조상신으로 모시고 부자가 되었다. 한편 부모 조상을 공경하지 않고 백골 조상만 위하였기 때문에, 저승사자가 ᄉ만이를 잡으러 오게 되었다고도 한다. 조상신에게 잘 대접하지 않으면 자손이 해를 입을 수도 있다는 것을 보여주는 사례일 것이다. 우선 조상부터 잘 모시라는 충고로 들으면 족하리라. 조상신 숭배란 우선 혈연조상을 모시는 것이고, 모실 만한 존재가 없으면 밖에서 모셔 들이는 것이 이곳의 법도다. 제주의 <조상신본풀이>에서는 혈연조상이건 아니건 함께 조상신으로 모셔진다. 조상신은 집안 수호신이고 직업 수호신이기도 하다.

– 먹고 살아갈 도리

ᄉᆞ만이는 가난에 찌들어 자식들을 먹여 살릴 도리가 막막했다. 아내는 머리카락을 끊어 자식을 먹일 양식이라도 사 가지고 오라고 남편에게 당부하였는데, 양식 대신에 총을 구해온다. 잠시 먹어치우면 사라질 양식 대신 '먹고 살아갈 도리'를 선택을 한 것이다. 눈앞의 이익보다 먼 미래를 내다보는 선택이 중요함을 일깨우는 것은 아닐까.

머리카락을 판 석 냥으로 집을 사거나 밭을 살 수 없으니 사냥에 나선 것이다. 농경은 안정적인 삶이긴 하지만 밑천 없는 사람들에겐 그림의 떡이다. 막노동 같은 힘든 일에 뛰어드는 것은 우리 시대의 서민이나 ᄉᆞ만이나 마찬가지다. ᄉᆞ만이는 서민의 다른 이름이다. 그러나 누구도 거들떠보지 않는 백골을 모시는 한바탕 굿으로 부자가 되었으니, 그는 샤먼(shaman)의 다른 이름이기도 하다. ᄉᆞ만이의 처는 저승사자를 대접하기 위해 많은 제물을 준비하고 시왕맞이를 하여 액을 막았다. 큰 정성으로 살면 부자도 되고, 사람이 죽어갈 액을 막기도 한다는 의미로 읽힌다.

[세경본풀이]

– 내용

옛날 짐진국 대감 부부가 부자로 잘 살아도 자식이 없어 탄식하는 날을 보내다가, 절에 시주를 하고 불공을 드리면 자식이 있을 것이라는 말에 정성을 기울였다. 그러나 시주가 백 근에서 한 근이 모자라 딸을 얻게 되고 '자청비'라 이름 지었다. 자청비의 나이 15세에 빨래를 하러 나갔다가, 거무선생에게 글공부 하러 가는 하늘의 문도령에게 반하여 남장을 하고 함께 글공부하러 떠나게 된다. 둘이 한 방에서 보냈지만 문도령은 자청비가 여자인 줄 모른 채 3년을 보낸다. 서당을 나오면서 비로소 자신이 여자임을 고백하고 문도령과 남녀의 정을 나눈 뒤 재회를 약속하고 헤어진다.

약속한 기한 내에 소식이 없자 초조해진 자청비는 굴미굴산에 문도령이 내려와 놀이를 벌인다는 정수남이의 말에 유혹되어 산에 올랐다가 봉변을 당하고 결국 정수남이를 죽인다. 집에 돌아와 부모에게 종을 죽였다는 질책을 듣고 서천꽃밭에 가서 환생꽃을 얻어 정수남이를 살리지만, 사람을 죽였다 살렸다 한다고 꾸중을 듣고 쫓겨나게 된다. 길을 가다 주모 할머니를 만나 수양딸이 되어 베 짜는 일을 돕는다. 그들이 만드는 비단옷은 하늘 문도령이 서수왕 따님에게 장가드는 데에 쓸 폐백이었다. 문도령은 자청비가 짠 비단임을 알고 자청비를 만나러 인간세계에 내려온다. 하지만 자청비가 문도령의 손가락을 찔러 피를 내는 바람에 문도령은 떠나고, 방정맞은 짓을 했다고 하여 자청비는 다시 주모 할머니 집에서 쫓겨나게 된다. 자청비는 다시 방랑하다가 하늘 옥황 궁녀를 만나 그들과 하늘에 올라가 꿈에 그리던 문도령을 만나

회포를 푼다. 그리고 자청비는 문도령과의 혼사를 인정받기 위해 문도령의 부모가 내건 시험을 무사히 통과하여 며느리로 인정받는다. 하지만 문도령과의 혼인이 파기되어 실망한 서수왕 따님아기는 죽어 새몸으로 환생한다.

한편 강남천자국에 큰 변란이 일어나자, 자청비가 나서서 난을 수습한다. 또 나쁜 무리들의 꾀임에 빠져 문도령이 죽자 서천꽃밭의 도환생꽃으로 남편을 살린다. 이후에 자청비는 문도령에게 자신과 보름을 살고, 또 서천꽃밭의 따님아기와도 각각 보름씩 살라고 하였다. 그런데 문도령은 서천꽃밭에서 잘 대접받고 살다보니 자청비를 깜박 잊어버렸고, 뒤늦게 깨달아 부랴부랴 달려왔지만 자청비는 신세를 한탄하며 인간세상에 내려간다. 인간세상에 내려와 오곡의 씨앗을 가지고 농사를 잘 되게 해 주는 신으로 들어선다.

– 세경신

이 이야기의 주인공은 분명 자청비다. 그녀야말로 곡식의 신이고 풍요의 신이다. 서천꽃밭을 수시로 드나들며 환생꽃으로 죽은 자를 살리고, 무질서한 변란을 멸망꽃으로 해결하는 생명의 신이고 조화의 신이다. 문도령은 아무 역할을 하지 않았는데도 왜 세경신으로 좌정하는가. 농사가 하늘의 자연적 기후에 따라 좌우되기 때문에, 문도령은 하늘의 존재로 자연운행의 상위질서를 상징하고, 자청비는 땅의 존재로 하늘의 조화에 따라 적절히 대응하는 자연의 힘을 상징하는 것 같다. 정수남이는 말썽꾸러기다. 그러나 온갖 악행을 저지르고 죽임을 당하는 정수남이는 온갖 액운을 지고 버려지는(祓除) 제웅과 닮아 있다. 정수남이는 소도 아홉 마리 말도 아홉 마리를 먹는 대식가다. 그의 식성은 궤네

깃도와 같은 거인영웅을 상징한다. 그리고 소와 말을 키우는 일은 단순히 목축만을 의미하지만 않고 농사와 직결된다. 제주의 뜬땅은 파종 후 밟아주어야 하는데 이때 마소의 힘이 필요하고, 마소는 농업에 반드시 필요한 도구다. 그래서 마소를 관장하는 정수남이도 세경신의 하위 자리를 차지한다.

- 오곡종자와 메밀

자청비가 오곡씨를 장만하다가 씨앗 한 가지를 잊어버린 것을 알고 다시 뒤늦게 받아온 것이 메밀씨다. 메밀은 늦게 가져와 늦게 파종하더라도 다른 곡식과 같이 가을에 거둘 수 있다고 했으니, 다른 농사가 망치면 대신 심어 흉년을 면할 수 있는 구황식품이다. 보통 농사가 망칠 것을 대비해 구원 투수를 준비해 놓은 것을 보면 자청비는 가난한 민초의 편에 서 있는 신이다. 정수남이의 배고픔을 해결하기 위해 큰 농사를 짓는 이에게 먹을 것을 부탁하지만 거절당하자 대흉년이 들게 하고, 작은 농사를 짓는 가난한 이에게 먹을 것을 구하자 선뜻 내주는 모습을 보고 그들에게는 대풍년이 들게 해주었다. 큰 농사는 망하게, 작은 농사는 흥하게 하는 세경신은 민초들을 위한 신이다. 자청비가 오곡과 꽃으로 사람을 살린다는 것은 식물의 성장을 주재하는 지모신의 성격이다. 자청비는 자연의 생명을 주재하는 신격이다. 아울러 가난한 백성을 살리는 생명의 신이다.

- 고전소설의 여성영웅

옛소설을 보면 늦도록 자식이 없는 부모가 부처에 지극정성으로 빌어 여성 주인공이 태어나는데, 뭔가 정성이 하나 부족하여 딸로 태어난

다. 그리고 훌륭한 신랑감과 혼사가 약속되었지만 쉽게 성사되지 않는다. 숱한 장애를 극복하고 난 뒤에야 행복한 결혼이 이루어진다. 이를 혼사장애 모티프라 한다. 제주의 자청비를 보면 고전소설의 여성 주인공과 흡사하다. 조선 후기를 보면 여성 영웅소설이 대유행한다. <여장군전>에서는 부모가 기도를 드려 낳은 만득의 무남독녀 정수정이 남장을 하고 도술을 배워 전쟁에 대원수로 출장하고 큰 공을 세운다. <홍계월전>에서는 여주인공이 전란을 만나 위기에 빠진 남주인공을 구하고 천자 앞에서 뛰어난 능력을 보인 후 남장을 벗고 여자의 위치로 돌아가 당당한 승리를 취한다. 여장군이 국난을 극복하고 남편을 구하는 이야기 또한 하늘나라의 국난을 구하고 남편을 살려낸 자청비의 활약담과 비슷하다. 자청비 이야기는 조선후기 고전소설의 영향을 받은 것 같다. 그래서 고대적 신의 모습만이 아니라, 중세의 여성영웅의 모습이 담겨 있고, 자유분방한 결혼을 하는 모습에는 근대적 로망스의 주인공 모습도 보인다.

[체서본풀이]

- 내용

동경국 버물왕에게는 아홉 아들이 있었는데, 위로 세 형제와 아래로 세 형제 모두 열다섯 살을 넘기지 못하고 죽어 버렸다. 가운데 세 형제도 명이 짧으니, 명과 복을 잇기 위하여 법당에 들어가게 되었다. 삼형제는 절에서 불공을 드리며 살다가 하루는 부모님 생각에 집으로 돌아가기를 청하였고, 소서(小師)님은 집으로 가는 길에 과양땅을 조심하라고 일러준다. 하지만 삼형제는 가는 도중에 배가 고픈 탓에 과양생이의 집에 들렀다가 죽게 된다. 삼형제가 지닌 비단에 욕심을 품은 과양생이의 처는 그들에게 술을 먹여 취하게 한 후 죽이고 재물을 차지한다. 주천강 연못에 버려진 삼형제의 시체는 꽃송이로 환생하였고, 과양생이 처의 눈에 띄어 그 집으로 옮겨졌지만 화롯불에 버려진다. 꽃은 다시 삼색 구슬이 되고, 과양생이 처가 그 구슬을 입에 넣고 놀다가 삼켜 임신이 되고 세 아들을 낳는다. 그들은 자라나면서 학문이 뛰어나 과거에 급제하여 집으로 돌아오는데, 남의 집 자제가 과거에 급제하여 금의환향하는 줄 알고 저주를 퍼부은 어머니 때문에 죽게 된다.

과양생이 처는 대성통곡하다가 억울함을 풀기 위해 고을의 김치 원님을 찾아가 하소연하고 급기야 횡포를 부리자, 원님은 이 청원을 해결하기 위해 강림을 불러들이고, 염라왕을 잡아와 염라왕으로 하여금 이 사건을 판결하게 하자는 방안을 냈다. 하는 수 없이 강림이는 식구를 하직하고, 큰부인의 도움을 받아 저승으로 향한다. 험한 길에 조왕신과 문전신의 도움으로 길을 찾은 후, 저승으로 들어가 염라왕을 포박하고 자신과 함께 인간 세상으로 내려갈 것을 요구하자 염라왕은 이에 응한다. 강림이 먼저 이승으로 돌아오고 약속한 대로 염라왕이 이승에 오게 된다. 염라왕은 과양생이 부부의 그간의 죄상을 알고 문제를 해결한 후, 그들의 사지를 찢어 빻아서 바람에 날리니 각다귀와 모기 등이 되었다고 한다. 그리고 버물왕 삼형제의 뼈를 연못에서 꺼내 환생꽃으로 모두 살려냈다. 이후에 염라왕은 영리하고 똑똑한 강림을 데려가 저승차사의 일을 맡기게 되었고, 그로부터 강림은 사람을 저승으로 데려가는 인간차사가 되었다고 한다. 한편 까마귀가 강림차사의 적패지를 대신 들고 오다 떨어뜨려 잃어버리는 바람에, 인간 세상에서 어른 아이 할 것 없이 저승으로 가는 순서에 질서가 없게 되었다.

- 염라대왕 혼쭐내기

인간은 정해진 운명대로 죽어 염라대왕 앞에 불려간다. 저승으로 데려가는 사자도 무섭지만 염라대왕이야 더 말해 무엇하랴. 그런데 강림이는 저승에 찾아가 염라대왕을 포박하고 혼내 주어 무릎을 꿇린다. 그 장면은 장쾌하기 이를 데 없다. 눈을 부릅뜨고 팔뚝을 걷어붙이고 우뢰 같은 소리를 지르며 염라왕 행렬을 공격하니 삼만관속과 육방하인이 도망간다. 이어 가마채를 잡아 문을 열어젖히니 "염라대왕이 두 주먹을 불끈 쥐고 앉아 벌벌 떨고 있는" 모습이었다. 이어 강림이 호통을 치자 염라왕의 손목에 수갑이 채워지고 발엔 차꼬가 끼워지고 몸에는 밧줄이 감겼다. 염왕이 밧줄을 늦추어달라고 사정을 하는 장면까지 연출되기도 한다.

강림도령은 인간의 죽음을 관장하는 염라대왕을 하수인 다루듯이 하고 좀처럼 주눅이 들지 않는 모습이다. 그렇게 해서 인간을 죽게 만드는 저승신에게 통쾌한 복수를 하고 죽음조차 거부한다. 운명의 굴레를 씌우는 신과 신앙을 거부하고 비판한다. 열세에 놓인 인간이 신을 거부하고 저승세계를 관장하는 왕을 조롱하고 있다. 삼만관속과 육방하인을 데리고 다니는 지하의 왕뿐만 아니라 지상의 왕까지도 조롱을 하고 무릎을 꿇리는 자유분방함이 느껴진다. 그러나 더 이상 운명을 거부하지는 못한다. 강림은 염라대왕을 따라가 그 밑에서 저승사자의 일을 하게 된다. 중세의 굴레는 쉽게 풀어버릴 수 없는 상황이었고, 그래서 왕이 다스리는 세상을 극복하지는 못하고 만다. 아직 신의 세계와 왕이 다스리는 세계를 뒤집을 전망이 부재한 시대였으리라.

– 장례의 법도, 인간의 법도

채서본풀이에는 인간이 죽을 때 장례지내는 법이 다양하게 제시된다. 붉은 종이에 흰 글자를 쓰는 명정법(銘旌法), 수의를 준비하는 법, 삼혼(三魂)을 부르는 법, 밧줄로 결박하여 행상 가는 법, 성복·일포·삼우제·삭망제·소기·대기·기일의 제사법 등이다. 이 본풀이를 통해 자연스럽게 장례의 절차와 법도를 익히게 하는 교훈적인 의도도 있다.

그런데 우리를 깨닫게 하는 중요한 법이 들어 있다. '남의 음식 공으로 먹으면 목 걸리는 법'이 그것이다. 버물왕 삼형제가 과양생이 처에게 찬밥을 얻어먹고 비단으로 보답할 때 이 말을 한다. 저승의 이원차사가 강림에게 떡을 얻어먹고 저승 가는 길과 염라대왕을 만나는 방법을 일러주는 대목에서도 이 말을 한다. 그럴 만한 연유가 있으면 정당하게 보답하여야 한다. 떡을 뇌물로 주고 저승 가는 길을 알아낸 강림에게는 참으로 이원사자가 고맙다. 하지만 저승의 차사인 이원사자는 연유 없이 떡을 얻어먹고는 자신의 상관인 염라대왕을 팔아넘기고 만다. 준다고 그냥 받아먹으면 이렇게 코가 꿴다. 선의이건 호의이건 주는 것을 가려서 받아야 한다. 주는 자는 늘 기대하는 바가 있는 법이다. 떡값은 그때나 지금이나 문제다. 이렇게 본풀이는 신의 세계를 이야기하지만, 문맥 깊숙이 인간의 세계에서 지녀야 할 삶의 법도를 일러주기도 한다. 그래서 신화는 인간들의 이야기다.

[칠성본풀이]

– 내용

장설룡 송설룡 부부가 천하 거부로 살지만 늦도록 자식이 없어 절에 가 자식을 빌고는 딸을 낳아 칠성아기라고 이름을 지었다. 이 아기씨가

장성하자 부모는 벼슬살이를 가게 되었고, 하녀인 늦인덕정하님에게 궁 안에서 키우고 있으라고 부탁한다. 하지만 칠성아기는 몰래 부모의 전송을 나갔다가 길을 잃어 띠밭에서 헤매게 되었다. 칠성아기가 사라진 것을 뒤늦게 알게 된 하녀는 아기씨의 부모에게 빨리 돌아오라고 편지를 보낸다. 한편 칠성아기가 띠밭을 헤매고 있을 때, 지나가던 소서(小師)가 아기씨의 상가마를 세 번 쓸어서 포태를 준다. 칠성아기의 부모는 나중에 아기씨를 찾아냈는데, 아기씨는 뱀의 몸을 하고 배 속에도 뱀 여섯마리가 들어 있었다. 부모는 양반 집에 큰일이 났다고 여겨 아기씨를 무쇠함에 담아 바다에 버린다.

이 무쇠함은 제주에 당도해 각 마을 해안을 돌아다니며 올라오려고 하지만 가는 곳마다 내쳐지다가 결국 함덕으로 다행히 올라온다. 이때 일곱 명의 해녀가 이를 발견하고 서로 자기 것이라고 다투다가 송첨지 영감의 중재 하에 무쇠함을 열게 된다. 무쇠함 속에는 아기씨와 아이들 모두 7마리의 뱀이 있었다. 일곱 해녀가 처음에는 이를 박대했다가 몸이 아파 점을 쳤더니 신을 박대했기 때문이라고 해서, 굿을 하고 칠성신을 잘 위해 큰 부자가 되었다. 그러자 함덕의 모든 해녀들이 조상으로 모시게 되었고, 이를 알게 된 함덕마을의 당신이 칠성아기에게 당장 마을을 떠날 것을 요구하였다. 칠성아기와 그 아이들은 함덕마을을 떠나 제주 성안으로 들어왔고, 송댁의 할머니가 조상으로 모셔 위하였다. 나중에 칠성아기의 제안으로 자신과 자식들이 모두 흩어져 제주도 곳곳의 장소에 칠성으로 좌정하게 되었다.

- 풍요와 뱀

서양에서 뱀은 사악한 존재라고 한다. 우리에게도 뱀은 재수 없는 동물이란 인식이 넓다. 그러나 상반된 인식도 함께 존재한다. 그리스·로마신화에서 카두세우스는 두 마리의 뱀이 얽혀 있는 형상인데 이는 정신과 물질의 통일, 몸과 영혼의 통일을 나타낸다. 뱀은 허물을 벗으면 새로운 몸으로 태어나기 때문에 탄생과 죽음의 영원한 반복이라는 근원적 이미지를 갖고 있다. 체서본풀이에서 까마귀가 떨어트린 적패지를 뱀이 삼켰기 때문에 아홉 번 죽어도 열 번 되살아난다는 이야기도 뱀의 재생성을 상징한다.

그러나 뱀의 가장 두드러진 상징성은 풍요와 다산을 주재하는 여성성이다. 뱀은 지하세계와 지상세계를 오가면서 지하세계의 힘과 이미지를 실어 나르기에, 어두움과 동굴의 이미지가 여성적 속성과 관계가 깊다. 그런 어려운 측면 말고도 뱀은 용과 동일 범주로 취급되어 용사(龍蛇)신앙의 풍농신앙과 관련된다. 용는 비를 부르는 신격으로 농경과 밀접한데, 그 아류인 구렁이와 뱀도 같은 상징성을 획득하고 있다. 칠성본풀이의 칠성신도 뱀이고, 오공풍성을 가져다주는 신이다. 그래서 칠성신에게 고방(庫房)에 머무르며 독과 뒤주의 곡식이 가득 차기를 기원한다. 또한 칠성신은 마을사람이 자기를 위하여 제를 지내면 부자로 만들어주는 부신(富神)이다. 예전 농경사회에서야 고방에 곡식이 그득하면 부자로 사는 것이니 풍농신이 곧 부신인 셈이다.

- 칠성신과 도교

칠성본풀이에는 '7'이란 숫자가 여러 번 겹쳐 나온다. '일곱' 명의 잠수, 뱀 자식 '일곱' 등은 '7'과 연관된 반복이다. 이런 이유로 북두칠성의 '7'을 연관시켜 칠성신이라고 한 듯하다. 북두칠성을 신격화하여 북두성군이라 하는데, 도교에서 인간의 수명을 주재하는 신이다. 문전본풀이에서도 이본에 따라서는 일곱 아들이 북두칠성이 되었다고 하는데, 이 역시 '일곱'이란 숫자와 연관된다. 호남지방에서 씻김굿이나 축원굿 중 큰굿에서 구송되고, 혹은 수명장수를 기원하는 칠석맞이에서도 구송되는 칠성풀이는 기자칠성으로 일곱 아기를 얻고 후에 이들이 칠성신이 되었다고 한다. 『풍속무음』 책에서 칠성단을 만들어 칠성에게 祈子하여 딸을 얻고 '칠성아기'라 이름 하였다고 하는데, 여기서는 칠성신과의 관계가 명료한 편이다.

그러나 도교적인 칠성부군과 제주도의 칠성신은 그 성격이 서로 다르다. 도교에서는 수명을 관장하는 신이고, 무속에서는 풍요와 자손의 번성을 관장하는 신으로 나타난다. 그런데 제주도 무속의 오곡풍요신인 뱀신을 칠성신이라 했을까. 도교에서도 뱀신, 그중에서도 흰 뱀을 숭상하는 관습이 있고 그 신앙이 칠성신과 연관되어 후대에 영향을 끼친 것이 아닐까 생각한다.

– 일반신, 당신, 조상신

뱀신을 신으로 모시게 된 내력은 제주에 풍부하다. 칠성본풀이 이외에 토산여드렛당의 당신 본풀이가 있고, 나주 기민창 조상신본풀이도 있다. 한 집안의 조상신 혹은 마을의 신으로 모셔지던 외래신인 뱀신이 전도적인 숭앙을 받는 일반신이 되었다. 집안의 창고에 곡식이 그득하길 비는 풍요기원 관념이 작용하여, 개인과 마을을 뛰어넘어 또 다른 풍요신인 세경신과 함께 보편신이 되었던 셈이다. 허나 세경신처럼 풍요신으로서의 의의가 없다. 함덕 당신과 경쟁하고, 남들이 위하지 않으면 토라져서 병과 불행을 주기도 하는 통 좁은 신이다. 자기 마음에 들면 한없이 복을 주는 도깨비신과 같은 반열이라고나 할까.

[문전본풀이]

- 내용

남선비와 여산국 부부는 일곱 형제를 두었는데, 집안이 가난하니 남선비는 무곡장사를 하기로 하고 배를 마련해 떠났으나 광풍을 만나 낯선 땅에 도착한다. 그곳에서 남선비는 노일저데귀일의 딸을 만나 유혹에 넘어가 장사 밑천을 모조리 탕진하고 눈까지 멀었다. 남선비는 박대를 받으면서도 노일저데귀일의 딸을 첩으로 삼아 살았다. 한편 여산국 부인은 남편의 소식이 없자, 7형제의 도움으로 배 한 척을 다시 마련해 남편을 찾으러 떠나 결국 어렵게 남편을 만나게 된다. 하지만 남선비와 함께 사는 노일저데귀일의 딸이 유인하는 대로 목욕하러 갔다가 주천강 연못에서 죽고 말았다. 노일저데귀일의 딸은 여산국 부인의 옷을 입고 여산국 부인 행세를 하며 남선비와 함께 고향으로 돌아온다.

그러나 막내아들 녹디생인을 중심으로 일곱 형제는 자기 어머니가 아니라는 낌새를 차리고 의심하게 되니, 노일저데귀일의 딸도 눈치를 채고 일곱 아들을 없앨 흉계를 꾸몄다. 꾀병을 가장하고 남선비로 하여금 병이 나을 방도를 구해오게 하고, 자신이 변복하여 "아들 일곱의 간을 먹어야 치유된다."는 헛말을 전하니 남선비는 아들 일곱을 죽이려고 작정한다. 이에 막내아들 녹디생인이 기지를 발휘해 형 여섯의 간 대신에 산돼지 여섯 마리의 간을 내어 노일저데귀일의 딸에게 가져다 드리자 먹은 체하고 다시 녹디생인의 간까지 요구하는 지경에 이른다. 이때 녹디생인이 노일저데귀일의 딸의 음모를 막고 온 동네에 그 사실을 알린다. 아버지 남선비는 달아나다 정살에 걸려 죽었고, 노일저데귀일의 딸은 변소로 도망쳐 목을 매어 죽었다. 일곱 아들은 죽은 어머니를 찾아내어, 서천꽃밭의 환생꽃을 구해와 되살려내었다. 이후에 남선비와 여산국 부인, 노일저데귀일의 딸, 일곱 형제들은 각각 집안 곳곳을 관장하는 신이 되었다. 특히 녹디생인은 일문전을 지키는 신이 되었다.

- 시체화생(屍體化生)

여산부인의 일곱 형제가 어머니를 죽이고 자신들마저 죽이려 한 노일제대귀일의 딸에게 복수하는 장면은 우리나라 이야기에 흔치 않은 일이고 잔인하기 이를 데 없다. 말하자면 '두 다리를 찢어 드딜팡(디딤돌)으로, 대가리를 끊어 돼지먹이통으로 만들고, 머리털은 끊어 던지니 해조류가 되고, 입을 끊어 던지니 솔치가 되고, 손톱과 발톱은 굼벗으로, 배꼽은 굼벵이로, 음부는 전복으로, 육신을 빻아 날려보내니 각다귀와 모기가 되었다'고 한다.

본풀이 속에는 악인에 대한 응징의 교훈이 있고, 고대인의 지략과 지혜가 담겨 있다. 해조류나 해산물의 유래를 설명하는 이야기인데 그것이 사람의 시체에서 왔다는 사유다. 인간세계의 것과 자연세계의 것 중 닮은 것을 짝지어, 인간과 자연이 순환하는 관계임을 은연 중에 밝힌다. 여성의 음부와 전복을 관계 짓는 홍미담 속에 옛 사람들의 유머가 묻어난다. 시체화생신화의 대표격은 중국의 반고 신화다. 반고가 죽은 후 그의 몸에서 해와 달, 산과 강, 흙과 초목, 그리고 인간이 탄생하였다는 이야기로 창세의 내용을 담고 있다. 그런데 문전본풀이에는 그런 창세적인 화소는 없다. 창세 이야기가 화석화되어 해초와 해산물 기원 신화적 흔적을 남기고 있다.

- 정낭과 도둑

제주의 독특한 대문 형식인 정낭은 집안에 사람이 있는지, 가까운 곳에 출타했는지, 먼 곳에 가서 한참 뒤에 돌아올 것인지를 알려주는 신호등과 같은 체계다. 이런 표식은 도둑에게 집이 비어 있으니 털어가라는 신호가 아니냐고 우려하기도 한다. 그러나 걱정 없다. 정낭을 지키는 정낭신이 있기 때문에 누군가 함부로 집안을 드나들 수 없고, 그것을 어기면 동티가 나거나 벌을 받는다고 믿고 있기 때문이다. 정낭뿐 아니라 집안을 수호하는 신들이 도처에 좌정하고 있으니 도둑과 병마가 얼씬거리지 못한다. 그래서 제주의 가옥은 신성한 구조이고, 그곳에 머무는 인간도 허튼 짓을 하지 못하고 경건하게 살아간다. 제주 가옥에서 중심은 상방의 앞문이고, 대표적 신은 역시 '문전신'이다. 육지에서는 '성주신'을 중히 여기는데, 제주에서는 대부분의 제사와 명절에 문전신을 위한 제상을 차리고 문신을 중하게 여기고 있다. 육지에는 보이지 않는 이 정낭은 필리핀, 라오스, 스리랑카에까지 분포되어 있다. 제주와 해양문화의 교류를 짐작할 수 있다. 막내 아들을 중시하는 사유는 유목문화의 잔재다. 제주에는 해양, 유목문화 복합의 흔적이 산재한다.

– 과학과 믿음

부엌신인 조왕과 변소의 신인 측도부인은 처첩관계였기 때문에, 부엌과 변소는 마주보면 좋지 않고 멀어야 좋다고 한다. 변소의 것은 돌 하나, 나무 하나라도 부엌으로 가져오면 좋지 않다고 한다. 옛 사람들의 과학정신이라 하겠다. 부엌과 변소를 가급적 멀리 두려는 옛 사람들의 상식과 믿음이 한 덩어리가 되어 나타난다. 현대과학의 맹신과는 분명 다르다. 현대인들은 과연 무엇을 믿고 살아야 할까. 노일제대귀일의 딸 같이 못된 짓 하면 죄 받는다고 믿고, 못된 짓 하는 사람을 귀일의 딸이라고 손가락질하면서 악행을 경계하던 과거의 일상이 훨씬 인간적이다.

이용옥 심방 〈본풀이〉 조사 경위

강소전
-한국학협동과정 박사과정

1. 본풀이 조사 목적

이용옥 심방이 구연한 본풀이의 채록과 전사는 제주대학교 대학원 한국학협동과정의 2008년 1학기 강의인 <한국학현장실습Ⅱ>를 통하여 이루어졌다. 이 자료집은 <한국학현장실습Ⅱ>를 수강 신청한 대학원생들이 한 학기 동안 본풀이를 채록하고 전사하는데 힘을 기울인 결과물이다. 제주대학교 대학원 한국학협동과정에서는 제주에서 전승되는 본풀이의 중요성을 인식하고, 본풀이의 채록과 정리가 반드시 필요하다는데 깊은 공감을 하였기 때문이다.

제주의 본풀이는 서사무가(敍事巫歌)이다. 심방이 무속의례의 진행을 위해 신의 강림을 청하고 신에게 소원하는 바를 빌고자 할 때 그 신의 위력을 드러내기 위해서 무가를 부른다. 아직도 심방에 의해 전승되고 있다. 심방들은 본풀이를 굿의 중요한 '문서(文書)'로 여긴다. 본풀이와 굿의 제차에 통달한 심방은 소위 '큰심방'이라고 불리는 영예를 얻는다. 만약 본풀이를 잘 구송하지 못하면 굿을 제대로 진행할 수 없을 뿐더러

신앙민들에게서 존경을 받을 수 없게 된다.

본풀이는 '근본(내력)을 푼다'는 뜻이다. 본풀이는 일반신본풀이, 당신본풀이, 조상신본풀이 등으로 대별할 수 있다. 천지창조에서부터 무조신(巫祖神)의 연원, 탄생과 죽음의 원리, 농경의 유래, 부(富)의 획득, 인간세상의 여러 가지 법의 마련 등 다양한 내용이 담겨져 있다. 또 각 자연마을마다 당신이 좌정하게 된 이야기, 더 작게는 각 집안마다 신으로 모시는 영험한 조상들에 관한 이야기들이다.

제주의 본풀이는 구비전승 되는 양상과 문학적인 측면, 의례적인 측면 등 모든 방면에서 중요한 가치를 지니고 있다. 다른 지방에 비해 아직도 다양한 본풀이가 나름대로 꾸준히 전승되고 있고, 문학적으로도 서사구조가 탄탄한 신화들이 많다는 점 등 제주도 본풀이의 가치는 매우 높다. 게다가 제주의 본풀이는 한반도와 동아시아의 신화를 이해하는 데도 더없이 소중하다. 한국 내 다른 지방의 신화와 일정한 접점이 보이는 것도 있고, 제주 본풀이에 보이는 여러 화소(日月調整, 箱舟漂着, 射矢卜地 등)들이 중국이나 유구, 일본, 동남아시아의 신화들에서도 나타난다고 한다.

한편 본풀이에는 제주인들이 만들어 왔던 가치관이나 철학, 삶의 문화 등이 녹아 있다. 본풀이 속에서 신에 의해서 마련되는 '법지법(法之法)'은 그 자체로 인간세계의 질서를 규율하는 기준이 되었다. 또한 당신본풀이에는 마을 설촌의 과정과 해당 마을의 역사문화의 흐름이 내재되어 있기도 하다. 신의 출생・좌정경위・신의 역할・단골민 형성과정・제일(祭日)・제물(祭物)・금기(禁忌) 등은 그 역사문화의 흐름을 들여다 볼 수 있게 해 주는 일종의 창문이다. 특히 당신본풀이 속에는 이른바 '계보'라고 부를 수 있는 '신들의 질서'도 나타나 있어서 한층 귀한 자료가 된다. 본풀이는 신을 향한 인간의 땀냄새가 진하게 배어 있는 소중한 역사의 기록이며, 이 땅 제주에 누대에 걸쳐 그동안 숱하게 태어나고 사라져간 사람들의 '이름성명'이 아로새겨진 삶의 문화이다.

이러한 본풀이의 중요성을 감안할 때, 그만큼 본풀이의 채록이 시급하다는 절대적인 상황에 맞닥뜨리게 된다. 본풀이 채록이 시급하다는 인식은 본풀이의 고장인 제주도에서 그동안 본풀이의 채록이 활발히 지속적으로 이루어지지 못한 점을 반성하는 데서 시작하였다. 급변하는 환경 속에서 본풀이의 채록과 정리가 한 순간도 지체할 수 없는 당면한 과제임을 깨닫고, 이를 시정하기 위한 노력이 필요하다고 여겼다.

본풀이의 채록과 정리를 위해서는 당연히 전사(轉寫) 과정을 거쳐야 한다. 본풀이를 전사하는 것은 쉬운 작업이 결코 아니다. 굿과 본풀이에 대한 전반적인 이해가 있어야 하고, 특히 제주어에 대한 지식과 경험이 풍부해야 하기 때문이다. 그동안 본풀이의 채록과 정리가 활발히 이루어지지 못한 이유 중에 하나가 전사의 어려움 때문일 것이다. 따라서 한국학협동과정에서는 본풀이의 전사를 위한 체계적인 훈련이 필요함을 절감하게 되었다. 본풀이의 조사만큼이나 중요한 것이 전사이기 때문이다. 대학원의 강의 과정을 통하여 대학원생들의 본풀이 전사 능력을 키우는 것 또한 시급한 문제임을 인정하지 않을 수 없다.

결국 한국학협동과정에서는 2008년 1학기 <한국학현장실습Ⅱ> 강의 과정을 통해 실제적으로 본풀이를 채록하는 작업을 수행하고, 대학원생들이 본풀이를 전사할 수 있는 능력을 키우는 것을 목적으로 삼았다. 첫 시도이니 큰 성과를 바라는 것은 무리이나, 이후 지속적인 본풀이의 채록과 전사를 위한 작은 디딤돌 하나를 놓는 것이라 생각하고자 한다.

2. 본풀이 조사 경위와 구연자의 선정 기준

본풀이를 채록하는 과정은 다양하다. 가장 바람직한 것은 실제 굿에서 구연되는 본풀이를 채록하는 일일 것이다. 하지만 이는 시간과 노력이 많이 들어가는 일이다. 연구자가 실제 굿을 보는 것 자체가 쉬운 일이 아닐뿐더러, 다양한 본풀이를 어느 굿에서나 모두 한 자리에서 들을 수 있는 것도 아니기 때문이다. 본풀이를 현장에서 생생하고도 다양하게 채록하려면 매우 오랜 시간의 인내와 노력이 필요하다. 어쩌면 연구자가 평생을 두고 본풀이 조사에 열중해야 가능한 일인지도 모른다. 굿을 종류별로 다양하게 보는 것만도 오랜 시간이 소요되는 것이며, 한 심방이 가진 본풀이 문서를 굿 현장에서 모두 들으려면 이 역시 해당 심방과 더불어 연구자도 오랜 세월 굿판에서 살아야 하기 때문이다. 이렇게 해서 얻어진 본풀이 자료는 굿의 맥락과 함께 연결되어 더욱 생생하게 빛이 나지만, 조사의 현실을 감안할 때 이른 시일에 성취되기 어렵다. 하물며 이번 작업은 대학원 강의의 일환으로 이루어지는 것이어서 십여 명의 학생이 한정된 굿판의 공간에 들어가는 일은 더욱 어려운 일이다.

사정이 이러니 인위적인 상황에서 본풀이를 채록하기로 결정하였다. 그렇다면 여러 명의 심방이 구연하는 본풀이를 채록할 것인가, 아니면 한 심방의 본풀이를 채록할 것인가를 결정해야 한다. 우선 여러 명의 심방이 구연하는 상황은 대학원 강의에서 감당할 수 있는 범위를 넘어서는 것이라 여겨 택하지 않았다. 여러 명의 심방이 구연하는 것을 볼 수 있었다면 본풀이의 다양한 모습을 살펴볼 수 있는 좋은 기회가 되겠지만, 본풀이 조사에 능숙하지 않은 대학원생들의 사정을 생각해 다음 기회를 기다리기로 하였다. 순수한 대학원 강의여서 여러 심방을 초청할 만한 재정적 지원 등의 제반 여건이 충분치 못한 사정도 물론 컸다.

따라서 어느 특정한 한 심방을 택해 본풀이를 채록하기로 하였다. 제보자인 심방을 선정하는 데에는 세 가지 기준을 세웠다. 첫째, 구연할 수 있는 본풀이 문서가 풍부한 심방이어야 한다. 소위 일반신본풀이, 당신본풀이, 조상신본풀이 등 본풀이를 다양하고 풍부하게 구연할 수 있는 이를 택했다. 이번 작업에서는 한 심방의 본풀이를 다양하게 듣는 것을 택하였기 때문에 다양한 본풀이 구연 능력은 가장 중요한 기준이다.

둘째, 가능하면 제주도내 실제 어느 한 마을의 당을 매고 있는 당맨 심방이어야 한다. 당맨심방은 제주도 심방의 전형적인 모습이다. 당을 맨 메인심방은 해당 마을의 당굿을 할 뿐만 아니라, 그 지역의 신앙민을 단골로 삼고서 단골의 집에서 벌어지는 다양한 굿을 할 수 있기 때문이다. 이른바 'ᄉᆞ가칩(私家)'의 굿은 큰굿과 작은굿, 비념 등 여러 모습으로 행해진다. 심방은 자신의 단골의 부탁을 받아 굿을 하고, 그 굿의 성격에 따라 다양한 본풀이를 행할 수 있다. 한편 조상신본풀이와 관련된 조상굿을 하는 심방이라는 조건을 추가적으로 검토하였다. 조상신본풀이는 조상신을 모시는 단골을 가지고 있지 않으면 여타의 심방들은 잘 알기 어려운 내용이므로, 실제 조상신을 모신 단골을 두고 굿에서 그 본풀이를 하고 있는 심방을 택하려고 한 것이다.

셋째, 대학원 강의임을 감안해 대학원생들이 채록·전사 과정에서 비교적 부담 없이 접촉할 수 있는 심방을 선정했다. 본풀이에 대한 선행 지식이 부족한 학생들이 대다수였기 때문에, 다소 번거롭더라도 언제라도 접촉해 대화할 수 있는 환경을 만들고자 하였기 때문이다. 셋째 기준은 이번 작업의 현실적 상황을 고려한 것이다.

일단 이런 세 가지 기준을 가지고 한 심방을 선정하여 작업을 진행하였다. 물론 이 기준에 해당하는 도내의 심방들이 다수 있다. 원로급 큰 심방들도 몇몇은 아직도 활동하고 있고, 그보다 좀 낮은 연배에서도 활발한 활동을 하는 능력 있는 심방들이 다수 있다. 그들을 이번 기회에 모시지 못한 것이 무척이나 아쉽게 다가온다. 다음 기회에 꼭 그들의 본풀이를 들을 수 있기를 기대하는 마음 간절하다.

이번 작업을 하면서 구연자로 선정한 심방은 이용옥 심방이다. 이용옥 심방은 일반신본풀이의 모든 문서에 두루 능하며, 각각의 일반신본풀이를 어떤 제차와 기원상황에서 행하는지 분명하게 인식하고 있다. 게다가 당신본풀이와 조상신본풀이 역시 구연할 수 있다. 자신이 맡은 당의 본풀이와, 특정한 조상신을 모시는 단골을 가지고 있기 때문에 그에 해당하는 조상신본풀이 역시 능숙하게 해낼 수 있다.

시간을 넉넉히 잡고 여러 가지 지원이 풍족하다면, 그가 가지고 있는 모든 문서를 다 들을 수 있을 것이다. 하지만 대학원 강의에서 이용옥 심방을 모신 터라 모든 본풀이를 한 자리에서 다 듣기에는 역부족이라는 사실을 인정하지 않을 수 없다. 그래서 일단 우선은 일반신본풀이를 청해 듣기로 하였고, 이번 조사에서 13개에 달하는 일반신본풀이가 구연되었다. 그리고 여기에 본풀이 채록 작업 말미에 특별히 청하여 조상신본풀이를 들을 수 있었다. 사실 조상신본풀이는 매우 듣기 힘든 자료임에도 불구하고, 모두 6종류에 이르는 조상신본풀이가 구연되어 귀중한 행운을 얻었다.[1] 다만 이용옥 심방이 구연하는 당신본풀이는 아쉽게도 이 자료집에 실리지 못했다. 다음에 적절한 기회를 기다린다. 따라서 이 자료집은 이용옥 심방의 일반신본풀이를 중심에 두고, 거기에 조상신본풀이를 보탠 것이다.

3. 이용옥 심방

이용옥 심방은 1955년생으로, 제주시(舊 북제주군) 조천읍 신촌리에서 태어났다. 국가 지정 중요무형문화재 제71호 제주칠머리당영등굿의 기능보유자인 김윤수 심방의 부인이며, '이정자'라는 다른 이름으로도 알려져 있다. 이용옥은 신촌리에서 태어난 직후, 함덕리로 가 10세까지 지내다가 그 이후에는 제주시 남문통에서 살았다. 김윤수와 결혼한 후에 수양어머니의 배려로 신촌리로 다시 이주해 현재까지 살고 있다.

이용옥 심방은 현재 제주칠머리당영등굿의 이수자로서 매우 활발한 무업활동을 하고 있으며, 기량이 뛰어나다고 인정받고 있다. 사실 이용옥 심방의 집안에는 외가 쪽으로 뛰어난 심방들이 많이 배출되었다. 외가의 조부모인 김성윤과 정씨 부인 이후로 슬하에 이름이 널리 알려진 유명한 심방들이 많았다. 아래의 표에서 이용옥 집안의 무업 가계를 살펴볼 수 있는데, 모두 15명이 무업에 종사한 것을 알 수 있다.

---

1) 조상신본풀이에 대해 전문적으로 다룬 자료로 탐라문화연구소에서 이미 발간한 『제주도 조상신본풀이 연구』를 참고. 김헌선 · 현용준 · 강정식, 『제주도 조상신본풀이 연구(탐라문화학술총서 4집)』, 제주대학교 탐라문화연구소, 2006.

〈이용옥 심방의 가계 내 심방 계보〉[2]

외가	1대	[김성윤(조부), 심방① / 부인 정씨(조모), 심방②]
	2대	[김두병(김성윤의 장남), 심방③]
		[김국화(김성윤의 장녀), 심방④]
		[김명월(김성윤의 차녀), 심방⑤ / 남편 이문홍, 심방⑦(결혼 이후)]
		[김만보(김성윤의 삼남), 심방⑥]
	3대	[김연춘(김두병의 장남), 심방⑧]
		[김연옥(김두병의 삼녀), 심방⑨]
		[김상원(김두병의 삼남), 심방⑩]
		[이용옥(김명월과 이문홍의 장녀), 심방⑪, 본인]
		[김연희(김만보의 차녀), 심방⑫]
외조모 정씨부인 가계	1대	[부친, 심방⑬]
	2대	[정씨 부인(장녀) : 이용옥 심방의 외조모]
		[정두삼(장남), 심방⑭]
		[정주병(차남), 심방⑮]

한편 이용옥의 남편인 김윤수 심방의 집안도 4대째 무업을 이어왔다. 4대를 통틀어 모두 13명의 심방을 배출한 집안이다. 그러므로 김윤수와 이용옥 양쪽 집안을 합하면 모두 30명 가까이나 되는 심방이 있음을 알 수 있다. 이들 부부는 나중에 고군찬 심방과 수양(收養) 관계를 맺게 되는데, 고군찬 역시 뛰어난 심방으로 이름이 높았던 이였다. 고군찬은 이들 부부에게 조상인 멩두와 조천읍 와산리 등의 단골판을 넘겨주었다.

이용옥은 심방 집안에서 태어나 어린 시절부터 자질을 보였다. 이용옥은 아홉 살 되던 해에 무구(巫具)의 하나인 '간제비'를 줍게 된다. 아홉 살 되던 해의 음력 1월 3일에 이모부가 이용옥에게 술을 받아오라고

2) 강소전, 「제주도 굿의 '공시풀이' 고찰 : 이용옥 심방의 사례를 중심으로」, 『한국무속학』 제14집, 한국무속학회, 2007, 147~148쪽 참고.

해서 함덕 거리를 걷다가 간제비를 주운 것이다. 당시 눈이 많이 왔는데 길을 걷다가 어떤 주머니를 발견하고 그것을 주워서 속옷 안에 숨겼다고 한다. 그런데 나중에 이모인 김국화가 이를 잡아준다고 속옷을 벗기는 바람에 간제비 숨긴 것을 들켰다. 이모는 간제비를 발견하고는 가지고 가 버렸고, 그 후에 이용옥은 학교도 안 가고 정신집중이 잘 되지 않았다. 그러자 집안에서 이를 걱정하였고, 이용옥은 간제비를 다시 자신에게 가져다 달라고 부탁하였다. 간제비가 다시 돌아오자 이용옥은 그것으로 점을 쳤는데 사람들이 아주 잘 맞히더라고 했다. 일례로 함덕 비석거리에서 해녀들이 갓 잡은 해산물을 두고 이용옥에게 잘 팔 수 있는지 물으면 가타부타 그 여부를 대답해주곤 했다는 것이다.

그런데 이용옥이 결혼한 후 간제비를 두고 왔는데, 남편인 김윤수의 꿈에 어떤 할머니가 나타나 자신을 박접한다고 하며 이를 나무랐다고 한다. 그래서 그 간제비를 약 25살 경에 다시 가져왔다. 이용옥은 굿을 할 때 간제비를 꼭 가지고 가서 공싯상에 놓는다. 다만 작은굿에는 가지고 다니지 않을 때도 많다. 간제비는 길가에서 우연히 주운 것이기 때문에, 자세한 내력을 알 수 없어 그 조상 연줄은 모른다.

이용옥 심방은 어린 시절부터 무업에 들어섰다. 심방으로서의 자기 정체성도 매우 뚜렷하고, 굿을 익히고자 열심히 노력하였다고 할 수 있다. 주위에 큰심방들도 많아서 굿을 제대로 배우기에 좋은 환경이기도 했다. 이용옥에게 큰 영향을 준 이들은 어머니인 김명월과 김만보, 고군찬 심방 등이었다. 이용옥은 본풀이에 두루 능하고, 큰굿도 진행할 수 있을 만큼 제주도의 '굿ᄃᆞ리'에도 밝다. 앞으로 제주도의 굿을 이끌어나갈 중요한 인재라고 할 수 있다.

4. 조사 일시와 장소, 방법

이용옥 심방의 본풀이 채록은 2008년 4월 중에 5일 동안 이루어졌다. 4월 9일, 4월 12일, 4월 14일, 4월 15일, 4월 16일이다. 장소는 제주시 도남동에 소재한 풍물굿패 신나락 연습실을 이용하였다.

본풀이를 구연하는데 필요한 무구(巫具)는 이용옥 심방 본인의 것을 사용하였다. 무구는 이른바 '멩두'인 신칼과 산판(천문, 상잔, 산대)・요령에, 그리고 무악기인 연물을 갖추었다. 신칼과 산판은 심방이 점을 치는데 사용되었고, 요령은 본풀이를 구연하는데 쓰였다. 연물은 북과 장구를 사용하였다.

〈이용옥 심방 본풀이 채록 모습〉

그리고 본풀이를 구연하기 위해 무복을 갖춰 입었다. 이용옥 심방은 한복을 기본 차림으로 하고, 필요한 경우 관련된 무복을 더 갖추어서 구연을 하였다. 또한 본풀이 구연 장소에 간단히 과일, 술, 향 등을 놓아 제상(祭床)을 차렸고, 심방이 제상을 마주 보며 본풀이를 구연하였다.

한편 SONY TRV-18 캠코더 2대를 이용해 본풀이 구연하는 것을 영상촬영하였다. 테이프 교체 시간에 자료가 부분적으로 상실될 것을 염려해, 캠코더의 테이프 교체 시기를 서로 달리 하여 이를 방지하였다.

5. 참가자와 본풀이 전사의 분담

이용옥 심방 본풀이 채록 및 전사과정에 참가한 이들은 원칙적으로 <한국학현장실습Ⅱ> 강의와 관련된 교수와 수강신청한 대학원생들이다. 아래에 명단을 제시한다. 다만 명단 중 강소전은 수강신청하지 않았으나, 본풀이 채록 및 전사에 추가적으로 참여하였다.

지도교수 : 허남춘(제주대 교수, 탐라문화연구소장)
박사과정 : 강소전, 허영선, 한진오, 고범석, 양미경
석사과정 : 정희종, 안현미, 윤순희, 문경미, 양재성, 송정희, 강수경, 김연정, 김윤정

대학원생들은 본풀이 채록에 함께 참여하고, 더불어 각각 적정 분량으로 나누어 본풀이의 전사를 맡았다. 본풀이를 모두 구연하는데 걸린 시간을 가늠하고, 이를 참가한 대학원생의 수로 나누니 학생마다 약 1시간 정도의 전사분량을 할당할 수 있었다. 구연시간이 1시간이 넘는 본풀이인 초공본풀이, 세경본풀이, 체서본풀이는 2~3명이 함께 전사를 맡았다. 반면에 구연시간이 1시간이 채 되지 않는 본풀이의 경우는 한 명의 학생이 2개의 본풀이를 맡아 전사한 경우도 있다.

대학원생들은 각자 자신이 맡은 본풀이의 1차 전사를 담당하였다. 1차 전사가 끝난 후 함께 모여 각자의 본풀이 전사 내용을 검토하였다. 이후 1차 전사의 교정 및 각주, 최종적인 마무리는 강소전이 담당하였다. 아래의 표에서 본풀이의 채록과 전사에 대한 현황을 제시한다.

종 류	본풀이명	채록일시	소요시간	무구의 사용	1차 전사자
일반신 본풀이	천지왕본풀이	2008. 4. 9.	약 36분	장구	양재성
	명진국할마님본풀이	2008. 4. 9.	약 14분	-	양미경
	마누라본풀이	2008. 4. 9.	약 15분	-	양재성
	동이용궁할망본풀이	2008. 4. 9.	약 18분	장구	강수경
	초공본풀이	2008. 4. 12.	약 2시간 26분	장구, 요령, 송낙, 퀘지띠	송정희, 강수경, 김윤정
	이공본풀이	2008. 4. 12.	약 42분	장구	양미경
	삼공본풀이	2008. 4. 14.	약 47분	장구, 산판	문경미
	지장본풀이	2008. 4. 14.	약 14분	장구	고범석
	멩감본풀이	2008. 4. 14.	약 24분	요령	고범석
	세경본풀이	2008. 4. 15.	약 1시간 39분	장구, 북	허영선, 김연정
	체서본풀이	2008. 4. 15.	약 1시간 52분	장구	한진오, 정희종
	칠성본풀이	2008. 4. 16.	약 51분	장구	강소전
	문전본풀이	2008. 4. 16.	약 50분	장구	윤순희
조상신 본풀이	산신일월, 고전적 하르바님, 이씨 불도 할마님, 양씨 애미, 고씨 어머님, 안판관댁 산신부군	2008. 4. 16.	약 57분	신칼, 요령 (심방), 장구, 북 (소미 2인)	안현미

〈일반신본풀이〉

천지왕본풀이

〈심방 설명〉

천지왕본풀이는 도업에 들어가는 본풀이다. 천지왕은 하늘이고, 지부왕은 땅이다. 천지왕과 지부왕 사이에서 태어난 자식은 대별왕과 소별왕이다. 옛날에는 새와 풀잎들이 모두 말을 하였으나 천지왕이 말을 못 하게 만들었다. 천지왕본풀이는 저승법과 이승법을 가르는 본풀이다.

- 천지왕본풀이〉들어가는 말미[1]

[장구를 한두 번 치다가 이내 그치고 말미를 한다.]

바꼇들로에~, 천지천왕(天地天皇)~, 지도지왕(地都地皇) 삼강오륜(三綱五倫) 전운지방 법으롭서~, 천지염랏대, 대통기 소통기는, 지리에기 양산기 나부줄전지~,[2] 신수푸고,[3] 안느론 비저나무[4] 상당클 준지나무 중당클, 개수나무 하당클, 늬(四) 귀 좀쑥허게, 메어 잇십네다. 천지왕(天地王) 어간 삼아~, 난산국에[5] 본산국~ 본을 풀저, 협네다. 난산국 본 풀건, 본산국더레 제 느려 하감협서예-.

---

1) 천지왕본풀이를 하면서 ᄉ당클을 매어서 큰굿을 할 때 하는 말미로 하였다.
2) 대통기, 소통기, 지리에기, 양산기, 나부줄전지 : 제주도 굿에서 쓰이는 기메의 종류.
3) 신수푸고 : 신이 내려오고.
4) 비저나무 : 비자(榧子)나무.
5) 난산국 : 본디 태어난 곳과 그 내력. =본산국.

– 천지왕본풀이〉공신가신

[장구를 치기 시작한다.]

공신, 공시는 가신, 공섭네다.

제저 남산은, 본은 갈라 인도역, 서준남, 서준공서

말씀전~, 여쭙긴

– 천지왕본풀이〉날과 국 섬김[6)]

날은 갈라

어느 날~ 둘(月)은 갈라, 어느 둘 올그금년[7)]

수년장네, 해(年)는 갈라, 이천팔(二千八) 년, 무자년(戊子年), 둘은 갈라

양력(陽曆)으론 입스월(-四月), 오널 초아흐렛날 음력(陰曆)은, 쳉명(淸明) 꼿삼월 둘

오널은~ 초나흘날, 이 공서, 이 원정(願情), 올립기는

어느 국(國)은~ 어떠헌, 인간(人間)이, 이 공서~, 이 원정, 올리느냐영 헙거든

헤튼국도~ 국입네다. 둘튼국, 국입네다~. 주레(周圍) 팔만 십이 제고(十二諸國)

동양삼국(東洋各國) 서양각국(西洋各國), 마련허난, 강남(江南) 든 건 천저국(天子國), 일본(日本)은 주년국(周年國), 우리나라~, 천하해동(天下海東), 대한민국(大韓民國)

첫 서울은 송태조, 개판, 개국(開國)허난

---

6) 본풀이 구연을 처음으로 하는 날이어서 천지왕본풀이에 앞서 특별히 '날과 국 섬김'을 하였다.

7) 올그금년 : 올금년. 발음이 늘어졌음.

둘쳇 서울은 시님허고, 셋차 서울, 한양(漢陽) 서울 넷차는, 웨정(倭政) 삼십육(三十六) 년 개성 서울, 다섯첸, ᄌᆞ부올라 상서월, 안동밧골

자동방골은 먹자골 수박골, 모시전골

불탄 대궐 마련허난, 경상도는 칠십칠 관, 전라돈, 오십삼 관 충청돈, 삼십삼 관

일제주(一濟州)는, 이거저(二巨濟), 삼남해(三南海)는 사진도(四珍島), 오과원(五江華)땅~ 육관도(六莞島), 그 중에서 제일 큰, 탐라국(耽羅國)은

옛날은 무인돈(無人島ㄴ)데, 탐라국이랏당, 전라남도(全羅南道) 제주, 읍(邑)이랏당 제주도로, 승격(昇格) 받앗당, 제주특별(濟州特別), 자치도(自治道)가 뒈엿수다.

산은 갈라 한라산(漢拏山), 땅은 보난 노고짓땅, 물은 갈라 황해수(黃海水), 물로 빙빙 돌은,[8] 요 섬 중에

어시승(御乘生岳) 당골머리,[9] 아흔아홉(九十九) 골머리, ᄒᆞᆫ 골 엇엉[10] 범(虎)도 곰(熊)도, 왕(王)도나, 못네 나신 요 섬 중에

남문 바꼇 모힌골(毛興穴)은 삼성혈(三姓穴), 연평(永平) 팔년(八年) 을축(乙丑) 삼월(三月), 열사흘(十三日) 날

ᄌᆞ시(子時)에는 고을롸[11] 축시(丑時)엔, 양을롸,[12] 인시(寅時)엔 부을롸,[13] 고랑부(高良夫)는 삼성친, 도업(都邑)허신 요 섬 중에

---

8) 돌은 : 둘러싸인.

9) 당골머리 : 골머리봉. 어승생의 동쪽에 있는 봉우리로 '아흔아홉골'이라고도 함. '단-'은 조율음.

10) 엇엉 : 없어서.

11) 고을롸 : 탐라 시조인 고을나(高乙那)를 말함.

12) 양을롸 : 탐라 시조인 양을나(良乙那)를 말함.

13) 부을롸 : 탐라 시조인 부을나(夫乙那)를 말함.

옛날 이태왕(李大王) 오벽년(五百年), 국(國)이 덩덩헐 때

제주도 할로영산(漢拏靈山), 영기신령(靈氣神靈) 좋텡 허영, 저 산~ 저 편은, 당 오벽(五百), 이 산 앞은 절(寺) 오벽(五百), 산꿈부리마다 오롬,[14] 굼부리마다[15]

천막(天幕) 군포닥 천막 치영, 절 오벽 많허난, 이형상(李衡祥) 이 영천(永川), 목사(牧使) 시절

제주도로 도임(到任)허연 오난 당 오벽도 불천수, 절 오벽도 파괴(破壞) 파산(破散) 시겨부난

시기다가 남은 당, 산천영기 소렴당(山川靈氣小林堂),[16] 남아 잇고

절은 보난, 미양 올라 한동절, 남아 잇고

항파두리는 김통정(金通精), 만리성(萬里城)을 둘러 올 때, 삼ᄀ을 ᄉ 관장, 대정(大靜) 가민 원님살이 정이(旌義), 정당 현감 살고

목안은[17] 판관(判官) 명월(明月)은 가난, 각진 든 건 조방장(助防將), 명월만호(明月萬戶)

참판살이 설련헌, 요 섬 중에

대정은 가난 이십칠 도, 정이정당 삼십팔 리, 주목안은, 팔십여 리

면도장(面都帳) 갈라 십삼(十三) 면이온데

도장 갈르난 삼(三) 도장, 동서문밧-

나사난, 서른여덥 ᄆ을은, 대도장네, 서수문밧, 마흔여덥 소도장네

제주시는, 옛날은, 저 북군 남군, 서귀포시, 영 허단, 지금은 제주시,

---

14) 오롬 : 악(岳). 한라산 일대에 형성된 아주 자그마한 산. =오름.

15) 굼부리 : 산 중턱 위에 우묵하게 팬 곳.

16) 산천영기 소렴당(山川靈氣小林堂) : 제주시 아라리 산천단(山川壇)에 있었던 당. 또한 소림사(小林寺)가 있었음.

17) 목안 : 제주목(濟州牧)의 안.

서귀포시 뒈엿수다.

제주시는 일레 일도리, 이도리, 삼도리는 건입동, 용담 일이삼동, ᄋᆢ라[18] 동(洞), 분(分)허시니

지금 이, 자리는 삼도이동

[말] 신나락 놀이패 사무실로 오란, 이 공서 [소리] 올렴수다에-.

– 천지왕본풀이〉본풀이

천지왕(天地王)은 옥항(玉皇)이고

지부왕(地府王)은, 인간, 땅에, 사옵데다.

옥항에서, 천지왕이, 지부왕에 ᄂᆞ리난,[19] 총명부인(聰明婦人)

천지왕님전, 밥 ᄒᆞᆫ 상(床)을 출리저, 그 ᄀᆞ을에, 수면장제네

묵은 곡석(穀食) 주엉 새 곡석, 궂인 곡석 놈 주엉, 좋은 곡석 받곡, 족은 뒈(升)로 주엉, 큰 뒈로 받곡

대벡미(大白米)엔 대몰레를,[20] 섞으곡, 소벡미(小白米)엔 소몰레, 섞어 놓앙 장녜(長利)[21] 주엉

사는 디가 잇이난, 수면, 장제네 집이 간, 쏠 ᄒᆞᆫ 뒈를 장녜허연

천지왕님전 밥 ᄒᆞᆫ 상을 출리저, 녹미 작박에[22] 놓아근, 초불 이불 연싀불, 씻어두언

밥 ᄒᆞᆫ 상, 출려 놓안, 천지왕님전

---

18) ᄋᆢ라 : 여러.

19) ᄂᆞ리난 : 내리니.

20) 몰레 : 모래.

21) 장녜(長利) : 가난한 농가에서 식량이 모자라는 고비에 곡식을 꾸었다가 갚을 때에 따르는 변리.

22) 녹미 작박에 : 바가지에.

〈장구를 치며 본풀이를 구연하는 모습〉

들런 가난, 천지왕님은, 그 밥상을 둥겨네,[23] 쳇 숟끄락, 놓안 씹젠 허난

쳇 찍에 머을이,[24] 씹힙데다.

먹던 밥, 숟가락 놓아 두언, 그 밥상을 밀려간다.

“총명부인님아 어떵허난 쳇 찍에, 머을이 씹현, 못 먹쿠덴.” 허난

“아이고 이 ᄀ을에~, 수멩이 제인장제네, 집이 간, 쏠 훈 뒈를 장네 허연

초불(初番) 이불(二番) 녹미 작박에 놓안 연싀불(連三番), 씻언 밥 훈 상을

출련 드렷수다만은 수멩이네, 이 ᄀ을 살멍, 궂인 곡석

23) 둥겨네 : 당겨서.

24) 머을이 : 모래가.

놈 주엉, 좋은 곡석, 바꾸엉, 대몰레(大沙)에 대미쏠(大白米)에 섞으곡, 소몰렌(小沙), 소미쏠(小白米)에 섞어근, 족은 뒈로 놈[25] 주엉 큰 뒈로, 받곡 허는 디가

쏠 흔 뒐 내여단, 그 밥상을 출렷수다."

"기영 허건~

이 밥상, 우이로 걸명 잡식[26] 허여당, 나 조름에,[27] 칠천(七千) 명에 저 군수(軍士), 오천(五千) 명에 군중(群衆)덜, 오라시메

걸명 잡식으로 강 주곡, 제인장제네덜랑, 사름 죽어난 디~, 원구양은 신풀이, 허걸랑, 일곱 신앙 아홉 구양 두이로,[28] 걸명 잡식법을, 마련허렌."

일러두엉~

그날 밤, 초경(初更) 밤을 지새고, 이경(二更) 밤을 지새고, 야사 삼경(三更), 짚은 밤을 지새연, 뒷날 아척[29]

천지왕은 옥황더레, 도올르젠 허난

지부왕 총명부인 굳는 말, "아이고~, 지나간 밤

뒌 아기는, 인간 탄생허면

무신 거엔 이름 지읍네까 천지왕님아, 이름 성명(姓名) 지와뒁, 가기 어찌 허오리까?"

"아덜랑 낫건~

25) 놈 : 남.

26) 걸명 잡식 : 제사가 끝난 뒤에 제상에 차린 제물을 조금씩 뜯어 문밖으로 던져 잡귀를 대접하는 일.

27) 조름 : 꽁무니, 뒤 =조롬.

28) 두이로 : 뒤로.

29) 아척 : 아침.

문저[30] 난 건 대별왕, 말쩨 난 걸랑 소별왕, 이름 성명 지우곡, 똘랑 낫걸랑, 문저 난 건 대털왕, 말쩌난 건 소털왕, 이름 생명 지와 보렌."

가젠 허난 "천지왕님아, 본메본짱이나

내어 주어두엉 갑센." 영 허난, ᄏᆞᆨ씨 박씨 싀 방울 내어준다.

"요거, 정월이라 첫 돗날(初亥日), 해일(亥日), 돌아오건 싱거건,[31] 양 ᄏᆞᆨ줄랑 옥항더레 줄을 뻗치곡, ᄒᆞᆫ ᄏᆞᆨ 줄랑 지붕더레 올립소서."

그 말 ᄀᆞᆯ아두언

천지왕님은 옥항더레 도올라불곡

아닌 게 아니라, 총명부인

아오(九) 열 ᄃᆞᆯ 준삭찬, 낳는 건 보난 아덜 성제(兄弟) 솟아난다.

문저 난 건 대별왕, 말쩨 난 건 소별왕, 이름 지왕

이 아기덜, ᄒᆞᆫ 설 두 설, 열다섯은 십오 세, 뒈어가난

아방국도 ᄃᆞ톱곡,[32] 어멍국도 ᄃᆞ투와, 가옵데다.

소별왕이 ᄀᆞᆮ는 말이, "아이고 설운 성님아

우리가 영 아방국 어멍국 ᄃᆞ툴 것이 아니곡, 예숙이나 제껴근,[33] 아무라도, 예숙 이기는 자랑, 아방국이나 어멍국, ᄎᆞ질허기[34] 허나 어찌 허오리까?"

"걸랑 기영 허라~."

아시가,[35] "서룬 성님아, 나 예숙이나 제끼건 들어봅서."

30) 문저 : 먼저.
31) 싱거건 : 심어서.
32) ᄃᆞ툽곡 : 다투고.
33) 예숙이나 제껴근 : 수수께끼나 해서.
34) ᄎᆞ질허기 : 차지하기.
35) 아시가 : 동생이.

"어떤 낭은[36] 동지 섯 둘 설한풍(雪寒風), 불어가민, 풀잎세, 프릿프릿 남아근, 잎이 아니지엉

시양삭삭 좋곡, 어떤 낭은

잎이 떨어지엉 녹하(綠下)가, 됩네까?" "나 동싱(同生)아 모른 소리 허지 말라.

속이 욤은[37] 낭은~ 잎이 아니지고

속이 구린 낭은, 잎이 지는 법이로다."

"성님아 모른 소리 허지 맙서. 어떵허난 머구낭은 속이 욤아도, 잎이 문딱[38] 떨어지고

왕대 죽대 주죽대, 무디무디 구려도 썹이, 시양삭삭 고와 지옵네까?"

예숙 제껸~

아시신디 지어간다.

"경 허민 성님아, 어떤 일로

동산에 풀은 메(苗)가 졸르곡 굴헝의[39] 풀, 메가 지는 법입네까?"

"나 동싱아~

동산에 건 물, 알더레, 굴헝더레 지기로, 동산에 풀은 메가 졸르곡, 굴헝에 풀 메가 지는 법이로다."

"성님아 그 말씀도 모른 소리 허지 맙서.

우리 인간은 어찌허연, 쉬양섭섭~

수페머리가, 지중 우이라도

---

36) 낭은 : 나무는.

37) 욤은 : 여문.

38) 문딱 : 모두.

39) 굴헝 : 구렁. =굴렝이.

머리가, 지옵네까.

숙대머리 지는 법 아닙네까?"

예숙 제껸 성님이, 동싱안티 지엇구나.

그때에, "아이구 성님아 옵서, 서천꼿밧디 강 꼿씨나, 타다근, 우리가 꼿 싱경 수둠 주고 물 주엉, 번성허는 자라그네

아방국이나 어멍국 ᄎᆞ질 협주."

서천꼿밧 도올란, 꼿씨 타당

은수반(銀小盤)에, 그 꼿씨를 싱근 게, 수둠 주고 물을 주단 보난

대별왕 싱근 꼿은 시양삭삭, 좋읍데다에-.

번성꼿(繁盛花)이 뒈어간다.

소별왕, 싱근 꼿은 검뉴울,[40] 뒈여가난

소별왕이, 꿰를[41] 부려간다.

"성님아 옵서 우리가, 좀이나 ᄒᆞᆫ 좀 자기가, 허나 어찌 허오리까?"

"어서 기영 허라."

누언, 좀을 자는 게, 대별왕은

무정눈에 짚은 좀, 들어간다 소별왕, 예시 좀[42] 자단, 일어난, 꼿사발을 바꽈 간다.[43]

그 법으로, 큰 굿 강~, 문전(門前)더레

신ᄀᆞ리대전상[44] 출려근, 초감제 헐 때에, 바로 요 때 요 본풀이 나오민, 대전상에

40) 검뉴울 : 시들어 가는.

41) 꿰를 : 꾀를.

42) 예시 좀 : 여윈 잠.

43) 바꽈 간다. : 바꾸어 놓는다.

44) 신ᄀᆞ리대전상 : 신을 맞아들일 때 놓는 상.

돔박낭45) 허영 양 쪽에, 싱경 꼿사발 놓앗당, 소미(小巫)덜이 강, 그 꼿사발 바꽈 노는 법입네다.

"성님아 혼저 일어납서."

퍼쩍허게 일어난 보난

꼿사발은 선후도착(先後倒錯), 뒈엿구나.

"나 동싱아 어떵허난, 꼿사발은 선후도착 뒈엇져, 만은 허뒈

기여 늘랑 어멍국, 이승법을 ᄎ질 허라만은

난~ 아방국, 저승법이라도 저승법은, 촘실 ᄀ뜬 이수농장법46) 일러라.

느는,47) 강적(江賊) 수적(水賊) 많허리라.

살인방화(殺人放火) 만허리라.

법지법(法之法) 마련허연, 옥항더레 도올르젠 허난

정월(正月)이라 첫 돗날(初亥日), 해일(亥日) 날은 ᄏ씨 박씨

아바지 본메본짱48) 주어두언 간 걸~, 심어간다.

그 법으로 우리 국에

첫 정월 초, 돗날 뒈민 천제국제법(天祭國祭法)

므을, 포제(酺祭), 지내는 법 뒈엿수다.

순이 나고 줄기가, 올라오난 양 ᄏ줄은, 옥항더레~, 뻗치고, ᄒᆫ ᄏ줄은 지붕더레 올려간다.

천지왕이 도올르젠 허난

말 모른 가막새가 오조조,49) 말을 허곡

---

45) 돔박낭 : 동백나무.

46) 이수농장법 : 맑고 청량한 법.

47) 느는 : 너는.

48) 본메본짱 : 증거물이 될 사물.

49) 오조조 : 새가 우는 소리.

귀신(鬼神) 불러 생인(生人) 대답(對答), 생인 불러 귀신 대답 허염더라.

소피(松皮) ᄀ를(粉) 닷 말 닷 뒈 질세오리 허여단, 동서러레 허끄난, 귀신 갈 디 귀신 강 생인, 곱을 갈라간다.[50)]

야 인간땅을 보난

ᄒᆞᆫ 하늘~, 초아적힌 보난, 일출(日出)이, 둘이 뜨고 온다.

벡근(百斤) 들어 천근(千斤) 쌀(矢), 원이~, 일출 둘이 뜨거우난, 밤인 뒈난

초어스름이 당허난 월출(月出) 둘이 뜨고 오난, 낮인 뒈난 천(千) 명이, 좃아[51)] 죽어가고

밤인 뒈난 만(萬) 명이, 곳아[52)] 얼어 실려 죽어가난

대별왕이 천근 들어 벡근 쌀, 원이둥둥, 저울려당[53)]

앞이 오는 일광(日光) 맞쳐다가

아방국에 받찌곡, 뒤에 오는, 월광(月光)은 맞쳐다가

어멍국에 진도밧젤 허여[54)]

가옵데다.

천지왕도 도업(都業)

지부왕도 도업

대별왕은 저승, 옥항, 소별왕은 어멍국, 인간을,[55)] ᄎᆞ질 허난

그 법으로, 저승법 또는 염나왕(閻羅王)의 법도(法道)를, 마련허곡

50) 곱을 갈라간다 : 사리를 분별하여 서로 구분하고 나누는 것을 말함.

51) 좃아 : 뜨거움이나 더위, 추위 등에 못 견디는 상태를 말함.

52) 곳아 : 추위에 손발이 얼어.

53) 저울려당 : 무게를 달아다가.

54) 진도밧젤 허여 : 바치어(獻).

55) 인간을 : 인간세상을.

남정중(南正重)은 화정녀(火正黎),[56] 남정중은 저승을, 화정녀는 이승, 마련허옵데다.

천지왕 도업, 지부왕, 바구왕은 총명부인

서수암이~ 대별왕은 소별왕, 도업으로 제이르자.

남정중은 화정녀, 도업으로, 제이릅네다에-.

---

56) 남정중(南正重)은 화정녀(火正黎) : 『사략(史略)』 전욱(顓頊) 고양씨(高陽氏) 항목에서 따온 것. 여기서는 남정중의 예법(禮法). 또는 다툼의 분한(分限)을 구별하는 법.

명진국할마님본풀이

〈심방 설명〉

명진국할마님본풀이는 인간에 포태를 주어 아기가 배 속에서 잘 자라게 하고 이어 안전하게 해산을 시키고, 그 아기가 열다섯 살이 될 때까지 잘 보살펴 주는 할마님에 대한 본풀이다. 불도맞이라는 굿에서 부른다. 한편 불도맞이에는 할마님과 더불어 칠원성군님도 위하는데, 칠원성군은 명(命)과 복(福)을 이어 주는 신이다. 불도맞이 굿에서는 명진국 할마님이 포태를 주신 신이기 때문에 가장 높은 신이다. 칠원성군님은 포태를 주지는 못하고 포태된 이후 아기의 명과 복을 주는 존재이기 때문에 할마님보다는 하위의 신이다. 할마님이 포태를 주어야만 칠원성군님이 명과 복을 줄 수 있기 때문이다. 따라서 불도맞이에서 할마님 상을 위에 차리고, 칠원성군님 상은 그 아래에 만들어 놓는다. 불도맞이 제상 차림의 원칙은 떡과 메, 과일, 채소, 계란, 잔(盞) 등 모두 일곱 개씩 올려야 한다.

- 명진국할마님본풀이〉들어가는 말미

[심방이 제상을 앞에 두고 앉은 채로 몸을 앞으로 숙이며 두 손을 모아 구연한다.]

천앙불도(天皇佛道) 할마님~, 지왕불도(地皇佛道) 할마님~, 인왕불도(人皇佛道) 할마님 안태중이리승전,[57] 인간 명진국 삼불도 할마님전~, 여쭙져 난산국 본을 풀저헙네다. 공씨(空氏) 방씨(方氏) 서씨여리(昔氏如來), 할마님은 공씨 할마님은~, 공중(空中)에 떠 뎅긴다 허여 공씨 할마

57) 안태중이리승전 : 임신 중 태아를 키워주는 신으로 관념되고 있음.

님이고 방씨 할마님은 방방곡곡(坊坊曲曲)을 뎅긴다 허여 방씨 할마님. 공씨 방씨 서씨여리 할마님은~, 서준낭~, 서준공서고 부처님을, 위로 허여 ᄌᆞ순(子孫)덜 다~, 허는 뜻으로 허영, 공씨 방씨 할마님은, 원래 할마님은 ᄒᆞ나~, 명전, 대왕 ᄯᆞ님아기 할마님인데 ᄌᆞ순덜은 공씨 방씨 서씨여리 할마님이엔 허영, 할마님네가 다 신(神)이기 때문에 일로도 벱곡 절로도 붸옵는 법입네다~.

– 명진국할마님본풀이〉본풀이

할마님은 옥항(玉皇)에 명전대왕 ᄯᆞ님, 아기룹서, 탄생(誕生)허난~, 옥항상저(玉皇上帝)님이 열다섯 십오 세(十五歲)가 넘으난, 명전대왕 ᄯᆞ님아기 불러단, "넌 인간에[58] 내려상 ᄌᆞ순덜 포태(胞胎)주곡 해산(解産)허곡~, 인간땅에 강 할마님으로 들어사렌." 허난~, "저가 어찌 그런 엄중(嚴重)헌 일을 헐 수가 잇십네까?", "너 말 허는 것만 들어도~ 기뜩허고 그럴 듯 허니, 어서 인간땅으로, 내려사렌." 허난, 그때엔 남방사주(藍紡紗紬) 저고리에, 북방사주(白紡絲紬) 말바지를 입어갑데다~. 웨코접은 벡농(白綾)보선 나막창신을 신어 놓고, 열두 복(幅)은 대홍단(大紅緞) 홋단치메, 금세오리 입어 가옵데다 물명지(水禾紬) 장장옷 열두 단출 돌안,[59] 머리엔 보난 만산족도리 호양미 감테를 둘러썬, ᄂᆞ단[60] 손에~, 붓을 잡고 웬[61] 손엔 금옥체, 가슴 버은[62] 금옥체를 안앗고, 할마님

58) 인간에 : 인간세상에.
59) 돌안 : 달아서.
60) ᄂᆞ단 : 오른.
61) 웬 : 왼.
62) 가슴 버은 : 가슴이 넘치게 또는 가슴 가득 정도의 뜻.

은 금주랑 철쭉대 은주랑은 만죽대를 짚어 놓고, 춤실 훈 제 쿰에 쿰곡[63] 은ᄀ세를[64] 앗언, 인간땅에 ᄂ릴[65] 때에 정월(正月) 초사흘(初三日)날~, 인간땅을~ ᄂ려산 보난 이구산으로 ᄂ렷구나. 할마님 직헐 자릴 가젠 보난, 창 안에도 일흔일곱 보살(七十七菩薩), 창 바꼇디도 일흔여덥(七十八) 제보살(諸菩薩)덜이 오란 할마님, 모셔 앗언 가는 건 보난, 금벽당(金法堂)에~, 십이친경 집을 지어놓고, 누룩으로 성(城)을 싼 성을 둘르고, 겨울이 뒈어도 추운 ᄇ름 아니불곡, 여름이 뒈어도 더운 ᄇ름 아니 불때 간~, 십이층(十二層) 집 잇이난 들어가단 보난 걸레삼승[66] 업게삼승,[67] 구덕삼싱이[68] 잇잇구나. 그때엔 할마님은 문 안터레 톡허게 들어간, 할마님 좌정허연 ᄌ순에 강 포태를 주저~, 포태 주젱 허민, 어느 ᄌ순에랑 포탤 주곡, 어느 ᄌ순에랑 말곡 허리, 할마님 나상 촌촌(村村)~, 가호가호(家戶家戶) 다 세영 뎅기젠 허난, ᄒ루 앗앙 여라 명 포태도 못 시기곡, 해산도 못 시겸직 허난, 축지법(縮地法)을 마련허저 ᄒ루 천(千) 명 포태를 주저, ᄒ루 만(萬) 명 해산을 시기젠 헤연 할마님은, 가난한 ᄌ순에도 포태 주저 귀헌 집안 ᄌ순에도 포태 주저, 포태를 간 주난~, 아방 몸에부뗘 석 돌(月) 열흘 붉은 피에 빼(骨)를 빌어 가옵데다. 어멍 몸에 아호(九) 열 돌~. 베(腹)를 빌엉 흰 피를 빌곡 할마님에서, ᄌ순 포태 주난~, 아기어멍~, 포태 뒈언 아호 열 돌 준삭(準朔) 차 가, 애미 젯줄 ᄃ겨 가옵데다. 그 아긴 ᄀ만 찬 인간 탄생허젠 허난,

---

63) 쿰에 쿰곡 : 품에 품고.
64) 은ᄀ세를 : 은가위를.
65) ᄂ릴 : 내릴.
66) 걸레삼승 : 아기를 업는 멜빵의 수호신.
67) 업게삼승 : 업저지의 수호신.
68) 구덕삼싱 : 아기를 눕히는 구덕을 지키는 신.

할마님이~, 눌려 들언 열두 폭 대홍대단(大紅大緞) 홋단치멘 지둥에[69] 벗언 걸어두고~, 북덕자리[70] 출려 놓안, 안느로 들어 간, 아기 어멍 상가메 연싀번 술술[71] 씰어 놓안, 아기 어멍 가슴으로 오모소니더레[72] 술술 실엉 아기~, 머리 돌려가옵데다 ㅂ띤[73] 심은 닛치고, 늣인 심은 ㅂ뜨와 가옵데다~. 할마님에서 아끈[74] 장석[75] 한 장석엔, 팔대문을~ 열려 가옵데다~. 아기~ 인간 탄생허난~, 할마님에서 줓친 거 내완, 춤실 앗어 내연, 베또롱줄[76] 묶언 은ᄀ세로 베또롱줄 그찬,[77] 아기 몸 모욕(沐浴) 시겨 가옵데다~. 이 아기 탄생헐 때에, 동(東)더레 머리허영 나민 어 첨 그거 동부제(東富者)로 잘 살키여, 서(西)더레 머리허영 나민 서가난 헐로구나. 남(南)더레 머리허민 남장수(南長壽) 뒈엉, 명(命)이 질로구나~.[78] 북(北)더레 머리허명 탄생허민, 북단명(北短命)허영 멩 쫄르키여~.[79] 중앙(中央)더레 머리허영 나민 활연성 테왕 나느키여. 법지법(法之法)을 마련허여 두곡 그 아기, 몸 모욕허난~, 할마님이 아기광 어멍 ᄀ갑 갈르난[80] 사흘 뒈난, 치셋메 치언 올리고 속[81] 숢안 몸 모욕하

---

69) 지둥에 : 기둥에.
70) 북덕자리 : 아이의 해산을 위해 보리짚을 평평하게 깔아놓은 자리.
71) 술술 : 살살.
72) 오모소니 : 명치.
73) ㅂ띤 : 빳빳한.
74) 아끈 : 작은.
75) 장석 : 몸이 편안하지 못하거나 무거운 것을 들 때에 끙끙하며 소리를 내는 상황.
76) 베또롱줄 : 탯줄.
77) 그찬 : 끊어서.
78) 질로구나 : 길겠구나.
79) 쫄르키여 : 짧겠구나.
80) ᄀ갑 갈르난 : 사리를 분별하니.
81) 속 : 쑥.

고, 일뤠(七日) 뒈난 치셋메 치언 올리고 몸 모욕(沐浴) 시긴 것이, 일뤠 차 뒈는 날은 아기 어멍 아기 안안, 아기 밥 멕이젱 허민 궁기[82] 궁기~ 일흔여덥(七十八) 제 궁기, 젯[83] 궁기 내수왕 지장산샘잇물 솟아지듯, 아기 밥 도숙으민~, 아기 안앙 아기 젓 멕이는 법 마련헤여 두고, 할마님은~, 석 둘 열흘 벡일 뒈민 벡일상(百日床)을 받곡, 일년 열두 둘 뒈엉 첫 돌 뒈민, 첫돌상을 받곡, 아기 싀(三) 설(歲) 뒈민 초걸렛벨[84] 벳기곡, 일곱 설 뒈민 이걸레 열다섯 십오 세가 뒈민, 할마님 머리 밧겻 나사는 법 아닙네까~. 할마님아 우리나라 웨팔벽 내팔벽 이렁자수 금청새옹아~, 이태왕 ᄀᆞ뜬 양반덜토 다 할마님에서, 내와준 ᄌᆞ순인데 어떤 ᄌᆞ순덜은 굴레 벳긴 ᄆᆞᆯ이[85] 뒈는 법입네다.

- 명진국할마님본풀이〉비념

할마님아 열다섯 십오 세ᄁᆞ지랑 물웨[86] 크듯 당배치 넘ᄂᆞ물, 동지호박[87] 그늘롭듯 키와줍서. 동청목을 시깁서 서백금 남장수(南將帥), 황수시경~ 전대전손(前代傳孫) 만대유전(萬代流傳)을 시겨줍서. 할마님아~, ᄆᆞ쉬(馬牛)는 벌어지젱[88] 허민~, 암컷을 나사 벌어집네다마는, 우리 인간 백성덜은 집안 전대전손허고, 벌어지엉 인간이~, 많젱 허민, 아덜

82) 궁기 : 아주 좁은 구멍.

83) 젯 : 젖.

84) 걸렛베 : 아기를 업는 멜빵.

85) 굴레 벳긴 ᄆᆞᆯ : 제어할 수 없는 말(馬). 굴레는 입안(口腔)을 나쁘게 이르는 말이니, 굴레를 벗긴 말이라는 표현은 입에 채운 고삐가 없어져 통제할 수 없이 천방지축이 되었다는 뜻임.

86) 물웨 : 물오이.

87) 동지호박 : 갓 열린 호박.

88) 벌어지젱 : 번성하려면.

ᄌᆞ순을 나사 그 집안 전대전손 만대유전 허는 법 아닙네까~. 할마님 고마운 줄 알암수다. 이디 온 ᄌᆞ순덜토 다 할마님이 공 들고 지 들엉, 다 포태 주고 열 둘 준삭(準朔) 체왕 내와주고 키왕 열다섯 십오 세 고사리 바꼇 나가난, 지금 미스로[89] 잇인 ᄌᆞ순덜토 처녀로 잇수다마는~. 씨녁 강, 할마님아 아기 엇인 ᄌᆞ순덜랑 할마님에서 포태도 시겨줍서. 곱게 탄생허게 시겨줍서, 아기 낭 열다섯 십오 세 안에 잇는 ᄌᆞ순덜랑 그 아기, 잘 그늘롸줍서.[90] 그 아기덜 컹 이루후제[91] 다시 장게(杖家) 가곡 씨집 가걸랑~, 씨녁 가건 전대전손 만대유전을 시겨줍센 해연, 할마님전 축원(祝願) 올렴수다 할마님아~, 할마님~, 신에~, 쉬은(五十) 대자 머릴 아기 어멍 질루왕 그 머릴 끊어당, 용강기를 할마니 신에 감아디린덜 할마님 공을 다 갚을 수가 잇입네까. 할마님 공은 들롸일롸 갚아도 다 갚을 수가 업십네다~. 앞으로도 우리 인간덜 할마님에서, 다 그늘룹곡 키와주곡, 우리 인간 백성덜 번성시겨줍서. 열 ᄆᆞ을에 열 사돈 도내국이 내국 ᄎᆞ지허게, 할마님에서 그늘룹곡 다 키왕, 장성(長成)허게 시겨줍서~.

---

89) 미스로 : 처녀로. 미스(Miss.).

90) 그늘롸줍서 : 보살펴 주십시오.

91) 이루후제 : 이다음에.

마누라본풀이

〈심방 설명〉

마누라본풀이는 마마를 주는 마누라신에 대한 것이다. 자손들이 홍역을 할 때 무사히 넘기기를 기원하기 위하여 한다. 할마님본풀이와는 다른 본풀이다. 자손들이 마마를 하면 할마님과 마누라 상을 각각 하나씩 차린다. 또 대나무로 만든 바구니(차롱)의 네 귀에 백지로 영기 몸기를 만들어 놓고 마누라베송(마마를 앓았을 때 마마신을 청하여 후하게 대접하고 치송하는 의례. 이때 '베송뒷개'라 하여 채롱에다 기를 꽂고 그 속에 갖가지 음식과 돈을 넣어 동네 바깥에 버림)을 한다. 옛날에는 밭 구석 같은데 그런 차롱이 많이 있었다. 마누라베송을 할 때는 할마님에게 빌어둔 후에 마누라에게 기원한다. 그때 ᄂᆞ람지(이엉과 비슷한 것으로 낟가리 위에 덮는 물건)를 올레까지 펴 놓는다. 그러면 심방이 올레에서부터 엎드려서 그 본풀이를 하면서 빌면서 들어온다.

- 마누라본풀이〉들어가는 말미

[심방이 제상을 앞에 두고 앉아서 허리를 앞으로 숙인 채 두 손을 모아 잡고 구연한다.]

홍진국은 대별상 서신국은, 마누라님 난산국이[92] 어디려며, 본산국이~ 어딜러냐 영 헙거든, 엿날 엿적 본을, 지금~ 다 알앙 다 ᄀᆞᆯ으멍, 다 풀 수가 잇십네까. 신의 성방(刑房)덜, 들은 대로 배운 대로 여쭙건, 신의 가심[93] 열리고 신나락 만나락 허영, 이 집안 아무 ᄌᆞ순(子孫) 아무

92) 난산국이 : 본디 태어난 곳과 그 내력이. =본산국.

아기, 지금 현재(現在), 마누라님이 홍진국 대별상님이, 저 아기에 준지(眞珠)[94] 준 일, 걷는 처리 몰르게 거둬 줍서. 축원(祝願) 올리면~,

- 마누라본풀이>본풀이

홍진국 대별상은 옥항(玉皇)에선, 준지(眞珠)지기 췩갑(冊匣)지기, 영끼(令旗)지기 몸끼지길 거느련, 인간땅더레, 아기덜 호명(呼名)허저~, ᄂ려사난, 할마님은 명진국 할마님은, ᄇ름썹에 구름썹에 들으난, 홍진국 대별상이, ᄌ순덜 준지 주저, 영끼지기 몸끼지기, 췩갑지기 준지지기 돌안, 오람젠 ᄇ름썹 구름썹 들엇구나. 홍진국 대별상은 본당에 간, ᄌ순(子孫)덜 문딱, 호명을 허여간다. 명진국 할마님은~, 홍진국 대별상 촟안 구름썹에 ᄂ렴시난, ᄇ름썹으로~ ᄂ렴시난 업대허연, "아이고 홍진국 대별상님아, 우리 ᄌ순에라근 준지~, 하영[95] 주지 말아 줍센." 간 곧아간다. 그때엔 홍진국이 용심이랑[96] 바락허게[97] 내멍, "이 할망은 어떤 할망이곤?" 허난, "난 인간 명진국 할마님뒙네다.", 들으난 이 할망은~ 막상허여도, 핏내 나는 딜로나 댕기는 할마님, 날 ᄀ뜬 남정네 앞이 오랑, 부정허곡 서정헌디, 이와 ᄀ찌 허염젠 후육누육(詬辱累辱) 허여두언, 본당신당에 간 다~, ᄒ명을 허연~, 준지기지 췩갑지기덜, 나산 ᄌ순더레 간, 준지도 주어간다 췩갑 주어간다. 할마님은~, 댕기단 ᄒ를 날은, ᄌ순을 간 ᄇ련보난, 얼굴에 준지 닷(五) 말 닷 뒈를 주언, 얽어진 딘 얽어지고, 틀어진 딘 틀어지고, 닷 말 닷 뒈를 주어시난~,

---

93) 가심 : 가슴.

94) 준지(眞珠) : 진주. 여기서는 그 모양이 마마자국과 같다고 해서 쓰인 표현임.

95) 하영 : 많이.

96) 용심이랑 : 화를.

97) 바락허게 : 갑자기 성을 내는 모양.

용심이사 바락 낫구나. 내가 그만큼 ᄉᆞ정(事情)허곡 일렀건만, 아이고~ 우리 ᄌᆞ순을 영 허여시난~, 나도 ᄒᆞᆫ 번 홍진국 보주겐, 영 허연 잇이난 홍진국은 ᄌᆞ순에, 준지 문딱 주어두언, 영끼지기 몸끼지기, 거느련 옥황(玉皇)더레, 도올라분다. 할마님은 앚안 곰곰들이 생각허난, 하도 부에가[98] 풋죽[99] ᄀᆞ찌 난 가운데, 홍진국 단(單) 아덜, 입장결혼허연 혼인(婚姻)허여 간다. 할마님은~ 가멧(轎ㅅ) 벳줄 아기어멍 치메깍에[100] ᄇᆞ름썹에 구름썹에 ᄯᆞ라 간다. 홍진국 대별상 메누리~, 신디[101] 포태(胞胎)를 주옵데다. ᄒᆞᆫ ᄃᆞᆯ(月) 두 ᄃᆞᆯ 열 ᄃᆞᆯ 준삭(準朔) 체와뒨, 아기어멍 아기해산(解産) 못 허난, 아기어멍도 죽을 ᄉᆞ경(死境) 뒈고 베 쏘곱에, 잇는 아기도 죽을 ᄉᆞ경이 뒈엇구나. 그때엔 홍진국도 난 살앙 뭐 허리~, 메누리 죽는 꼴을 어떵 보리, 나가 문저 죽어불젠, 안으로 문을 잡안 누난, 홍진국 안부인은, 홍진국이 대별상허곡 친허곡 허난, 서신국 대별상을 ᄎᆞᆽ앙 간, 이만허곡 저만 해엿수덴, 그 말을 일르난, 경 말앙 경 허건 인간 명진국 할마님을 ᄎᆞᆽ앙 강, 구구ᄉᆞ정이나 허여보렌 영 허난, 안부인은 오란 홍진국신디 그와 ᄀᆞ찌 일르난, 그때에~, 홍진국은 직냥도포,[102] 입어간다. 할마님 ᄎᆞᆽ아 앚언 ᄂᆞ려산, 금벡당(金法堂) 앞일 오란~, ᄂᆞ람지,[103] 벡보(百步) 벳겻디 ᄁᆞᆯ 안[104] 업대를 허난, 그때엔 할마님이 모진 광풍(狂風) 불어가게 축지법(縮地法) 허연, 모진 광풍이 불언 도폭이 다 찢어지곡~, 관디(冠帶)가 찢어 지어도, 할마님은 문 안에 앚안

---

98) 부에가 : 화가.

99) 풋죽 : 팥죽.

100) 치메깍에 : 치맛자락에.

101) 메누리~, 신디 : 며느리에게.

102) 직냥도포 : 도포(道袍)의 한 종류.

103) ᄂᆞ람지 : 이엉과 비슷한 것으로 낟가리 위에 덮는 물건.

104) ᄁᆞᆯ 안 : 깔아서.

보난, 가지 아니 허연 업대헌 디 업대허엿구나. 그때엔 할마님 ᄀᆞᆮ는 말이, "저 시군문 밧꼇디 오란, 업대헌 거 누굴러냐?", "예~ 홍진국이 뒈옵네다.", "어떵허난 날 ᄀᆞ뜬 여정넬 좇안 오라신고?" "아이고 할마님아 과연 잘못 허엿수다. 난~ 할마님 ᄌᆞ순 준지 준 게, 우리 메누리 단 아덜에 메누리 포태(胞胎) 뒈언, 열 돌 준삭 넘언 열두 돌이 당허난, 아기어멍도 죽을 ᄉᆞ경 뒈고 베 쏘곱엣 아기 죽을 ᄉᆞ경 뒈언, 할마님신디 오랏수덴." 허난, "아이고 할마님아 과연 잘못허엿수다~. 우리 메누리 포태 뒌 것만 내와줍서. 나 할마님 손지 준지 불러준 거, 메울만이[105] 메와보곡 허쿠덴." 허난, 그때에, 할마님 손지 준지 닷 말 닷 뒈, 얽어지고 틀어진 거~, 틀어진 딘 발룹고,[106] 진주 불러준, 준지 불러준 건, 메꿀만이 메꾸와 간다. "야 너도 너의 ᄌᆞ순~, 보고프냐?" "할마님 과연 잘못 허엿수덴." 허난 그때엔, 할마님이 간, 그 아기 포태 뒌 건 해산시견 눅지난,[107] 홍진국 대별상은 손지 낫젠 허난 손지, 얼굴 보젠 간 보난, 아깃보 아니 헤싼~,[108] 그냥 보차 난 잇이난, "아이고 이게 어떵헌 일입네까 할마님아.", "야~, 너도 너 ᄌᆞ순 얼굴 보고프냐? 나도 나 ᄌᆞ순 옛 얼굴 보구장 허덴." 허난 "아이고 할마님아 과연 잘못 허엿수다, 더 메꿀만이 메꾸아보쿠다. 얽어진 거 틀어진 거, 나 힘이 모초록[109], 메꾸아보쿠덴." 허난 할마님은, 은ᄀᆞ셀[110] 내어 놓안, 콧주둥이 톡허게 건드련 주왁허게[111] 건드리난, 머리 받은 물 잘락 씨더지멍,[112] 옥동자(玉童子)

---

105) 메울만이 : 메워 지도록.
106) 발룹고 : 바르게 하고.
107) 눅지난 : 눕히니.
108) 헤싼 : 펼쳐서.
109) 모초록 : 미치도록.
110) 은ᄀᆞ셀 : 은가위를.
111) 주왁허게 : 건드리는 모양을 나타냄.

가 솟아난다. 이때옌 홍진국이~, 아이고 손바닥이랑 탁허게 치멍, "나 기술(技術)만 좋덴 허단 보난, 아이고 나보단 더 기술 좋은 할마님이 잇구나. 과연 잘못, 허엿수다.", 그 법으로 홍진국 대별상도, 인간 명진국 할마님신딘, 굽어들곡 업대허는 법 뒈옵네다~.

- 마누라본풀이〉비념

홍진국 대별상님도, 신나락 만나락[113] 허영, 준지 불러주곡 ᄌᆞ순 오널은~, 베송(拜送)허영 영끼지기 몸끼지기, 허여 놓곡~, 준지 닷 말 닷 뒈 허여 놓앙, 금전(金錢)이영 하영 놓앙 터진 생기지방(生氣之方)으로, 허허허허~ 허허~, 허허허며, 다~ 제추(除出)허겟습니다.

〈두 손을 모으고 본풀이를 구연하는 모습〉

112) 물 잘락 씨더지멍 : 물이 급하게 왈칵 쏟아지며.

113) 신나락 만나락 : 신(神)은 본을 풀면 신이 나고 좋아하는 것을 나타냄.

동이용궁할망본풀이

〈심방 설명〉

동이용궁할망본풀이는 저승 동이용궁 할마님에 대한 본풀이다. 저승 동이용궁 할마님은 인간에 포태를 주고 보살펴 주는 명진국 할마님과는 정반대의 역할을 하는 신이다. 저승 동이용궁 할머니는 심술이 많고, 아기들을 아프게 하고, 서천꽃밭으로 데리고 가는 신이다. 아기들에게는 동이용궁할마님 본풀이가 체서본이나 마찬가지다.

- 동이용궁할망본풀이〉들어가는 말미

[심방이 장구를 치며 구연한다.]

위(位)가 돌아갑네다. 제(座)가 돌아~가옵네다.

동이용궁(東海龍王)~ 불법(佛法), 어간(於間) 삼아, 난산국은 본산국, 과광성에 본을 풀저.

- 동이용궁할망본풀이〉본풀이

옛날이라~ 엿적에, 동이요왕(東海龍王)

말젓, 뚤아기 탄생(誕生)허난

흔 설(歲) 적엔 어머님, 젓가심, 두드린 줴(罪), 두 설 적에 아바지, 삼각수(三角鬚) 쉬험,114) 훌튼 줴척

아이고 빌흐렵도 많허고, 도오락 많허시니

무쉐젱이[115] 빌어단 무쉐설캅(鐵石匣), 짜 놓안, 글 삼제(三字)를 벡연[116]

임부루, 임박ᄉᆞ, 시절(時節) 뒈건 게문(開門) 게탁이

글 삼제를 벡연 동이와당(東海--), 띄와 간다.

물 우이도 연삼년(連三年), 물 알에도 연삼년, 중간에도 연삼년, 삼삼은(三三-) 구(九), 아홉 헤(年), 살아 앚언

ᄆᆞ를[117] ᄇᆞ름쩔에 절[118] 고개에, 파도 고개에 지천

올르는 건, 벡몰래(白沙)왓[119] 올랏더라.

임박ᄉᆞ 시절 뒈난, 임부루 임박손 ᄎᆞ에 물가에나 돌아보젼. 돌단 보난 무쉐설캅(鐵石匣) 잇엇구나.

'필아곡절(必有曲折)허다. 무신 건곤?' 간 보난, 상거슴 통쉐[120] 허연에, ᄌᆞ갓더라~.[121]

그결 율아[122] 앚언 보난 월궁(月宮)에, 시녜(神女) ᄀᆞ뜬 아기씨 앉앗구나.

"너는 누게가 되느냐?" "아이고 나는, 동이용궁(東海龍王) 말젯ᄄᆞᆯ, 아기우다만은."

"어떵헌 일로 이 고단을[123] 오랏느냐?"

---

114) 쉬험 : 수염.

115) 무쉐쟁이 : 무쇠쟁이.

116) 벡연 : 써서.

117) ᄆᆞ를 : 마루.

118) 절 : 물결(波).

119) 백몰래왓 : 백모래밭.

120) 통쉐 : 자물쇠.

121) ᄌᆞ갓더라 : 잠갔더라.

122) 율아 : 열어.

123) 고단을 : 곳(處)을.

"빌흐럽[124] 도오락 줴목줴상(罪目罪狀) 만허난, 우리 부모님네 나~, 무쉐설캅(鐵石匣) 허여근, 띄와부난 절 고개에 파도 고개, 넘언, 연삼년 물, 우이 알에 중간에, 삼 년썩을[125] 살단 보난

구(九) 년 만에

오랏수덴." 허난

그때엔, "너 잘 허는 게 무신 거냐?"

"아이고, 시기는 대로, 다 허쿠덴." 허니

그때에는

"경 말앙 우리가 안직은,[126] 아기, 인간 오랑 간 후세전손(後世轉孫) 시길, ᄌᆞ식(子息) 없어 호호 탄복(歎服) 허염시메

우리 안부인신디[127] 가근에, 포태(胞胎)나 주어보라."

"어서 걸랑 기영 헙센." 헌 게

간~, 임박ᄉᆞ, 안부인, 천상베폴(天上配匹ㄹ) 무어가난 포태 시겨간다.

ᄒᆞᆫ 둘 두 둘~, 열 둘 준삭(準朔) 차도

그 아기 탄생 아니 허여가고

열두(十二) 둘이 넘어가난 아기 어멍 벤 아기, 베 속에서 죽을 ᄉᆞ경(死境) 뒈어가난

옥항장저(玉皇上帝)님전

등장(等狀) 들져~

벡몰레왓딜로 들어간, 낮인 뒈민 츤[128] 벳을[129] 맞고

---

124) 빌흐럽 : 어린애가 무엇을 달라고 거짓으로 노(怒)하여 홍홍거리는 짓. =빌흐레비, 빌흐럼, 빌흐럭.

125) 썩을 : 씩을.

126) 안직은 : 아직은.

127) 안부인신디 : 안부인에게.

밤인 퉤민 촌 이슬을 맞이멍, 금바랑은 옥바랑을 옥항더레 올려간다.

옥항상저(玉皇上帝)님은 “어떵허난 인간에, 뭐가 칭원(稱寃)허고 원통(寃痛)헌 벡성(百姓)이 잇언, 영 옥항더레 금바랑을 올렴신고?

선관도사야

어서, 내려사고 보라.”

내려산 들으난, “우리집이 안부인, 포태 퉤여건, 해산 못 허연 죽을 ᄉ경(死境) 퉤난

인간 할망이나 내보내어 줍센130)

금바랑소릴 올렴수덴.” 허난

옥항상저님은

명전대왕ᄄ님아기

명진국할마님전, “어서 강, 해산이나 시겨두엉 오렌.” 허난

할마님아~

내려사져.

남방사주(藍紡紗紬) 저고리, 북방사주(白紡紗紬) 말바지, 웨코 접은 벡농보선 나막창신 신어간다.

열두 복(幅) 대홍대단(大紅大緞) 훗단치메

물명지(水禾紬) 장장옷에

호양미 감테 둘러씌고

그때엔, 소곡소곡 ᄂ린 게, 임부루도 임박ᄉ네 집으로, 들어산다.

들어간~, 지둥더레 치메 벗엉 걸어두곤

---

128) 촌 : 찬.

129) 벳을 : 볕을.

130) 줍센 : 주십시오 하니.

간 보난 아닌 게 아니라, 공단서단 입언

끌 안[131] 누엇구나.

묻딱 걷어두언

북덕자리 출려간다.[132]

그때엔 할마님에서

아끈 장석 한 장석, 아기 어멍 ᄇᆞ뗀 심을 늦추고, 늦인 심을 ᄇᆞ띠고, 할마님에 영급(靈及)을 주언

인간~, 고운 얼굴 고운 메치[133] 탄생허연

아기광 어멍 굽을 갈라 놓안

프릿프릿[134] 청대구덕

프릿프릿 흑대구덕 금도 자랑 옥도 자랑

허염시난 동이용궁(東海龍王) 말젯뚤아기 어디 뎅기단, 먼 올레로 들어사멍 들으난, "웡이 자랑 웡이 자랑." 허멍, 금도 자랑 옥도 자랑 허염구나.

"아이고 어떵허난 내가 포탠 주엇건만

누게가 해산 시겨신고?"

놀려 들언[135] 보난 멩진국 할마님 시난, 명진국에 할마님, 머리 메탁허젠 허여 가난

할마님은 옥항더레 도올라분다.

옥항상저님이, 말을 허뒈

---

131) 끌 안 : 깔아서.
132) 출려간다 : 차려간다.
133) 메치 : 맵시.
134) 프릿프릿 : 파릇파릇.
135) 놀려 들언 : 날려 들어.

"너네덜, 이레 오라.

경 말앙 내가, 은동이에 놋동이에 물을 거려136) 주커메, 그 물 땅 알더레 비왕

그 물을 담아 보렌." 허난

명진국 할마님 물, 비운 건, 혼 사발을 다 담고, 동이용궁 말젯뚤아기 비운 건, 땅 알러레 문딱 스며부난

못 담앗구나.

"너희덜 경 말앙 서천꼿밧디 가건, 꼿씨 타당

혼 방울씩 주크메 이거, 은수반(銀小盤)에 싱경~, 수둠 주고 물을 주어 보라."

수둠 주고, 물 주언

키옵는 건 보난

할마님이 싱근 꼿은

불휘(根)는, 웨불리에 가지가지 송에송에137) 스만오천육벡 가지

벌어지고, 동이용궁(東海龍王) 싱근 꼿은

불휘는 스만오천육벡 불휘, 가지 송엔 혼 가지가 올라온다.

너희덜 요걸 보나 저걸 보나

너, 명전대왕뜨님아긴 인간, 명진국할망으로

들어사곡

동이용궁(東海龍王), 말젯뚤아기랑

구천왕으로 들어사건

명진국뜨님아기

136) 거려 : 떠서.

137) 송에송에 : 송이송이.

포태~ 주엉 놔두걸랑

훈 돌 두 돌 석돌 열흘 벡일만이

물로 피로 흘르게 허고

낙태(落胎) 불러주고

아호(九) 열 돌 퉤어건

탄생허건

사흘만이, 일레(七日)만이 석 돌 열흘 벡일만이 첫 돌 퉤어

저 마답에[138] 걸어 댕겨가건

널랑~, 부, 아기어멍

핏네[139] 맞추완

똘라 들어

저승, 서천꼿밧더레

돌앙 강 동이용궁(東海龍王) 구천왕으로 들어사렌

법지법(法之法)을 마련허엿수다.

동이용궁(東海龍王) 불법(佛法)~, 할마님은

ᄌ순덜, 우리 인간 포태 퉤민~, 석 돌 전인 물로 피로 흘르게 허고

탄생허민 아기어멍, 핏네 맞추왕

똘아 들엉 그 아기, 구천왕에 채여가고

어떤 때엔, 그전 전세 식게[140] 먹으레, 이 밤 저 밤 댕겸시민

아기어멍 젓네[141] 맞추완

---

138) 마답에 : 마당에.

139) 핏네 : 피 냄새.

140) 식게 : 제사(祭祀).

141) 젓네 : 젖 냄새.

댓지생기142)
똘라 들엉
그 아기, 열다섯 십오세, 안네에, 구천왕 구불법, 할마님이 돌앙 가는 법(法)입네다.

- 동이용궁할망본풀이〉비념

할마님아
이 ᄌᆞ순(子孫)덜
오널은 댓지생기 ᄁᆞ심143)
걸렛베 ᄁᆞ심, 하영 인정(人情) 걸엄수다.
저싱 돈은 헌페지전(獻弊紙錢) 절간 돈은 다라니여.
열다섯 십오 세 안네에 돌고 간 아기덜 나시~144)
꽈자 깝이영
학교 뎅기는 몸
연필 살 돈 공책 살 돈
하영 인정 걸엄시메
오널 오랑, 잇는 ᄌᆞ순덜
아기덜이나 손지덜이나
이 ᄌᆞ순덜 안티랑
할마님아
하다 발자추 똘르지 맙서. 치메깍에 똘릅지 맙서, 댓지생기에

142) 댓지생기 : 기저귀.
143) ᄁᆞ심 : 감. ᄀᆞ심, ᄀᆞ슴.
144) 나시 : 몫.

똘릅지 맙서.

혼 사을(三日)은 급한 메도 불르지 맙서 혼 일레(七日)랑, 늦은 메나 정풍(驚風) 경세(驚勢) 만경 든경이나

불르지 말앙

할마님은

할마님 두에

천앙 가민 열두(十二) 메나

지왕 가민 열혼(十一) 메나

인왕 가민 아홉(九) 메나

동이 청메 서이 벡메 남이 적메

북이 흑메 중앙은 황신메

정월(正月)이라 상상메(上朔魅)나

이월(二月)이라 이둣메

삼월(三月)이라 삼짓메 ᄉ월(四月) 파일(八日) 오월(五月) 단오(端午) 유월(六月)이라 유둣메(流頭魅)나

칠월(七月)이라~

칠석메(七夕魅)

팔월(八月)은 추석메(秋夕魅)

구월(九月)은 구이

구둣메나 심방칩인 멩둣메

시월(十月)이라 단풍메(丹楓魅)

동짓메나 육섯 돌은 자리 알에 끌 린[145] 메 자리 위에 덮은 메

145) 끌 린 : 깔린.

펭풍(屛風)에 그린 멧질

지붕 우에 오른 멧질

천하반에146) 그려 부찐 멧질이나

이런 멧질덜

다 제출(除出)허여근

동이용궁(東海龍王) 불법(佛法)에서

궂인 거 믄딱 거튕 가고 ᄌᆞ순덜에 하다 동이용궁(東海龍王) 굽어보게 말고

인간 명진국 할마님이랑

금주랑 철쭉대 은주랑 만죽대로

오리정 살정더레

이런 궂인 악심(惡心)덜랑, 다~ 제출시겨줍서-.

---

146) 천하반에 : 천정.

초공본풀이

- 초공본풀이〉들어가는 말미

[심방이 장구를 치면서 본을 푼다. 머리에는 송낙을 쓰고, 오른쪽 어깨와 왼쪽 겨드랑이 사이로 퀘지띠를 둘렀다.]

위(位)가 돌아가옵네다에~. 제(座)가 돌아갑네다~. 삼천전저석궁(三千天帝釋宮) 어궁(御宮)또 이 알(下) 옛 선성(先生) 신공시, 어간협긴, 초공은 임정국 상시당 하늘님, 원구월은 초여드레(初八日) 본명두 신구월은, 여레드레(十八日) 신명두, 삼구월 스무여드레(二十八日), 살아살축 삼명두 탄생(誕生)허여, 어머님 짊은 궁 간 어멍, 얇은147) 궁 내놀리저, 얇은 궁에 든 어머님~, 신가심, 내울려난 법 초체 울려 초공 하늘, 이체 울려 이공 하늘 삼체 울려 삼공 하늘, 연양당주148) 삼시왕, 삼천왕, 삼신왕은~, 삼하늘은~, 어간협긴 연양당주, 육고비149) 설련허여 ᄇᆞ름(風) 분다 ᄇᆞ름 도벽(塗壁), 뜻분다 뜻 도벽 세별 상간주(上間柱), 동산세별~,150)

---

147) 얇은 : 얇은.

148) 연양당주 : 심방(神房)이 자기 집에 조상인 멩두를 모신 곳을 '당주' 또는 '연양당주'라 함.

149) 육고비 : 젯부기 삼형제와 너사무너도령 삼형제가 의형제로 결연하였음을 상징하는 종이로 만든 무구.

마련허영 어머님~, 시름 시어난, 초공 임정국 상시당 하늘님전, 어간 퉤어수다. 난산국[151] 본을 풀저 헙네다~. 본을 풀건 본산국더레, 제 내려 하강헙서에-.

- 초공본풀이〉신공시에 위구품

초공, 임정국 상시당, 하늘님 어간삼아

초공연ᄃ리로, 어간이 퉤엿수다.

옛날~ 선성님네, 초공 연찔로,[152] 신공시레 위구풉서.

젯부기 삼형제[153]

어간헤연, 웨진(外親) 성진(姓親) 땅은, 황금산(黃金山) 주접선성(周易先生) 내립서. 웨진 땅은~, 웨하르바님, 천하대궐(天下大闕) 천하 임정국에

대감님도 내립서. 지하대궐(地下大闕)

짐정국 부인님도 ᄂ립서. 어머님은 녹하단풍, ᄌ치명왕아기씨 위구풉서.

젯부기 삼형제~, 원구월은~

초여드레 본명두, 상구월 여레드레 신명두, 신구월, 스무여드레 살아살축삼명두, 위구풉서.

너사무 삼형제 여사무, 삼형제, ᄂ립소서.

옛날~ 유정싱(柳政丞), ᄄ님아기, 유씨 선성님네

---

150) 동산세별 : 샛별.

151) 난산국 : 본디 태어난 곳과 그 내력. '본산국' 또는 '난산국' '본' '본초'등이라 하기도 하고 그것을 창하는 것을 '본푼다' '본풀이'라 함.

152) 초공 연찔 : 초공신이 하강하는 길. '-연-'은 조율음(調律音).

153) 젯부기 삼형제 : 본멩두, 신멩두, 살아살축 삼멩두의 삼형제를 이르는 별칭(別稱).

차나라 차씨 선성님, 소나라 소씨 선성님, ᄂᆞ립소서.

덕황 덕신 월일경, 임춘춘경(立春春耕)

뺄려 오던 선성님 ᄂᆞ립서, 제주시는

엿날 고레이원 무근성 선성님, 내팟골은 고씨 대선성님

신공시레 초공 연질로 ᄂᆞ립서. 이거 어느 개인 집안 아닙네다.

신이 성방 몸 받은, 시부모 조상님네

씨가(媤家) 펜으론 육대조(六大祖), 하르바님 산천(山川), 잘못 썽 아기 엇곡, 단아덜[154] 난 귀허난~, 하르바님, 돌아가션 엄토감장허저

저 궷드르[155] 묻으레 가난, 어떠헌 스님이, 넘어가단 ᄀᆞᆮ는 말, "이디 산[156] 쓰컬랑 아무 시간 뒈민, 일로, 저 알녁 쪽으로, 삼석 울리는 굿소리[157] 나건, 하관(下棺)허면~

아이고 이루후제, 어딜론가 심방 ᄌᆞ순(子孫)이, 솟아나도, ᄌᆞ순은, 가지가지, 벌어지켄." 허여

산 쓰저, 아닌 게 아니라, 삼석소리 나난, 그땐 하관허여

감장헌 게, 그 이후로, 징조(曾祖) 하르바님부떠 좋은 전싱(前生), 그리쳣, 습네다. 증조 하르바님, 할마님, ᄂᆞ립소서.

당진 부모 하르바님 심방질, 아니 허엿수다 ᄂᆞ립서. 할마님 큰아바지, 제주도 삼읍(三邑), 건이(權威) 나턴, 큰아바지 큰어머님, 문씨 큰어머님

셋아바지 셋어머님 삼부처(三夫妻), 말젯아바지 어머님, ᄂᆞ립서, 큰족은아바지 어머님, 이 심방질 아니허엿수다, 당진아바지 어머님

154) 단아덜 : 외아들.

155) 궷드르 : 제주시 조천읍 와흘리의 지명. 궤평동.

156) 산 : 묘지.

157) 삼석 울리는 굿소리 : 삼석울림을 말함. 굿을 처음 시작하면서 삼석울림을 하여 굿이 시작됨을 알림.

신공시더레 초공 연질로, 위굽퍼, ᄂᆞ립소서, 웨진 조상 족은하르바님 네영 ᄉᆞ춘(四寸), 아지바님네영

초공 연찔로 신공시레 다 ᄂᆞ립서에-.

당줏하님 을미생(乙未生), 성(姓)은 이씨(李氏)웨다. 쉬힌넷(五十四) 펜으로도, 어느 성진 성편(姓便) 심방, 정시,[158] 없습네다만은

이내 몸은~, 아홉 설 나는 해에, 저 함덕(咸德)서,[159] 육간제비, 삼진 정월, 초사흘날 봉가근,[160] 이 전싱(前生)을 궂어

간장(肝臟) 석고 속 석엉, 뎅겸수다. 아이고 봉가부난 선생도 몰르곡,[161] 누겐 중 모릅네다만은

성진 부모 하르바님 할마님, 전싱 아니 궂어낫수다 ᄂᆞ립서. 전싱 궂던 [목소리가 서창하게 바뀐다.] 아바지, 이 ᄄᆞᆯ, 몸 받은, 신공시레 위구푭서.

웨진 조상은, 웨가펜이도~, 웨삼춘네도 또 웨가펜으로, 줄이 벋어수다.

웨진, 하르바님~, 옛날 웨징조(外曾祖) 하르바님은, 저 구좌읍, 도집ᄉᆞ(都執事)로 살다근에

아기 포태(胞胎) 뒈영 아기 벤 중, 몰른 때, 술력(巡歷) 돌아, 포제(酺祭) 나갓단 호열제(虎列剌)에,[162] 인간 떠나부난

얼굴 모른~, 아덜 솟아난, 신이 성방에, 웨진 조상인데

그때엔~, 어머님 저 손당(松堂) 광산(光山), 김댁(金宅)에, 남편 정허영

---

158) 정시 : 지관(地官).

159) 함덕(咸德) : 제주시 조천읍 함덕리.

160) 봉가근 : 주워서.

161) 봉가부난 선생도 몰르곡 : 육간제비를 우연히 주웠기 때문에 무구의 내력을 알지 못한다는 뜻.

162) 호열제 : 호열자. 콜레라의 음역어.

가멍 벤 아기가, 그디 간 나난, 하도, 일도 잘 허곡, 모든, 옛날 낫질이영, 잘 허고 영허여 가난

정씨(鄭氏)~ 집안, 대대로 전싱 궂언 내려오는 집안에, 선 신이 성방에, 웨할마님, 그 집안에서, ᄌ운사우(自願嗣位)허영

사는 게 아기사~, 십삼(十三) 남매(男妹) ᄉᆞ아나난, 그때에, 웨진 조상, 이 전싱을 그리청, 뎅긴 게, 큰아덜도 제주도적(濟州島的), 소문(所聞)나고 건이(權威)나게 심방 선성(先生)허고

셋삼춘도 건이나게, 더군다나, 이네 몸에 선성이고, 아이고 어디가민 영 허라. 저영 허라. [서창하게 말한다.] 심방질 베와주던, 서러운 삼춘(三寸)님

아멩이나[163] 오래 오래 살아, [흐느낀다.] 이네 몸, ᄒᆞ끔이나 더 붸웁젠 허단보난, 저 일본ᄁᆞ지 강, 건이나게 뎅기당, 심장마비 당허난 죽는 시간, 일본서 인간 떠나부런

산 때엔, 그런 저런 거, 몰른 거 다음 오건 베웁저, 다음 오건 또 들저, 허단보난, 삼시왕(三十王)에, 종명(終命)허여부난, 이젠 동서막금 더 베울 디도 엇고, 어디 강 더 들을 디도 엇고

이내 몸~ 손 심엉,[164] 나 조케야, 기왕지서, 전싱 궂이난, 심방질 허컨, 제주도적, 건이나고 우품(威風)나게 잘 허렌, 아이고 잘 못허민 ᄄᆞ리곡,[165] 욕허멍, 삼춘님 덕택에 이네 몸도, 신이 밥도 먹곡 신이 좀 자곡 영 허연, 뎅겸수다.

신공시레 ᄂᆞ립서~. 몸 받던 조상님네 다~, 일본 강 모상 뎅기던 조

163) 아멩이나 : 어떻게 하든.

164) 심엉 : 심고.

165) ᄄᆞ리곡 : 때리고.

상은, 저 신촌(新村),[166] 삼춘님에 웨삼춘이난 정씨 하르방 몸 받던 조상

모산 뎅기단 종명허난, 이 한국 모상 오랑 성은 김씨(金氏) 병술생(丙戌生) 인간문화재(人間文化財), 저 도청(道廳)으로 간 이네 몸, 이 가속(家屬) 베와준 선성(先生)이엔 헤연, 조상이여, 노기홍상 굿헐 때, 입는 옷덜

문딱 간 기증(寄贈)허엿수다.

신공시레 내립서. 이거 어느 집안일도 아니고 큰굿 족은굿 아니난, 원래 원칙으로 허젱 허민 선성질덜만 다 거느리당 봐도 훈 시간도 넘곡, 그 집안 연유(緣由)도 닦으곡, 그디 굿 맡앙 간 큰심방 연유도 닦으곡 허당보민, 연유와 심방 선성덜만 거느리젱 허여도, 두 시간은 걸리는, 일입네다.

대정(大靜) 가도

천저금ᄌ 대선성, 정이(旌義) 가도, 천ᄌ금ᄌ 대선성, 면공원(面公員)엔 면황수(面行首), 도공원(道公員)에 도황수(道行首), 놀던 선성(先生)

명두선성님네[167] 남천문에[168] 남상잔,[169] 글을 박여

전대전손(傳代傳孫) 허젠 허난~, 전적녹이 ᄂ려산, 아끈 도간 한 도간, 아끈 불미[170] 한 불미에 고운 메치 내와수다.

전적녹이 선성님도 ᄂ립서. 천문선성(天文先生) 덕환이, 상잔선성(床盞先生) 덕신이, 요량선성(搖鈴先生)은 홍글저데

신칼선성~

시왕대번지 북선성은 조막손이 선성

---

166) 신촌(新村) : 제주시 조천읍 신촌리.

167) 명두선성 : 조상으로 모시는 무구인 명두(멩두)를 말함.

168) 남천문 : 천문. 무구의 일종.

169) 남상잔 : 상잔. 무구의 일종.

170) 불미 : 풀무(冶).

장구선성(長鼓先生) 명철광대

설쇄선성 느저나저, 대영선성 와렝이, 신공시에 ᄂᆞ립소서.

열두 금세악 거니리던 선성님네, 다, 위굽허사~.

오널랑 초공 연찔로 십이, 십일 쩨로 천에 ᄒᆞᆫ 말 벡에 ᄒᆞᆫ 말 어찌 신전(神前)에 본을, 우리가 다 알앙 풉네까, 엣날 선성님네가, ᄎᆞᄎᆞ이ᄎᆞ 유래전득(流來傳得)을 허연, 내려온, 전설(傳說)입네다 선성님네, 난시 본산국 본 풀건, 신공시로, 다 제 ᄂᆞ려 하강헙서-.

〈초공본풀이를 구연하는 모습〉

- 초공본풀이〉본풀이

옛날이라 옛적에

천하대궐(天下大闕) 노싱땅에

천아 임정국 대감님, 사옵데다.

지하대궐(地下大闕)은 짐정국, 부인님도 사옵데다.

열다섯 십오 세(十五歲) ᄀ만 차난, 부베간(夫婦間)이

입장갈림[171] 허여건, 사는 것이

남전북답(南田北畓) 좋읍데다, 고대광실(高臺廣室) 높은 집, 허영 살고

강나룩(乾滔) 밧(田) ᄎ나룩(糯稻) 밧 좋읍데다, 종하님덜~, 기는 종은 ᄂ는[172] 종, 거느리어

늬(四) 귀에 풍경 둘앙 와라차라 잘 살아도

남녀간에 인간 오라 간 후세전손(後世傳孫)헐 ᄌ식(子息)이 없언, 열다섯은 이십 스물 넘고

삼십서른 넘고

ᄉ십(四十) 마흔 당해도, 아기 엇언 호호[173] 탄복(坦腹) 허옵데다.

ᄒ를날은~ 타는 몰(馬), 구안장, 구렝이 석걸,[174] 왕강싱강, 몰을 탄, 심심허곡, 야심허난 강나룩 밧, 돌아보저 ᄎ나룩 밧, 돌아보저~.

돌단 보난에

강나록 초나룩은 익언, 고개는 소곡소곡허고, 그 우인 보난, 말 모른 길중싱,[175] 가막새덜,[176] 오조조조 일럼구나에-.

천하 임정국 대감님이

들어사며 "주어 저 새-."

ᄑ닥허게[177] ᄂ는[178] 거는 보난

171) 입장갈림 : 혼인.

172) ᄂ는 : 나는. '날다'의 뜻.

173) 호호 : 한숨을 내쉬는 소리 또는 그 모양.

174) 석걸 : 고삐.

175) 길중싱 : 길짐승.

176) 가막새덜 : 까마귀들.

아방 본 샌 아방 쿰더레[179] 허울허울

어멍 본 새는 어머님, 쿰더레, 허울허울 들어간다.

'아이고 날만 못헌 말 모른 길중싱도, 아방 강골 어멍 강골 세낄 깨왕, 저와 ᄀ찌 허염구나.'

돌아오단 보난 삼천선비덜

앚아 놓아 두어 바둑 두어 장귈 뒵시난, '저디 강 ᄆ음이나 달레영 가저.' 천하 임정국 대감님도 들어간, 두어 바둑을, 두어 가옵데다에-.

두어 바둑 두는 게, 삼천선비덜

돈을 ᄆ딱[180] 따, 거두와 간다.

선비덜이 ᄀ는[181] 말이

[말] "아이고 임정국 대감님아 임정국 대감님아 그 돈을 갖엉 가민, 어느 누게 잇엉 어느 우는 아덜을 잇엉 주쿠가? 뚤을 잇엉 주쿠가? [소리] 앗앙[182] 가지 말앙, 우리덜, ᄒᆞᆫ 냥썩 다 갈라 주어두엉, 가기가 어쩌오리까에?-"

그 말 들으난, 대답(對答)헐 수 엇언

그 돈 내놘 ᄆ딱, ᄒᆞᆫ 푼 씩, 갈라주어 두엉

오단 보난, 어떤 비조리, 초막에서[183] 황천대소(仰天大笑), 웃음소리 난다.

---

177) 푯닥허게 : 파닥하게.
178) 놋는 : 나는.
179) 쿰더레 : 품으로.
180) ᄆ딱 : 모두.
181) ᄀ는 : 말하는.
182) 앗앙 : 가지고.
183) 비조리초막 : 아주 작은 초막.

'어떵허난 이 집인 영 웃음소리가 올레 벳겻디ᄁᆞ지 나암신고.' 담고망으로 눈을 쏘안 바려보난, 얻어 먹는 게와시(乞人)덜

아기 하나 놓앙 아방 쿰더레 허울허울, 기어가민 웃고

어멍신디 기어 강, 웃음허멍 황천(仰天), 대소(大笑)가 뒈엿구나.

그때서야 아기 엇인 흔탄(恨歎)이, 더허나이-.

아이고 비새ᄀᆞ찌 주슴 ᄀᆞ뜬, 눈물이사, 광주청, 연주지듯 서산, 베옥(西山白玉) ᄀᆞ뜬 양지러레, 다륵다륵 당베치, ᄀᆞ뜬 쉬엄(鬚)더레

다륵다륵, 떨어지멍, '날만 못헌, 까막새도 세끌 깨왕, 어멍 강골 아방 강골허고

날만 못헌 얻어먹는 게와시덜토, 아길랑 저추룩 웃음을 웃엉 살건만은, 날 ᄀᆞ뜬, 팔전(八字ㄴ) 어디신고.'

집으로 들어오란

오양간에[184]

간, 몰(馬)은 메어 두고

삼벡도리 진서냥간 오율망긴 접상통, 수마누 동고세[185]

삼벡도리, 진서냥간 쓴 양

들어가멍 하도 울어가난

짐정국에 부인은, [말] 나사며 "아이고 대감님아 대감님아 어떵허난 경, [소리] 울멍 오람수까?" "아이고 그런게 아니고, 궨히 나갓단 나가지나 말걸 아명 아명헌[186] 일이 잇언, 그걸 보난 더, ᄌᆞ식(子息) 생각 간절

184) 오양간에 : 외양간에.

185) 삼벡도리 진서냥간 오율망긴 접상통, 수마누 동고세 : 대감이 쓴 모자의 행색을 표현.

186) 아명 아명헌 : 이러저러한.

허연 울어지엄구나."

"이레 들어옵서. 나가 더 웃임 웃을 일, 멘들쿠뎬." 허연

솓아만단지, 문[187]을 올아 놓안

은단펭(銀唐甁)을 앗아 놓안, 서단마게 막곡, 춤씰[188] 흔 젤 꺼네연, 각장장판에[189] 그거 묶언, 이레 동글력 저레 동글력 허여도, 웃음이 아니 나앗구나에-.

그때에사 부베간이

마리청에[190] 나온다.

상깃지동 으지(依支)허연 나앉아네, 비새ᄀ찌 탄복허연 우노렌 허난

벳깃딜로

동게남(東觀音)은 상중절, 서게남(西觀音)은 금법당(金法堂), 주접 절간이서

주접선성은 시권제삼문(-勸齋三文)을 받저, 야 천하 임정국 대감님네 집더레 들어사며 나사며, 짓알로 "소승절이 벱네다-."

느진덕이정하님이 나산다.

"어느 절 대섭네까? 어느 절, 소섭네까?"

"나는, 황금산(黃金山)은 도단땅, 법당(法堂) 직헌 대ᄉ(大師), 주접서~, 저 뒈옵네다."

그때엔 짐정국 부인님신디 간 일르난, "짐정국 부인님, 가지껭이 은수반(銀小盤)에

---

187) 솓아만단지, 문 : 설화만당지문(雪花滿堂之門), 솔하만단지문(率下萬壇之門)?

188) 춤씰 : 참실.

189) 각진장판 : 유기름 칠한 좋은 장판.

190) 마리청에 : 마루에.

시권제를 들러단, 높이 들러 비웁서, 흔 방울이 떨어지민

멩(命)도 떨어~집네다. 복(福)도 떨어지는 법입네다."

스르르 스르르 비와 두언, "아이고 주접, 선성님아, 경 말앙, 단수육갑(單數六甲) 오용팔괄(五行八卦ㄹ) 짚어 봅서."

"소면헐 듯 헙네다." 짚언 보난, "어떵허난 당신임네

부족헌 게 엇곡 귀헌 게 엇이, 잘 살아도 아기 엇언, 호호 탄복 허염수까?"

"경 허민 원청강(袁天綱)이나191) 앗안 옵데가? 화주역(四周易)이나 갖언 옵데가?" "앗언 오랏수다." "내어놉서, 보게."

내여 놓안 바련보난

"팔저(八字) 亽주(四柱)에, 무유유화(無幼而化), 허렌 헌 복력(福力)은, 아닙네다."

[말] "경 허민 어떵허민 우리덜 부베간에 포태(胞胎)를 줍네까?" "아이고 경 말앙 [소리] 우리 법당(法堂)에 오랑, 흔 번 수룩(水陸)이나 올려보민~, 영급(靈及)이 좋고 수덕(手德)이 좋으난, 알아볼 도레(道理)가 잇십네다에-."

"어서 기영 헙서."

주접선성은 권제 받안

첩첩산중(疊疊山中)

황금산(黃金山)은 도단땅, 도올라 불고

그날부떤~, 임정국이 대감님, 짐정국이 부인님, "아이고 강나록(乾滔)도 익엇건, 혼저 비어들라.

---

191) 원청강(袁天綱) : 원천강(袁天綱)은 중국 당(唐)의 유명한 점장이. 여기서는 점서(占書)를 뜻함.

ᄎᆞ나록도 익엇건, ᄒᆞᆫ저 비어 들라."

문딱 비연 장만허연, 우이로 고장쏠 거려간다.

어떤 심방덜은~, 강나록도 일천 석, 모나록(沃滔)이여 ᄎᆞ나록 일천(一千) 석 허엿젠 헤여도 일천 석을 어떵, 앗안 가멍 어떵헙네까? 우이로, 정성드려 놓고

누에실을 빠 놓안, 강명지도 동헤전, 물멩지도 동헤전, 세양페는 세미명, 짜 놓안

감은[192] 암쉐~

잔뜩 실러 앗안 부베간이 소곡소곡

황금산(黃金山)을 도올라간

수룩(水陸)은 드리저, 들어가는 것이

올레 시군문 밧끗 당허연, 싱근 들어 몰팡돌(下馬石)이 잇엇구나. 그디 간 앗인 게 마당 너구리 땅 너구리 늬눈이반둥개,[193] 양발을 들런, 하도 드리쿵쿵 네쿵쿵 주꺼[194] 가웁데다에-.

양반(兩班) 오민 양발을 들렁 주끄고

중이 오민 발~, ᄒᆞᆫ 발 들렁 웨발 들렁 주끄고, 하인(下人)이 오민 누웡 주끄는 늬눈이반둥개 잇엇더라.

주접선생이 개, 늬눈이반둥개 주끄는 걸 보난, "야, 아이중아 소ᄉᆞ중아 저먼정 나고 보라, 어디서 양반(兩班)이 온 듯 온 듯 허난, 어서 나강 보라에-."

나간 바려보난

---

192) 감은 : 검은.

193) 늬눈이반둥개 : 개를 일컫는 말. 개의 얼굴 생긴 모습에서 붙여진 말인 듯.

194) 주꺼 : 짖어.

그때엔, 천하대궐(天下大闕) 천하 임정국 대감님~, 짐정국에 부인님이 오랏더라.

잇이난 "혼저 이레 들어옵센." 헤연 안으로 청허연, 출령[195] 간 거문딱 내어 놓안, 상탕에 간

메를 짓고 중탕에 간 모욕(沐浴)허고 하탕에 간 수족(手足) 씻언

낫인 뒈민 원불(願佛)이여 밤인 뒈민 수룩(水陸)이여

석 둘 열흘 벡일 동안

그 수룩, 원불(願佛)을 드려 놓안, 마주막 날은, 법당에서

은수반에 올려 놓안

대추낭은[196] 은저울로 저울리난

혼 근이 부족허연, 벡 근, 근량이 못 차가옵데다에-.

그때에는

그걸 보안 주접선성 곧는 말이로다.

"대감님아, 짐정국 부인님아

벡 근 장델 차시민 아덜을 낳주만은, 벡 근이 못 차난, 여궁녀(女宮女)라도 취급시겨줄 듯 허난, 이제랑 내려갑서 내려가뒈, 좋은 날 합궁일(合宮日)을 받아, 천상베필(天上配匹ㄹ)을 무어봅서에-."[197]

집으로 내려온다.

내려오란 흐를날은

누언 자노렌 허난 꿈에 선몽(現夢)허엿구나. 물 알에는 옥돌 ᄀᆞ뜬 아기씨여

---

195) 출령 : 차려서.

196) 대추낭 : 대추나무.

197) 무어봅서에 : 맺어 보십시오.

가마귀 젓놀게, ᄀ뜬 아기씨

동상세별~ 앞 이멍에 박은 듯 헌 아기

아바지 쿰더레 폴폴 기어오란 아바지, 쉬염도 완 씨러 붸고

아바지 통설대도 ᄆ직아[198] 붸고, 마침 그 시간에 짐정국 부인님 꿈에도, 아기씨가 폴폴 기어오란 어머님 젓가심도, 헷사[199] 붸엇구나에-.

부베간이

퍼쩍허게 깨어난 보난

똑ᄀ뜬[200] 꿈을 꾸엇구나, 천상베필(天上配匹)을 무엇더니만은

아오 열 둘 준삭(準朔) 체완

낳는 거는 바려보난

여궁녀(女宮女)가 솟아난다.

아이고 이 아기 이름이나 지와사 헐 걸, 무신 거엔 지으코, "느진덕정하님아

저먼정에 나고보라, 지금, 때는 어느 때냐?"

"아이고 구시월(九十月)이 뒈언, 녹하(綠下)가 다 떨어지어 잇입네다에-.

잎이 다 지엇수다."

"이 아기 녹하진 때 낫구나." 녹하(綠下), 단풍(丹楓)이 지엇저 단풍(丹楓), 우리가 ᄌ청(自請)허연, 절에 간 수룩 드리멍 난 아기여 ᄌ청(自請), 경 허난 녹하단풍, ᄌ치명왕아기씨로 이름 지와간다.

이 아기 여름은 나민 상다락에

더웜신가 노념허고[201]

---

198) ᄆ직아 : 만저.

199) 헷사 : 풀어 헤쳐.

200) 똑ᄀ뜬 : 똑같은.

가을 봄은 당허민, 중다락에 노념허고, 겨울은 뒈민 하다락에 노념허고

영 허는 게

[말] ᄒᆞᆫ 술 두 술 열다섯 십오 세가 뒈어가난, 편지 서신(便紙書信), [소리] 오랏구나에-.

임정국 대감

아침에 일어난 마당에 간 은대양에[202] 물을 떠 놓안

ᄂᆞᆾ을[203] 싯젠[204] 헤연 보난 무시거 가마귀 젓놀게 파딱허게, 털어지언 바려보난, 가간장이로다.

천하 임정국 대감광, 짐정국에 부인, 베실[205] 살레오렌 허엿구나.

옛날 옛날 시절엔 강 베실을 강 연삼년을 살앙 오민, 멧 벡 년 멧십 년 동안, 아무 거 안 해도 먹고 살게 나올 때난

'아이고 이 아기 어떵허여 두엉 가코.'

ᄉᆞ나이로[206] 남ᄌᆞ(男子)로나 나시민, ᄎᆡᆨ실(冊室)로나 돌앙 가주만은

여ᄌᆞ식(女子息)이라 경도 못 허고, 이거 큰일 낫저, 느진덕정하님을 불러다 놓안 허는 말이 "야 느진덕 정하님아, 우리 애기 궁 안에서 밥을 주고, 궁 안에서 옷을 주엉, 우리 애기 키왐시라 우리가 연삼년 강, 베실 살앙 오민, 느 종문세(僕文書)도 벳겨 주고, 느 살을 도리(道理) 헤여주마에-."

---

201) 노념허고 : 놀이하고.

202) 은대양에 : 은대야에.

203) ᄂᆞᆾ을 : 얼굴을.

204) 싯젠 : 씻으려고.

205) 베실 : 벼슬.

206) ᄉᆞ나이 : 사나이.

"어서 걸랑 기영 헙서."

그때엔~, 임정국 대감 짐정국에 부인

베슬, 공ᄉ(公事) 살레 가불고

아기 가젠 허난~, 마흔여덥(四十八) 빗골장, 모람장은 고무살장 지게 살장[207]

문(門)을 허연 ᄌ간,[208] 아바지가 ᄌ근 문은, 어머님이 수리두어 간다.

어머님이 ᄌ근 문은 아바지가 수리를 두언, 문을 ᄌ가 두언 아바지 어머니 베실 살레, 올라가앗구나에-.

올라 가부난

주접 절간에

법당(法堂)에서는, 초파일(初八日)에 당허엿구나. 초파일, 해는 지언, 초저냑 넘어가난, 초싱 반ᄃ᷆ᆯ은, 떠오라 가고

문딱 각처 두에 스님덜 모여단

등을 ᄃ᷆ᆯ저

모연, 바려보난 하늘 우인 초싱 반ᄃ᷆ᆯ이 떠엇구나, 그때엔 저 스님 ᄒ᷆ᆫ, 스님이 ᄀ᷆ᆮ는 말이, "아이고 저 ᄃ᷆ᆯ(月)은 곱기도 곱다. 개수나무나 박혓구나에-."

보름ᄃ᷆ᆯ(月)에도

개수나무 박히는 법이로구나.

영 ᄀ᷆ᆯ아가난[209] 주접선생(周易先生) 허는 말

"아이고 이 ᄃ᷆ᆯ(月)아 저 ᄃ᷆ᆯ(月)아~, 곱긴 곱다만은

---

207) 빗골장, 모람장은 고무살장 지게살장 : 살장의 종류.

208) ᄌ간 : 잠가서.

209) 영 ᄀ᷆ᆯ아가난 : 이렇게 말하여 가니.

개수나문 박혓건만은 우리 법당(法堂)에 오란 수룩(水陸) 들영 간 아기씨, 녹하단풍 ᄌᆞ치명왕아기씨만 못네 고와진다."

그때엔 스님덜 허는 말이, "아이고 경 고운 아기씨민, 얼마나 고운 아기씬고, 경 말앙 우리 법당(法堂)에서, 누게가 나상,[210] 그 아기씨신디 강 얼굴을 상봉(相逢)허곡 본메를 두어뒁 오민, 돈 삼천냥(三千兩)을 메와주켄." 일럿구나에-.

주접선성 나아산다.

"저가 강 오겟습네다.

강 적실히, 상봉(相逢)을 허민 돈 삼천냥(三千兩)을 메와주곡, 본메본짱을[211] 못 두어 두엉 오민, 성문 삼체를 우올리켄." 일러가난

"어서 걸랑 기영 헙서."

ᄒᆞᆫ 침 질러 굴송낙 둘러쓴다.

두 침 질러 비랑장삼

목엔 보난 벡파염줄(百八念珠), 손에 단줄 걸엇구나.

인간 노싱땅더레 시권제 받으레, 소곡소곡, 내려사노렌 허난

녹하단풍 ᄌᆞ치명왕아기씨

궁 안네에

가둔 양, 귀썰메에[212] 스님이 ᄂᆞ려사는 소릴, 왕방울 소리ᄀᆞ찌, 아바님이 오시는가 어머님이 오시는가

허단 보난

주접선성 시군문 바꼇들로

210) 나상 : 나서서.
211) 본메본짱 : 증거가 되는 물건.
212) 귀썰메에 : 귀썰미에.

에-, 들어사며 나사며 짓알로 "소승절이 벱네다-."

"아이고 느진덕정하님아 저먼정 강 보라, 어떠허난~, 대ᄉ님이나 소ᄉ님이 오라신고?"

느진덕이정하님 나간 보난

"에-, 어느 법당(法堂)에서 오십데가? 어느 절에서, 오십데가?" "나는 황금산 도단땅, 법당에서 시권제 삼문을 받으레, 오라신디, 권제 받아당 헌 당(堂) 헌 절(寺)도 수리허곡, 명 없는 ᄌ순(子孫)엔 명도 주고 복 없는 ᄌ순엔 복도 주고, 생불환싱(生佛還生) 없는 ᄌ순에 생불환싱을 주저, 취급을 시겨주저 권제 받으레 오랏주만은, 우리가 법당에 앚안, 단수육갑(單數六甲) 오용팔괄(五行八卦ㄹ)을 짚언 보난, 우리 법당에 오란, 수룩(水陸) 올련 낳안 아기씨 이 집이 녹하단풍 ᄌ치명왕아기씨가, 열다섯 십오세가 못 넹길 듯 허난

시권제삼문(-勸齋三文) 받아당 명과 복을 잇어줍센 허영

불공(佛供)허젠 오랏고렌." 허난

시권제삼문은

느진덕정하님이 은수반에 떠 들렁 가난

"아이고 느진덕정하님 손으로 ᄒ 섬 ᄒ 말 주는 것보단, 애기씨 손으로 ᄒ 홉 쏠이, 맞사질[213] 못 헌덴." 허난, "우리 아기씨는 아바지 어머님이~, 공ᄉ(公事) 살레 가멍 문을 다 중간, 상거슴 통쉐에,[214] 중간 부난~, 궁 안네에 앚안

못 나오게 뒈어수덴." 일러간다.

그때엔 강 들어보라

213) 맞사질 : 맞서지.

214) 통쉐 : 자물쇠.

그때엔 느진덕이정하님이

[말] "아기씨 상전님아 아기씨 상전님아, 황금산 도단땅 법당에서, [소리] 권제삼문(勸齋三文) 받으레 오랏수다만은, 나가 시권제 주난 아니 받안, 나 손으로 혼 섬 혼 말 쏠 주는 것보단 애기씨 상전님 손으로, 혼 홉 쏠을 시권제 받는 거, 맞사지 못 헌덴 일럼수다에-."

"경 허건 아바지 어머니

문 다 상거슴 통쉐에 중갓젠 가불엇젠 일를 거 아니가." "일럿수다. 일러도, 아기씨 상전님 손으로 시권제만 내보네렌." 헤염수덴 허난, "경 허건 강, 주접선성(周易先生)ᄀ라 들어보라, 아바지 어머님 중근 문 율아주민,[215] 권제 내보네켄 가건 들어보렌." 허난

느진덕이정하님은

그때엔 간 아기씨 ᄀ른 대로

아기씨가 말을 허뒈, "아바지 어머님이, 문을 다 상거슴 통쉐를 중간~, 베실 살레 올라가 부난, 그 문을 율 수가[216] 잇입네까?"[217] "그 문 율아주켄." 허난 "어서 강 들어보라, 문 율아주민 권제 받으레 나올티, 강 아기씨안티 강 들어보렌." 허난, 간 느진덕 정하님 ᄄ시[218] ᄀ른 대로 간 일르난

"경 허건 오랑 문 율아줍센 허렌." 허난, 주접선성님이 소곡소곡 들어산다.

금마답으로 들어사며

---

215) 율아주민 : 열어주면.

216) 율 수가 : 열 수가.

217) 잇입네까 : 있습니까.

218) ᄄ시 : 다시.

[장구채를 내려놓고 오른손으로 공싯상에 있는 요령을 잡는다.] 아기씨 궁 안네 잇이난, 천앙낙화금정옥술발[219] [요령] 들러 받안, ᄒᆞᆫ 번을 들러 치난 천하(天下)가 요동헌다. [요령] 두 번을 들러 치난 지하(地下)가 요동헌다. [요령] 연싀번 들러 치난, [요령을 공싯상에 내려놓고 다시 장구채를 잡는다.] 마흔여덜 빗골장, 고무살장 지게살장~, 문이 절로 싱강허게, 올아지엿구나에-.

아기씨는 나오는 거 보난

하늘이 보카, 청너울을 둘러쓴다.

지하(地下)님이 보카

벡너울 둘러 씨언

시권제는 은수반에 들러 앚언 소곡소곡 나오라가난

낭간에 오란 앚이난, 주접선성님이, 권제를 받저, 전대를 내어 놓아 가옵데다에-.

ᄒᆞᆫ 일곱 자

전댓귀를 내어 놓아

ᄒᆞᆫ 손은 장삼 쏘곱더레 곱져간다.[220]

ᄒᆞᆫ 귀 전댓귀는 입에 물고 ᄒᆞᆫ착[221] 손으로 전대를 들러 앚언

"아이고 아기씨 상전님아, 높이 들렁 얕으게 붸웁서. 스르르 스르르 ᄒᆞᆫ 방울 떨어지민 명과 복이, 다 떨어집네덴." 허난 그때에는

스르르르르 스르르르르 비와가난

아이고 ᄒᆞᆫ착 없던 손

---

219) 천앙낙화금정옥수발 : 요령의 별칭(別稱).

220) 곱져간다 : 숨겨간다.

221) ᄒᆞᆫ착 : 한 쪽.

“아이고 어찌허연, 전댓귀는 아비귀라 무읍데가? 어미귀라 무읍데가? 부정귀라 나정귀라 물엇수까?

ᄒᆞᆫ착 손은 어딜 갓수까?”

“옥항에 단수육갑(單數六甲) 오용팔괄(五行八卦ㄹ) 짚으레 갓수다.”

영 ᄀᆞᆯ안 비와가난

없던 손이 절로 나오란 아기씨 상가메(上旋毛)를 술술허게 연싀번을 씰어간다.

씰어가난 아기씬 춤막춤막[222] 놀레여 가는 게

자르륵허게~, 전대귀는 입에 물엇던 거 내부난

“아이고 아기씨 상전님아, 이거 ᄒᆞᆫ 방울 떨어지민 명과 복 떨어진덴 나 아니 ᄀᆞᆯ앗수까? 요걸, 은하시를 은저붐을[223] 내어 놓아

한 방울도 떨어지지 아녀게 문딱 이걸, 이 전대더레 좃어놉서에-.”

그걸 문딱 좃어 놓아가난

머리는 술술허게 아기씨 머리 씰어가난

춤막춤막 아기씨는 놀레멍

아이고 요 중 궤씸헌 중, 저 중 궤씸허다.

“우리 아바지 어머님이, 알고 나민 청대섭에 목 걸려 죽일 요 중아.”

요걸 후육누육(詬辱累辱)허여 가난

“아이고 아기씨 상전님아 상전님아

[말] 지금은 나신디[224] 영 욕허염수다만은, 석 둘 열흘 벡일만 잇어봅서. [소리] 그때 뒈민, 날 생각이 나, 날 ᄎᆞᆽ아 올 일이, 잇일꺼우다에-.”

---

222) 춤막춤막 : 놀라서 갑자기 조금 움직이는 모양.

223) 은저붐을 : 은젓가락을.

224) 나신디 : 나에게.

그 말 들으난

필아곡절(必有曲折)헌 말이여.

그 말 골아두언 벳낏더레 나가 가난

"느진덕정하님아 혼저[225] 강, 저~ 중이 대스, 어서 강 혼착, 장삼(長衫)도 강 그창[226] 오라. 혼착 송낙지도[227] 그창 오라."

그찬 오나네

"느진덕정하님아 다시 강 불렁 오라, 아이고 이 문, 중근 거 율안 권제 내어시메, 이 문 오랑 다시 중가 두엉 가렌." 허렌, 허여가난

그때엔 다시 불르난, 주접선성 소곡소곡 들어사멍

[장구채를 내려놓고 오른손으로 공싯상의 요령을 잡는다.] 다시 제차 하늘 옥항 도성문 율려오던, [요령] 천항낙화금정옥술발 들러 받아, 혼 번을 둘러치난 천하(天下)가 요동헌다. [요령] 두 번을 둘러치난, 지에(地下)가 요동허고, [요령] 연싀번을 둘러치난, [요령을 공싯상에 내려놓고 장구채를 잡는다.] 일흔여덥(七十八) 빗골장, 마흔여덥(四十八) 모람장 스물여덥(二十八) 지게살장, 고무살장 문이 절로 싱강 중가지엇구나~.

주접선성 가멍 곧는 말이

"날 이루후제 촛일 일이 시엉[228]

날 촟앙 오커들랑, 나 철죽대에 그믓[229] 긋이멍 가크메,[230] 철죽대 그믓 보멍 촟앙 옵서."

---

225) 혼저 : 어서 빨리.

226) 그창 : 끊어서.

227) 송낙지도 : 고깔도.

228) 시엉 : 있어서.

229) 그믓 : 금, 자국, 표시.

230) 가크메 : 갈테니까.

경 골아 두언 나가부난

아닌 게 아니라 석 돌(月) 열흘(十日) 벡일(百日) 뒈어가난

장(醬)에는 장칼네도[231] 나아간다.

밥에는 풀네여. 옷엔 골네로다.

아이고 세금세금[232] 오미ᄌ(五味子)나

둘큼둘큼[233] 틀ᄃ레나[234]

먹고저라 허여가난

"느진덕정하님아 아이고 어디 강 틀ᄃ레나 타다 도라, 먹고정 허연 죽어지켜. 아이고 오미ᄌ나 강 허여다 도라 세금세금 먹고정 허연 죽어지켄." 허난, 그때엔, 멩텡이 둘러 들런

산에 간 바려보난

높은 낭에 열매라 탈 순 엇엇구나.

멩천(明天) ᄀ뜬 하늘님아, 모진 광풍(狂風)이나 불게 시겨줍서.

우리 아기씨 상전님, 죽을 ᄉ경(死境) 뒈어수덴 헤여가난, 벌써 주접선생은, 법당(法堂)에 앚안 축지법(縮地法)으로 보난~, 앚아 천(千) 리 사[235] 만(萬) 리 보난, 느진덕정하님 멩텡이 둘러메고 허연 간, 낭 알에 간 앚안 울엄구나. 축지법을 익어가난,[236] 모진 광풍(狂風) 불어간다.

ᄇ름(風) 부는 양 털어지어 가난

연ᄃ레나 오미ᄌ나

---

231) 장칼네도 : 간장에서 나는 냄새도.
232) 세금세금 : 새콤새콤.
233) 둘큼둘큼 : 달콤달콤.
234) 틀ᄃ레나 : 다래나.
235) 사 : 서서.
236) 익어가난 : 읽어가니.

믄딱 털어지어 간다.

[말] 그거 허연 "아이고 상전님아 상전님아 창고망으로 드밀리멍, [소리] 이거 혼저 먹엉, 혼저 정신 출립센." 그거 허연, 창고망으로 안네난, 흔 두 방울 먹으난, "아이고 낭엔[237] 낭네 난 못 먹키여

풀엔 풀네 난 못 먹을로구나."

아이고 죽을 亽경(死境) 뒈어간다.

이제랑 아바지신디, 서신(書信)이나 띄와보저, '아이고, 천하 임정국 대감님 지하 짐정국 부인님아, 느진덕정하님이 편지 서신을 띄우뒈, 혼저 돌아옵서, 아기씨 상전 죽을 亽경(死境) 뒈엿수다.

삼년 살 공亽(公事)건, 단 섯 둘에 판단헤영 혼저 옵서.

아기씨 상전님 죽을 亽경 뒈엿수덴.' 헤연, 글을 썬, 편지로 답, 보내엿더니만은

그때엔 천하 임정국 지하 짐정국 대감님, 서신(書信)을 받안 보난, 아이고 아기씨 죽을 亽경 뒈엿젠 허난, "아이고 우리가 베실을 못 살아도 혼저 가사주[238]

우리가 어떵허영, 얻은 아기인데."

혼저 가주겐 헤연 오라간다.

아방방에 아방 들어간다.

어멍방에 어멍 들어간다.

[말] "느진덕정하님아 아버지 어머니신디 선신문안(現身問安)을 허젱 허믄, 이거 어떵허야사 헐거고?" [소리] "아이고 상전님아 상전님아, 경 말앙, 아버지안티 선신문안 가젱 허민, 아멩헤도[239] 남녀간에 구별법이

237) 낭엔 : 나무엔.
238) 혼저 가사주 : 빨리 가야지.

시난,240) 평풍(屛風) 치엉 평풍둣깡으로, 아바지안티랑, 풀 죽은 옷, 입어 앚엉 소곡소곡하게, 선신문안(現身問安)을 헙서에-."

그대로 골은 대로

펭풍둣깡으로 간, 풀 죽은 옷 ᄂᆞ롯허게241) 입어 앚언

소곡소곡허게 간 선신문안 허난

"서룬 나 뚤아 영 허라 얼굴 보저 몸찔을 보저, 어떵허난, 눈은 곰방눈이 뒈어시니?"

"아바지야 모른 소리 맙서.

메날 창고망으로, 아버지 오람신가

메날 보단 보난 눈은 곰방눈 뒈여수다."

"코는 어떵허난 몰똥코 뒈여시니?" "하도 울멍, 콧물이여 눈물이여 닦아부난 몰똥코가 뒈여수다." "어떵허난 입은 작박입 뒈시?" "하도 울어부난

작박입이 뒈여수다."

"어떵허난 나 뚤아, 베는 두룽둥베가 뒌 거 닮뎅." 허난, "아버지 어머님 잇일 땐 홉으로 ᄒᆞ나 느진덕정하님이, 밥을 주엉게만은 아버지 어머님 엇이난~, 뒈로나 주어부난, 나 베는 두룽둥베가 뒈여수다."

"야게는242) 어떵허연 홍실야게 뒈어시니?"

"하도 야게기 들르멍~ 상 바레곡, 앚앙 바레곡, 창고망으로, 아바지가 어는제243) 올 건곤 헤연 ᄇᆞ리단 보난, 이와 ᄀᆞ찌 홍실야게가 뒈여수

239) 아멩헤도 : 아무래도.

240) 시난 : 있으니.

241) ᄂᆞ롯허게 : 거세지 않고 유순하게.

242) 야게는 : 목은.

243) 어는제 : 언제.

다." "나 뚤아기 착실허다.

느 방으로 들어가라."

[말] "어멍신디 이젠 강 어멍방에 강, 선신문안을 해야사 헐 걸 어떵헹 허민 좋고." [소리] "아이고 어멍은, 여부모(女父母)에 여ᄌᆞ식(女子息)이 난, 경 말앙 상전(上典)님아 어머님신디 갈 땐, 풀 쎄게 헌, 풀 쎈 치메 입엉, ᄌᆞ직ᄌᆞ직으로,[244] 선신문안을 올립서에-."

느진덕정하님 골은 대로

그치룩허연,[245] 풀 쎈 치메 옷 입언, ᄌᆞ직ᄌᆞ직허게

제직제직허게시리, 어머님신딘 펑풍도 아니치고, 여부모에 여ᄌᆞ식이 난, 간 선신문안 허난 아바지 골듯이[246] 문딱 들어보단, 어멍도 "나도 경험허여 본 일이로구나.", 아멩헤도 필아곡절(必有曲折)허덴 허연, 뚤~, 앞 가심을 확허게시리 저고리를 턱 벳견 보난, "어~, 젓줄이 ᄑᆞ릿ᄑᆞ릿 사앗구나.

아이고 이거 큰일 낫구나 큰일 낫저.

궁 안에도 ᄇᆞ름(風)이 들어나?

이거 양반집에 ᄉᆞ당공ᄌᆞ[247] 낭, 어떵허민 좋고."

이제랑~, 은대양에 물을 떠다 놓안

그레 ᄋᆢᆺ전 보난, 아덜덜 삼형제가 베 쏘곱에, 베언 잇엇구나에-.

양반칩이 ᄉᆞ당공ᄌᆞ 난

죽여나 불어사주 이 노릇을 어떵하민 좋코

---

244) ᄌᆞ직ᄌᆞ직 : 같은 일을 연달아 잦게 치르는 모습.
245) 그치룩허연 : 그렇게 하여.
246) 골듯이 : 말하듯이.
247) ᄉᆞ당공ᄌᆞ : 祠堂供辭?

아기씨 세와 놓앙 "앞 밧디랑 작두 걸라

뒷 밧디랑 벌통[248] 걸라."

죽이젱 허여가민

느진덕정하님이 오랑 "아이고~ 대감님아 안부인님아.

"아기씨 잘못한 일 엇수다 나가 잘못허여부난, 아기씨가 그와 ᄀᆞ찌 뒈어 줍서 날 죽여줍센." 오랑~, 곪령 울어간다 ᄀᆞᆷ아간다[249] 허고

느진덕 죽이젱 허여가민 아기씨가 오랑

"아버님아 어머님아, 느진덕정하님

아뭇 줴(罪) 엇수다, 나 잘못이우다, 날 죽여줍센." 서로가 허여가난, "이거 ᄒᆞᆫ 목숨 죽이젱 허당 보민~, 베 쏘곱에 애기들ᄁᆞ지 다섯 목숨 죽어질꺼난, 이제랑 동이와,[250] 이거~, 귀양정배난, 살을 디 보내여불주기, ᄒᆞᆫ 설적 두 설적, 열다섯, 십오 세 동안, 입던 이복(衣服) ᄆᆞᆫ딱, 쌓아 놓안

"어서 어멍도 엇곡, 아방도, 못 보는 디 느 갈 쩔, 가렌." 허여 간다.

감은[251] 암쉐, 멩둣메 헤연 출려 놓안, 요거 탕, 느진덕정하님ᄁᆞ지 ᄒᆞᆫ디 ᄄᆞᆯ련, 보내젠 허난

아방방에 들어간, 비새(悲鳥)ᄀᆞ찌 운다.

"아바님아~

아이고 불효(不孝)의 ᄌᆞ식(子息) 아바지~, 놓아 두엉 산진 이별(離別),

---

248) 벌통 : 작도(斫刀)와 비슷한 형구, 벌(罰)틀.

249) ᄀᆞᆷ아간다 : 감아간다. 'ᄀᆞᆷ다'는 ①위아래 눈시울을 합치다 ②몸이나 머리 따위를 물에 씻다의 뜻.

250) 동이와 : 심방이 잠시 혼동된 사설을 바로 잡고 있음. 무의식적으로 '무쉐설캅을 동이와당에 띄와' 정도의 사설을 하려 했으나, 이내 그 대목이 아님을 인지하고 바로 잡고 있기 때문에 '동이와' 정도를 하다가 그치고 있음.

251) 감은 : 검은.

허여건, 나감수덴." 울어간다.

아바지도 비새ᄀᆞ찌 울단, "서룬[252] 나 아기야, 아이고 줄 껀 엇고.", 금붕채(金扇), 내여주멍 "가당가당, 길이 멕히건 이 금붕채, 내어 놓앙 연ᄉᆡ번, ᄯᆞ리민,[253] 질이 난다."

어멍방에~

들어간, 비새ᄀᆞ찌 울멍, "어머님아 나, 살아 이별은, 생초목(生草木)에 불이라, 불효에 ᄌᆞ식 나감수다."

"서룬 나 ᄄᆞᆯ아기야에-,

어멍광 ᄌᆞ식 산진 이별헤연, 나가젠 허난, 비새 ᄀᆞ찌, 울멍~, "몸 조심허영 뎅기곡, 몸 잘 갈록 허렌.", 일러간다.

금마답에

수리 두어간다.

올레 밧꼇 나간 막음두언, 아이고~ 올레에 간, 산 보난, 동으로도, 질이 나고, 서으로, 남으로 북으로, 질이 훤하게 나난 감은 암쉐에, 느진덕정하님은 뒤에 태우고 허연, 나아가옵데다에-.

올레 밧꼇 나산 가단 보난

아야산에 불이, 활활 부떰시난

"느진덕정하님아 저건 어떵헌 일이고 [말] 어떵하난 산에 저추룩[254] 불이 부떰시니." "아이고 상전(上典)님아 모른 소리 맙서, 부모 ᄌᆞ식(子息)에, 살아 이별은 생초목에 불이라, 이별허젠 허난, 관관세왓[255] 부모

252) 서룬 : 설운.

253) ᄯᆞ리민 : 때리면.

254) 저추룩 : 저렇게.

255) 관관세왓 : 바싹 마른 띠(茅)가 자라는 밭.

님네, 가슴에, 불이 부뜨는 넉시가, 뒈옵네다."

"기영 허냐?"

가단가단 보난

동산에서 물이 알더레 내려오라살 걸~, 아래 굴헝엣[256] 물이 동산더레, 치대겨 가난, "저건, 어떵헌 넉시고?" "아이고 상전님아

저건, 건물 건ᄃ리 부모 놓앙, ᄌ식이 나오라 부난, 건물 건ᄃ리 뒈옵네다."

청일산(靑日山)도 넘어간다.

벡일산(白日山)은 흑일산(黑日山), 넘어산다.

넘어산, 가단 보난

아양동축산 넘어산다.

청몰레왓 벡몰레, 넘어산 가단

바레연 보난 우인 펴지고, 알은 쫄아 앗인

산이 시난[257] "아이고 저건 어떵한 넉시고?" "아이고 상전님하에-.

이 감은 암쉐에서, ᄂ령,[258] 이레 옵서

남편 본메 못 봐도, 이젠, 초전싱은 그리쳐, 시난에, 저 산은 건지산입네다~.

저디 강, 건지 허여사 헙네덴." 허난, 그때에는

건지산을 올라간다.

동더레 돌아 앚앙 땅을 치어, 통곡(痛哭)하여 간다.

서더레 돌아 앚아건, 땅을 치어 통곡하여 간다.

---

256) 굴헝엣 : 구렁에. 굴헝=굴렝이.

257) 시난 : 있으니.

258) ᄂ령 : 내려서.

아이고 나 전싱(前生)~, 나 팔ᄌ(八字)야

부모님네 생이별허여, 이게 어떵헌 일인고, 베는 두룽둥베[259] 뒈어 놓고

그디 간 삼동낭, 용얼레기[260] 내어놓아

세갑머리 갑사댕기 들엿단 그것 풀언, 육갑에, 갈라다완, 머리 건제 허여간다.

건지허연 내려오란

가단가단 보난

낙수와당 수삼천릿 길~, 가단가단 보난

낙수와당이 근당허난

아바지 어머님 내여준 금봉채(金扇)로, 확확 연싀번 후리난, 물이 바짝 싼, 낙수와당 넘어가는 구나.

가단가단 보난

수삼천 리 쩔이 난다.

아무리 금봉채(金扇)로 두드려도, 질이 아니 나앗구나에-.

그디 앚안 비새ᄀ찌

느진덕정하님허곡, 앚안 울단 보난 무정눈에 좀이라, 소록록허게 좀은 드난~, 꿈에 선몽 ᄀ찌 선몽 드리는 건 보난, 어떠헌, 벡강셍이[261]

나오라 간다.

상전님아, 상전님아

"어떵허연 이디 오란 영 누원 잠수까?", "난 상전님네 집이, 요왕황저

259) 두룽둥베 : 둥그렇게 부어 오른 배.

260) 용얼레기 : 얼레기는 머리빗을 말함.

261) 벡강셍이 : 백강아지.

국(龍王皇帝國) 말젯뚤아긴데 줴(罪)가 만허난 인간에 강생이로, 난~, 줴를 다, 그 줴를 강 닦앙 오젠, 변허연 나간 게, 상전님네 집이 가난 하도 상전님 나 먹을 것도 잘 주곡, 날 하도~, 아껴주고 영 허단, 나 그 귀양 다 풀리난~, 요왕황저국으로 돌아갓습네다."

퍼쩍하게 깨어난 보난

몽롱성에 꿈이 뒈엇더라.

보레지 않치 아니연, 낙수와당 수삼천리 찔에

[말] 바레연 보난, 큰 거북이가 오란 턱허게 등을 내믈안[262] 잇엇구나, "아이고 이 거북인 어떵한 일인고?" "경 말앙 나 등더레 탑센." 허난, 그때엔 탄 가젠 허난~, 아이고 이거, 우리 둘이 입던 입성ᄁᆞ지, 문딱 끗엉 가젠 허난 감은 암쉐엔 양석(糧食)이영 문딱 싯건, 아바지 어머님이[263]

감은 암쉔 둘앙 갈 수 엇어지난

그때엔 서 클런[264] "아이고, 감은 암쉐야~, 늘랑, 느도 느 살을 도레(道理)헤영 아무 디라도 가라. 우리도 우리만 가켄." 헤연, 서 클러 노난~, 큰큰헌 눈에 눈물이사 다륵다륵 말 모른, 짐승이건만은

비새ᄀᆞ찌 울어가는구나.

거북이 등에 올라탄, 수삼천 리 낙수와당 넘어산다.

넘어가단

느진덕이정하님, 두터레,[265] 바레연 보난

262) 내믈안 : 내밀어.

263) 이 대목에서 심방이 목이 가라앉고 기침이 나서 잠시 중단해 휴식을 취한 후, 다시 본풀이를 이어서 했음.

264) 클런 : 풀어서.

265) 두터레 : 뒤쪽으로.

벌써 감은 암쉐 명돗멘~, 놈의 곡석(穀食) 밧디 들엇구나에-.

"상전님아 상전님아~

감은 암쉐 곡석밧디 저거 봅서 들엇수다."

"내불라. 그것도 지 살을 도렐 허여사 할 것 아니겐." 헤연, 가노렌 허난~, 간 보난

벌써, 황금산에 주접선성님은

오는 걸 알안, 질토레비 질캄관덜을 내여 놓안, 그 질을 다 치엄더라에-.

문민마다[266] 감옥성방(監獄刑房) 문을 잡앗구나.

들어가젠 헤여가난

인정(人情) 달라 ᄉ정(事情) 달라헌다.

"어디 인정드릴 꺼 잇십네까?

아이고 열두 복(幅) 치메~, ᄒᆞᆫ 폭썩 곱곱드리

폭폭이 칮어[267] 앗언 열두 문에 인정 걸어부난

[말] 허리만 남앗구나 이 허리만 헤영 어떵 가리 "느진덕정하님아, [소리] 경 말앙 느 열두 복, 치메도 이레 벗이라 세 폭썩, 여섯 폭썩, 경 말앙 우리 갈라 입게-."

그디 앚안

열두 폭 치메 벗언, 여섯 폭썩 갈란, 상전님 옷에 허리 그레 돌아 앗언 둘이가, 하나썩 입엇구나

가단가단 보난~ 첩첩산중이여

가단가단 보난

266) 문민마다 : 문마다.

267) 칮어 : 찢어.

[말] 벌써 주접선생은 알안 먼 올레 높은 낭 가지에 간, [소리] 혼 착 없는 장삼도 간~, 걸어놓앗구나. 혼 착 엇인 굴송낙도 강 걸어 놓앗구나~. ᄇ레진치 아니허연 보난

그때엔~, "아이고 상전님아 저거 봅서."

"쿰에 쿰언,[268] ᄇ린 거 쿰에 쿰언 앗단 마 요거 앗앙 강 맞촤 보라." 아이구 혼 착 장삼도 간 맞치난 똑기[269] 맞고, 혼 착~ 송낙도 가난, 똑기 맞아가는구나.

그때엔 그거, 허연 맞추완, 법당더레 소곡소곡 들어가가난

주접선성이 마중 나완 허는 말이, "어디 어느 누겔 춫안[270] 오십데가에?-."

"주접선성 춫안 오랏수다."

"아이고 기영 허십데가."

"날 춫앙 오랏걸랑

나록 싀(三) 동일 내어주멍 요걸 앗엉

이디 앗앙~, 착쌀 하나도 엇이, 믄딱 이걸 깡 싀(三) 동이 올리민, 날 춫아 온 자 분명허덴." 일러간다.

그거 받안 앗아에~

손콥으로[271] 춥쏠 싀 동이 까젠 허난 손콥 아파간다.

닛빨로나, 까젠 허난

닛빨 아파간다.

---

268) 쿰에 쿰언 : 품에 품어.

269) 똑기 : 딱.

270) 춫안 : 찾아.

271) 손콥 : 손톱.

까단까단 버치난,[272] 앚안 비새ᄀᆞ찌, 통곡허멍, 울단 보난

무정눈에 ᄌᆞᆷ이 들엇구나.

ᄌᆞᆷ썰메에, '오조조조 오조조조' 하도~, 말 모른 길중싱덜, 가막새 소리나난, 퍼쩍하게 깨어나멍 "주어 저 새-."

퍼딱허게 ᄂᆞ는 건 보난

ᄂᆞᆯ게로[273] ᄆᆞᆫ딱 치어지언

ᄊᆞᆯ은 ᄊᆞᆯ대로

체는 체대로

ᄎᆞᆸᄊᆞᆯ ᄉᆡ 동이 ᄆᆞᆫ딱 까 놓앗구나.

그때엔 그걸 주접선생신디 바찌난 "날 좇아 온 자가 적실하구나~, 경 허나 망정, 우리 법당에는 부베간, 출령 사는 법이 엇곡 영 허난, 내가 시왕곱은연찔을 놓아 주커메, 강 보민~, 야스다라부인

어머님이 살암시난

그디 가그네

불도땅에 내려 강, 해산허연

몸 갈르곡 허렌." 영 허연, 불도땅더레 소곡소곡 시왕곱은연찔로 내려산 것이

그디 간~, 그 아기덜 베언간 게, 아닌 게 아니라, 구월(九月) ᄃᆞᆯ은 당허난~, 원구월 초여드렌 당허난, 아이구 베(腹)여 아이구 베여~

누원 둥근 게[274]

알로 낳저, 아바지도 못 본 군문(軍門)이여

---

272) 버치난 : 힘이 드니.

273) ᄂᆞᆯ게로 : 날개로.

274) 누원 둥근 게 : 누워서 버둥거린 것이.

본메로다.

ᄂᆞ단[275] 겨드렝이 헤우천 솟아난다.

구덕에 눅전 '웡이 자랑 웡이 자랑'

허노렌 허난, 상구월(上九月)은

여레드렌(十八日) 당허난 아이구 베여 아이구 베여

알로 낳저 아버지도 못 본 본메로다.

웬 져드렝이[276] 헤우천, 나오난 신명두도 '웡이 자랑 웡이 자랑'

허여간다.

신구월 스무여드렌(二十八日) 당허난

아이구 베여 아이구 베여 허단 보난

성, ᄂᆞ단짜 웬짝으론 다 형님네 나 나난, 부정이 만허고 서정 늘랑네 늘랑네가 텡천(撐天)헤연, 오목수니,[277] 헤우천, 나오는구나에-.

이 아기덜 구덕에 눅져 놓안

웡이 자랑 허는 것이

ᄒᆞᆫ 설(歲) 두 설 대여섯 설 퉤어가난

구젱이 점벵이 허연, 하나썩 입져 놓곡

일곱 설이 당허여 가난, 친구 벗덜~, 나쁜 친구덜 헤연~, 어디 쉐(牛) 잡으레 댕기는 피쟁이 사는 동네 가난, 그 아이덜이영 벗 허난, 칼 들렁, 쉐나 잡젱 허고

영 허여 가난 못 쓸로구나

벗도 잘못허민 아니 퉤키어, 이제랑, 삼천선비덜 노는 디나 가 보주긴

---

275) ᄂᆞ단 : 오른.

276) 져드렝이 : 겨드랑이.

277) 오목수니 : 명치.

그 아기덜 삼형제 잘 킵젠 허난

돌아 앚언, 거무선생 동네 간다.

거무선생님신디 간, [말] "아이고 우리 돈은 엇수다만은, 우리 써줍서 우리 아덜 삼형제허고 나허고, [소리] 우리 큰아덜랑 굴묵지기로, 들어상 거무선성님 ᄃᆞ뜻하게[278] 굴묵이나[279] 지더드리곡 허면 어떵허우까?"

"어서 걸랑 기영 허라."

셋아덜랑 베릿물지기[280]

족은아덜랑 문지기로 들어사고

어멍이랑 부억지기 들어삿구나.

이 아기덜~

들어산 공부하는 거 바려보난

왕대왓디 놀려들언 어머님 왕대죽대 끊어다네

돗술(豚毛)허연 붓을 멘들앙

낭(木) 허여다 놓앙~, 물 적정, 낭 우터레, 글을 써가옵데다에-.

해가 지어가민

굴묵 짓는 디 성(兄), 큰성~, 굴묵 짓는 디 강 삼형제 도리도리 모여 앚앙, 그 굴묵 짓젱 허민 묵은 젠(炭ㄴ) ᄆᆞᆫ딱 ᄃᆞᆼ경[281] 구는 대로 홈파내어 두엉, 굴묵을 지더사 헐꺼난, 구는 대로 제 홈파내민, 그거 손으로 ᄁᆞᆫᄁᆞᆫ허게[282] 눗드러 놓안

천지혼합(天地混合)도 써 간다 놈이, 아이덜 ᄀᆞ찌 종이도 엇곡, 먹도

278) ᄃᆞ뜻허게 : 따뜻하게.

279) 굴묵 : 구들방에 불을 때게 만든 아궁이 및 아궁이 바깥 부분.

280) 베릿물지기 : 벼룻물지기.

281) ᄃᆞᆼ경 : 당기어.

282) ᄁᆞᆫᄁᆞᆫ허게 : 깐깐하게.

엇곡 영 허난

제 눗드렁 손가락으로

천지개벽(天地開闢)도 써 간다.

명심보감(明心寶鑑)도 써 가는구나.

천자문(千字文)을, 써 간다 삼천 자(字)를 써 가는구나.

ᄒᆞ를날은, 거무선성이 집안 울타릴 돌단 보난, 굴묵더레 영 굽언 보난, 난데 엇인 글발이 잇엇구나에-.

천하문장(天下文章) 명필(名筆)이로구나.

경 허연 제 둥경, 굴묵에서 제 우터레 글 썻젠 헤연, 그때에 별명도 젯부기 삼형제로, 이름을 지와 가옵데다에-.

ᄒᆞ를날은 시월동당 과걸(科擧ㄹ) 허연

서울이라 상시관(上試官)이 과거헌덴 허난

[말] 이 아기덜토 어머님신디 오란, "어머님아 어머님아 우리도 과거 허레 가오리다." "아이고~, [소리] 서룬 애기덜 가지 말라, 뎅기당, 어느 놈 손 땅에 어느 놈 발칫에 죽어진다.

가지 말렌." 영 허난

"경 허여도 강 구경이라도 허영 오쿠덴." 허난, 이루후제 그 공부 다 헤여나건~

구젱이 점벵이나

하나썩 허영 입저 주젠

돈세에~, 고릿짝 쏘곱에 곱젼 놓앗단에

그거 앚어 내연 멩심허영들 강 오렌 주난, 그거 앗안 삼천선비덜콰 가는 것이

[말] 아멩허여도 삼천선비들ᄀᆞ라, 거무선생이, "저 젯부기 삼형제 너

네가 과거하는 디 훈디[283] 가민, [소리] 모든 과거가, 너네덜 젯부기 삼형제신디 떨어진덴." 일러부러신고라, 삼천선비덜은

이 아기덜 가 가민 못 오게

발로도 강 차불고

돌멩이로도 맞쳐불고 다울려 불고[284]

영 허민 이레 곱악~, 저레 곱악[285]

곱으멍, 영 허연 좇안 가는 것이

배좌수 배 과원(果園)은 근당(近當)을 허난

[말] 삼천선비덜이 산 허는 말이 "야 너네들 삼형제이 경 말앙, 너네 저 낭에 올라강, 배이, 훈사람이 천(千) 방울썩 탕, 삼천(三千) 방울을 타당 우리 삼천선비덜신디 갈라주민, 느네들토 둘앙[286] 가마." "아이고 어떵허여 우리가 저딜 올라갑네까?" "경 말앙, 우리가 올려주커메 올라가렌." 허난, [소리] 삼천선비덜 굽은 디 굽엉, 굽은 디 굽엉

영 허멍 우터레 올라가난

바지~, 다님[287] 묶언

바지 굴더레, 배 삼천 방울, 훈 사름이 천 방울썩 타 놓안, 영 허난 삼천선비덜은 와르르하게, 서울 상시관더레 다, 도망가부럿구나에-.

이 아기덜은

올라가도 못 헌다 내려오도 못 헌다.

아이고 그 배낭 우이 앚아에~

283) 훈디 : 함께.
284) 다울려 불고 : 급히 몰아서 쫓아 버리고.
285) 이레 곱악~, 저레 곱악 : 이리 숨고 저리 숨고.
286) 둘앙 : 데리고.
287) 다님 : 대님.

그날 밤을 지새여 가는 것이

배좌수 꿈에 선몽(現夢) 시겨간다.

초경(初更) 때가 넘고, 이경(二更) 때가 뒈난

배낭에 청룡(青龍) 황룡(黃龍)이 얽어지고 틀어지고 감아지고 비어지엇구나. 그때엔 뒷날 아척인 동터 가난, 장남 불런 허는 말이 "수장남 수벨캄아, 저 뒤에 뱃낭 배낭 우이 강 보라, 무신 거 ᄒᆞ끔이라도 실지라도 절대 건들지도 말고, 손도 꼿딱하지[288] 말앙, 나신디 왕 골렌." 허난, 그때엔 수장남 수벨캄은~ 간 보난

어떵헌 도령(道令)덜 서이가[289] 잇언, 앚안 울엄구나

그 말을 완 배좌수 꿈에 선몽허난

배좌수는, 간, "서룬 도련님네야

어딧 도령덜이 이디 와시넨?" 허난, "아이고 그런게 아니고 우린 아명 아명헌 젯부기삼형제우다만은, 과거시험 보레 가 가난, 삼천선비덜이 배 탕 오민 돌앙 가켄 헤연, 올라오란 영 밴 타놓고 문딱 돌아가부, 돌아 나부난 올라가도 내려가도 못 헤연 앚안 울엄수다." "서룬 아기덜아

바지에~

다님 클러불라.[290]

다님 클르난 배, 삼천 방울

알더레 다르르륵 떨어지어간다.

배좌수가 안으멍, 그 아기덜 내려완, 집안터레 돌안 온다.

이 아기덜은 그잣 애기덜이 아니로다.

---

288) 꼿딱하지 : 까딱하지.

289) 서이가 : 셋이.

290) 클러불라 : 풀어버리라.

시장끼 멀려준다.[291]

노잣돈을 주어간다.

흔저 강 과거시험 보렌

그 돈 앗언, 시장긴 멀리고 허연, 오노렌 허난, 만주애미가,[292] 질을 웨오,[293] 확 느다[294] 확 갈랏구나에-.

그 법으로 시왕맞이헐 때에는

어러비게 감아비게 트러비게[295]

시왕드리, 일루절루 감아, 비는~ 법이 뒈엇수다.

가단가단~, 근당허난

한양(漢陽) ᄀ을을 당허연, 과거시험 보는 덴 간 보난 벌써 과거장(科舉場)에는~, 동문(東門) 잡앗구나.

서문(西門) 남문(南門) 다 잡앗구나.

들어갈 순 엇어지고

삼천선비덜은

믄딱 앗안 과거를 보아불고 동안 마당에 과거는 시작 뒈고, 이 아기덜은 어떵허면 좋코 배고프난 우선 ᄑᆺ죽[296] 할망 칩이 강, ᄑᆺ죽 ᄒᆞᆫ 그릇썩 사 먹어 놓안

나오난~, 수양청버드낭 알에 가네

---

291) 시장끼 멀려준다 : 시장기를 없애준다.

292) 만주에미가 : 작은 뱀이.

293) 웨오 : 왼쪽으로.

294) 느다 : 오른쪽.

295) 어러비게 감아비게 트러비게 : 시왕맞이를 할 때 긴 천을 이용해 제장의 천정 등에 여러 방향으로 감고 연결하는 장식물.

296) ᄑᆺ죽 : 팥죽.

앚인 게~ 속닥속닥 졸아 가는 것이

무정눈에 줌이 들어간다.

절간 법당~

주접선성님은

앚아 천 리 사 만 리 후망을 보난

아이고 아기덜 삼형제~, 과거보레 올라가건

동안(東軒) 마당에 못 들어가고~, 수양청버드낭 알에, 이 아기덜 누원 잠구나에-.

마침 그 시간에

주모(酒母)할망 꿈에 선몽 시겼구나

'아무디 강 보민 도령덜~, 삼형제가 잠시메[297]

이 아기덜 돌아당 시장끼도 멀려 주고, 붓전에 강 붓도 사주고 베리전에 강 베리[298] 사 주곡, 먹전에 강 먹시영, 종이전에 강, 종이영 문딱 사주렌

아니 사 주민, 숭엄(凶險)을 주키엔.' 영 허난

퍼쩍하게 할마님 깨어난 보난

몽롱성에 꿈이로구나.

확허게 그 자리엔 간 보난 수양청버드낭, 알에서

삼형제가, 누원 잠구나 "아이고 서룬 도련님네야 어디서 온 도련님네가 됩네까? 혼저 일어나라, 일어나렌." 헤연, 집이 돌아단 시장끼 멀련~, 밥 허연 멕이고, 그 아이덜 이디 먹엄시렌 헤여두언, 할머님 베리전에 놀려든다.

---

297) 잠시메 : 자고 있으니.

298) 베리 : 벼루.

베루 사젱 허여가믄 청주넹이가[299] 발아들고 발아난다.

종이 사젱 허여가민 흑주넹이 발아들고 발아난다.

붓이영 먹이영 문딱 사 놓안

집으로 앗언 오란, "이것더레 글을 쓰렌." 헤연, 허난, 그때엔, 글 삼 제(三字)덜을 다, 글을 써엇구나-.

큰아덜은 천지혼합(天地混合) 써 간다.

둘쳇아덜 천지개벽(天地開闢) 써 간다.

족은아덜

ᄉ력초가(史略初券)

명심보감(明心寶鑑) 써 간다.

그때엔 할마님 아덜은, 상시관(上試官)이 과거보는 디, 상시관 아래, 바로 지동토인(妓童通引) 뒈엇구나.

지동토인은~, 점심 먹젠 오란 보난

난데 엇인 도령들 서이가[300] 앗안, 글을 쓴 거 보난 천하 없는 멩필(名筆)이로구나, 그 글을 날 도렌 헤연

앗언, 동안마당 들어간다.

삼천선비덜 글 쓴 거 문딱 상시관(上試官)에 바찌난

상시관이 문딱, 그 글을 익는[301] 가운데에

지동토인 그 할마님 아덜은, 상시관 무릅 알더레[302] 간 글을 술허게,[303] 놓앗구나에-.

---

299) 청주넹이가 : 청지네가.
300) 서이가 : 셋이.
301) 익는 : 읽는.
302) 알더레 : 아래로.
303) 술허게 : 살짝 몰래하는 행동을 나타냄.

문딱 보단

무릎 아래 글을 쓴 거 앚어 내연 보난

천하 없는 멩필(名筆)이로다.

요런 글이 어디 잇이니, "야~ 이 글 쓴 자 어서 이리 올라오너라-."

아무도 아니 올라간다

지동토인ᄀ라[304]

"이 글은 누게가 쓴 글이곤?" 허난 "아이고 저 올레 벳꼇디, 어떵헌 도령덜 서이가 앚안, 이 글 쓰멍 비새ᄀ찌 울엄시난 나 도렌[305] 허연 앚언 오랏수덴." 허난 "어서 강 어서 돌아드리라."[306]

그 아기덜, 들어온다

"이 글을 느네가 정말로 썻느냐?"

"예 썻습네다."

"경 허건 ᄒᆞᆫ 번 이 자리서, 내가 종이 줄테니 써 보렌." 허난, 그걸 손으로 써도 훼훼하게 천치혼합(天地混合) 천지개벽(天地開闢) 다 쓰고, 명심보감 ᄉᆞ력초간을 다 써 가고, 입에 물어도 훼훼 쓰고, 무신 발가락에 쿼어도 다 썻젱 헤여도, [말] 발가락에ᄁ진 그자 옛 선성님네 ᄀᆞ른 말이난 허주 나 생각엔, 발가락엔 퀘엉은 글은 못 썸직허우다. [소리] 요즘에 장애인(障碍人) 시대나 퉤엉, 그거 숙달(熟達)이 퉤어시민 허주만은, 다 글을 써가옵데다에-.

이 아기덜 과거 당선(當選)이여

이 아기덜 과거 주라

---

304) 지동토인ᄀ라 : 기동통인에게.

305) 도렌 : 달라고.

306) 돌아드리라 : 데리고 드려오라.

ᄌᆞ청베도, 우선 첵지를 내어주젠 허난

옛날은 종이도 귀허곡 헐 때난 창호지 헤연 유지름 불롼,[307] 그거~, 불롸 앗언

절여 놓아간다.

붉은 물 벡여 들여간다.

그것더레

이 아기덜 과거 당선이여

장원급저(壯元及第) 문성급저

팔도(八道) 올라 도장원(都壯元)을 주어간다.

이 아기덜 과거 보난 와라차라

ᄌᆞ청베도 내어주라.

새옹베도 내어주라.

피리단저 옥단저

내여주라.

어수에(御賜花)나 비수에(妃賜花)도

내어주라.

박작박작 국적지도

내어주라.

영 허난

과거당선 앞인 보난 선베(先陪)로다 두엔 보난 후베(後陪)로다.

[말] 내어주어 가난 그때에 유정싱(柳政丞) 아덜이, 간 밀고(密告)를 헤어불뒈 "어떵허난 우리 양반의 ᄌᆞ식은 과거를 아니 주고, [소리] 저와

---

307) 불롼 : 발라서.

ᄀᆞ찌, 중의 ᄌᆞ식은, 과거를 주엄십네까에-."

경 허결랑

"저 어찌헹, 양반 ᄌᆞ식 중의 ᄌᆞ식 알 수 잇것느냐?"

"배석상(拜席床)을 출리뒈, 배석상을 출령 주민 궤기(肉)광 술은 아니 먹읍네덴." 허난, 아닌 게 아니라 배석상 출련 주난, 아이고 어떤 심방덜은, 그걸 아니 먹엇젱도 허고, 어떤 심방덜은, 성광[308] 셋성 셋아덜은[309] 아니 먹어도, 족은아덜은,[310] 그걸, 악 버첟 먹어부난 아궁이 먹는 굿도[311] 허염젠, 말이 잇입데다에-.

이내 몸은 아니 먹는 걸로 풉네다.

그거를 아니 먹어가난

과거 낙방을 시겨간다.

정읫(旌義人) 심방덜은 옛날 본 풀 때민~, 과거 낙방 ᄒᆞᆫ 번 허민 다신 과거를 아니 준덴 헤여도, 옛날부떠도 과거는 재과거도 자꾸 보는 거고, 요즘 시대에, 하간 거여 무신 국회의원(國會議員)이여~, 도의원(道議員)이여 출마헤영도 그 해에 떨어지민 다음에, 다음 나올 땐 다시 출마헤영, 나오는 법 아닙니까에-.

이제랑, 어느 누게를 이 과걸 주코

과거 주젠 연주문(延秋門)을 쏘렌 허난

천 근 들어 벡 근 쌀 워니둥둥 저울려다

삼천선비덜이 그 연주문(延秋門) 맞쳐도

308) 성광 : 형과.
309) 셋성 셋아덜은 : 둘째 형 둘째 아들은.
310) 족은아덜은 : 막내 아들은.
311) 아궁이 먹는 굿 : 아공이전상법.

아무도 못 맞쳐 간다.

삼형제는 아래 문딱 맞치단 남은 오그라져불고, 데와져분 활쌀 봉가단, 그거 문딱 손으로 발루안~,[312] 그거를 맞치저

"저희덜토 훈 번 허여보는 게 어떵허우껜." 허난 "경 허건 헤보렌." 허난, 맞치는 게

큰아덜은 젤, 우퉁일 맞쳐 간다.

셋아덜은 가운디를 맞춘다.

족은아덜은 부에찜에[313] 바락허게시리, 둥견[314] 활쌀을 둥기난~, 굽둥허릴[315] 맞치난 왈랑허게 씨더지엇구나~.

아이고~ 다시 재과거를 내려온다.

앞인 보난 선베로다 뒤엔 보난 후베로다.

즈창베에 제홍베

어수에(御賜花)에 비수에(妃賜花)

삼만관속(三萬官屬) 육방하인(六房下人)

피리단저~ 옥단저

내어준다 왁작박작 국적지

국적짓은 무시건고 허믄 요즘에, 어디~, 옛날 임금님네, 질레에[316] 나상 어디 가젱 허민, 무신 부채 닮은 거 [심방이 두 손으로 부채 부치는 듯한 흉내를 낸다.] 착착, 착착허멍 소리치는 것이, 국적지가, 뒈옵네다에~.

그때엔 그걸 받으난

---

312) 발루안 : 바르게 해서.
313) 부에찜에 : 화가 난 상태에서.
314) 둥견 : 당기어.
315) 굽동 : 나무 따위의 밑동.
316) 질레에 : 길에.

아이고 우리가, 일로 바로 강~, 이 과걸 맡앙, 그때엔 과거를 맡으면 각 어느 마을이민 마을, 어느 지금 ᄀᆞ찌 도(道)가 아니고~, 한양(漢陽)에서 일로 절로[317] 강, 그 과거를 강, 또시 강 살 때난, 우선은 우리 문전(門前)에서가 발루고 우리 어머님이 우리 잘 키와주난, 우리가 이 과거를 허엿져 우선, 살레 과거본 거 살레 가기 전이, 강 문전(門前)에 강 절이라도 헤여 두곡, 아이고 불쌍한 어머님

얼굴 상봉(相逢) 허여두엉 가젠 헤연

집더레 내려산 오노렌 허난

삼도전싀커리가

당허여 가난

그때엔 불도땅을 당허젠 헌 게, 삼도전싀커리 탁 오난, 느진덕이정하님은 벌써 삼천선비덜이 오란 저것덜 과거 헤연 오는 디, 옛날은 복입으민[318] 과거를 주엇당도 낙방(落榜)시킬 때난, 어멍 죽엇젠 헤영, 머리창 드리곡 허연, 강 저것덜 과거 낙방 시겨주민 느 살을 도레 헤여주켄 일럿구나에-.

와라차라 오라가난

느진덕이정하님

머리창 디려 간다.

삼도전싀커리ᄁᆞ지 나오란

"아이고 상전님네야 상전님네야~

아이고 아이고~

상전님네 과건 허민 뭣 허곡, 베실은 허민, 뭣 헙네까?

---

317) 일로 절로 : 이리로 저리로.

318) 복 입으민 : 상(喪)을 당하는 경우를 말함.

큰상전님~, 어제 그지겟날 돌아가션, 출병막[319] 허엿수다."

"경 허민~, 아이고 어디 출병막 허여신?" 허난, "요디 출병막 허엿수덴." 허난, 그때엔 집으로 이제랑, 아이고 어머님 살아난 디라도 강 마지막으로 둘러보저

어머님 살아난 디 불도땅, 내려산, 바레연 보난

아무것도~

엇어지고

어딜 가콘~

내려사기 전이~, 어머님 돌아가셧젠 허난, 아이고 우리 과거 필요엇다, 어머님 기쁘게 허젠 과거시험을 보앗건만은, 기쁘게 반겨줄 어머님도 엇곡, 과거 몬딱 돌아가렌 헤연, 삼만관속 보낸다, 육방하인 일괄노(一官奴), 일기생(一妓生)을 몬딱 돌아가라

즈창베도 돌아가라.

제홍베도 돌아가라.

몬딱 보내어두언, 행경(行纏) 벗언 통두건으로 톡허게, 머리에 쓰고, 두루막 벗언, 웬 폴을[320] 내어놓안, ㅂ리지 않치 헤연 보난, 머구낭 잇이난 머구낭 끊어단, 방장대로[321] 짚어 가옵데다에-.

불도땅에 내려완, 어머님 살던 디, 오란 보난 펀펀허고

불쌍한 어머님~, 그만허난

죽엇구나 죽어시카부덴 허단 보난~, 삼천선비덜은 벌써 물명지(水禾紬) 전대로, 심어단[322] 짊은 궁더레 간, 가두아 부럿구나에-.

---

319) 출병막 : 출병은 가매장(假埋葬)을 말함. 토롱.

320) 폴을 : 팔을.

321) 방장대로 : 상장(喪杖)으로.

짚은 궁에 가둔 중은[323] 몰르고

이제랑 서룬 어멍

죽은, 얼굴이라도 보고 죽은~, 시체(屍體)라도 우리 손으로 문직아 보젠, 산을[324] 판 보난

물명지 단속곳 하나 놓안 묻엇더라.

그것만 홈파내언 문딱 메꽈두언, '어딜 가민 좋코 이제랑, 웨진 땅이나, 웨하르방이나 촟앙 가민 우리 성진 땅을 알껀가, 어딜 가코' 느진덕정하님 앞세완 [말] "느진덕정하님아 느진덕정하님은, 우리 웨진땅을 알 꺼 아니겐." 헤연, [소리] "어서 걸랑 기영 헙센." 그때에는

웨진 땅을~ 촟앙 가젠 허연

바려보난 확허게 돌아산 게

어머님 산에, 열십(十) 제(字)로 딱허게, 벌러지엇구나에-.

아이고 욜로[325] 가렌 헤염구나.

글로 헤연 웨진 땅을, 노싱땅을 들어간다.

노싱땅 들어간 보난 웨하르바님넨, 와라차라 잘 살안, 가멧문을 돌안 살암구나, 그디 간 웨손지덜이 들어가가난 가멧문만 욷앗단, 흔저 느네덜, 성진 땅 촟앙 가라, 느네 성진땅은 황금산 강 도단땅, 주접선생 촟앙 가민 알아볼 도레가 잇으리라에-.

가멧문을 톡허게 더꺼분다.[326]

아이고 하도 메파~

322) 심어단 : 잡아다가.
323) 가둔 중은 : 가둔 줄은.
324) 산을 : 무덤을.
325) 욜로 : 여기로.
326) 더꺼분다 : 닫아 버린다.

암만, 웨진 조상덜이주만은

영도[327] 무정(無情)도 허는가

그때엔, 비새ᄀᆞ찌 울멍

삼형제가 나사 앚언~, 성진 땅을, 아바지 ᄎᆞ아 앚언 황금산더레, 오단 바려보난

펭ᄌᆞ낭 질이 근당헌다.

유저낭 질이 근당헌다.

가단가단 바려보난

어떤 ᄒᆞᆫ 동갑네기쯤 뒌 아이덜 삼형제도, 앚안 삐삐 몰란, 앚안 비새ᄀᆞ찌 울단, 속닥속닥허게 졸암시난, "야 느네덜은 누게고?" "아이고 우린, 아방도 엇곡 어멍도 엇곡, 조실부모(早失父母)덜 헤영 갈 데 올 데 엇언 영 이디 앚안 졸암젠." 허난, "경 말앙, 오라 경 말앙 느네광 우리가

육형제(六兄弟)나 ᄒᆞᆫ 팔저 ᄒᆞᆫ ᄉᆞ주 ᄀᆞ뜨난,[328] 육형제나 무어보젠."[329] 허난, "어서 걸랑 기영 헙센." 헤연, 어멍 속곳~

물명지 단속곳

내어 놓안 웬 골로 들언 ᄂᆞ단 골로 난다.

ᄂᆞ단 골로 들어 앚안 웬 골로 나온다.

나오는 게 그 법으로, 우리 인간에도 대리형제덜 헐 때엔 옛날은, 어멍 옷 헤여 놓앙, 그걸로 일로 나왁 절로 나왁 어멍이 난 넉시고 어찌, 허는 법 뒈엇수다에-.

육형제를 무어두어

---

327) 영도 : 이렇게도.

328) ᄀᆞ뜨난 : 같으니.

329) 무어보젠 : 맺어보자고.

"느네덜 이디서 놀암시라.

아무 날 아무 시(時)가 뒈민 느네덜, 우리가 느네, 촟을 날이 시메[330] 그때랑 다시 상봉허영, 진연상봉허게-."

가는 것이

황금산은 도단땅 주접선성 촟안 들어가난

[말] 올레에 간 "누게를 촟안 오랏느냐?" "아이고 우린 주접선생님을 촟안 오랏십네다." [소리] "경 허건 너네덜~, 안으로 들어오렌." 헤연 안에 들어가난, 절에서도 이 아기덜 뜨집을[331] 뽑아보저, 배석상을 출련, 다시 내어준 게, 술이영 주난, "아이고 술하고 궤긴,[332] 우리 아바지네도 아니 먹어난 거난, 아니 먹쿠덴." 허난, 서룬 아기덜 적실(適實)허다.

내 ᄌ식이 적실하다.

"이제랑 느네 어디서 오란디?"

"우리, 웨하르방은 천하 임정국 대감님이고, 할마님은 지하 짐정국 부인이고, 우리 어머님은 간장(肝臟) 석던 어머님, 녹하단풍 ᄌ치명왕아기씨, 뒈옵네다."

"서룬 아기덜아~

느네덜

과거 보난 뭣이 좋더냐?"

"삼만관숙(三萬官屬) 좋읍데다, 육방하인(六房下人) 피리단저 옥단저, 좋읍데다."

"셋아덜은 뭣이 좋더냐?"

---

330) 시메 : 있을 테니.

331) 뜨집을 : 마음 속을.

332) 궤긴 : 고기는.

“ᄌᆞ창베는 제홍베, 왁작박작 국적지도 좋읍데다.”

“족은아덜은 무신게 좋아니?”

“아이고 피리단저 옥단저

주네나팔 좋읍데다.”

“서룬 아이덜아~

느네덜 경 말앙

머리 삭발(削髮) 허여근, 어멍을 ᄎᆞᆽ젱 허민 좋은 전싱(前生) 그리치라

아이고 과거는 허민 당대(當代)고~

심방질은 허민

전대전손(傳代傳孫) 만대유전(萬代遺傳) 유래전득(遺來傳得)헐 꺼 아니가.”

“어멍 ᄎᆞᆽ젱 허민

무신 일은 못헙네까?” 고칼 들여, 서룬 아기덜 비새ᄀᆞ찌 울멍, 머리를 삭발(削髮) 시겨간다.

이 아기덜 머리 삭발허연

“서룬 아기덜아 이디 오젠 허난

하늘 보멍 오란댜, 땅을 보멍 오라시냐

올레 보멍 오라시냐?”

“하늘 보멍 오랏수다.” 하늘 천(天) 자(字)를 내어준다. “땅 보멍 오라시냐, 집우(宇) 자, 물으멍 들으멍, 오란디야?”

물을 문(問) 자 내어주고

“해(日) 보멍 ᄃᆞᆯ(月) 보멍 오랏수덴.” 헤영, 어떤~ 천문엔, 월일(月日) 자도 써지는 법입네다에-.

남천문도[333] 세견, 글을 베겨간다.

남상잔은[334] 모욕상잔 내어주엇구나.

이 아기덜~

경 말앙 이제랑 혼저 글렌 허연

이 아기덜 돌안 나사는 게

첫째 통은 간, 골라다네

동네 울뺙을[335] 마련허고, 동네 신문고, 지금 ᄀ뜨민 신문고(申聞鼓) 마련헤여간다.

둘쨋 봉은, 울랑국을[336] 서립(設立)헌다.

뎅기단 바려보난

물사오기 실사오기

잇이난 그거허여 놓안

삼동막일[337] 깎아간다.

테두리 허여 놓안

비리 ᄆ른 몽생이[338] 잇이난 그거 가죽 벳겨, 놓고 부전방에[339] 돌려들어 부전헌다 나전방에[340] 놀려들언 나전헤여 간다.

왕대 죽대 잇이난 그거 끊어단 꿩이메 나게 갂아 놓안

체받이는 궁받이 설연헤여 두고

---

333) 남천문 : 나무로 본을 만든 천문(天門). 천문은 무구의 하나. 점구로 쓰임.

334) 남상잔 : 나무로 본을 만든 상잔. 상잔은 무구의 하나. 점구로 쓰임.

335) 울뺙 : 울북. 무악기인 북을 말함.

336) 울랑국 : 무악기인 북의 별칭(別稱). 울랑국 범천왕이라고도 함.

337) 삼동막 : 무악기인 장구의 별칭(別稱). 삼동막 살장구라고 함.

338) 몽생이 : 망아지. 말의 새끼.

339) 부전 : 장구의 줄을 조일 수 있게 달아 놓은 가죽 조각으로, 여섯 개를 달아 놓기 때문에 흔히 'ᄋ섯 부전'이라고 함.

340) 나전 : 부전에 조운(調韻)한 표현.

그때에는

아바지신디, 어주에 삼녹거리 서강베포땅에, "서룬 아기덜아

이제랑 느네가 심방질이나 허여보렌." 영 허난~, 그때엔, 우리가 올라올 때에

이만저만 헤연, 너사무 삼형제가 아니고 세상천지 아무리 보아도, 옛날부떠 다 너사무 너사무 헤엿수다만은 저희 선생님은, 너씨는 없고, 여씨는 잇어라 헙네다. 여사무 삼형제

저가 배우기는, 여사무 삼형제렌 허렌 배왓수다.

여사무 삼형제~

앚안 울엄시난

육항렬 메왓수덴 허난 혼저 돌아오렌 헤연 돌아단, 아이고~ 큰아덜

"야 느네덜 굿을 헤여보라."

신구레대전상을 출려간다

큰아덜라근 청관디(靑冠帶)를 입엉 초감제를[341] 허라.

셋아 둘쳇아덜랑, 황~관디(黃冠帶) 입어건, 초신맞일[342] 허여보라

족은아덜랑, 홍포관디(紅袍冠帶) 조심띠, 얼노레비 허튼칫[343] 내엉~, 시왕맞일[344] 허여근 발아들고 발아나사

느네 어멍 춫은덴 허난

그말 들언~

그대로 굿을 허연 시왕연맞이가 허여가난

341) 초감제 : 굿을 시작하면 가장 처음에 신을 청하는 제차(祭次).

342) 초신맞이 : 초감제를 한 후 다시 한 번 신을 청하는 제차(祭次).

343) 홍포관디(紅袍冠帶) 조심띠, 얼노레비 허튼칫 : 무복 차림새.

344) 시왕맞이 : 맞이굿의 하나로, 시왕을 청하여 하는 굿.

짚은 궁에 든 어멍 얇은 궁 내놀리고

얇은 궁에 든 어멍, 아주 얼싸~, 만낫구나

이제~, 어머님을 만나난

남천문에 남상잔은, 아바지가 내어준 거난, 아무리 생각허여도 우리가 이거 굿 헐 땐, 남천문으로 남상잔으로 헤엿주만은, 이루후제345) 전대전손 만대유전, 이거 유래전득을 시기젱 허민, 이제랑~, 쒜동녕을346) 허여단

동이와당(東海--) 쉐철이 아덜 불러단

아끈347) 모레 한 몰레 일어 놓안

그걸 본멜 놓안 진348) 게, 멧 번을 지어도, 아니 뒈어 가는구나에-.

고운 얼굴 고운 본메 아니난다.

아바지가, 산돗(山猪) 잡앙 옥항더레

축원(祝願)을 올리난

옥항에서 전정눅이가 검은 옷을 입언 ᄂᆞ려완

아끈 모레 일러간다 한 모레 일어간다.

아끈 불미 한 불미에

허연 남천문을, 본메를 놓아내

진 것이

고운 얼굴 나온다.

남상잔도 고운 얼굴 메치349) 나온다.

---

345) 이루후제 : 이후에.

346) 쒜동녕 : 쇠동냥. 무구를 만들기 위해 놋쇠를 얻으러 다니는 것을 말함.

347) 아끈 : 작은.

348) 진 : 만든.

349) 메치 : 맵시.

그거 앗언~, 앗안

이제랑, 너사무 삼형제랑 요디 잇이렌 세와 두언

어머님 돌아 앗언~

"아이고 서룬 어머님아

글읍서[350] 우리 웨진 땅에

어머님 보고픈, 하르바님 할마님

만나레 가겐." 헤연~, 그때엔, 문딱 출려 앗언, 어머님 돌아 앗언, 노싱땅 하르바님 할마님네, 집으로 소곡소곡 들어간다에-.

아덜 삼형제

어멍 손 심언 웨진 땅을 가난, 가멧문을 아니 율아 주언

어머님 오랏수덴 간 일러 가난, 문을 율멍, 아바지도 눌려들언, [창조가 서창하게 바뀐다.] 녹하단풍 즈치명왕아기씨, 안안 "서룬 나 뚤아, 어딜 간 오라시니?"

비새ᄀ찌 운다.

어머님도 오란 "서룬 나 아기야, 아이고 고생 많이 허여."

맨발로 나오라 나난 뚤 안곡 어멍은~, 뚤은 어멍 안고

비새ᄀ찌 울어 놓안

부모즈식에, 어멍은 아기 보저 아긴 어멍 보저, 일부(一杯) 흔 잔을, 허엿수다에-.

다른 신네(神女)덜은

녹하단풍 즈치명왕아기씨가, 짚은 궁에서 나완 얖은 궁에~, 젯부기 삼형제허고 만나난, 부모즈식 일부(一杯) 흔 잔 헤엿젠 헤여도, 그거는

---

350) 글읍서 : 갑시다.

절대로 아니우다~. 녹하단풍 ᄌᆞ치명왕아기씨, 천하 임정국대감 지하 짐정국부인, 아방 어멍 만나난, 하도 설루완 비새ᄀᆞ치 울단

일부 ᄒᆞᆫ 잔 허엿수다.

그 법으로~, 초공맞이헐 때는 하르바님 할마님 아바지, 아바지 아니고, 어머님허고 일부 ᄒᆞᆫ 잔허는 법이곡, 당주삼시왕맞이영 곱은멩두, 맞일 때엔, 아덜광 어머니가 일부 ᄒᆞᆫ 잔 허는 법이 뒈엇수다.

아이고 요 우리 웨하르방, 웨할마님네

우리 오난 가메문도 아니 올아 주언, 우리 웨손지덜 박접을 허난, 아이고 우리가 이디서, 연물이라도[351] 와쌍바쌍 두드령, 아멩허민, 우리~, 이 심방질~, 이 노릇 아니 허염시리야.

그때엔 초석(草席)을 하나 내여주난, 그레 ᄁᆞᆯ령 앚으렌 허난 그디서 웨하르바님 웨할마님신디 절 헤여두언, 아이고 전이[352] 온 때 가멧벳줄문도 ᄒᆞ쏠만[353] 올앗단 그자 확허게 더껀[354] 잘 아니, 올아 주엇젠 허여난, 부에가[355] 데싸지난,[356] 초석 그자 벵벵허게 몰안[357] 이것도 우리가 앗앙 가불주긴, 옆동에[358] 톡허게 찌언 앗안 와난 법 그 법으로, 큰굿허레 가민 신자리 허영 심방 춤추당, 그걸 앗앙 가불어야 그 집이 후끗이[359] 엇인덴 헤영, 신자리법 마련 뒈엇수다에-.

---

351) 연물 : 무악기를 통칭해서 부르는 명칭.
352) 전이 : 그전에
353) ᄒᆞ쏠만 : 조금만.
354) 더껀 : 닫아.
355) 부에가 : 화가.
356) 데싸지난 : 치밀어 올라서.
357) 몰안 : 말아서.
358) 옆동에 : 옆구리에.
359) 후끗이 : 뒷끝이.

이젠 어주에 삼녹거리

서강베포 들어산다.

신전(神殿)집을 무읍저

펭즈낭은 유즈낭(柚子木), 비언 벌목(伐木)허연

초체 울려 초공 하늘, 이체 울려 이공 하늘 삼체 울려 삼공 하늘

연양당주 삼시왕~

삼신왕은

삼하늘을

지엇구나.

여사무 삼형제 돌아단 놓안

그때엔, 너사무 삼, 젯부기 삼형제가 하도 부모신디 경, 정성(情性)이 지극(至極)허고, 부모에 효자(孝子)를 허여가난, 옥항상제(玉皇上帝)는 벌써 알안 경 말앙~, 연락 오기를, 젯부기 삼형제랑 삼신왕으로 옥항더레, 들어사렌 연락 오랏구나에-.

연락을 받아 놓안

그때에는

올라사젠 허난

어머님 앗안 비새ᄀ찌 울어간다 "서룬 아기덜아

느네덜 가불민

난 어떵 웨로왕360) 살코."

"어머님아

울지 맙서."

360) 웨로왕 : 외로워서.

"어머님아

저 당주집 몸주집 무어시메, 세별 상간주, 아닙네까?"

동심절은[361] 육고비를[362] 걺어 놓안

육고빈 무산고 허민[363] 젯부기, 삼형제에 여사무 삼형제 육형제난 육고비를 걺어 놓앙

"어머님아

우리덜 보고프건

상다락에 올라 오라그네, 동산 새별 초스름에

뜨걸랑 그거 보멍

어머님 시름 싯급서

여름 나건 상다락에 앚고

아이고~ 봄광 ᄀ을랑[364] 퉤걸랑 중다락에서 앚고

겨울랑 퉤영 얼걸랑[365] ᄃ뜻허게, ᄇ름 분다 ᄇ름 도벽(塗壁) 뜻분다 뜻도벽, 지어 놓앙 세별 상간주로 앚앙, 어머님~ 우리덜 생각허염시민

만날 날이 잇입네다."

우리덜 갓당 내려오쿠덴 일러간다.

너사무, 여사무 삼형젠 ᄀ는 말이, "아이고 우린 어떵허민 좋코." "느네덜랑 하다 걱정 말앙,

연당 알에~, 열두 금새야

---

361) 동심절 : 동심결.

362) 육고비 : 기메의 하나. 젯부기 삼형제와 너사무 삼형제가 서로 육형제를 맺은 것을 상징하는 것.

363) 무산고 허민 : 왜냐하면.

364) ᄀ을랑 : 가을랑.

365) 얼걸랑 : 추우면.

놓앙, 삼천기덕(三千器德) 일만제기(一萬祭器)[366] 놓앙 앚아시민

아무 때가 뒈민, 그거, 맡을, ᄌᆞ손이 나올, ᄀᆞ만히 앚앙 잇이렌." 일러두언

옥항~

저승, [말] 삼시왕(三十王)이엥덜 다른 사람은 헙네다만은, 시왕은 열 시왕(十王) 벳긴[367] 엇수다 어떵 시왕이 뒙네까, [소리] 석삼 ᄍᆞ(字)에 귀신 신(神) 자(字), 삼신(三神), 신왕(神王)이 뒈옵네다에-.

연양당주 삼신왕으로 지국허영

그때엔 옥항에 간 생각을 허난

아이고 유정싱(柳政丞) 아덜 아니라시민

무사[368] 우리가 과건 낙방허고~

과거헌 때에 유정싱(柳政丞) 아덜이 밀세(密書) 헤여불곡, 우리 어머님 짚은 궁에 가두왕, 그 과거 다 우리 낙방허연 이 전싱(前生)을 그리 치리오.

생각을 허난 하도 칭원(稱寃)허엿구나.

그 법으로, 얼마나 메파사 옛날~, 지금은 이런 말 아니헙네다만은, 길이길이 남을 거난, 옛날~, 심방님덜은 선성(先生)덜은, 이 본 풀젱 허민 영 허난 하도 양반, 한티 원수를 못 갚으난, 양반 잡는 칼은 일흔닷(七十五) 단 칼이여

중이 잡는 칼은~, 열닷(十五) 단

우리, 전싱 궂인 팔저 궂인 신의 성방덜, 잡는 칼은, ᄒᆞᆫ 닷(五) 단이옌

---

366) 삼천기덕(三千器德) 일만제기(一萬祭器) : 무구를 일컫는 상투적인 표현.

367) 벳긴 : 밖에는.

368) 무사 : 왜.

법을 마련헤엿수다만은 옛 법이 그겁주[369] 지금이사 경 헙네까~, 마련헤여 두언 생각허난 하도 칭원해연

화솟물가에~ 유정싱(柳政丞) 뜨님아기

ᄋᆞ섯(六) 설에 물 질레[370] 뎅기멍 놀암구나.

육간제빌,[371] 앞더레 파랑봉더레 간, 톡허게 줍젓구나에-.

그걸 ᄋᆞ섯 설이난 봉간 보난

하도 동글락헌 게, 육간제비난 그걸 보난

고와 뷃영, 베낏디 온 때엔 앗앙 막, 손에 심엉 놀고 집이 들어갈 땐 양반칩이난, 정승칩이난~ 아방 어멍신디 욕 들어지카부덴 집가지에도 강, 술짝허게 곱져뒁[372] 들어가곡 허엿구나에-.

영 허연 허는 게

일곱 설(歲)은 당허난 몸에 신병(身病) 뒈어간다.

열일곱 설 당허난 좋앗구나.

스물일곱 뒈난, 신병 들언

서른일곱 당허민 신병 좋고

마흔일곱 당허민 신병 나고

십년에 ᄒᆞᆫ 번썩, 낫단, 예순일곱 뒈난, 안명천지(眼盲天地) 뒈엇구나에-.

어디 헐 딜로나 허염신가

그때엔 나산 뎅기는 게

그 눈, 떠 간다.

---

369) 그겁주 : 그렇지.

370) 질레 : 길러.

371) 육간제비 : 무구의 하나. 엽전 모양처럼 생긴 것이 모두 6개 있음.

372) 곱져뒁 : 숨겨두어.

반 그자, 아멩헤도 어리광이 두루퀭이[373] 모냥으로
집이서도, 이거 버린 ᄌ식이엔 해연 내부난
나산 이디 저디 뎅기단
ᄒ를날은, 넘어 가노렌 허난
ᄌ북장제네 집이서
황천~ 아이고 뒈고 허멍 통곡소리 낫구나
[말] "어떵허난 이 집이 영 울음바다가 뒈엄신고?", [소리] 들어간 보난, 단똘아기[374] 죽언, 열두 메에 묶엇구나에-.
그때엔~ 유정싱(柳政丞), ᄯ님아기 들어사멍
"아이고 넘어가는 과거 정녜 들엇수다." "아이고 과거고 정녀고 ᄒ저 가라. 어제 그지겟[375] 날이나 오라시민 허주만은, 이젠 죽언 열두 메 묶엇젠." 허난, "경 해도 ᄒ 번 죽엇주만은 진멕(診脈)이나 헤여보쿠다. 이녁 명(命)에나 가시멍 놈의 명에나 가시멍 진멕이나 허여 보쿠덴." 허난, 경 허건 "그걸랑 허여 보렌." 허난, 간 진멕 허여보안, "아이고 삼신왕에 걸렷수다."
"어떵허민 좋으녠?"
"벡지알대김,[376] "우선 사람 죽은 디 굿 헤여집네까. 저 문전(門前)더레, 우선 물이나 떠 놓곡 술이나 걸고 상불(香-)이나 피왕 쏠이나 거려 놉서." 문전더레 출려노난
ᄌ을 말명[377] 엇엇더라.

---

373) 두루퀭이 : 미친 사람.
374) 단똘아기 : 외동딸.
375) 그지겟 : 그제.
376) 벡지알대김 : 정식으로 굿을 하기 전에 우선 간단한 축원을 하고 소지(燒紙)를 해서, 차후에 굿을 하겠다고 신에게 알리는 절차.

그때엔

"공신가신"

허연, "내릴 신~, 신 자에 귀신 신자우다."

그 말명을 허여두언

벡지알대김 금님옥님(金印玉印)~, 손바닥 딱허게 찍으멍, "이 아기씨나 가불엉 아무 시가 당허민 게꿈[378] 보게기[379] 물엉 살아나건, 날 奚앙 오랑 굿 헙서에-."

그 법으로 어디 급하게 병원에 강 입원을 허나, 굿을 제기[380] 못 허게 뒌 때는, 우선 소지(燒紙)라도 꺾으젠 헤영, 소지 꺾으레 강 지금 현재도

문전에 출려 놓앙 빌어나민

꼭 이 본풀이 유씨 선성~

넘어가단에, ᄌ북장제네 집이 간 소지 꺾어난 말, 요건 ᄀ읕으멍[381] 소지를 꺾읍네다.

아닌 게 아니라 유정싱 ᄄ님아긴 나가불고, "어디 가민 奚느닌?" 허난, "날 奚앙 오컨 어주에 삼녹거리더레 奚앙 옵서에-."

그 말만 ᄀ읕아두언 나간다.

그 아기씨는, 아닌 게 아니라, 모릿날[382] ᄉ오(四五) 시(時)가 당허난, 게꿈 보게기 물멍 살아나앗구나 아이구 이거 첨 그자 일이 아니여 살아낫구나. 이제랑 그 유정싱 ᄄ님애기엔 헤연 게, 강 奚아보주긴, 아무리

377) 말명 : 굿에서 심방이 말하는 사설.

378) 게꿈 : 거품. 입으로 내뿜는 속이 빈 침방울 따위.

379) 보게기 : 거품이 많이 일어나는 모양.

380) 제기 : 빨리.

381) ᄀ읕으멍 : 말하며.

382) 모릿날 : 모레.

방방곡곡(坊坊曲曲) 다 촟아도 못 촟아간다.

유정싱의 뚠님아기

예순일곱 나는 해에

어리광이 ᄀ찌 두리광이 ᄀ찌

어주에 삼녹거리에

신을 머리에 메고, 주접선성, 영급(靈及)이 잇곡 삼신왕에 영급이 머리에 은둥을 허난, 귀신도 반 생인도 반, 그때엔 어디사 갈처레 모르게

어주에 삼녹거리 업대헤엿구나.

삼신왕이 ᄂ린다.

"야 너 여사무 삼형제덜아, 저디 완 업대헌 거 누구냐?"

"아이고 어서 강 이레 강, 돌아 들이렌." 허난, 우선 보난 머리도 다 허부쳐[383] 놓고, 아유 귀신도 아니고 생인도 아니고, 삼선향(三仙香) 건 건히 피완 부정(不淨)도 가인다.

서정도 가연 머리 위로 상 둘러 앚언

물명지 전대(水禾紬戰帶)로 걸려단

업대헤연 대추낭은 은저울로 저울려

저울리난 벡 근 근량 못 찻구나, 심방 당당한 심방 뒐 자격이 엇져, 그때엔 무당권(巫堂券) 삼천 권을, 무당서(巫堂書) 삼천 권 내어 주멍, 이거 강 다 통달(通達)헤영 오렌 일럿구나에-.

유정싱 뜬님아기 그거 앚언 오란에

무당서 삼천 권

믄딱 통달을 허연, 일흔일곱 나는 해에

---

383) 허부쳐 : 흐트러 버리고.

어주에 삼녹거리 서강베포 신전집 앞이 간

업대헤연 잇이난 삼신왕이 ᄂᆞ련, 어서~, 여사무 삼형제ᄀᆞ라, 강 부정(不淨) 서정 신가영,[384] 둘앙 오렌 허난 부정(不淨)도 신가인다.

서정도 나카인다.[385]

물명지 전대(水禾紬戰帶)로

걸려 들인다.

질대 장대 내어 놓안 너비도 재어 보난, 좋앗더라.

지리에기도 재어 보난 맞아간다.

그때엔

벡 근 근량을, 대추낭은 은저울로 저우리난, 벡 근이 차앗구나에-.

금인(金印) 맞아간다.

옥인(玉印), 에인태인(御印打印) 감봉수리 맞아간다.

약밥약술(藥-藥-)내어주라.

당당헌 큰심방이로다.

내어주언 그거 먹어간다.

이제라근~, 유정싱 ᄄᆞ님아기, 굿 허레 가젱 허민, 출려살[386] 거난~, 연반물치메

내어주라 진녹색 저고리 내어주라.

남수와단 서단쾌지 내어주라.

직냥도포 내어주라.

청세도~,[387] 어서 다 내어주라.

---

384) 신가영 : 개어.

385) 나카인다 : '신가인다'와 조운하는 표현.

386) 출려살 : 차려야 할.

홍포관디(紅袍冠帶) 조심띠도 내어주라 이멍걸이[388] 내어주라.

굴송낙도 내어주라 당에 당베 절에 절베, 예산, 신공시, 예산 신베도 내어주라에-.

내어주난 그거 메어간다.

영기나 몸기도

내어주렌 헤연 이제랑 흔 번 우리 앞이서 몸짓이 좋은가 춤이나 추어 보렌 헤연, 예게마을 소리로, '니나난니' 불르멍

예게마을로 춤이나 추어보라.

춤을 추단

여사무 삼형제ᄀ라, 울랑국 범천왕~, 어서 왕강싱강, ᄌ직ᄌ직, 줓인석으로[389] 두드러 보렌 허난 ᄌ직ᄌ직허연, 와싹 줓추완

춤은 추어 보난, 야 몸짓도 좋아짓다.

당당허게 큰심방이로구나.

이제랑 삼신 삼신왕에서

아방 주던 개천문도 내어준다 어멍 주던 모욕상잔 내어준다.

시왕대번지도[390] 내어준다.

요령이영 하늘, 옥항도성문 울려오던 천앙낙하금정옥술발[391] 내어주엇구나. 이제랑, 울랑국 범천왕도 내어주라.

대제김은 소제김[392]

---

387) 청세도 : 청세도폭이라고 해야 할 것을 발음이 생략됨.

388) 이멍걸이 : 여자 심방이 머리에 두르는 띠.

389) 줓인석 : 연물 장단의 하나로 가장 빠른 장단.

390) 시왕대번지 : 무구의 하나인 신칼을 달리 부르는 명칭.

391) 천앙낙하금정옥술발 : 무구의 하나인 요령을 달리 부르는 명칭.

392) 대제김은 소제김 : 대제김은 북, 장구, 대양 등을 일컫는 말이고, 소제김은 설쉐를 부르는 표현.

내어준다.

삼동막이 서른 장귀 내어준다.

열대 자 아강베포,[393] 연물 쌍 가렌 헤연 아강베포도 내어준다, 일곱 자는 호롬줌치[394]

석 자 오 치~

일곱 자

석 자 호롬줌치 내어주난, 그거에 멩두(明刀)[395] 담아 앚이고 허연, 여사무 삼형제 소미로 돌안 간~, ᄌ북장제네 집이 간

그 굿 ᄆ찬,[396] 그 굿 허연 ᄆ차 앚언 들어오난, 이젠 ᄎ례대로, 삼신왕, 어주에 삼녹거리 오란, 놓아가는구나에-.

열두 금제비 내어 놓안

ᄆ딱 곱을 갈란 놓아 두언

아이고~

이멍걸이 벗언 바쪄간다.

남수와단 서단콰지여 진녹색 저고리 연반물치메, ᄆ딱 벗엉 바쪄두언, 이젠 조상을 모상, 놓젱 허민 어디 강 놓코 어주에 삼녹거리는, 이거 신에, 자리난 이제랑, 정승칩이곡 정승 똘이곡 허난 이녁 사는 마리에[397] 놓젱 허여도 놈이 뎅기곡 헐 거난 아니 뒐로구나, 안고팡에 간 비저낭(榧子木)은

---

393) 아강베포 : 중이 재미(齋米)를 얻으러 다닐 때 지는 멜빵.

394) 호롬줌치 : 중이 지고 다니는 자루의 하나.

395) 멩두(明刀) : 심방이 조상으로 모시는 무구. 신칼, 요령, 산판을 뜻하기 때문에 일월삼멩두라고도 함.

396) ᄆ찬 : 마쳐서.

397) 마리에 : 마루에.

상당클을 메어간다.

그디 간 올려근

조상(祖上) 올려난 법으로

지금은 다 개화법(開化法)이 뒈곡 허난, 당주집이여 당주방이여 허영 단수에도[398] 허곡, 영 헤도 옛날은 꼭, 우리, 고씨 어머님[399] 살아계신 때만 헤여도 고팡에 강, 당클 메엉, 조상, 올려난 법 뒈엇수다에-.

그 법으로

유씨 선성님도 일흔일곱에 대천겁 저울렷십네다.[400] 초공 임정국, 난산국 다 풀엇수다.

- 초공본풀이〉주잔권잔

옛 선성(先生)님네 신공시로, 일부(一杯) ᄒᆞᆫ 잔썩 다, 잔 받읍서-.

---

398) 단수에도 : 장롱에도. 단수는 일본어 'たんす'.

399) 고씨 어머님 : 이용옥 심방의 수양어머니인 고군찬 심방을 말함.

400) 대천겁 저울렷십네다 : 큰심방으로 이름이 났다는 뜻.

이공본풀이

- 이공본풀이〉들어가는 말미

[심방이 장구를 몇 차례 치고는 이내 멈춘다.]

위(位)가 돌아갑네다~. 제(座)가 돌아갑네다~. 이공 서천 도산국은, 청게왕도 상시당 흑게왕 상시당, 짐진국은, 원진국 사라국 사라대왕 월광아미, 월광부인 신산만산 할락궁이~, 제인장제 만연장제 꼿감관 꼿생인~, 궁예(宮女) 시녜(侍女) 시녜청, 거느리던 이공 서천 도산국은~, 초공은 신뿔리웨다.[401] 이공은 꼿뿔리,[402] 아닙네까~. 이공본이라허믄, 우리 인간 살다근, 열다섯 십오 세(十五歲) 안네에~, 죽으면 서천꼿밧디 들어간덴 허곡, 또 훈 가지~, 이공본이라 허민 저승 서천꼿밧디강 꼿 번성(繁盛)을 시경, 인간에 살아 잇는 즈순덜, 번성시겨, 줍센 헤연 이공본이 나온 법입네다. 이공 서천 도산국님전 꼿뿔리로, 난산국 본풀건 본산국더레, 제 누려 하강헙서예-.

---

401) 신뿔리 : 신불휘. 신의 뿌리.

402) 꼿뿔리 : 꼿불휘. 꽃의 뿌리.

– 이공본풀이〉본풀이

[심방이 장구를 치기 시작한다]

옛날이라 옛적에, 짐진국은

대감님도 삽데다.

원진국, 대감님도 사옵데다.

짐진국 대감님은 가난허곡, 서난허곡[403]

원진국은 거부제(巨富子)로, 와라차라 잘 살고

영 허여도 아기덜 엇언, 호오 탄복 허염구나.

ᄒᆞ를날은 원진국, 대감님네 집더레, 대서(大師)는 부처님 직허곡 소서(小師)님은 시권제를 받저, 어~ 저 올레 밧겻 시군문 바꼇으로 들어사며 나사며, 짓알로 "소승절이 뵙네다-."

원진국 부인 나사며, "어느 법당(法堂)에서

어떤 일로, 인간(人間)을 ᄂᆞ립데가?"

"나는 동게남(東觀音)은 상저절, 서게남(西觀音), 금법당(金法堂)은 북항상, 몽롱절간에서

시권제 받앙, 우리 헌 당(堂) 헌 절(寺)을, 수리허고

시권제 바찌는 ᄌᆞ순(子孫)덜, 엇인 명(命)을 잇어 주곡, 엇인 복(福)을 주곡

생불(生佛)[404] 없는 ᄌᆞ순엔 생불을 지급시겨 주저, 권제삼문 받으레 내렶수다-.

시권제삼문(-勸齊三文) 떠단

---

403) 서난허곡 : '가난허곡'에 조운(調韻).

404) 생불 : 자식(子息)을 뜻함.

“높이 들렁~ 비웁서, 스르르 스르르, ᄒᆞᆫ 방울도 떨어지게 맙서.

ᄒᆞᆫ 방울 떨어지민 명도 떨어지곡

복도 떨어지는 법, 뒈옵네다.”

시권제 비와두언, “단수육갑(單數六甲) 오용팔괄(五行八卦ㄹ), 짚어봅센.” 허난

“소면헐 듯 허오리다. 어떵허난 당신임네 아기 엇언 호오 탄복을 헤염수겐?” 허난, “어떵허민 우리덜 부베간(夫婦間) 애기 잇게 헙네까?” “우리 법당에 왕 수룩이나, 드려보민 알아볼 도레 잇수다에-.”

“어서 기영 헙서.”

소서님은 권제 받안

소곡소곡 첩첩산중 올라산다.

원진국 대감은 거부제로 잘 사난, 짐진국을 ᄎᆞᆽ앙 간, “짐진국 대감님아~, ᄀᆞᆺ사[405] 우리 집에

대서 소서님이 오란

권제를 내난, 우리ᄀᆞ라 그 법당에 오랑, 수룩(水陸) 드리민 애기 잇이켄 허난, 옵서 짐진국도 우리영 ᄒᆞᆫ디[406] 강 수룩이나 들여보게.”

“아이고 난 법당에 가젱 허여도~

출령 갈 거 엇이난, 못 가쿠다.”

“아무 거라도 이녁 성이(誠意)난 출령 갑서.”, “어서 걸랑 기영 헙서.” 집으로 오란, 원진국은 강나록(乾滔)은 ᄎᆞ나록(糯稻), 강명지는 물명지를 하영 출려 가고

짐진국은 가난허난

405) ᄀᆞᆺ사 : 아까.

406) ᄒᆞᆫ디 : 함께.

쏠, 흔 둬 허여 놓곡

찬 물 흔 그릇 허영~, 장항[407] 뒤에 놓앙, 낮인 둬민 촌[408] 벳을[409] 맞곡

밤인 둬민 촌 이슬을 맞앙

정성허여

법당으로 올라산, 수룩 인사 디린 것이

수룩 드리난 벡일 차 뒈는 날, 대추낭은 은저울로 저우리난

대서님 곧는 말이 "원진국 대감님아 당신은 출령 온 건, 하영하영[410] 출령 오랏수다마는, 흔 근이 부족허연 정성이 지극치를 못 허연, 벡 근(百斤) 장대가 아니 차고 짐진국은, 출린 건 하영 아니 출련 오라도 정성이 지극허난, 짐진국은 아덜을 지급시겨 줄 듯허고 원진국은, 여궁녀(女宮女)가 지급될 듯 허옵네다에-."

그때에는

법당 하직허연

소곡소곡 내려온다.

좋은 날을 굴릴 잡앙

천상베폴 무엇더니마는[411]

아방 몸에~ 뻬(骨)를 빌곡

어멍 몸에 술(肉)을 얻엉

아호(九) 열 둘 준삭(準朔) 체완 낳는 거 보난 아닌 게 아니라, 가난헌

---

407) 장항 : 장독(醬甕).

408) 촌 : 차가운.

409) 벳을 : 볕을.

410) 하영하영 : 많이 많이.

411) 무엇더니마는 : 맺었더니마는.

짐진국네 집인 아덜을 낳곡 부제칩이,[412] 원진국 대감님네 집은 뚤을 낳앗구나-.

이름이나 지와

보젠 허난

이때에 법당에 강 수룩 드련 오멍, 원진국이 짐진국ᄀ라 약속을 허뒈, [말] "짐진국 대감님아 당신이 아덜 뚤을 나나 나가 아덜 뚤을 나나 허걸랑, 우리가 사둔 일축이나 허여 봅주긴." 허연, [소리] 약속한 도레(道理) 잇어지곡

이 아기덜 ᄒᆞᆫ 설 두 설 열다섯 십오 세가 뒈어가난

짐진국 아덜은~, 사라국 사라대왕~, 원진국 뚤은~

월광암이 이름 지와간다.

이름 지완 이 아기덜, 혼연(婚姻)헐 때가 뒈어가난

사라~, 원진국 대감님 뚤, 월광암이신딘 하간 디서 중진이[413] 오라도, 대답을 아니헤영 "얘야 느[414] 시집 가라." "아이고 난 마우다."[415] "무사 아니 갈 티?" "나 더 잇당 촌촌히 가쿠다.", 이펀 저펀 허는 것이

시집 아니 간다.

사라도령

중진을 오나

대번칙이[416] 대답허여 간다.

"아이구 얘야 그 집이 가난허곡 서난허곡~, 영 헌 집이 강 어떵 살

412) 부제칩이 : 부잣집의.

413) 중진이 : 중신이. 즉 '중매(仲媒)가'.

414) 느 : 너.

415) 난 마우다 : 나는 (혼인을) 하지 않겠습니다.

416) 대번칙이 : 즉시.

티?" "아버지야 그동안, 아바지 골은 말을 잊읍데가? 법당(法堂)에 간 수룩 드련 오멍, 무시거엔 골읍데가? 구덕혼서헌[417] 건 누겝네까?"

잘 살아도 나 팔저(八字)고

못 살아도 나 복력(福力)이난

"나~, 사라도령안티, 시집 가오리다에-."

"어서 걸랑 기영 허라."

허급(許給)을 허엿더라.

씨녁[418] 간 사는 것이

흔 둘 두 둘~, 연 일 년 넘어가난

포태가 퉤연, 배는 두룽둥 배가 퉤언, 물 질레[419] 물구덕 물허벅 지어 앚언 물 질레 간 오단 보난

사라대왕은

은대양에

물을 떤 세술(洗手ㄹ) 허젠헌 게, 퍼딱허게, 편지 서신(書信)이 오랏구나.

무신 건고 봉간[420] 보난

서천꼿밧~, 꼿감관(花監官) 꼿생인(花聖人)으로 살레 오렌 편지 서신이 오난, 그걸 원광암이 신디 골으난,[421] 원광부인

"아이고 서룬 낭군님아 낭군님아

나도 흔디 가민 아니 퉵네까?"

"아이고 이 배에 어떵 가쿠겐, 하오리까?" "아이고 죽어도 흔디 죽고

---

417) 구덕혼서 : 태어나자마자 혼인 약속을 하는 것.

418) 씨녁 : 시집.

419) 질레 : 길러.

420) 봉간 : 주워서.

421) 골으난 : 말하니.

살아도 흔디 살쿠다."

"어서 경 허건 흔디 글렌." 허난

태독ᄀ찌 배는 불고, 그때에는

서천꼿밧 가젠 나산

가노렌 허난

가단가단 보난 해는, 서산열락(西山日落)에 다 지어불고

어욱페기[422] 하나 의지 삼곡~, 월광암이

두룽둥 배에

질에 질병 나고 발에 발병 나난

어욱페기 의지허연 누원 좀 자노렌 허난, 초경(初更) 때가 넘으난, 천하 독(鷄)은 목을 들러, ᄌ지반반 울엇구나에-.

"저 독은 어디서 우는 독입네까?"

이 ᄀ을에 천연 들어 천연장제네집

우는 독이로다."

이경(二更) 때가 당허난~, 지아 독은 출릴 치어 '구구구구' 울어간다.

"이 독은 어디서 울엄수까?"

만연 들어 만연장제네

집이서 우는 독이로구나. "아이구 낭군님아 난 질에 질병 나고 발에 발병 난, 못 가커메, 날랑, 저 집이 강 풀아두엉[423]

갑센." 허난 그 밤이 지새언

동터 가난 확허게 일어나젠, 배 불어불고 허난, 일어나젠 어욱페기 심언 둥긴[424] 게, 쑤왁허게 손은 베난, 그 법으로 그 어욱에 보민, 어떤

422) 어욱페기 : 억새 포기.

423) 풀아두엉 : 팔아두고.

거 보민 뻘것뻘것허게 줄 긋어진 건, 월광암이 피엔 허곡, 우리 요 손 ᄆᆞ작ᄆᆞ작[425] 요것도 다 그 어욱으로, 월광암이 손 비어부난, ᄆᆞ디(節)가, 생겻젠 일릅데다에-.

그때엔 그디 들어간다.

"어~ 주인이나 계십네까?" "누게가 됩네까? 야 큰뚤아기야 저먼정 나고 보라-."

"누게우꽈?"[426]

"넘어가단

질에 질병 발에 발병 나난

요 우리, 가숙(家屬)이우다~, 우리 가숙 이디서 풀아두엉 가젠 오랏수다."

"아이고 안 사쿠다.[427] 나고 갑서."

"아바지 사지 맙서."

셋뚤아기 나고 보라.

ᄀᆞ뜬[428] 말이로구나 사지 맙서 "족은뚤아기 강 보렌." 허난, 강 보난 "아바님아, 상 놔두민, 아바지 심심헌 때랑 심심풀이 장난이라도 허영 삽서."

"경 허난 얼만일 받으쿠가?"

"어멍이랑, 돈 천(千) 냥을 주고

벳 속에 잇는 아기라근, 은 벡(百) 냥을 줍서.", 돈 천냥 은 벡 냥을

424) 둥긴 : 당긴.
425) ᄆᆞ작ᄆᆞ작 : 마디마디.
426) 누게우꽈 : 누구십니까.
427) 안 사쿠다 : 사지 않겠습니다.
428) ᄀᆞ뜬 : 같은.

내여주어 간다.

그때엔 할락궁이 허는~, 그때에는

사라도령 곧는 말이

"이 국(國)에 법은 몰라도

우리 국에 법은 부부가 헤어지젱 허민 마주막 맞상을 출령, 이별(離別) 잔 작별(作別) 잔을 헙니덴." 허난 "어서 기영[429] 허렌.", 맞상 출려 주난 그거 앚언 이별 잔 작별 잔 허멍

"서룬 낭군님아 낭군님아

이 아긴 나민 이름이나 지와두엉 갑서."

"아덜랑 낳건 할락궁이로 지우고 뚤랑 낳건 할락덱이로 지우렌." 헤연 이름 지언, "본메본짱이나 주어뒁 갑서.", 은토시 훈 착을 내여주는구나.

그때엔~ 사라도령은

서천꼿밧 도올라불곡

그날 밤 야사삼경 깊은 밤이 당허여 가난

청세초롱(靑紗-籠) 불 밝혀~, 천연장제, [말] 문을 오랑 독독~허게 두둘멍, "이 문 열라 이 문 열라.", [소리] 월광암인 구들에 앚앗단,[430] "아이고 누게우꽈?", "나 천연장제(千年長者) 만연장제(萬年長者)가 뒈노라." "어떵허연 옵데가?[431]

우리 국에 법은

벳 쏘곱에 벤 아기 낭 석 둘 열흘 벡일 넘어야 몸 허락을 헙네다.

---

429) 기영 : 그렇게.

430) 앚앗단 : 앉았다가.

431) 옵데가 : 왔습니까.

이 국에 법은 몰르쿠다."

그 말 허난 속안, 청세초롱 불을 밝현 나고 간다.

그 아기 낳는 건 보난, 아덜이 솟아나난

할락궁이로 이름 지왓더라.

그 아기 낭 석 돌 열흘 벡일 뒈난 다시~, 청세초롱 불 밝현 오란 문을 독독~허게 노크허듯이 바로 두두난, "누게가 뒙네까?", "나, 제인장제(財人長者)가 뒈노라." "이 국에 법은 몰루쿠다마는

우리 국에서는

저 아기가, 마당에 막뎅이 끗엉, 어러식식 허멍 몰놀이432) 헤영 막 돌아뎅겨 가사, 몸 허락(許諾)헙네다에-."

그대로 넘어간다.

그 아기가 욕아~,433) 훈두 설이 넘어가난

두 설 싀 설 적이 뒈영 걸음말 헤여가난, 막뎅이 강알에434) 줍저 놓고 허연, 마당에 간 몰놀이허멍 어러식식 돌아뎅겨 가난

그날 밤인 따시, 등세초롱 불을 밝혀 놓안

오라시난, 이 핑게 저 핑게 허멍 허여가난, "야~ 이 년 저 년 죽일 년아, 잡을 년아

대동강(大同江)에 목벨 년아

아이고 영 사름을 속염젠 허연, 죽이키엔." 헤여 가난

[말] "큰뚤아기야 저거 어떵허민 좋느니? 죽여부느냐, 어떵허느냐?" "아이고 아바지 그자 죽여붑서.", "야 셋뚤아기야 어떵허민 좋암직허

432) 몰놀이 : 말놀이.

433) 욕아 : 자라서.

434) 강알에 : 다리 사이에.

니?" "아바지 죽여붑서 아버지신디 자꾸 속임만 허고, 죽여붑서 거짓말만 헤염수께.", "족은똘아기 어떵허느냐?" "아이고 아바지 생각을 헤영 봅서. 돈 천 냥, 은 백 냥은 어디 강 받으쿠가 죽여불민 아니 뒈난, 그 돈 깝으로라도, 경 말안 뒌 벌역(罰役)이라도 허영, 우리집이 일허게 허기가, [소리] 어찌 허오리까에-."

할락궁이도 훈 설 두 설 대여섯 설 일곱~ 오덥(八) 설이 뒈어간다.

그때엔 뒌 벌역 시겨보저

"어멍이랑~, 굽 터진 낭에 물 훈 낭 ㄱ득이라,435) 할락궁이랑~, 솟기 쉬흔(五十) 둥이를, 오늘 앗앙 문딱 에움436) 꼬앙, 문딱, 나신디 받찌렌 일럿구나에-."

어멍은 물 훈 두 허벅

질어단, 허벅으로 팡팡허게 항(缸)더레 비우나네

그 물이~ 소빡허게 ㄱ득아 불고, 할락궁이인, 산디짚 허영 손에 춤 적지멍,437) 훈두 번을 확확하게 꼬아 가난 어느 동안, 쉬흔 동이가 다 꼬아 지엇구나에-.

제인장제신디 앗앙 가난

"이것도 못 쓰키어

경 말앙, 할락궁이랑 좁씨 닷 말 닷 뒈 칠세오리를 주커메, 이거 앗앙 강, 우리 밧덜~ 둘진 밧이여~ 별진 밧이여

문딱 강 오늘 아적 저 므쉬(馬牛)덜 끗엉 가건

너 혼자 강 에염438) 베곡

---

435) ㄱ득이라 : 가득 채우라.

436) 에움 : 어떤 물체의 입구 둘레.

437) 춤 적지멍 : 침을 발라가며.

ᄆᆞᆽ 궂인 거 불 부쪄두엉, 좁씨 ᄆᆞᆽ 뿌령 갈앙, ᄇᆞᆯ려두엉 오렌."
영 허난

말덴 말 못 허연 그거 앚언 간, ᄆᆞᆽ 허는 게, 어딜로 도와신가

ᄒᆞ루 앚안 ᄆᆞᆽ 둘진 밧테 벨진 밧 헤연 들어오난, 그때엔 한락궁이
신디 [말] 걷는 말이, 제인장제가 "야 할락궁이야 할락궁이야, [소리] 아
이고 오널은 멜망일(滅亡日)이여 고추일 하와일이라부난, 씨 뿌령 곡석
(穀食) 아니난다 ᄆᆞᆽ 강 밧디 강, 그거 ᄆᆞᆽ 봉강 오라."

비새ᄀᆞ치 울멍 서천~

비새ᄀᆞ치 울멍, 둘진 밧 벨진 밧을 ᄎᆞᆽ앙 간다.

간 보난 ᄆᆞᆽ 갈안 ᄇᆞᆯ려부난, 어떵 굴앙 좁씨를 ᄎᆞ즈리, ᄒᆞᆫ 두 방울
ᄎᆞᆽ다네

앚안 울당 보난 무정눈에439) 좀은 들어불고

'오조조조~' 생이들이440) 오라네~, 일럼더라.

"주어 저 새-."

퍼쩍허게 놀아나는 건 바려보난

ᄆᆞᆽ 좁씨 닷 말 닷 뒈 ᄒᆞᆫ 밧더레 물어단, 할락궁이 불쌍허덴 놓앗구
나, 그거 앚언 맹탱이에 담아 앚이고

앚언 오난 이 벌역도 아니 뒈키여

"야 할락궁이야 혼저 강 보라 느 오단, 좁씨 ᄒᆞᆫ 방울 떨어진 거 담덴."
허난, "아이고 어떵허민 좋코."

그때엔 다시 제ᄎᆞ(再次) 굴미굴산더레 올라가젠 허단 보난

438) 에염 : 옆. 가(邊).
439) 무정눈에 : 무정한 눈에.
440) 생이 : 새(鳥).

장게엄지,[441] 좁씨 훈 방울 물어 앗언, 겨울 양석(糧食)허젠, 땅 쏘곱더레 들어가젠 헤염구나에-.

발로 바락허게 불르멍~

"아이고 요 게엄지야, 저 게엄지야

인칙에 날 주어불어시민 두불 걸음은 아니헐 걸, 오랏젠." 발로, 존둥이[442] 불롸난 법으로 개미는, 존둥이가 발로 할락궁이 발로 불롸부난 존둥이가 ᄀ늘고,[443] 요 장귀(杖鼓)도 그 법으로 존둥이 ᄀ늘앙, 삼동막이[444] 마련이 뒈엇수다에-.

그거 가젼 오란

제인장제신디 주어간다.

ᄒ를날은 비는 촉촉허게 오곡

심심허난, 혼자만 이리 생각 저리 생각허난 게므로 우리 아방인덜, 날 영 뒌 벌역을 시기리야, 어멍신디 이제랑 아방이나 춫아줍센 허주기 헤연, 어머님신디 간 [말] "어머님아 어머님아, 나 콩이나 ᄒ끔만 볶아줍서." 허멍 "아이고 애야 콩이 어디 시니?"[445] "어머님아 제인장제네 콩 장막 털엉 봅서. 게므로 콩 훈 줌이사 엇입네까?" [소리] "기영 허라." 콩 장막 털언 보난, 콩이 훈 작박 쯤은 시난, 콩 앗아단, 솟뚜껭이 가리차[446] 놓고 허연 남술허연, 그거 콩을 볶아가는구나.

---

441) 게엄지 : 개미.

442) 존둥이 : 허리. =존둥.

443) ᄀ늘고 : 가늘고.

444) 삼동막이 : 장구를 달리 부르는 명칭으로, 세 부분으로 분리할 수 있기 때문에 삼동막이라고 함.

445) 시니 : 있느냐.

446) 가리차 : 엎어.

한창 볶으노렌 허난, 할락궁이

올레서 오멍 "어머님아 어머님아 저디 강 봅서, 제인장제 불검수다-."

어멍은 진짜카부덴 나간 바려보난

아무 것도 아무도 사름도 엇곡

"아이고 어머니 미시거 헴수까 흔적 옵서 콩 캄수다.[447] 콩 캄수다.", 정지엔[448] 오란 보난, 남술도 문딱 곱져불고 비치락도[449] 곱져불고[450] 곱져부난, "어머니 콩 캄수께 어떵허난 제기 젓입센." 허난, [말] "미시 걸로 애야 젓느니? 아이고 남술이나 드라.", "나 몰르쿠다." "비치락이라도." "난 몰르쿠다. [소리] 어머니 손으로라도 제기[451] 젓입센." 허난, 손으로 젓젠 허난, 어멍 손목 심언 솟창 알더레~, 솟뚜껭이더레 톡허게 노멍 "어머님아 바른 말을 헙서

우리 아방 누게우꽈에-.

어서 골아 줍서."

"이 손 노라 이 손 노라 골아주마

느네 성하르방은

짐진국이곡 외할망은, 외하르방은 원진국이고

느네 아방은 사라도령이고

난 월강암인데, 느 베 쏘곱에 벤 때에 느네 아방, 서천꽃밧디 꽃감관 꽃생인으로 살레 갓져에-."

"어마님아

447) 캄수다 : 탑니다.

448) 정지엔 : 부엌엔.

449) 비치락도 : 빗자루도.

450) 곱져불고 : 숨겨 버리고.

451) 제기 : 빨리.

기영 허결랑

는젱이 ᄀ루[452] 닷 뒈걸랑

소금 닷 뒈 놓앙 범벅 ᄒᆞᆫ 덩어리 짓곡, 촘ᄀ루 닷 뒈건, 소금 ᄒᆞᆫ 줌 노나 마나 허여근, ᄒᆞᆫ 덩어리만 지어 줍서."

범벅 지어 앗언

"소금 닷 뒈 는젱이 닷 뒈 논 건, 두 덩어리 지어 줍센." 허난, 짠 건 앗앙 가당 천리둥이 만리둥이 개 주고, 두루 짠 건, ᄀᆞᆫ[453] 맞게 헌 건 이녁, 시장끼 멀리멍 가젠

영 허난 [말] 그거 앗안 "어머니, 나 엇어불고대고 양, 왕 암만 제인장제가 죽일 팔로 둘르고 대고 난 간 곳 절대로 ᄀᆞᆯ지 맙서양." [소리] 어머님신디 굳은 언약(言約)허여 두언, 나간, 바려보난 벌써 제인장젠 알안, 천리둥이 갤 보내멍 강, 할락궁이 물엉 오라-.

는젱이 ᄀ루 닷 뒈에 소금 닷 뒈 논 거

하나 훅허게 던지난 그거 먹으난 찬찬허난,[454] 물 먹으레 그 개 가분 두멍엔, 천리질도 나고 간다.

가단가단 바려보난 만리둥이를 내 논다.

범벅 다시 짠짠헌 거 ᄒᆞᆫ 덩어리 던지난

그거 먹언 하도 짜난, 물 춫안 물 먹으레 그, 만리둥이~ 가분 트멍엔, 만 리 만썩도 나고 간다.

가단 보난 발등친 물 잇엇더라.

넘어간다 가단 보난

452) 는젱이 ᄀ루 : 나깨 가루.

453) ᄀᆞᆫ : 간.

454) 찬찬허난 : 매우 짜서.

무릎친 물 넘어간다.

가단 보단 존둥이친 물도 넘어간다.

가단가단 바려보난, 목~, 친[455] 물 잇엇더라 넘어간다.

서천꽃밧딘 간 바려보난

무에낭 상가지(上枝)가 잇엇더라.

그디 간 왓안 바려보난

아이고 열다섯 십오 세

안네에 죽엉 간 아기덜

어린 때에도 부제칩이 탄생허영, 부제칩이는 은그릇 놋그릇에, 어느, 밥 먹던 아기덜은 보민, 물 잉엉[456] 가는 거 보민, 놋그릇에~, 서천꽃밧디 물 주젠

오랑 물 질엉 머리에 잉엉 가고 어린 때에, 부모덜 못 사는 부모에 탄생헌 아기덜은, 함박에나 남박에나[457]

밥 먹곡 사기(沙器) 그릇 밥 먹던 아기덜

남박 함박 그릇에나 사기 그릇 물 잉엉 가다근

마이정당 쉐정당에[458] 강 발 걸령 넘어지민

은그릇 놋그릇이사 물만 솓아지엉 아니 벌러지민[459] 다시 강, 그 물을 떠당 주민 뒈주마는~, 남박새기나 사기그릇 밥 먹던 아기덜은, 그거 벌러지어불민

물 거려당 서천꽃밧 못 주민-, 황세권관 도세권관

---

455) 심방이 약간 말을 얼버무림.

456) 잉엉 : 이어.

457) 남박 : 나무를 파서 만든 바가지 같은 그릇.

458) 마이정당 쉐정당 : 댕댕이덩굴의 한 가지.

459) 벌러지민 : 깨지면.

검뉴울꼿[460] 뒈염젠 허여근, 아렛저고리 걷어 세왕
송악낭 막뎅이 들러근, 흔 번 두 번 연싀번, 우로 뜨려가민
인간더레 돌아 앚아에-
"아이고 날 낳던 아바지야 날 낳던, 어머님아."
허여근 울어가민, 형제간덜 열다섯, 십오 세, 안네, 아기덜에 풍문조훼(風雲造化) 뒈는 법입네다.
물을 다 주어가난 어떵허민 아방을 촟아보코 상손가락을, 똑기~, 닛빨로 끊어 놓안, 즈지피를 뽀끗허게 저 주천강 연못더레 피를, 털이촤 가는구나에-.[461]
그 물을 거려단, 서천꼿밧 물을 주어 가난
서천꼿밧 전체가 검뉴울꼿 뒈엿구나. 꼿감관 꼿생인은~, "서천꼿밧디 다 검뉴실, 검뉴울꼿이 뒈염젠.", 일르난 "이게 어떵한 말이리.", 오란 보난 문딱 검늘엇구나.
검늘어 가난, "어떵헌 일이고?"
"저~, 주천강 연못디 무에낭 상가지에 어떵헌, 무지럭 실총각이 앚아 놓안, 피를 내완 물더레 놓아구나 경 허엿수덴." 허난
그때엔, 이레 내려오라 "귀신이냐 생인이냐?" "어찌~, 귀신이 옵네까? 아바지 촟안 오랏수다." "너네 아바지 누구냐?", "우린 성진 땅은~, 원진국이고 웨진땅은 짐진국이우다. 우리 아바진 사라도령이옌 헨 촟안 오고 우리 어머닌, 할락, 원광암이가 뒈고 나 이름은, 할락궁이우다에-."
내려오라

---

460) 검뉴울꼿 : 시들어 가는 꽃.
461) 털이촤 가는구나에 : 떨어뜨려 가는구나.

정말산디 거짓말산디462)

그때엔, 아방도 상손가락 피를 내우고, 아덜도 상손가락 피를 내완

은수반에 은동이에

물을 떠 놓안

그래 놓안 피, 합수(合水)가 뒈민 우리 아덜이고, 합수 아니 뒈민 우리 아덜 아니엔, 영 헤연 피 빠노난 피가 동글동글 떠 뎅기단, 서로 합수가 되엇구나에-.

그 법으로 우리 인간덜토, 이녁 애긴 거 아닌 거 이녁 부몬(父母ㄴ) 거 촟젠 허민, 피 검사(檢査)허영 피, 검사허민 이녁 부모 ᄌ식을 압네다.

그때엔

"아이고 나 아덜 적실허다."

[말] "너 오멍 보난 발등친 물 잇어냐?" "예 잇입디다." "느네 어멍 초대김463) 받앗져. [소리] 경허민 존둥친464) 물 잇어냐?" "잇입디다." "이대김 받앗져. 목 넘은 물 잇어냐?" "잇입데다. 넘어 오랏수다." "느네 어멍 죽엇구나."

삼대김을 받앗져.

"아바지야 아바지야."

은토시 ᄒᆞᆫ 착~, 그 아기 벤 때에 서천꼿밧디 가멍, 본메본짱 준 거 어멍신디 도렌 헤연 앗앙 간, 그것도 내여 놓안 맞치난 똑기 맞앗구나. 내 아바지 적실허난에

이제랑 서천꼿밧디나 나를 질~, 지도(指導)나 시겨줍서.

---

462) 정말산디 거짓말산디 : 정말인지 거짓말인지.

463) 초대김 : 첫 번째 다짐.

464) 존둥 : 허리.

[말] 서천꼿밧 들어간, " 아바지 이건 무신 꼿이꽈?", "이거는 싸움헐 꼿이여.", "이건 무신 꼿이우꽈?" "그건 막 이, 웃음 웃일 꼿이여.", "요건 무신 꼿이우꽈?", [소리] "그거는~, 씨 멜족(滅族)헐 꼿이여." [말] "경 허민 아바지 요건 무신 꼿이우꽈?" "그건 용심나는[465] 꼿이여." [소리] 줃는 양, 뒤에 ᄄᆞ라 뎅기멍 똑똑하게 문딱 꺽어가는구나에-.

"아바지야 아바지야

이제랑 나 집이 가쿠다.

아바지광 이별허연

집으로 돌아완 보난, 그냥, 천연장제 만연장제, 일가(一家) 방당 제족(諸族), 제족간이 문딱 모두 앚안, 어는제랑 할락궁이 오민 죽이젠, 앚앗구나, 들어가가난 "너 이 놈으 새끼 너 잘 오랏져 너." 죽일 팔로 둘러가난 "무사들 영 헴수까게, ᄒᆞ끔만[466] 잇입서. 나 양 간 좋은 저, 기술(技術)을 베완[467] 오라시메, 나 기술이나 ᄒᆞᆫ 번 보아 놓앙 나를 마지막으로 죽입센." 허난 "경 허민 기술 뵈와 보라.", 뵈웁는 건 보난, 첫 번째는 웃임 웃일 꼿 내어 놓안 다글다글 홍글어[468] 가난

일가 궨당이[469] 앚안 "하하하하." 허멍 웃엇구나-.

이젠 용심날 꼿 내어 놓안

다글다글 홍글어 가난 그자 부룩부룩덜[470] 용심 내멍, 문딱 앚아간다.

씨멜족을 시길 꼿 내여 놓안 와글와글 흔드난

465) 용심나는 : 화가 나는.
466) ᄒᆞ끔만 : 조금만.
467) 베완 : 배워서.
468) 홍글어 : 흔들어.
469) 궨당 : 권당(眷黨).
470) 부룩부룩 : 화를 내는 모양.

문딱 씨멜족 뒈엿구나에-.

문딱 죽어간다.

우리 어멍 촟아보저

촟단 보난, 장방 알에서~, 말젯뚤아기가 나온다 "아이고 상, 오라바님아 오라바님아 상전님아 날 살려줍서." "니가 상전이지 내가 상전이냐? 나 어떵허난 너네 오라방이냐. 너 살려주크메 우리 어멍 잇인 곳이나 ᄀ리치렌."[471] 허난, 두이 간 보난 신돔박낭[472] 알에 간

청댓썹으로 목 끌려 죽여부나네

우인 보난 거미줄만, 문딱 씌엇더라.

"아이고 설운 어머님 죽엇구나.

열두 뻬(骨) ᄌ근ᄌ근[473] 놓아 놓안

사름 생길 꼿~, 번성헐 꼿

ᄎ례(次例)대로 놓안 멩천(明天) ᄀ뜬 하늘님전 축원(祝願)허길

"하늘님아~ 하늘님아 지에(地下)님아

어찌 자식이 부모님안티 매를 놉네까? 우리 어머님 살리젠, 허염시메, 이내 몸 용서(容恕)를 빌엄수다."

축원을 허여두언

송악낭 막대기로 연세번 착착 후리난, 어머님이 와들렝이 일어나앗구나-.

"우리 어멍 나 엇어부난 얼마나 취조를 받아신고?

아이고 이제랑 법지법(法之法)이나 마련헤여 보저.", 그 법으로

---

471) ᄀ리치렌 : 가리키라고.

472) 신돔박낭 : 동백나무.

473) ᄌ근ᄌ근 : 자근자근.

어머님 누어난 자리에

반죽허연 동글동글 멘드는 게, 일곱 방울을 멘들앗구나, 그냥 ᄉ가칩(私家-)이 족은굿엔 일곱 방울

ᄉ당클(四祭棚) 멘 굿엔 가민, 방울 방울 열늬(十四) 방울 심방칩인 안팟으로[474] 스물네 방울 헤영, 벙거떡[475] 허고

어머님 댓썹으로 목 걸련 죽여부러 낫젱 헤영 댓썹 찔렁, 옛날은 그거 머리엔 허영 문딱 따와 낫수다만은, 요새에덜은 간세덜[476] 허영 그걸 그자 뱅뱅뱅뱅 데와당[477] 꾹허게 찔르곡, 그 우이~, 너울지허영 씌우는 건 거미줄~, 씌와낫젱 허영

종이로 몰랑~,[478] 서른싀(三十三) 하늘법[479]

마련헤영 거미줄 대신 멘들앙 너울지 씌우고, 젤 우인 돔박낭에 간, 목 메연 죽여부럿젠 헤영, 원래가~, 고리동반에는,[480] 돔박낭허영 젤 우인 찔르는 법이웨다에-.

요즘엔 보민 돔박낭도 아니허영, 댓썹헤영 그자 꾹허게 우터레[481] 찔렁 내붑네다만은, 원칙으론 돔박낭으로 찔르고, 대낭 잎파리도 문딱 머리ᄀ치 따와사 허는 법

법지법을 마련을 허여두어

---

474) 안팟으로 : 안팎으로.

475) 벙거떡 : 고리동반떡은 벙거떡과 방울떡으로 이루어지는데, 벙거떡은 밑에 받치는 방석 역할의 떡을 말함.

476) 간세 : 일하기를 싫어함.

477) 데와당 : 반대쪽으로 돌려 비비 꼬아다가.

478) 몰랑 : 오려서.

479) 서른싀 하늘법 : 고리동반너울지의 구멍이 33개가 되도록 오리는 것을 나타냄.

480) 고리동반 : 고리동반떡. 고리동반떡은 소위 '심방떡'이라 불리는 것으로, 방석 역할을 하는 벙개떡과 7개의 방울떡으로 이루어짐. 떡 위에는 너울지를 씌움.

481) 우터레 : 위에.

"어머님아 어머님아

어머님이랑, 경 말앙 저싱 유모(乳母) 몸으로 들어상, 서천꼿밧디 열다섯 십오 세 안네에 죽엉 간 아기덜, 잘 그늘롸주곡[482] 어머님아, 저승서 이 아기덜, 보살피곡 헙센." 헤연 유모 어멍으로 들어삽서에-.

이공 서천 도산국, 난산국도 풀엇수다.

본산국도 풀엇수다 과광성, 본을 풀엇수다.

- 이공본풀이〉비념

열다섯 십오 세 안네에 아기덜~, 서천꼿밧 간 아기덜, 잘 그늘룹서-.

인간 잇는 아기덜라근에

잘 크게 허영

전대전손 만대유전 유래전득 시겨줍서.

날로 가민

날역(日厄)이나

둘로 둘역(月厄) 월역(月厄) 시력(時厄) 관송(官訟) 입송(立訟) 할라나 상공

막읍서.

천앙손 지왕손

인왕손은 고뿔 헹불~, 염질 토질

상하열병 각기원앙 제손빨

노는 액년(厄年) 막읍서.

막다 막다 남은 걸랑

482) 그늘롸주곡 : 보살펴주고.

부모 ᄌ식 이별수나 관저구설 인간구설
불리 없는 연네꼿
허게 맙서.
요즘은 하도 차덜 다 운전(運轉)헤영 뎅깁네다 이디 오늘 공부허는~, 선생님이나, 학사 박사과정 볿으는,[483] 여러분덜토
운전허영 뎅기는 디
ᄉ고(事故)당헐 일
나게 맙서. 접촉사고 당헐 일
딱지도 떼게 맙서.
빵구도 나게 맙서.
높은 동산 얃으게 붸웁게도 맙서.
얖은 굴헝이랑 높으게 붸웁게도 맙서.
신호위반 헤영 벌금낼 일
나게 맙서.
[말] 세왕 놔 두건 누게 왕 그자 쒜못으로[484] 긁어 불게도 말고, [심방과 학생들이 함께 웃는다.]
막아 막아
막아 줍서.
막다 막다 남은 건 벨 거엔 골아도 첫째로, 이 세상 천지(天地)에 중(重)헌 건 우리 사람보다 중헌 게 또 잇습네까? 우리 사름덜, 목숨 죽을 목숨이라도 보면 시경, 명주장락 시겨줍서.
둘쳇 소원(所願)은 몸 편안허는 게 제일이우다~. 아프게덜 말앙 몸

483) 볿으는 : 밟는.
484) 쒜못으로 : 쇠못으로.

펜안허게 허고

셋차 소원이랑 혼저 논문 썽, 석사 박사 과정 밟게 시깁서.

소원성추(所願成就) 이루어 시겨줍서.

날로 날역 돌로 돌역 막다막다 남은 건, 거리에랑 거리노적 질에랑 질노적, 제기다 남은 거 연양금동퀘상더레 ᄌᆞ순(子孫)덜 명과 복 제겨 줍서-.

삼공본풀이

〈심방 설명〉

삼공본풀이는 노불리 전상연ᄃᆞ리에 대한 본풀이다. 노불리는 전상을 말한다. 남녀 간의 역할이 서로 다른 것이나 학생이 공부하는 것도 모두 전상이 있기 때문이다. 삼공본풀이에서 부모와 자식이 만나는 대목에는 '놀레'가 들어간다. 놀레를 다 부른 후에는 술을 한 잔 받으라고 하고, 술을 받으며 눈을 번쩍 뜨는 대목에서 심방이 무구인 산판을 들고 점을 친다. 그 점궤에 따라 길흉을 판단한다.

- 삼공본풀이〉들어가는 말미

[심방이 장구를 몇 차례 치다가 이내 그친다.]

위(位)가 돌아 가옵네다에~. 제(座)가 돌아갑네다. 초공은 신뿔리 이공은 꼿뿔리고, 삼공은 전상연ᄃᆞ리, 노불리가~ 뒈옵네다. 삼공 안당은, 주년국 난산국 본산국, 과광성 본 풀건 제 ᄂᆞ려, 하강헙서에-.

[심방이 장구를 치기 시작한다.]

삼공 안당 주년국, 어간허여

우리 인간~ 백성덜, 살아가는데, 모든 게, 전상전, 아니면, 어떵 살멍

모든 게 다~ 전상연ᄃᆞ리, 아닙네까.

글 허기도~ 전상,[485] 활 허기, 전상 입곡

---

485) 전상 : 어떠한 행위을 하거나, 그러한 행위를 하고자 하는 마음.

공부허영~ 학생으로, 대학 가젠, 교수 생활허게

전상, 박사(博士) 뒈기 전상

원장(院長) 뒈는 것도 전상, 심방질 허는 것도 전상, 농사허는 것도

전상이요 배타는 거 전상

차 운전, 허기도, 전상 입곡

요즘~ 나쁜 ᄆᆞ음 먹엉, 강적질(强賊-), 수적질(水賊-) 도둑질허는 것도 전상 경 허난, 전과 멧 범(犯)썩, 뒈는 일, 아닙네까.

모든 것 신문, 기자(記者)허영, 뎅기게, 전상, 어느~ 사진, 찍저~, 카메라맨도 전상, 모든 게 다~ 전상, 연ᄃᆞ리로

난산국을 본 풀저, 본산국은 신 풀건, 신에 가심[486] 열려줍서-.

– 삼공본풀이〉본풀이

엿날이라 엿적엔~, 웃상실은 간이영성 살고

알상실은, 홍문수천, 삽데다, 웃상실은

숭년(凶年) 드난~ 알상실, 풍년(豊年) 들엇젠, 소문 나고, 알상실은 숭년 지난 웃상실, 풍년 뒈엇젠

소문 나난~, 웃상실, 간이영성

얻어 먹으레 뎅기는 게와시난,[487] 알상실더레

얻어 먹저 ᄂᆞ리고, 알상실, 홍문수천

구에 궁전은, 웃상실더레 풍년(豊年) 들엇젠 허난, 얻어 먹으레, 올라가당

486) 가심 : 가슴.

487) 게와시 : 거지.

쉬는 팡에[488] 간 나 앚안 쉬는 게, 서로, ᄌᆞ끗디[489] ᄀᆞ뜬 팡에 앉앗더라.

그때에, 간이영성 허는 말, “어드레 가는, 여정네가 뒙네까?” “예, 나는 얻어먹는 게와시우다마는, 우리 알상실에 숭년 지난, 웃상실 풍년 뒈엇젠 헤연 얻어 먹으레 감수다마는, 게난 어드레 감수까?”, “아이구 난 웃상실, 사는, 간이영성인데

알상실에 풍년 들엇젠 허난, 얻어 먹으레 감수다.”

‘아이고 우리 ᄒᆞᆫ 팔저(八字), ᄒᆞᆫ ᄉᆞ주(四柱)로구나.’

“옵서 우리 경 말앙, 우리가 부베간(夫婦間)이나 삼앙, 살기가, 어찌허오리까에-.”

부베간을 삼안 살젠 허난

집도 절도 엇이난 몰ᄀᆞ랑, 의지, 집을 삼안 사는 게, 포태 뒈연

아긴 낳는 건 보난 여궁녀(女宮女), 솟아난다.

동네에 사름덜, 동녕바치, 아기 낳젠, 은그릇에 모몰ᄎᆞ베기[490] 허여단 준 것이, 은장아기 이름셍명(姓名) 지와간다.

살암시난~

포태 뒈연 낳는 게, 여궁녀가 다시 솟아난다.

동네 사름덜 놋그릇에, 밥을 허여근

모몰ᄎᆞ베기 허연 앚어단, 아기어멍 먹으렌, 주난~, 놋장아기 이름 지와간다.

살단 살단 보난, 다시 포태 뒈연 낳는 건, 여궁녀가 솟아난다.

488) 쉬는 팡에 : 쉬는 자리에.

489) ᄌᆞ끗디 : 가까이.

490) 모몰ᄎᆞ베기 : 메밀로 만든 수제비.

이 아기~, 가믄장아기로

ᄒᆞ쏠[491] 눈이 베롱허연[492], 또 두 개 난 때ᄁᆞ지, 사난에~, 가믄장아기로 이름 지은 것이

이 아기 나난~, ᄒᆞ루 이틀 다르게, 용시도[493] 허고

살단 보난 남전북답(南田北沓) 너른 밭, 유기전답도 납데다, 고대광실(高臺廣室) 들높은 집 나옵데다.

집이영 재산(財産) 일루완, 잘 살앙

늦인덕이정하님, 거느리곡 허연

와라차라 또 삼형제 난, 살아가난, ᄒᆞ를날은

아바지가 비는 촉촉 오고

심심허곡 허난 이 아기덜 돌아당, 나~, 질문(質問)이나 허고 예숙이나 젓껴보곡[494] 허저.

"은장아기야~ 이레, 오라보게."

"예~." 허멍 오는 게, 아바지 앒더레 오란, 꿇련 앚이난 [말] "야, 은장아기야, 너는 누구 덕(德에), 먹고 입고 행공발신을(行動發身) 헤여 사느냐?", [소리] "하~, 하느님도 덕입네다 지에님, 덕입네다마는

아바지 어머님 덕으로, 먹고 입고 행공발신 헤연 살암수다." "어따거 참 나 똘애기, 착실허다 느 방으로 들어가라-."

놋장아기 불러간다.

"너는 누게 덕에 먹고 입고 행공발신 허염느냐?"

---

491) ᄒᆞ쏠 : 조금.

492) 눈이 베롱허연 : 눈이 조금 트여서. 즉 생활이 옹색한 상태에서 벗어나 조금 나아져 가는 것을 뜻함.

493) 용시도 : 농사도.

494) 예숙이나 젓껴보곡 : 수수께기나 하여보고.

"아이고 아바지야 어머님아

하느님도 덕이고, 지에님도 덕이고, 아바지 어머님 덕입네다."

"나 뚤아기 기특허다, 느 방으로 들어가렌." 헤여 두언, 가믄장아기 불러단, 똑ᄀ뜬 질문을 허난, 하늘님도 덕

지에님도 덕이고

아바지 덕 어머니 덕이 만허우다마는

[말] "아바님아 어머님아, 나 베또롱[495] 알에,[496] 선그뭇(陰部)의 [소리] 덕이웨다-."

이 년 저 년~

죽일 년아

몽뎅이 내여 놓안 두들젠,[497] 허여가난

올레 바꼇더레

돌아나는[498] 것이

나가가난 아바지 어머님은, "아이고 은장아기야

정말로 나감시냐 저디 강 느네 아시[499] 강 돌앙 오렌." 허난, 은장아긴 베끼더레 나가멍

올레에 간 보난~, 싱근들어 물팡돌(下馬石)이 잇이난

[말] 그 우터레 올라사멍, "아이고 가믄장애기야, 흔저 돌아나불라. [소리] 아바지 어머님 몽뎅이 들런, 느 뜨리레 오람져에-."

그 말 곧아두언

495) 베또롱 : 배꼽.

496) 알에 : 아래에.

497) 두들젠 : 두드리려고.

498) 돌아나는 : 달아나는.

499) 아시 : 동생, 아우.

몰팡돌에 내려사난 청지넹이 흑지넹이[500] 몸으로, 환싱(還生)허여 간다.

아무리 기다려도 큰똘 아니 들어오난, "아이고, 야 늣장아기야, 저디 강 보라 어떵허난, 나간, 느네 족은 아시도 아니오곡, 느네 성(兄) 강 돌앙 오렝헌 성 ᄁ지 아니 오람져. 강 어서 나강 보렌."허난, "어서 기영 헙서."

늣장아기 나산다.

"설운 나 동생야, 흔저 돌아나라.

어머님이 몽둥이 들런, 느 두둘젠 쫓아 오람져."

그 말 굴아두언~, 걸름[501] 우이서 그 말 굴안, ᄂ려사젠 허난, 용달버섯[502] 뒈엇구나에-.

'어떵허난 이 아기덜 아니 오람신고.'

똘 삼형제가 나간, 하나도 아니 들어오라 가난, 아바지는

"이 똘덜 어디 가신고."

마당더레, 올레더레 강 보젠, 구들에 앚앗단 상방더레[503] 나산, 나오젠 허난

문전에~, 대문 입쟁이에[504]

눈을 간 탁허게 뜨린 게 "아야야야 야야야야~.", 뒷터레 이레 둥그럭 저레 둥그럭,[505] 둥그노렌 허난, 아이고 부억에서, 할망은

500) 청지넹이 흑지넹이 : 청지네 흑지네.
501) 걸름 : 거름.
502) 용달버섯 : 음달버섯. 말똥버섯.
503) 상방 : 대청(大廳). 마루.
504) 입쟁이 : 간가름도리와 장지틀 사이에 세워지는 세로 부재.
505) 뒷터레 이레 둥그럭 저레 둥그럭 : 뒤쪽으로 이리 뒹굴고 저리 뒹굴고.

"어떵허난 뚤덜토 나가고, 할으방은 죽어가는 소릴 헤염신고?"

정지에 문을 확허게 열언, 나오젠 헌 게 정짓문, 입쟁이에 눈을 두드러부난

"아이고 아이고." 부베간이~, 할으방은 상방에서 할망은 정지에서

아판~, 제우 출련[506]

눈을 뜨젠 바려보난 안명~천지(眼盲天地)가 뒈여부럿구나.

[말] "아이고 할으방~ 어디 잇수까게?", "아이고 할망 나 요디 잇인 걸 할망은 어디 잇어?", [소리] 아이고 말소리나~, 알고~, 울음 소리로나 알앗더라.

영 허는 게, 뚤덜 삼형제 다, 감감무중 뒈어불곡, 할망 할으방은 안명천지 뒈여 가는 게 그자, 삽시간에, 남전북답 너른 전지(田地)도 다 엇어지어 가곡, 고대광실 들 높은 집도, 엇어가곡, 먹을 게 하나도 엇언, 따시,[507] 거러지가 뒈엿구나에-.

동녕바치 뒈연

영 허곡, 가믄장아기

그 질로 나산~, 어딜~ 가코, 아방~ 눈에, 골리 나곡

어멍 눈에 시찌 낭 어딜 가코, 가단 가단 바려보난

어떤 남정네가 앚안, 야~, 말(薯ㄹ) 팜구나 [말] "아이고 말이나 ᄒᆞ끔 물으쿠다 어디 가민 인간처(人間處) 둥길 수가[508] 잇수까?" 확허게 일어사멍, [소리] "이 년 저 년 궤씸헌 년이여

여자(女子)엔 헌 건 꿈에만 시꾸와도[509] 새물(邪物)인데, 아이고 말 시

---

506) 제우 출련 : 겨우 (정신을) 차려서.

507) 따시 : 다시.

508) 인간처(人間處) 둥길 수가 : 사람들이 사는 곳을 만날 수가.

겨부난 마 꼴렝이,[510] 오꼿[511] 꺽어 먹어부러라.

욕이랑 후육누육(怒辱)허난 그대로 나고 간다.

가단 가단 바려보난~

셋마퉁이

마를 팜구나.

"아이고 말이나 ᄒᆞ끔 물으쿠다, 어디 가민 인간처 ᄃᆞ깁네까?", 아이고 말 시켜부난

재수(財數)까리 다 벗어지엇져.

이거, 마 꼴렝이 꺾어 먹엇져, 후육누육 욕을 헤엿구나 가단 가단 바려보난

족은마퉁이~ 앉안 마 파단

"아이고 말이나 ᄒᆞ끔 물으쿠다 어디 가민~, 인간처나 ᄃᆞ깁네껜?" 허난, "아이고 욜로[512] 요만쯤 요 제[513] 넘곡 저 제 넘엉 강 보민, 비주리초막 잇이메 그 디 강 보민~, 노인네 할마님이 시난

그 디 ᄎᆞ앙 가렌." 일러준다.

가믄장아긴 ᄎᆞ아 앗언

가단 가단 요 제 넘고 저 제 넘엉 간 보난

아닌 게 아니라, 백발(白髮)이 뒌 할마님, 비주리초막이 잇이난, [말] "아이고 할마님아 갈 디도 엇고 올 디도 엇고 넘어 가단, 해는 서산열락(西山日落)선더레 다 지어가고, [소리] 나, ᄒᆞ끔, 허다 못 헤영 정짓[514] 구

---

509) 시꾸와도 : 비추어도. 나타나도.

510) 꼴렝이 : 꼬리.

511) 오꼿 : 그만. 경황이 없이 불시에 어떤 상황이 벌어진 것을 나타냄.

512) 욜로 : 여기로.

513) 제 : 고개.

석에라도 누웟당, 가젠 들엇수덴." 허난, "우리 집이, 느 빌려줄 껄랑 마랑, 우리 아덜덜 삼형제 이제 들어오민, 눌 디 엇덴." 허난

"아무 디도 좋수다.

헛간도 좋고 정짓 구석 좋읍네다."

ᄒᆞ끔 잇이난

아닌 게 아니라, '우르릉탕탕 우르릉탕탕' 허멍~, 무신 소리 난다.

"이건 무신 소리우꽈?"

"우리 큰 마퉁이

마 파 앗언 들어오는 소리가 퉤어진다."

들어오멍

아이고 어머님 신더레 욕을 후육누육(詬辱累辱)허길, "어머님아 어머님아~

이거 우리 좀 잘 디도 엇인디,[515] 나그네ᄁᆞ지 멧겻덴.", 어머님신더레 후육누육헌다.

셋마퉁이도 '우르릉탕 우르릉탕' 허는 소리 난 [말] "이거 할마님아 이건 어떵헌 소리우꽈?", [소리] 이 소리도, "셋마퉁이

마 파 앗언 오람젠." 영 허난

그때엔 셋마퉁이도 들어오멍, "저 여정넨 누게우꽈?", "아이고 넘어가단, 해는 서산열락선 다 지언, 잠시

이디 오라

정짓 구석에라도

잇당 가젠 오란, 주인 뭇앗젠."[516] 허난, 욕을 후육누육, 허여간다.

---

514) 정지 : 부엌.

515) 엇인디 : 없는데.

ᄒᆞ끔 잇이난 '우르릉탕 우르릉탕' 허여간다.

[말] 족은마퉁이 오는 소리로구나 "할마님아, 저건 무신 소리우꽈?",

[소리] "우리 족은마퉁이 마 판 오는 소리여.", 마 판 들러 앚언

들어오란, 여정네 잇어도, "어머님아, 아이고 잘 주어수다. 넘어가는

사름[517]

이제 해는 지어불곡 어디 강 어디 질렌[518] 잡네까, 정짓 구석에라도,

잘 안네엇수다에-."

마 판 오난 그 마 몬딱 씻엉

큰마퉁인 마를 솖안[519]

앗안 오는 건 보난

어머님신딘 대가리를 놓고

손님신딘 꼴렝이 놓곡 이녁 먹을 건 가운디 복판으로 먹고, 셋마퉁인

보난~, 지 먹을 건 대가리고

손님 먹을 건 대가리를 허연 놓고

지 먹을 건 복판이고

어머님은 꼴렝일 내어 놓앗구나, ᄒᆞ끔 시난[520] 족은마퉁이 마 솖아

논 건 보난, 어머님은 어른이옌 허연

대가리를 솖안 놓고

이녁 먹을 건 꼴렝이고

손님이난 손님 먹을 건, 복판을 내연, 앗언 오랏구나에-.

---

516) 주인 못앗젠 : 묵게 되었다고. 손님이 방문해 집에 머물게 된 것을 뜻함.

517) 사름 : 사람.

518) 질렌 : 길에.

519) 솖안 : 삶아서.

520) 시난 : 있으니.

그거 얻어 먹어 앗언

아이고 나도 이제랑 대접(待接)을 헤여사주긴 쉬양삭삭, 존둥이 진쏠, 놓아~네

농이 작박에 놓안

초불 이불 연싀불을 씻어두언

밥을 지어 놓안

큰마퉁이신디 들런, "이 밥 먹어 봅센." 허난, "아이고 우리 초상(祖上) 적부터 아니 먹어난 밥, 그거 무신 버렝이[521] 둚은 밥이엔 아니 먹켄, 앗앙 당장 나가렌." 후육누육헌다.

[말] 셋마퉁이신디 앗엉 간 "이거 먹어봅센." 허난 초상 적도 아니 먹어본 거, [소리] 버렝이 밥 아니 먹켄, 후육누육 허여가곡, 족은마퉁이신딘 앗언 들어가난

ᄒᆞ끔 줍아 먹어보난

꿀맛이로구나.

그걸~, 순작만썩[522] 빙애기만썩[523] 먹어가난

큰마퉁이 셋마퉁이

문 궁기 창 궁기로 ᄇᆞ레단 문 확허게 열멍, "아이고, 경 맛 존 거가, 나 동승(同生)아 게건 우리도 ᄒᆞ끔썩 주어보라 먹어보게.", "어서 경 협센." 헤연, 숟꾸락으로 폭폭 거련~, 손더레 노난 "아 떠벌라 아 떠발라."[524]

---

521) 버렝이 : 벌레.

522) 순작만썩 : 메추라기가 먹는 만큼씩.

523) 빙애기만썩 : 병아리가 먹는 만큼씩.

524) 아 떠발라 : 아 뜨거워라.

먹언 보난 맛이 좋앗구나.

그 밥상을 다 설러두언

가믄장아기

이젠, 밤은~ 속속 짚어가고, '어딜 강~ 누민[525] 좋코.'

큰마퉁이 눅는 방문 간, 율아간다.[526]

"큰마퉁이님아 나~, 아이고 요 발에라도 오널 밤만 지새게 ᄒᆞᆫ끔 누쿠다.", "어이구~, 점점이라 가난

[말] 첨 여자엔 헌 건 꿈에만 시꾸와도 새물(邪物)이엔 헌 게, [소리] 나 마 꼴렝이 다 꺾어지게 허곡, 발에ᄁᆞ지 누켄 헤엽져

당장 나고 가라."

후육누육 욕을 허여 간다.

셋마퉁이신디 가도 그와 ᄀᆞᆮ찌 후육누육 욕을 허고, 족은마퉁이신딘 간, "아이고~, 요 발에라도, ᄒᆞᆫ끔만~, 몸찜이라도 쐐우쿠덴."[527] 허난

"어서 기영 헙서."

그 족은마퉁이 발에 간

눅는 게

서로가 부베간이 뒈어간다.

뒷날 아척에[528]

큰마퉁이, 마 파는 디 강 보저

족은마퉁이허고, 가믄장아기허고 간 보난

525) 누민 : 누우면.

526) 율아간다 : 열어간다.

527) 몸찜이라도 쐐우쿠덴 : 몸기운이라도 쐬겠다고. 즉 체온이라도 좀 느끼겠다고.

528) 아척에 : 아침에.

큰마퉁이 마 파 난 딘 개똥만 게작게작
셋마퉁이 마 파 난 디 강 보저.
간 보난
물똥만~ 숭걸랑, 왕시글랑 허엿구나.
족은마퉁이 마 파난 디 강 보저.
간 보난, 마카부덴 헤영[529] 들렁 보민 금(金)덩어리
돌인가 들렁 보민 은(銀)덩어리여
영 허는 게, 금이여 은이여
하영 줏어단 사는 게
거부제(巨富者)가 뒈연 와라차라 잘 살아가난

가믄장아기가, 부모 짓하에서 나가난 ᄒᆞ루도 부모 잊어본 적 엇엉, 아이고 부모생각이 간절허난, ᄒᆞ를날은,[530] 족은마퉁이 낭군님신디 ᄀᆞ는 말이 "서룬 낭군님아, 경 말앙 우리가~
게와시 잔치나, 석 둘 열흘 벡일
허여보민 어떵 허우꽈?"
"어서 걸랑 기영 허라."
"우리가~ 우리만 잘 먹곡 잘 쓰민 뒙네까?, 얻어먹는 게와시덜 걸인(乞人) 잔치허영
우리도, 멕이는 것도 공덕(功德)이난
영 협주."
허락을 허난 그때엔, 유기전상, 도용칠반(統營漆盤)을 출려 가옵디다에-.

529) 마카부덴 헤영 : 마인줄 알고.
530) ᄒᆞ를날은 : 하루는.

출려 놓아네

게와시덜

각처(各處) 도에 잇는 게와시덜

아무 디서~, 게와시 잔치 걸인잔치 허염젠 허난

문딱 모다들언, 다 앚아도, 일로 강 보아도, 우리, 어머님이 오람신가[531] 아바지가 오람신가.

아무리 보아도~ 못내 보아가난

벡일 차~, 뒈는 날은, 아이고 이제랑 설러불겐 헤연, 설르젠 허여 가는데

몽뎅이 하나 들런

앞이~ 심고[532]

두이[533] 좇안 오는 건 보난

옛 부모 얼굴이로다.

그때엔, 알더레 오란 앉이난~

가믄장아기 곧는 말이, "저디 ᄀᆞ사사[534] 들어온~, 저 부베간 할망 할으방이랑~, 우이로 멕여가당, 그디 가걸랑, 끊어불곡, 웃터레 강 앗걸랑 알로 멕여가당 우이 가건, 바로 그 자리 가건 끊어불곡 중간에 가건, 양 끗으로 멕여 가당, 글로랑[535] 끊엉, 밥도 물 ᄒᆞᆫ 직 주지 말라에-."

아이고 눈은 어둡곡 아무리 앉아도

'돌그락 돌그락' 밥 먹는 소리덜은 나곡, 암만 손으로 짚엉 상을 문딱

---

531) 오람신가 : 오고 있는가.

532) 심고 : 잡고.

533) 두이 : 뒤에.

534) ᄀᆞ사사 : 방금.

535) 글로랑 : 그쪽으로는.

짊엉 보아도~, 당신네 앞인, 물이나 밥이나 아무 것도 엇엇더라.

[말] "할망~, 이제랑 일어상 우리 저 웃터레 강 보게 이디 앚이난 우리 아래 앚아부난 밥 아니 주엄서.", [소리] 손 심어 앚엉 우이로 강~ 앚이민~, 알로 멕여오당, 우이로 바로 그 자리 오민 끊어불고

중간에나 강 앚아보주긴 헤영, 중간에 강 앚이민, 양 끗으로, 멕여오당 그디 오민 끊엇구나에-.

다른 게와시덜은 문딱 얻어 먹엉 가불고

두 할망 할으방만

밥 아니 주난 앚인게 해는 쏙쏙 저물아 가난, 일어상 "아이고 우린 암만 앚아도, 밥도 아니주곡 영 허난 배고픔도 허곡, 무신 쉐(罪)를 지어 신고~.", 일어상 가젠 일어사젠 헤여가난

"하르바님 할마님네 그래 앉입서."

"아이고 과연 잘못 헤엿수다, 우리덜 죽을 쉐를 지엇수다.

우리, 무신 쉘 지엇수껜?" 허멍

칵손 보비듯 손을 싹싹 비벼가난, "아이고 하르바님 할마님 쉐 잇언, 영 허는 거 아니난, 어디서 옵데가?, 어디 살단 어떵허연, 이 고단을[536] 옵데가?", "우린~ 들은 말도 엇수다 본 말도 엇수다.", "들은 말 본 말 엇건 할으바님 할마님아, 살아난 말이라도 골아봅서에-."

그때엔, 할으방 할망, 곧는[537] 말이

"우리 살아난, 역대(歷代)나 닦으건, 놀레로[538] 훈 번 들어봅서. [창조가 '놀레'로 바뀐다.]

536) 고단을 : 고장을.

537) 곧는 : 말하는.

538) 놀레 : 노래(歌).

저우저~
날도 좋~안
둘도 좋안~
내일 장삼~
성도 원만~
ᄇᆞ름산도~
구름산도~
엿날 엿적~
간이영성이곡~
알상~실은
구에궁전~
우인녁케~
아랫녁케~
소문 들언~
아랫녁케~
아랫녁케~
구에궁전~
올라가단~
만나그~네
삼은 것이~
물ᄀᆞ랑에~서
ᄒᆞ끔 나사난~
비주리초~막
가믄장아기~
이 아기~
남전북답~

오널~ 오널~, 오널~이라헤~
오널이며~
오널이라~
어제 오널~
가실쏘냐~
넘고 가저~
쉬고 가저~
간은 웃상실~
우리 할망~
홍문수천~
살앗수다~
숭년(凶年) 들엉~
풍년 뒈엇져~
얻어 먹으레~
내려가단~
홍문수천~
우인녁케~
길로변(-路邊)에서~
부베간(夫婦間)을~
은장아기~
탄생허고~
놋장아기~
탄생허고~
솟아나난~
탄생헌 게~
너른 전지여~

고대광실~	들 높은 집 난
거~부제로	잘 살아지난
ᄒᆞ를날은~	큰똘아기~
은장아~기	불러다근~
누게 덕(德)에~	먹고 입고~
행공발신을	허염느냐~
하나님도~	덕입네~다
지에님도~	덕입네다~
아바지 어머니~	덕입네덴~
일르~고	셋똘아기~
ᄂᆞᆺ장아기도	그와 ᄀᆞ찌~
말을 허고~	족은~똘~
가믄장아~기	하나님 지하님
아바지 어머니	덕이우다~
마는 허뒈~	나 베또롱 알
선그뭇의~	덕이우덴 허난
ᄄᆞ리젠[539] 허난	다울리난~[540]
집 나간 게~	은장아기ᄀᆞ라
느네 아시[541] 가근	돌앙 오렌~
보낸 것~이	아니 오고~
ᄂᆞᆺ장아기~	보내~난
아니 오란~	우리덜은~
똘덜 ᄎᆞᆽ~젠	베꼈더레~

539) ᄄᆞ리젠 : 때리려고.
540) 다울리난 : 급히 몰아서 좇으니.
541) 아시 : 아우. 동생.

바당더레~ 나오젠 헌 게~
문지 문대방에 입쟁이에~
눈덜 박안~

아이고 요와 ᄀᆞ찌[542] 뒈연, 결국은 안명천지(眼盲天地)덜 다 뒈곡 갈 디 올 디 엇곡 허난, 거리노상마다~ 다 뎅기멍 동녕허연, 얻어 먹언 살암수덴." 허난~, "아이고, 할으바님아 할마님아, 나도 살아온 말이나 ᄀᆞᆮ건 들어봅서. 나~ 역대나 닦으건~, 들어봅센." 헤연, 그때엔~, 할으방 할망 앞이 앚저 놓안, 가믄장아기가 놀레를 불러간다. [창조가 '놀레'로 다시 바뀐다.]

오널~ 오널 오널이라~
아바~지~ 어머님 눈에 난
올레 바꼇디 나와시난에
큰 성(兄) 오란~ 아바지가~
몽뎅이 들런 ᄂᆞ 두드리레
오람젠 허~난 ᄂᆞ려산 게~
청지~넹이 흑지넹이 뒈고
셋 성~은~ 어머님이~
ᄂᆞ ᄄᆞ리레~ 오람젠 일러부난
걸럼 우이서[543] 용달버섯 뒈언
이내 몸은~ 걸~어~
나사 앚언~ 질을 일러근[544]

542) ᄀᆞ찌 : 같이.
543) 걸럼 우이서 : 거름 위에서.
544) 질을 일러근 : 길을 잃어서.

걷단 걷단~　　　　　　바려보난~

큰마퉁이~　　　　　　마 파는 디~

넘어사고~　　　　　　셋마퉁이~

마 파는 디~　　　　　넘어사고~

족은마퉁이　　　　　　마 파는 디 가난

[불청] 아래서~　　　　골아주난~

비주리초~막　　　　　할망신디 오란

주인 못안~　　　　　　그디~서~

족은마퉁이영　　　　　부베간 인연 뒈연

살단 보~난　　　　　　돈도 나오고~

금도 나오고　　　　　　은도 나난~

부모님네~　　　　　　춫젠 허~난

걸인잔치를　　　　　　열렴수다~

아버지야~　　　　　　나 술 흔 잔

받읍~서~　　　　　　어머님아~

나 술 흔 잔~　　　　　받읍~서~

아바지 어머니 [흐느낀다.]　손을 심엉~

비새ᄀ찌~　　　　　　울어가멍~

　　술을 흔 잔썩 앗안 안네난,545) [심방이 장구 치는 것을 멈추고, 옆에 놓아두었던 산판을546) 던지며 점을 친다.] 딜렁허게 노는 게, [말] "엇따,547) 좋쿠다양. 눈 두 개 버룽~허게 터신 게,548) 고맙수뎅덜이라도 헤야주게 골아

545) 술을 흔 잔썩 앗안 안네난 : 술을 한 잔씩 드리니.

546) 산판 : 무점구(巫占具). 산판은 천문, 상잔, 산대로 이루어짐.

547) 엇따 : 감탄사.

548) 눈 두 개 버룽~허게 터신 게 : 산판점을 쳐서 나온 점궤의 모양을 비유적으로

가민.” [심방과 학생들이 함께 웃는다. 학생들이 “고맙수다.” 하고 말한다.][심방이 다시 장구를 치기 시작한다.]

〈삼공본풀이 구연하면서 산판점을 치는 모습〉

눈을 번뜩허게 턴 보난

똘이로구나.

“아바지야~

어머님아~

아이고 이 옷 벗어두엉, 이 좋은 옷 입읍서 공단 서단 내단, 이불허연 좋은 의복(衣服)허연 어머님, 아바지 입져 두언, 그때엔 어멍 아방, 입어난 옷은 벳견, 그거 들런 삼도전 싀커리 나오랏구나에-.

이 옷 들런~, ᄉ록을[549] 내놀린다.

나타냄.

그 법으로 삼공맞이도[550] 허여나민~, 삼공, 할망 할으방으로 출령 입엉 헤여난 옷 벳경, 그 옷 들렁~ 들러둠서~,[551] 내놀리는 법입네다.

청ᄉ록도 내놀리자.

흑ᄉ록도 내놀리자. 나무광대 정절ᄉ룩

내놀리자.

나님 ᄀ뜬 전상 ᄃ님 ᄀ뜬 전상

연ᄃ리로

제주신(濟州市ㄴ) 가면~, 관덕청(觀德亭) 마당으로 내놀리고

화북(禾北)은[552] 들어사민 허좌수(許座首) 댁으로

내놀리고

삼양(三陽)은[553] 가면, 안판관(安判官) 댁으로

내놀리고

신촌(新村)은[554] 가민~, 신만호 댁으로

내놀리자.

조천(朝天)은[555] 가난, 김펭창 칩으로

내놀리자.

함덕(咸德)은[556] 가난~

한구장 댁으로

---

549) ᄉ룩 : ᄉ록. 되어가는 일을 그르치게 하는 사기(邪氣).

550) 삼공맞이 : 삼공신을 청해 하는 맞이굿. 삼공맞이는 전상놀이라고도 함.

551) 들러둠서 : 들고서.

552) 화북(禾北) : 제주시 화북동.

553) 삼양(三陽) : 제주시 삼양동.

554) 신촌(新村) : 제주시 조천읍 신촌리.

555) 조천(朝天) : 제주시 조천읍 조천리.

556) 함덕(咸德) : 제주시 조천읍 함덕리.

내놀리자.

북촌(北村)은[557] 가난 이멘경 칩으로

내놀리자 저~ 동복(東福)은[558] 가난

광산(光山) 김칩(金宅)이 댁으로

내놀리고

넘어사난 김녕(金寧)은[559] 한의원 댁으로

내놀리자.

한동(漢東)은[560] 당허난

저 동복(東福)은~ 근당허난 허좌수(許座首) 댁으로

내놀리언, 내놀리자.

김녕(金寧) 넘어사난

월정(月汀)은[561] 가난~ 한동지(韓同知) 댁으로

내놀리고 행원(杏源)은[562] 이판관(李判官) 댁으로

내놀리자.

세화(細花)[563] 상동(上同) 가민 정찰방(鄭察訪) 댁으로 내놀리고

하돈(下道ㄴ)[564] 가난 김좌수(金座首) 댁으로

내놀리자.

제주도 삼읍(三邑)을 문딱, 다 돌멍 옛날 과거허영 제일 잘 살앙 그

---

557) 북촌(北村) : 제주시 조천읍 북촌리.
558) 동복(東福) : 제주시 구좌읍 동복리.
559) 김녕(金寧) : 제주시 구좌읍 김녕리.
560) 한동(漢東) : 제주시 구좌읍 한동리.
561) 월정(月汀) : 제주시 구좌읍 월정리.
562) 행원(杏源) : 제주시 구좌읍 행원리.
563) 세화(細花) : 제주시 구좌읍 세화리.
564) 하도(下道) : 제주시 구좌읍 하도리.

마을에서, 최고 부제(富者) 칩으로 내놀령 ᄉᆞ가(私家) 칩인 가민 이추룩 허영[565] 풀곡, 심방칩인 강 풀 때는~, 그 ᄆᆞ을에 제일 큰 심방네 집으로 내놀리자 허멍, 그 심방 거니리멍,[566] 이 본풀이 허는 법이웨다에-.

- 삼공본풀이〉비념

이 ᄌᆞ순(子孫)덜
○○○ 교수(敎授)님도
이 전상연ᄃᆞ리로 이번, 모든 거 들젱 허는데
이 전상이 들어 놓안
못 듣게 잊어불게 에왕 놔두민
열두 풍문조훼(風雲造化) 주는 것도 내놀리자.
석사(碩士) 학생덜
석사 따젱 허는 학생덜, 에웁저[567] 듣저 보저
박사과정 ᄇᆞᆰ는~,[568] 이거 들어근 잘 웨우젱 허민
귀가 열리곡 눈이 ᄇᆞᆰ곡,[569] 머리가 열려사 듣는 법인데
요런~ 전상~
들어 놓앙
열두 풍문조훼를 불러주엉
못 듣게 못 알게

565) 이추룩허영 : 이렇게 해서.
566) 거니리멍 : 언급하며. 말하며.
567) 에웁저 : 외우려고.
568) ᄇᆞᆰ는 : 밝는.
569) ᄇᆞᆰ곡 : 밝고.

못 에우게

불러주는 굿인 전상이랑 다~, 저 오리정 살정 시군문 바꼈더레, 절 진허곡, 해님~ ᄃᆞ님 ᄀᆞ뜬 전상

드님 ᄀᆞ뜬 전상

숭부산이 대전상이랑

이번 이 열두 본풀이 열싀(十三) 본풀이

허영 좋은 책도 나오게 허고

전상으로 이 ᄌᆞ순덜토 이거 큰 전상이주, 아이고~, ᄀᆞ만이570) 학교나 뎅기주만은, 이 전상~ 듣젱 허는 일

좋~은, 이견(意見) 나오멍 책 내우걸랑 잘 풀리게571) 허곡

세계 각국(世界各國)더레 ᄆᆞᆫ딱 외국(外國)서 오멍, 상 가게 시겸

이번 공든 답을 시깁서 지든 답을 시깁서.

신이 성방도, 요거 허젠 허난 조상ᄁᆞ지 모시멍 오랏수다 그자 미안허우다양. 숭(凶) 관계랑 ᄌᆞ부감제 헤영, 큰굿도 나숩서.

족은굿도 나숩서.

불도맞이572) 성주풀이573) 귀양풀이574)

나숩서 요왕맞이575) 나숩서.

푸다시도576) 나숩서.

---

570) ᄀᆞ만이 : 가만히.

571) 풀리게 : 팔리게.

572) 불도맞이 : 아기의 산육(産育)을 기원하기 위해 하는 맞이굿.

573) 성주풀이 : 가옥이나 건물을 새로 지었을 때 하는 굿.

574) 귀양풀이 : 사람이 죽어 장사를 치르고 난 뒤에 하는 굿.

575) 요왕맞이 : 용왕(龍王)을 청해 바다에서의 무사안녕과 풍요를 기원하는 맞이굿.

576) 푸다시 : 잡귀(雜鬼)가 몸에 범접하여 일어난 병을 고치는 굿.

일월맞이[577] 나숩서.

나수와줍서.

날로 날역(日厄) 돌로 돌역(月厄) 월역(月厄) 시력(時厄) 관송(官訟) 입송(立訟)

한라산공, 다 막아줍서-.

전상연ᄃᆞ리 금당, 옥당 연ᄃᆞ리로, 궂인 액년(厄年)이랑 다 소멸(消滅)헙서-.

577) 일월맞이 : 일월신(日月神)을 청해 기원하는 맞이굿.

지장본풀이

〈심방 설명〉

지장본풀이는 지장의 아기씨가 시집과 친정의 죽은 부모조상들을 위로하기 위해 굿을 하게 되었다는 데에서 유래한 본풀이다. 시왕맞이의 '나까시리 놀림'과 '군병지사귐'과 관련되어 행해진다. 지장본풀이를 할 때 본주집의 상황에 따라 '말명'이 구분된다. 일반적인 개인집엔 가면 "도전에 풀이로 청하늘 청도전, 흑하늘 흑도전, 도전에 풀이로 지장에 본 풀자."라고 하고, 심방집에 가면 "신지장 청하늘 청도전, 백하늘 백도전, 이제 신지장, 본 풀자."라고 한다. 식육점 하는 집에 가면 "도살아 도지장……."이라고 하고, 원님 살았던 집에 가면 "원살아 원지장, 원지장 신 풀자."라고 한다. 그리고 지장본풀이는 원래 심방이 앉아서 하는 게 아니고, 소미가 북과 장구를 치며 후렴을 받아서 하는 것이다. 한편 ᄉᆞ당클을 맨 굿에서 '상당숙임'을 한 후에 지장본을 풀 때는 마지막이라고 해서 '만지장'을 푼다. 시왕맞이 앞으로 지장본을 풀 때는 군병을 사귈 때도 그냥 일천 시아군병만 사귀면 되는데, 마지막에 그 굿을 마칠 때는 실명을 거느리며 본을 푼다.

– 지장본풀이〉들어가는 말미[578]

옆도전은 내어다~,[579] 연당 만당 ᄀᆞ득이다 남은 건 ᄌᆞ순덜에도, 각

578) 원래는 본풀이를 하는데 소미들이 함께 연물을 연주해야 하는 것이지만, 이번에는 인위적인 상황이라 이용옥 심방이 혼자 앉아서 장구를 치면서 구연하였다. 한편 일반적인 시왕맞이 굿에서 하는 것이라고 가정하여 지장본풀이를 하였다.

579) 옆도전은 내어다 : (시루떡의) 옆 부분을 썰어 내어다. 시왕맞이의 '나까시리 놀림'이라는 제차에서 '도전침'을 하게 되는데, 이때 둥그런 시루떡의 중심 부분을 사각형

발 분식 호걸련(豪傑然) 대잔치 허난, 본주(本主) 제관(祭官)은 ᄆᆞ른[580] 떡 먹으난 목이 ᄌᆞᆯ근지는구나~, 청감주(靑甘酒)로~, 신가시민, 영림허난, 배 포만(飽滿) 헤여 오고, ᄌᆞ수지(紫蘇酒)로, 입수 헤수허난~, 가심에 절[581] 일어오고~, 허는구나, 그리 말고 츤 냉수(冷水)로, 신가심 잔질루멍,[582] 지장만보살랑, 신 풀어 올리자.

– 지장본풀이〉본풀이

[심방이 장구를 치기 시작한다.]

지장아 지장아~
청하늘 청도전~
벡하늘 벡도전~
도전에 풀이로~
강남(江南)은 천저국(天子國)~
일본(日本)은 주년국(周年國)~
대한(大韓)은 민국(民國)서~
지장에 본 풀자~
남산국 본이여~
여산국 본이여~
서천은 서약국~
지장의 본이여~
엿날은 엿적에~

으로 하여 그 외 옆 부분을 잘라서 썰어 내는 것을 '옆도전을 낸다'라고 함.

580) ᄆᆞ른 : 마른.

581) 절 : 파도(波).

582) 잔질루멍 : 가라앉히며. 어루만지며.

남산과 여산이~
자식(子息)이 없어서~
호호야 허더라~
어느야 당(堂)에사~
영급(靈及)이 좋던고~
수덕(修德)이 좋던고~
동게남(東觀音) 상저절~
서게남(西觀音) 금법당(金法堂)~
원수룩 드리난~
지장의 아기씨~
새양주 땅으로~
소로롱 소로롱~
솟을라 나는고~
흔 설(歲)이 나는 해~
어머님 무럽에~[583]
연주새 허는고~
두 설이 나는 해에~
아바지 무럽에~
연주새 여는고~
세 설은 나난에~
할마님 무럽에~
네 설은 하르방 무럽에~
연주새 허는고~
다섯 설 나는 해~

583) 무럽에 : 무릎에.

어머님 죽는고~
ᄋᆢ섯(六) 설 나는 해~
아바지 죽는고~
일곱 설 나는 해~
할마님 죽는고~
여덥 설 나는 해에~
하르방 죽는고~
어딜로 가리오~
동네(洞內)야 금방상[584]~
웨삼춘 덱(外三寸宅)으로~
쉬양(收養)을 가시니~
개 먹던 젭시에~[585]
술납을 달렌다[586]~
죽으라 허는고~
삼도전 ᄉᆡ커리~
나와도 가는고~
하늘에 부엉새~
ᄒᆞᆫ 놀갠[587] ᄁᆞᆯ린다~[588]
ᄒᆞᆫ 놀갠 덮은다~
하늘이 밥 주고~
지에(地下)가 옷 주고~

---

584) 방상 : 친족.

585) 젭시에 : 접시에.

586) 술랍을 달렌다 : '술랍'은 '술밥', '술랍을 달렌다'는 숟가락으로 밥의 양을 계산하여 줌.

587) 놀갠 : 날개는. '놀개'는 날개(翼).

588) ᄁᆞᆯ린다 : 깐다.

이렁숭 저렁숭~[589]
열다섯 십오 세~
원구녁 차시난~[590]
착허덴 소문이~
동서(東西)로 나는고~
서수왕 서편에~
문혼장(問婚狀) 오는고~
중진을[591] 오는고~
허급(許給)을 허시난~
문혼장 오는고~
막편지[592] 가더라~
신랑(新郎)이 오는고~
신부(新婦)가 오는 가더라~
가는 날 저녁에~
좋은 일 허시니~
생남ᄌ(生男子) 보더라~
나 메눌[593] 아기씨~
출림도 출렷져~
착험도 착허다~
유기야 전답은~
ᄆᆞᆯ ᄆᆞ쉬(馬牛) 아울라~

589) 이렁숭 저렁숭 : 이리저리.
590) 원구녁 차시난 : 혼인할 만큼 성숙하니.
591) 중진 : 중신. 중매(仲媒).
592) 막편지 : 혼인의 연길(涓吉) 날짜를 신부집에 보내는 예장(禮狀).
593) 메눌 : 며느리.

다 물려 주는고~
열여덥(十八) 나는 해~
씨아방 씨어멍 죽는고~
열아홉 나는 해~
씨어멍~ 죽는고~
ᄀᆞᆮ 스물 나는 해~
남윈야 가정에~
죽어도 가더라~
생남ᄌᆞᄁᆞ지사~
오독독 죽는고~
나년의 팔저(八字)야~
어딜로 가리오~
씨누이 방으로~
피방을 가시니~
씨누이 나뚤년~
씨누이 태로다~
ᄒᆞᆫ 지방 넘으난~
늬가[594] 닷 뒈여~
두 지방 넘으난~
베룩이[595] 닷 뒈여~
죽일 말 허는고~
잡을 말 허는고~
나와도 가는고~

594) 늬가 : 이(蝨)가
595) 베룩이 : 벼룩이.

동으로 가는~
서천강 연못데~
연세답[596] 가시니~
쪼끄만 아기씨광~
예숙을 제끼난~
예숙이 지더라~
그때에~
물명지 단치메~
다 벗어 줘두고~
동으로 오는 건~
대서(大師)님 오는고~
서으로 오는 건~
소서(小師)님 오더라~
대서님 소서님~
나 팔저(八字) ᄀᆞᆯ룹서~[597]
나 ᄉᆞ주(四柱) ᄀᆞᆯ룹서~
초본(初福)은 궂수 좋수다~
중본(中福)은 궂수다~
말복(末福)은 좋수다~
씨아방 씨어멍~
원아방 원어멍~
남읜야 가정에~
생남ᄌᆞᄁᆞ지사~

596) 연세답 : 빨래.
597) ᄀᆞᆯ룹서 : 가리십시오. 사주팔자를 보십시오.

전새남[598] 올립서~
후새남[599] 올립서~
저 뽕낭 싱거서~
뽕잎을 따는고~
누에실 짜는고~
강명지(强明紬) ᄁ리여~
물명지(水明紬) ᄁ리여~
새양페 새미명~
짜아도 가는고~
시왕(十王)에 ᄃ리여~[600]
초공전 ᄃ리여~
이공은 삼공에~
시왕(十王)에 ᄃ리여~
멩감(冥官)에 처서(差使)에~
일월(日月)에 ᄃ리여~
본향엣(本鄕ㅅ) ᄃ리여~
영가(靈駕)에 ᄃ리여~
다도 짜는고~
머리야 삭발(削髮)~
동게낭 상정절~
들어야 사고서~
고칼 디려~

598) 전새남 : 병자를 살려주기를 기원하는 굿.
599) 후새남 : 사람이 죽은 후 영혼이 저승으로 잘 가도록 비는 굿.
600) ᄃ리 : 다리. 굿을 할 때 걸어놓거나 깔아놓은 긴 천을 말하는데, 신이 이 ᄃ리를 밟아 내린다고 함.

머리 삭발 시견
혼 침 질러~
굴송낙[601] 쓰는고~
두 침 질러라~
굴장삼 입는고~
목에랑 단줄에~
목에는 염주(念珠)~
손에는 단줄에~
열대 자 디려서~
아강에 베포여~[602]
일곱 자 디려서~
극보야 잘리여~[603]
석 자 디려서~
호름에 줌치여~[604]
시권제 받으레~
동(東)으로 들어서~
서(西)으로 나는고~
서으로 들어서~
동으로 나는고~
홉홉(合合)히 메운다~
세세히 메운다~

601) 굴송낙 : 고깔.
602) 아강베포 : 중이 쌀을 얻으러 다닐 때 지는 멜빵인 듯함.
603) 극보잘리 : 삼베자루. 중이 재미(齋米)를 얻어 넣는 자루.
604) 호름줌치 : 중이 쌀을 얻으러 다닐 때 쌀을 넣어 지게 된 주머니 비슷한 것인 듯함. 호롬줌치.

불쌍허덴~
홉프로 줄리는~
대로나 주는고~
대로나 줄 디는~
말로나 주는고~
권제를 모여단~
굽 넙은[605] 사라~[606]
굽 넙은 다라에~[607]
물 좀아 둥근다~[608]
굴묵낭[609] 방에에~
도애낭[610] 절깃대~
이어도 방에여~
이어도 방에여~
가시오름~
강당당칩이~
싀콜방에~[611]
새 글러 오는고~
이어방에~
새할망[612] 불르라

605) 넙은 : 넓은.
606) 사라 : 접시.
607) 다라에 : 큰대야에. '다라'는 일본어 たらい.
608) 둥근다 : 담근다.
609) 굴묵낭 : 느티나무.
610) 도애낭 : 복숭아나무.
611) 싀콜방에 : 세콜방에. 세 사람이 둘러서서 서로 절구공이가 부딪치지 않게 간격을 맞추어 방아를 찧는 일.
612) 새할망 : '체할망'이라고 할 것을 잘못 발음함. 체할망은 체로 가루를 치는 할머니.

첫바쿠 탁 치난~
체 알에 フ를은~[613]
좀질도 좀질다~[614]
체 우에 フ를은~
훍음도 훅구나~[615]
강남(江南)서 들어온~
쪼끄만 멧시리~
일본(日本)서 들어온~
쪼끄만 멧솟데~
초징은 이징은~
삼징을 놓아서~
불화식(-火食) 시긴다~
열 말 쏠 왕구녁~
대독판 세미여~
금시리 찌어다~
각당에~
위올려 가는고
전새남 올린다~
후새남 올린다~
씨아방 씨어멍~
원아방 원어멍~
부모야 조상~
남읜 가정~

---

613) フ를 : 가루(粉).
614) 좀질도 좀질다 : 자잘하기도 자잘하구나. '좀질다'는 물건이 잘고 가늘다는 뜻.
615) 훍음도 훅구나 : 굵기도 굵구나.

생남ᄌᆞᄁᆞ지에~
전새남 울려~
가난~
인간에~
살단살단~
죽엉 가난~
아이고 인간에서~
지장의 아기씨~
좋은 일 허엿져~
서천은 꼿밧에~
통부체 몸으로~
환싱(還生)을 시기난~
서천꼿밧데~
새 앚아 오는고~
요 새를 ᄃᆞ리자~616)
쏠 기린617) 새랑~
쏠 주며 ᄃᆞ리고~
물 기린 새라근~
물 주며 ᄃᆞ리자~
주어라 헐쭉~
헐쭈 헐짱~
ᄃᆞ령 가면~
요 지장은~

616) ᄃᆞ리자 : 쫓아 내자.
617) 기린 : 굶은.

누가 일롸~

지장인고~[618]

그 집안~

본주덜~

ᄆᆞᆫ딱~

거니리멍~

[심방이 장구치는 것을 멈춘다. 창조도 바뀐다.]

지장만보살, 신칼 탁허게 놓앙, ᄌᆞ부ᄃᆞ리[619] 주민, 지장만보살, 신풀엇구나.

[이후에 '군병지사귄'의 말명 일부와 그에 대한 설명을 하였으나 생략한다.]

618) 누가 일롸 지장인고 : 누가 마련한 굿인가. 본주가 굿을 마련하는 것을 "~가 이 지장을 일롸ᇝ다."라고 신전에 말함.

619) ᄌᆞ부ᄃᆞ리 : 신칼점 점궤의 하나.

멩감본풀이

〈심방 설명〉

멩감본풀이는 말과 소를 잘 키우고, 사냥이 잘 되게 해 달라고 기원하는 굿에서 하는 본풀이다. 농사를 지으면 멩감에서 모든 풍년이 되게 한다. 멩감은 들판에 가서 깨끗한 장소를 골라서 한다. 상은 차리지 않고, 띠를 깔아 그 위에다 제물을 차린다. 사냥을 하는 집에서는 산신놀이를 한다.

- 멩감본풀이〉들어가는 말미

[심방이 제상을 앞에 두고 앉아 몸을 앞으로 약간 숙인 채, 요령을 잡고 흔들며 본을 풀기 시작한다.]

[요령] 천앙(天皇) 가민 열두(十二) 멩감(冥官) 지왕(地皇) 가민 열훈(十一) 멩감, [요령] 인앙(人皇) 가민 아옵(九) 멩감 동(東)읜 청멩감(青冥官) 서(西)의 벡멩감(白冥官) 남(南)읜 적멩감(赤冥官), 북(北)의 흑멩감(黑冥官) 중앙(中央) 황신멩감(黃神冥官), [요령] 산으로 가민~ 산신멩감(山神冥官), 물론 가민~, 요왕멩감(龍王冥官) 배론 가민 선왕멩감(船王冥官)~, [요령] 농사(農事)허는 집이는 세경멩감, 책 보는 집인~, 책불멩감(冊佛冥官), 삼싱할망칩인 불둣멩감(佛道ㅅ冥官)입네다. [요령] 심방칩이는 당줏멩감(堂主ㅅ冥官)이 잇는 법입네다.

〈요령을 잡고 흔들며 본풀이를 구연하는 모습〉

- 멩감본풀이〉본풀이

엿날이라 엿적에~, [요령] 주년국(周年國) 땅엔 보난 亽만이가 사옵데다. 훈 설 적에, 어멍 죽고~, 싀(三) 설 적은 아방 죽고 갈 디 올 디 엇언, 거령걸식허영, [요령] 거리 개똥 춤실로 주어근에,[620] 사는 게~, 열다섯 십오 세가 뒈어 가난, [요령] 투전(投錢)에 좋아허영 나상, 뎅기고~, 아기덜은 나는 게, 입장갈림 허난 오망삭삭 오라[621] 아기 나난, 욕은[622] 아기는~ 옷을 줍서, 두린[623] 아기덜은 밥을 줍서 젓을[624] 줍서

620) 거리 개똥 춤실로 주어근에 : 매우 가난하게 사는 상황을 은유적으로 표현.
621) 오라 : 여러.
622) 욕은 : 성장한.
623) 두린 : 어린.
624) 젓을 : 젖을.

비새ᄀᆞ찌 울어가난, [요령] 아기덜 배불리~, 밥 허영 못 멕이곡 ᄃᆞ신[625] 옷 못 입지곡 허난 ᄉᆞ만이 각신, 놈이 품살이~ 바농질[626] 헤영, ᄒᆞᆫ 푼 두 푼 벌어당, 그날그날 구명도서(求命徒食) 허영 사는 게, [요령] ᄒᆞ를날은 아기덜 배 고판 하도 울어가난, 쉬힌(五十) 대 자 숙대머릴 쫄란 "서룬 낭군님아, 이 머리 앗앙~, 저~ 낼 모릿날은[627] 장날이난 장에 강~, 이 머리 풀앙~, 양석(糧食)이나 받앙 옵서. 아기덜 배 고판 우는 아기덜 밥 허영 멕이쿠다.", [요령] 모릿날이 당허난~, 장날이 뒈엇구나 그 머리 그친[628] 거 앗언, 이 장 저 장 나산 뎅기단, ᄇᆞ레진치 아니 허연 보난, 사름덜은, 오망오망 모야 사시난, '저딘 미신 걸 허는 딘곤.' 간 사름 트멍으로, 눈을 쏘안 바레연 보난, [요령] 어떠헌 무두 무둥역이 실총각이~, 마세조총을, 하나 들런 산, "에헤~ 이 총(銃) 하나만 시민[629] 굴미굴산(谷尾谷山) 노조방산, 에야산 올라가민, 대각녹(大角鹿)은 소각녹(小角鹿), 꿩 사농[630] 매 사농~, 허여당 부제(富者)가 뒌덴." 하도 골암시난, 경 허난 "그거 얼마니우꽈?", [요령] "돈 석 냥이 뒙네덴." 허난, 머리 돈 석 냥 받안 폰 돈, 그거 문딱 보금지[631] 털언, 주멩기[632] 털언 주어두언 그 총을 산, [요령] 마세조총 앗언 오라시난 ᄉᆞ만이 안부인은, 어는 제랑 이 머리 풀앙 쏠 받앙 오건, 밥 허영 배불리 아기덜 멕이콘, 기다리고 바레단 보난, 쏠은 아니 들런 오고 이상헌 거 들런 오랏구나, "아이

625) ᄃᆞ신 : 따뜻한.
626) 바농질 : 바느질.
627) 모릿날은 : 모레는.
628) 그친 : 자른.
629) 시민 : 있으면.
630) 사농 : 사냥.
631) 보금지 : 지갑. 보곰지.
632) 주멩기 : 주머니(囊).

고 서룬 낭군님아~, [요령] 쏠은 어느 거 뒙네까?", "쏠은 엇고 넘어가단 보난 하도 사름덜 하영 모여지언, 미신 거 허는 딘곤 굽언 보난 이거 풀암길레, 상 오랏젠." 허난 "아이고 그거 신 것에 살아집네까?", [요령] "이거 하나만 시민 굴미굴산(谷尾谷山) 올랑~, [요령] 대각녹 소각녹~, 꿩 사농 매 사농 허여근, 그거 풀믄 돈이난 그 돈 앗앙 강 양석(糧食) 받아당, 우리 아기덜 배불리 밥 멕이곡 허민 뒐 거 아니겐." 일르난, [요령] 가젠 허난~, 안부인신디 상물(香-) 숣으렌 헤연, 상물 숣안 몸 모욕(沐浴)허여 부정(不淨) 신가인다, 서정 나카이연, [요령] 그 총 들러 앗언~, [요령] 이 산 저 산 굴미굴산 노조산은 아야산, 신산곳을 도올란 다 돌아 뎅기어도, 그 날은 꿩 하나 매 하나 아니 보엿구나. [요령] 집인 올 수가 엇곡, 뎅기단 보난~, 굴이 하나 시난 그 굴 쏘곱에 간 바려 보난, 보릿낭도 ᄁᆞᆯ아지고, [요령] 영 허난 그디 간 보릿낭 걷언~, 불항 부쪈, [요령] 마세조총 놓아두곡 허연 ᄃᆞᆺ뜻허게 얼고[633] 추우난, ᄃᆞ신디 앗인 게 좀이 ᄉᆞ로록허게 들엇구나. [요령] 좀찔에 좀쏠메에 들으난, "ᄉᆞ만아~, [요령] ᄉᆞ만아 ᄉᆞ만아." 부름 소리 웸 소리 난다. [요령] 퍼쩍허게 깨어난 보난, ᄌᆞᆺ끗덴[634] 아무 것도 엇곡~, 필아곡절헌 일이로구나 굴 베낏디, 나오란 "누게가 뒙네까? 이 밤 중에, 누게가 날 불렴수겐?" 허난 "ᄉᆞ만아 ᄉᆞ만아, [요령] 이 날이 붉는 대로, 나도 너ᄀᆞ치 사농에 좋아 허영, 서울~, [요령] 벡정승(白政丞)에 아덜인데 사농 뎅기단, 얼고 춥고 배 고프고 시장허연 죽으난 벡년 데굴이가[635] 뒈연, 나 갈 디 올 디 엇이난, [요령] 저~, [요령] 골짜기 오랑, 나 유골(遺骨) 앗엉 강~ 너네

633) 얼고 : 차가워 춥고.
634) ᄌᆞᆺ끗덴 : 가까이엔.
635) 데굴이가 : 해골(骸骨)이.

집이 강, 상물 숢앙 모욕시겨두곡, 안으로 안고팡 연양상당클을 메여 놓앙, 나를 그디 모셩, 초ᄒᆞ루 보름을 허여주민, 너 곧 부제(富者)가 뒈게 시리 멘들아 주켄.” 허난, [요령] 그말 들언, 아닌 게 아니라 동터 가난, 좃안 뎅기는 게, [요령] 덤불로 눈으로 더꺼지어부난636) 벡년 [요령] 떼굴이가~ 잇엇구나. [요령] 그걸 봉간 오단 집이 오민, 가숙(家屬)신디 말 먹어지카부덴, [요령] ‘뗑뗑뗑그르르~’ 아아~, [요령] 그때엔, 올레에 물쿠싓낭,637) 우이에 놓아 두언 집이 오란, 가숙(家屬)ᄀᆞ라 전후(前後) ᄉᆞ실(事實)이 이만저만 허난, 영영허연638) 물쿠시낭 우이~, 물쿠실낭에 좁저두언 오고렌 허난, [요령] “경 허건 강 어서 모셩 옵센.” 헤연 상물 숢앙 몸 모욕(沐浴)시견, 안고팡 연양 당~ 상고팡에 간, 모션 초ᄒᆞ루 보름 허여가난, ᄉᆞ만이는 사농을 가도, 이래도 팡 저래도 팡 총질만 허민, 처음 간 날은 총질만 허멍~, [요령] ᄒᆞᆫ ᄆᆞ리도 못 쏘앗주만은 그날은 가난, 대각녹이여 소각녹이여~, [요령] 야~ 매 사농, 꿩사농 매사농, [요령] 하영639) 하영 허엿더라. 그때엔 ᄉᆞ만이넨 사농허여당, 퀘기는640) 먹고 가죽은 풀곡, 영 허는 게 부제팔명이 뒈옵데다. [요령] 저승서는 섯 둘 그믐날이 당허난~, 염네왕(閻羅王)님은 저승문을 욜아~, [요령] 인간에 아기덜신디 강, 낼라근641) 멩질(名節)이나 받아 먹엉 오렌, 저싱문을 열리난, [요령] 문딱 인간더레 오라불어도, 염네왕이~, 저승문을 돌단 바레연 보난, [요령] ᄉᆞ만이네 초상(祖上) 부모덜만 산 비새ᄀᆞ치 울

636) 더꺼지어부난 : 덮어져버리니.

637) 물쿠싓낭 : 멀구슬나무.

638) 영영허연 : 이러저러해서.

639) 하영 : 많이.

640) 퀘기는 : 고기는.

641) 낼라근 : 내일은.

엄더라, “아이고~, [요령] 어떵허난 울엄던?” 영 허난, “우린 인간(人間)에 아덜 하나가 잇수다마는, [요령] 우리는 삼멩일(三名日)도 아니허곡 기일제ᄉᆞ(忌日祭祠)도 아니 헤여주곡, 벡년 데굴이 조상(祖上)만 어디 강 봉가단,642) 그 조상만~ 위로적선(慰勞積善) 허염수덴.” 영 허난, “야 궤씸허다 궤씸허다. 어서, 문세지기~ 어서 오렌.” 헤연 문세(文書) 걷언 보난, 삼십(三十)이 ᄉᆞ고전명(四顧定命)이엔 벡엿더라. [요령] 삼처설(三差使ㄹ) 내여 노멍 “어서 가근~, [요령] ᄉᆞ만이 강 심어643) 오렌.” 보내난, 그날도 마침 ᄉᆞ만인 꿩 사농 매 사농 굴미굴산 나가부난, 상다락에 모셔 놓은 벡년 데굴이가, 고팡 알더레 떨어지멍 뗑뗑뗑그르르~, [요령] ‘뗑그르르 뗑뗑 뗑그르르~’, 소리가 난다. [요령] ᄉᆞ만이 각신, 정지에서 불 ᄉᆞᆱ단 불부지뗑이 앗언 눌려들언, “아이구 요 벡년 데굴이~ 우리 집이 오란, 초ᄒᆞ루 보름허곡 잘 얻어먹어 가난 노망(老妄) 헤염젠.” 벌경헌~ 부지뗑이로 눈을 콱허게 꿰연 뒷밧더레 대껴부난, [요령] ᄉᆞ만이는 그날은 재수(財數)가 엇언 아무 것도 못 허연, [요령] 집으로 돌아온 게~, 탄복(坦腹)을 헤연~ 앗아시난, 뒷밧딜로 ‘뗑그르르 뗑뗑 뗑그르르 뗑그르르’ 소리가 나는구나. [요령] ᄉᆞ만인 안부인신디 일르난 “행실(行實)이 궤씸허연, 나 뒷밧더레 부지뗑이에 꿰연 데껴부럿수덴.” 허난, 그때엔 ᄉᆞ만이 맨발 벗인냥, 뒷밧더레 눌려들언 “아이고 조상님아 조상님아 과연 잘못 헤엿수다.”, [요령] 경 허난 벡년 데굴이 조상 ᄀᆞᆮ는 말이 “ᄉᆞ만아 ᄉᆞ만아 너는 죽곡 나는 살면, 무엇을 허겟느냐~, [요령] 나도 어서 나 잇어난 곳으로 돌아다도라~.”, [요령] 하도 영 허여가난 “그건 어떵한 말입네까?” “그런게 아니고 지금 염네왕이 몸 받은 삼처서가 널,

642) 봉가단 : 주워다가.

643) 심어 : 잡아.

심으레 오람시난 집 안으로 오랑 대통개 소통기 지리야기 양산기, 나부 줄전지를 신수푸곡 안으로 열두 당클을, 추껴 메영 대시왕연맞일, 빨리 오널 헤영~, [요령] 어서 집이서라근 기도대영 청허고, ᄉ만이라근 바꼇딜로 강, [요령] 벡 보(步) 베꼇디 업대헤영, ᄂ람쥐법 펭풍(屛風) 설련허고, 축지방(祝紙榜)이랑 주년국땅 ᄉ만이옝 써도 술 삼 잔에, [요령] 초신 싀(三) 베[644] 허여놓곡, [요령] 밥 허여 놓앙 어서 불공(佛供)을 드리렌." 영 허시난, 안부인은 집 안네에서, 기도대영청을 허고 ᄉ만이는 베꼇딜로 간 업대헤영, [요령] 혬시난 삼처서가, 인간땅더레~ 벌랑벌랑 내려사단 보난, 삼처서가 그때엔~, [요령] 보난, 상을 출련 초신도 세 개 잇곡, 신도 잇곡~, [요령] 노자돈도 잇언 술 삼 잔도 잇엇구나 술 ᄒᆞᆫ 잔씩 먹어 놓안, ᄒᆞᆫ 처서님은 나는 신발이 엇이난 신발 신엉 가켄 신을 간 신고, [요령] ᄒᆞᆫ 처서님은 눌려들언, 난 노자돈이 엇젠 헤연 노자돈을 앗곡, [요령] ᄒᆞᆫ 처서님은 눌려들엉~, [요령 소리에 불청(---허는 거?)] 의복(衣服)이 다 헐엇젠[645] 헤연, 그거 문딱 헤영 골아[646] 입엉~, 축지방은 ᄇᆞ리지 않젠 헤영 보난 주년국 ᄉ만이옌 딱 붸엿구나. [요령] "아이고 큰일 낫져. 이거 염네왕님이 알민 우리 청대썹에 목 걸려 죽일 건디, 이 노릇은 어떵허민 좋코~. [요령] 야 어서 가자 바삐 가자, 어서 저승~ 시간이 당장 급허엿젠." 헤연, 돌앙 가젠 헤여가난, 그때엔 ᄉ만이 ᄀᆞᆮ는 말이, "아이구 처서님아 마주막 우리 집이 강, 잘 살암시렌 말이라도 허곡 아기덜 얼굴이라도, 마지막 ᄒᆞᆫ 번썩만 보앙 가쿠다." [요령] 그때엔 "어서 기영 허라." 집 안으로, 그 인정~ 받아부난, 아니 올 수 엇언 오멍

644) 베 : 켤레.
645) 헐엇젠 : 낡았다고.
646) 골아 : 갈아.

보난, 대통개 소통개 지리애기 양산개 나부줄전질 걸어 놓고~, [요령] 천지천왕(天地天皇) 지도지왕(地都地皇)님광, 인도인왕(人都人皇) 삼강오륜(三綱五倫) 전운지방 법으롭서~, 큰대를 세완 대시왕연맞이가 뒈엿구나. [요령] 상당 도숙을 때 뒈난 대말치는 중말치, 대벡미(大白米) 소벡미(小白米) 주수리남동이에 거려 놓곡, [요령] 집 안에서 타는 말 구안장 내어 놓안, 방엑(防厄) 막는 시간(時間)이 뒈엿구나. 그걸 보앙, [요령] 아이구 삼처서가 이논공론(議論公論) 허기를 "우리가~, 남이 거 공허게 먹곡 공허게 쓰면 뒙네까?", 동방섹이 삼철 년~, [요령] 아니우다~.647) 그때엔, ᄉᆞ만이랑 살려두엉 가겐 헤영, [요령] 그대로 뇌물(賂物) 받아먹어 앗언 저승 간, 문세지기 낙루지기신디 간 ᄒᆞᆫ 푼썩, 받안 온 거 갈라 주어뒨 문세(文書) 앗어오라 문딱 앗어단, 초 장 이 장 제 삼 장을 걷언, 동방은, [요령] ᄉᆞ만인~, [요령] 보난 단 삼십에 ᄉᆞ고전멩이옌 허난 먹을 박박 골안, 먹~ 붓더레 적저 놓앙 우터레 새 ᄒᆞᆫ 마리 톡 앗지난 삼철 년(三千年)이 뒈엿구나, 허여두언 염네왕신디 간 "염네왕님아, 아이구 ᄒᆞ쏠만 헤시믄 큰일날 뻔 헤엿수다." [말] "뭐 어떵한 일이냐?", [소리] "우리가 글을 잘못 보아신가 마씀 간 보난, 인간엔 보난~, ᄉᆞ만인 단 삼십(三十)은 엇곡 삼철 년(三千年) 잇입데다." [요령] "그럴 리가 잇겟느냐. 내가 보구렌 헤연." 염네왕님이 완 바려보난, 아닌 게 아니라 엇엇구나. [요령] 삼천 년이옌 시난 아이구 내가 노시를 헤여 지엇구나. 그 법으로 동방섹이~ 삼철 년이나 심어 오주긴 헤연, 주천강 연네못을 간 넘어가단 바려보난 검은 숫을648) 놓안 왈강왈강, 골체649) 놓안 씻엄시난

647) 심방이 잠시 혼동했다가 즉시 본풀이 전개를 바로 잡고 있음.

648) 숫을 : 숯을.

649) 골체 : 삼태기.

"뭐허젠 그걸 씻엄신?" 허난, "우리 아바지 어머님 중병(重病)인디 이거 딸령 먹으민 병 난덴 허난 딸렴수다. [요령] 딸리젠 씻엄수덴." 허난, "아이구 난 이제도록.", [요령] 삼처서 관장님네가 숯을 씻이단, 동방섹이가 넘어가단 들으난, "아바지 어머니 살리젠 숯 씻엄수덴." 허난, 그때에 곧는 말이, [요령] "난~, 난 동방섹이 삼철 년(三千年)동안 살아도~, 검은 숯 씻엉 흰덴 헌 말 못 들엇젠." 허난, "어서 가자 바삐 가자 요게 동방섹이 삼철 년이로구나." [요령] 스만이 대신 동방섹이 삼철 년이, 저승 가난 법 잇십네다. [요령]

– 멩감본풀이〉비념

천앙멩감님도 신나락 만나락 헙서 지왕멩감님 인왕멩감님, 산신멩감 요왕 선왕멩감님네, [요령] 불돗멩감 당줏멩감~ 책불멩감 일흔여덥 도멩감님네, [요령] 신나락 만나락헤영 즈순덜 먹을 연 입을 연, 다 제겨줍서예-. [요령]

세경본풀이

〈심방 설명〉

세경본풀이는 땅과 농사에 관한 본풀이다. 인간이 땅 위에서 집도 짓고 생활을 하고, 죽으면 땅 속으로 돌아가기 때문이다. 특히 농사도 땅 위에서 할 뿐만 아니라, 그 농사가 잘 되길 빌기 위해서 세경본풀이를 한다. 굿을 하러 가면 원칙적으로 꼭 풀어야 하는 본풀이다.

- 세경본풀이〉들어가는 말미

[심방이 장구를 치기 시작한다.]

상세경은

염제실농씨(炎帝神農氏) 중세경, 하늘 옥항(玉皇), 문왕상(文王星)은 문도령(文道令), 하세경은

ᄌ청비(自請妃)~ 세경장남(--長男), 정이엇인정수남이

정술댁이 거느령, 세경신중 마누라님 전에

난산국은 본산국, 본을 풀저 영헙네다.

세경본 풀 때엔 말로 마력, 대로 대력

그 집이 농사허영 살민, 농사헌 거 콩이민 콩 폿이민[650] 폿, 보리쏠이민 보리쏠 좁쏠이민 좁쏠

650) 폿 : 팥.

묻딱 낭푼에, 거려당, 상 앞더레 놓아근, 세경신중 마누라, 차롱헤영,[651] 삼천전저석궁

흔 옆으로 올리민, 그거 내려놓고

영 허영 난산국 풉네다. 본산국을 푸는 법 아닙네까.

[말] 세경신중 마누라님이랑 난시 본산국 본 풀건, [소리] 과광성 제느려 하강헙서-.

- 세경본풀이〉본풀이

엿날이라 옛적에

짐진국은 대감님, 사옵데다 ᄌᆞ지국, 부인님도 사옵데다.

부베간이 엇인 것이 엇이, 와라차라 잘 살앙, 고대광실(高臺廣室) 높은 집도 잇고

남전북답(南田北畓) 너른 밧, 유기전답 물므쉬, 느진덕이정하님, 거느리엉 잘 살아도

ᄌᆞ식이 없어, 호오 탄복(坦腹) 허옵데다에-.

동게낭(東觀音)은 상중절, 서게남(西觀音)은 금법당(金法堂), 절간 법당에서

대서(大師)님은 부체님을 직허고,[652] 소서(小師)님은~ 인간땅더레[653] 시권제(-勸齊) 받으레 도느립데다.

짐진국에 대감님네 집더레, 소곡소곡 들어사며

---

651) 차롱 : 차롱-착. 대나 싸리를 쪼개어 네모나게 결어 속이 깊숙하고 뚜껑이 있게 만들어 음식 따위를 넣는 그릇.

652) 직허고 : 지키고.

653) 인간땅더레 : 인간세상으로.

에~ 시군문 밧겻딜로, “소승절이 벱네다-.”

ᄌᆞ지국~ 안부인이 나산다, “어느 법당에서

오신 대서님이 뒙네까, 소서님이 뒈염수까?”

[말] “예~ 나는 동게남은 상정절 서게남은 금법당, 법당에서 오랏수다만은 대서님은 부처님을 직허시고, 나는 소서중이우다만은 인간의 시권제 삼문을 받저 헌 당(堂) 헌 절(寺)을 수리허저, 명(命) 없는 ᄌᆞ순 명을 주고 복(福) 없는 ᄌᆞ순은 복을 주저, 시권제 받으레 [소리] 내렷수다-.”

권제삼문(勸齊三文) 떠 들런

가지껭이에 쏠을 뗜, ᄒᆞᆫ 방울이 떨어지민 명과 복이 떨어지는 법입네다.

스르르르 비와두언~

“대서~ 소서님아

소서님아 우리 부베간, 오용팔괄(五行八卦ㄹ) 단수육갑(單數六甲) 짚어 봅서.”

[말] 짚을 듯 말 듯 허단 “어떵허난 당신님넨 엇인[654] 것이 엇이 잘 살아도, [소리] 아기 엇언 호오탄복 허염수까에-.”

“경 허염수다.

어떵허민 우리덜, 부베간에 생불(生佛)꼿을[655] 주옵네까?“

[말] “우리 법당에 영급(靈給)이 좋수다 우리 법당에 수덕(修德)이 좋수다, 우리 법당에 ᄒᆞᆫ 번 오랑, 수룩(水陸)이나 올려보민, 알아볼 도레(道理)가 [소리] 잇습네다-.”

“어서 기영 협서.”

---

654) 엇인 : 없는.

655) 생불(生佛)꼿을 : 자식을.

소서님은 시권제를 받안
소곡소곡 첩첩산중(疊疊山中) 도올라불고
그날부떠
강나록은 ᄎᆞ나록, 상벡미 중벡미는 하벡미, 문딱[656] 비연 묶언, 단장 허여
장만헤여 놓안~, 감은[657] 암쉐에 잔뜩 실런, 법당으로 도올라 가옵데다에-.
법당에~ 들어간 시군문 밧겻
싱근드러 물팡돌(下馬石)에 간 앚이난, 마당너구리 땅너구리 늬눈이 반둥개 '드리쿵쿵 드레쿵쿵' 주꺼 간다.
그때엔~ "아이중아 나고 보라.
어떵헌 양반(兩班)이 오신 듯 허덴." 허난, 간 바려보난 아닌 게 아니라
양반이여
"어디서 오십데가?", "우리는, 짐진국 대감, ᄌᆞ지국, 부인이 시권제~, 원수룩 드리레, 오랏젠, ᄀᆞᆯ아도렌."[658] 일럿구나에-.
그때에는 아이중은 들어간~, "대서님아 소서님아
짐진국 대감 ᄌᆞ지국 부인님~, 권제삼문 올리저
수룩을 드리저 저, 올레에 싱근드러 물팡돌에 잇수다."
"어서 강 안으로 모셔 오렌." 헤연, 상탕에 메 짓고 중탕에 모욕(沐浴) 허고 하탕에 수족(手足)을 씻언, 부처님 앞이 간, 수룩을, 올립데다에-.
낮인 원불(願佛) 밤인 수룩

---

656) 문딱 : 모두.
657) 감은 : 검은.
658) ᄀᆞᆯ아도렌 : 말해달라고.

젯북 제~, 제맞이 굿을 올렷더니만은

그때엔 백일 차 뒈는 날, 장대를 내여 놓안

대추낭은 은저울로

[말] 저울여 보난 ᄒᆞᆫ 근이 부족(不足)허연 정성(精誠)이 지극치를 못 허여, 벡 근이 못 찻구나. 그때엔 대서님 ᄀᆞᆮ는 말이 "짐진국 대감님아 ᄌᆞ지국 부인님아, 벡 근 장대를 준준이 차앗더라면 아덜을 날 거우다만은, 벡 근이 못 차난 여궁녀(女宮女)라도 탄생(誕生)헐 듯 허난, 내려강 좋은 시간 좋은 날을 ᄀᆞᆯ릴[659] 잡앙, 부베간(夫婦間)이 천상배필을 무어 보민, 알아볼 도레(道理) [소리] 잇습네다-."

그때엔 법당 하직(下直)허연

소곡소곡 내려온다.

오단 보난 금산이 근당헌다.

금동산이, 부베간이 잠깐 앚안 쉬는 게, 무정눈에[660] 좀이사 소로로록 들어간다.

아바지 꿈에는 물 알에[661] 옥돌 ᄀᆞ뜬 아기씨여

해님 ᄀᆞ뜬 아기씨여 ᄃᆞ님 ᄀᆞ뜬 아기씨여

아방 쿰더레 폴폴 기여 오라

아바지 통설대도 문직아 붸고

쉬염(鬚)도 씨러 붸고 어머님 꿈에

물 알에 옥돌 ᄀᆞ뜬 아기씨 가마귀 젓놀개 ᄀᆞ뜬 아기씨가

어멍 쿰더레 기여 오란 어멍 젓가심도 헤싸붸곡 허난, 퍼쩍허게 깨어

---

659) ᄀᆞᆯ릴 : 가려.

660) 무정눈에 : 무정한 눈에.

661) 알에 : 아래에.

난 보난, 임시 앚인 게 졸아지연

훈저 느려글렌662) 허연

부베간이 집으로 오라네 좋은 날 좋은 시(時) 골릴 잡앙

천상배필(天上配匹ㄹ)을 무엇더니만은, 석 둘 열흘 벡일이 채 못 뒌에 포태가 뒈엇구나에-.

아호(九) 열 둘 준삭(準朔) 채완 낳는 건 보니

여궁녀 뚤이 솟아낫구나.

앞 이멍엔663) 해님이 박은 듯 뒷 이멍엔 드님이664) 박은 듯

물 알에 옥돌 그뜬 아기씨로구나

아이고 이 아기 이름이나, 지와보저 우리가 법당ᄁ지 춫앙 간 ᄌ청허연 낫구나, ᄌ청비(自請妃)로 이름 셍명(姓名) 지와간다.

여름은 뒈민 상다락에 노념허곡665)

봄광 ᄀ을은666) 중다락에 노념허고

저슬은667) 들민 하다락에 노념을 허고

영 허멍 이 아기~, 키우는 게

훈 설 두 설 넘어 일고여덥(七八) 설 넘으난, 열다섯, 십오 세가, 뒈어가옵데다에-.

ᄒᆞ를날은

느진덕이정하님이

---

662) 느려글렌 : 내려가자고.
663) 앞이멍엔 : 앞이마에는.
664) 드님이 : 달님이.
665) 노념허곡 : 놀이하고.
666) ᄀ을은 : 가을.
667) 저슬 : 겨울. =저을.

밥상을 들러 앚언 들어온 거 보난

[말] 하도 손발이 고왓구나 "애야 어떵허난, [소리] 는 경~,[668] 밥상~, [말] 들런 온 거 보난 손이 경 곱닥허냐?"[669] "아이고 상전님아 모른 소리 맙서. [소리] 상전님도~ 나 ᄀ치~, 물에 강 매날(每日) 뺄레허고,[670] ᄉ키[671] 씻곡 허여 봅서, 손과 발이 고와지옵네다."

"경 허건 나도 ᄒ디[672] 돌앙 글라."

"상전님아 글읍센." 허연 돌아 앚엉

주천강 연네못딜 간 뺄레는 허젠 허난

[말] 요래 강 앚아도 공글공글[673] 저래 강 앚아도 팡이[674] 공글공글, "애야 정술댁이야 어떵허난, 난 이디 앚젠 헤도 공글공글 저레 앚젠 헤도 공글공글 팡이 영 공글암시냐?" "아이고 상전님아 상전님아, 상전님 팔저ᄉ주(四柱八字)가 경 [소리] 공글겟습네다–."

이 년 저 년 궤씸헌 년이엔 욕을 허여두언

그 연세답[675] 허연~ 집으로 들어온 게

집을~, 연세답은 허염시난

아닌 게 아니라 하늘 옥항 문왕상(文王星) 문도령(文道令)은, 인간에 거무선생안티 글 공부 활 공부를 가저, 내리단, 목은 ᄏᄏ 몰라지고, 물이나 ᄒ 모금만 얻어 먹엉 가저, 물 잇인더레 주천강 연네못더레 바

---

668) 는 경~ : 너는 그렇게.

669) 곱닥허냐 : 고으냐.

670) 뺄레허고 : 빨래하고.

671) ᄉ키 : 푸성귀. 국도 끓이고 쌈도 싸먹는 온갖 나물.

672) ᄒ디 : 함께.

673) 공글공글 : 이리저리 흔들리는 모양.

674) 팡 : 넓직한 돌 따위를 놓아 만든 자리.

675) 연세답 : 빨래. '연-'은 조율음(調律音).

련보난, 꼿 ᄀᆞ뜬 아기씨가 앚안, 연세답을 해염구나에-.

저디 앉안 연세답 허는 아기씨여

[말] "아이고 질 넘어가는, 나그넨데~, 질을 걸어가단 목이 ᄀᆞ웃ᄀᆞ웃 큰큰 물란, 물을 기려우난, 물이나 ᄒᆞᆫ 직만 떠주기가, [소리] 어찌하오리까에-."

ᄌᆞ청비가 확허게 얼굴을 들런 보난

천하도령(天下道令)이로구나.

문도령은 ᄌᆞ청비 얼굴을 보난, 천하일색(天下一色), 뒈엇구나.

그때에는

물을 거리저

그릇 앗앙[676] 웃통더레 들어간다.

수양 청버드낭을 딱허게 꺾언, 섭이랑 확허게 손으로 훑어두언, 물을 연세번 착착허게 후려 놓안, 사발에 물 떤~ 다시, 청버드남썹을, 물더레 놓안, 양손으로 들러 앚언, 들어산다.

조심조심 들어산

두 손으로 그 물을 문도령신디 주난

[말] 문도령은, 그 물을 받으멍 ᄀᆞᆮ는 말이 "어떵허난 얼굴과 속이 경 ᄯᅩ납네까?[677] 얼굴 보기에는 천하일색이나 어디 어찌허여, ᄆᆞ음은 곱지를 못 헤영 물에 티가 잇으면 티를 주워두고, 물을 주는 게 정헌 ᄉᆞ실(事實)이건만은 어찌허여 물에 또 티를 놓아서 줍네까?" "아이고 도련님아 모른 소리 허질 맙서. 도련님이 영 보난 먼 길을 헹허시는 분 ᄀᆞ타서,[678] 물 제기 먹엉 가젠 물을 괄락괄락[679] 먹당은 물에 언친 건, 물에

676) 앗앙 : 가지고.

677) ᄯᅩ납네까 : 다릅니까.

체헌 건, [소리] 내립지도 못 헙네다. 경 허난 물에 티 잇이민 낭썹 잇이민~, 닛굽으로680) 술술허게 빨아 먹어근, 천천히 먹엉 갑센 허연

물에 티를 놓아 드렴수다."

그 말도 들언 보난 그럴 듯 허엿구나.

그때엔, 그 물 먹으멍

[말] "아이고 게난 어드레 가는 도련님이꽈?", "모른 소리 허지 맙서. 난 하늘 옥항 문왕상 문도령이우다만은, 인간에 거무선성 잇젠 허난 거무선성신디 활 공부 허저 글 공부 허저 가는 길에, 하도 애가 몰란 이디 물을 춫아 들엇습네다.", [소리] 아이고 ᄌᆞ청비가 허는 말이 문도령 얼굴을 보난, 천하도령(天下道令)이난, 탐이 나앗구나, "아이고 도련님아 도련님아

우리집이도 강 보민 나영 ᄒᆞᆫ 탯줄에 탄생헌 오랍동싱 잇수다만은, 거무선생안티 강 글 공불 허젱 헤여도, 벗 엇언 못 가는 우리 오래비가 잇이메, ᄒᆞᆫ디 강 나영 ᄒᆞᆫ디 우리집이 강, 우리 오래비영 ᄒᆞᆫ디 가기가 어찌허오리까에-."

"어서 걸랑~ 기영 헙서."

그때엔 허던 연세답

물 잘잘 난 거 구덕더레 그자 바락바락 담아 놓안, 그거 욮등이에 끼어 앚언 느진덕정하님 돌고681) 허연, 들어온다

문도령ᄀᆞ라

올레에 오난 "요디 사아십서 나가 들어 강, 우리 오래비, ᄎᆞᄎᆞ이ᄎᆞ

---

678) ᄀᆞ타서 : 같아서

679) 괄락괄락 : 물을 급하게 들이키는 모양.

680) 닛굽 : 이촉(齒根)

681) 돌고 : 데리고.

보내쿠뎬." 허난, "어서 걸랑 기영 헙서에-."

문도령은 올레에

간 산 잇고

ᄌ청비는 들어사멍

허는 말이

"아바님아 어머님아

나 글 공부 활 공부 가쿠다."

"아이고 지집년이[682] 남도 낫쩌~, 남ᄌ(男子)덜 허는 활 쏘켄 말이 뭔 말이고, 남ᄌ덜 허는 글 공부 허켄 말이 뭔 말이고."

"아바지야 어머님아

경 허당 아바지나 어머니가 살당살당 돌아가시민, 축지방(祝紙榜) 쓰젱 헤여도 다, 놈을 멧 번 어떵 골앙 빌어 돌아옵네까?"

그 말도 들언 보난 그럴 듯 허엿구나.

그때엔

"경 허건, 혼저 강 오렌." 허난, 여복방에 놀려 들언 여자입성(女子衣服) 문딱 벗어두고 남복방에 놀려 들언, 남자입성(男子衣服)을 줏어 입언, "어머님아 아바님아, 글 공부 강 살다오겟습네다-."

베끗디 나강

바려보난

싱근드러 몰팡돌(下馬石)에

도령(道令)이 앚안 잇엇구나.

새로 보는 체 새침허연, 모르는 체 허연, [말] "아이고 초면(初面)에, 어드레 가는 도련님이 뒙네까?" "예 나는 하늘 옥항은, 문왕상 아덜

682) 지집년 : 계집년.

문도령이우다만은, 인간에 거무선생안티 글 공부를 가는 길에, 이디 잠깐, 벗이 잇젠 헤연 앚앗수다." "예 경 허엿수까? 아이고 나도, ᄌᆞᆺ사[683] 들어간 건 우리 누나우다 [소리] ᄒᆞᆫ 탯줄에, 우리 쌍둥이로 난 오누이우다만은, 나 벗 엇언, 글 공부 못 가단, 우리 누이동싱으로 허연, 나영 ᄒᆞᆫ디 벗 허영, 나 이름은 ᄌᆞ청도령(自請道令)이우다, 나영 ᄒᆞᆫ디 글 공부 벗 허영 가게마씀."[684]

그때엔 글 공부 활 공부 가젠

거무선성신디

ᄎᆞ아 앚언 들어간다.

가난, 그날은 야~, 밤이 퉤어 가난 [말] 아이고 ᄌᆞ청비가 호오 탄복을 허길, 경 허당 사름이엔 헌 건 몰랑 누웡 자단 좀찔이라도, 몸질이라도 허영 손이라도, 어떵형 나 우터레 걸치당 보민 나 [소리] 젓가슴이라도, 잇인 거 알고, 허당 보민 여잔 중 알앙 이 노릇을 어떵허민 좋코, 거짓말 헤영 이제랑, 우리가, 나가 핑계나 대어보주긴 헤연 "도련님아 도련님아 도련님 올 때엔, [말] 어머님 아바지 무시거엔, ᄀᆞᆯ진[685] 아니헙데가?" "아이고 난 아무거엔도 아니 ᄀᆞᆯ읍데다. 게난 ᄌᆞ청도령네 부모넨 무시거엔 ᄀᆞᆯ읍데가?" "예 우리 아바지 어머님은, 밤이 누웡 잘 때에 은동이에 물을 떵 은젓가락, 은하시를, 양펜(兩便)이 걸쳐 놓앙 가운디 걸청, 누웡 그걸 곱게 털어지지 아녀게 허영 좀 자민, 글도 잘 헤여지고 활도 잘 쏘아지고, [소리] 경 아니형 그거 털어지게 자 불민, 글도 못 붸우고 활도 못 붸왕, 헌덴 ᄀᆞᆯ읍데다에-."

683) ᄌᆞᆺ사 : 아까 =ᄌᆞᆺ세
684) 가게마씀 : 갑시다.
685) ᄀᆞᆯ진 : 말하지는.

"옵서 기영 허걸랑

ᄌᆞ청도령 부모님네 골은 대로, 은동이에 물 떠당 놓게마씀." 은동이에 물을 떠다 놓앙

은하실 걸쳐간다.

ᄌᆞ청도령은 거짓말 헤연 지가 골아진 일이난, 코 골멍 몸질치멍 다리 이레 저레 착착 걸치멍, 무정눈에 좀을 자고

문도령은 거짓말인 중은 몰르고, 그 하시만 물더레 털어져 불민 글 공부 활 공부 못 허카부덴, 예시 좀만 자단 보난

뒷날 아척인 거무선성안티 가건

글 공부도 허젱 허믄 꾸딱꾸딱 문도령은 졸아간다.

활도 쏩젱 허민 졸아그네

잘 못 허곡, ᄌᆞ청도령은, 활도 쏘민 제라허게[686] 좀도 잘 자고 허난 안심(安心) 놓안, 야~ 글공부도 ᄀᆞ리치민[687] 다~, 거무선생 ᄀᆞᆮ는 대로 잘 허곡

영 허는 게

[말] 아멩헤도 거무선생이 원 음성(音聲)을 보나 허는, 걸음걸이를 보나 모든 것이 ᄌᆞ청도령은 여ᄌᆞ(女子)이건만은 저렇게도, [소리] 남자 행동을 헐 건가~, 나가 이제랑 ᄒᆞᆫ 번 알아보주긴 헤연 "너네덜 경 말앙, 베 삼베중이를 입엉, 쏘곱에랑 아무 것도 입지 말앙, 해돋이에 동터~, 해 떠 올 때랑 동더레 너네 둘이 걸음이나 걸어보라에-."

ᄌᆞ청도령은 어느 동안 눌려들엉

몰똥 ᄒᆞᆫ 벙뎅이 봉가다 놓안

686) 제라허게 : 제대로.

687) ᄀᆞ리치민 : 가르치면.

실로 허연 양 다리 각(脚)더레
묶언 돌아 메여 간다.
삼베중이 입어 놓안 해돋이더레 걸음을 걸언 보난
남ᄌᆞ(男子) 행착이 분명허엿구나에-.
"경 말앙 너네덜
오좀 ᄀᆞᆯ길락[688] 허여 보라."
ᄌᆞ청비는, 어느 동안 왕대 죽대를 비여단
열두(十二) ᄆᆞ작[689] 그차단 알더레 받현 오좀을 ᄀᆞᆯ긴 게
열두 방축 ᄀᆞᆯ겨 간다.
문도령은~ ᄀᆞᆯ기난, ᄋᆞ섯(六) 방축 벳긴 못 ᄀᆞᆯ겨 간다.
"너네덜 씨름이나 허여 보렌." 허난, ᄌᆞ청빈 간 귀에 봉에 어느 동안 춤지름[690] 볼란~, 씨름을 허는 게
그때는~
문도령은 ᄌᆞ청비 메당 치젱 허민 민지글락 민지글락,[691] 허곡 ᄌᆞ청비는 문도령을 앗앙 내여당 부찌곡 메여당 치곡 허여 간다.
문도령은 글 공부도 ᄌᆞ청비신디 떨어지곡 활 공부도 떨어지곡
오좀 ᄀᆞᆯ길락 떨어진다 씨름을 허여도 떨어지곡
모든 게 떨어지언, 영 허는 가운데, ᄒᆞ를날은, 야~, 금마답에[692] 나오란 은대양에 물을 떠 놓안, 놋대양에 물을 떠 놓안, ᄂᆞᆺ을[693] 씻젠 허

---

688) 오좀 ᄀᆞᆯ길락 : 오줌 갈기기. 오줌 갈기는 내기를 하자는 뜻.
689) ᄆᆞ작 : 마디(節).
690) 춤지름 : 참기름.
691) 민지글락 민지글락 : 매우 미끄러워 잡지 못하는 상황을 나타냄.
692) 금마답 : 마당.
693) ᄂᆞᆺ을 : 얼굴을.

노렌 허난, 퍼딱허게 가마귀 젓놀개에, 가간장이 오랏구나에-.

옥항 문왕상

아바지가 문도령신디

"혼저 문도령아

올라 오라.

느~, 장게(杖家) 가사 헐 거난, 혼저 오렌." 헤연, 편지(便紙) 가간장을 노난 그거 들런, [말] "아이고 ᄌ청도령은 게믄 이제 제기 아니 가쿠가? 더 살당 가쿠가 어떵 허쿠가?" "어떵허난 들엄수꽈?" "우리 아바지 우리 어머닌 날ᄀ라 혼저 오랑, 서수왕에 장게 가렌 헤연 이거 봅서 이거, [소리] 가간장 편지 서신 오랏수다에-."

ᄌ청비는

"아뜨벌라694) 어떵 허영 좋코

나 문도령 때문에~, 아니 헐~ 글 공부ᄁ지 오라신디, 이 노릇을 어떵허민 좋코 이녁도 확허게 어느 동안 눌려들엉

붓을 잡앙 확확허게 글을 써 간다.

"문도령님아 요거 봅서

우리 아바지 어머님도 나신디 가간장 보내엇수께 혼저 왕 장게 가렌 헤엿수다, 올 때도 혼디 만낭 오라시메 갈 때도 우리가, 혼디 가당 헤어지기 어찌하오리까?"

"어서 걸랑 기영 헙서."

거무선생 하직(下直)을 허여두언

둘이가, 나산 오는 게 ᄌ청비 지네695) 올레쯤 당허영 간

694) 아뜨벌라 : 감탄사. 뜨거운 것에 데였을 때 쓰는 표현이나, 여기서는 갑작스런 상황이 닥쳐 매우 당황하는 모습을 표현.

지네 동네 오란~ 주천강 연네못디에

근당허난 [말] "아이고 문도령님아, 우리가 만낭 갈 때도 이 물이 인연(因緣)이 뒈연 이 물에서 우리 누이동싱, [소리] 우리~ 누이동싱으로 허연~, 이디서 우리가 만난 가시난

이 물에서~ 글 공부허멍

연삼년 동안 산 거, 모욕(沐浴)이나 시원이 [말] 우리가 허여동 가는 게 어떵허우꽈?" "것도 맞인 말이우다 경 허건 옵서 모욕이나 허게.", "난 양, 문도령신디 모든 걸 다 이겨부난, 난 웃통에서 허커메, 문도령은 나신디 다 지엇수께, 알통에 강, 몸을 ᄀᆞᆷ읍써에-."[696]

문도령은 숫붕인셍인고라[697]

알통에 들어간

멘뜰렉기 옷을 벗언[698] 이레 팡당 저레 팡당 몸 모욕 허여 간다.

ᄌᆞ청비는 손발만 발착 벨착

몸은 아니 ᄀᆞᆷ고 영 허단, 곰곰들이 생각을 허연 보난

[말] '요때에 헤어지민, 아이고 다시 어는제 만나코.', [소리] 우터레 바려보난 수양 청버드남썹 잇엇구나, 그걸 확허게 끊어단 글 삼 제(三字)를 벡연, 물 우이서 알통더레 보내엿구나에-.

내리는 물이난

'문도령아

아이고 요 멍청헌 문도령아

---

695) 지네 : 자기네.

696) ᄀᆞᆷ읍써에 : 씻으십시오.

697) 숫붕인셍인고라 : 숫붕이인가. '숫붕이'는 숫보기로 분수를 모르는 놈을 뜻함. 여기서는 어리석은 사람이라는 뜻으로 쓰임. =숫붕테.

698) 멘뜰렉기 옷을 벗언 : 옷을 모두 벗어 아무 것도 걸치지 모양.

연삼년 동안 흔 방에서 좀을 자곡 흔 이불, 쏘곱에서 살아도 남자 여자 구별 못 허는 문도령아.'

편지를 썬 보내난

문도령은 아무 생각 엇이~, 이레 팡당 저레 팡당, 몸 모욕허단, 낭입세[699] 글 써진 것이 떠오란 확 봉간[700] 보난, 글 삼 제를 벡엿구나에-.

'아이고 요거 어떵헌 일인고.'

허단 연세, 몸 모욕, 거두 설런

제기[701] 바지라도 입엉~, 즈청비 심젠, 바려보난 즈청빈 어느 동안 옷 아니 벗언, 손만 싯어나난, 천 리 만 리더레 돌아나 불고, 제기 입젠 허난 무음은 급허고~, 흔 바지굴에, 가달[702] 두 개 디믈랑 일어사민 푸더지고[703] 일어사민 푸더지곡

영 허멍 제우[704] 그 옷을 입어 앗언

즈청비도, 집 다 들어오난 생각을 허난 경 허당, 우리 집더레 놀려들어 불민 아바지 어머님이 알민 날 청댓썹에 목 걸려 죽일거엔, 영 헐거난, 아이고 나가 이디서 기다리주긴 헤연 올레에[705] 사시난, 문도령이, 올레에 들어갓구나에-.

아이고 간 손을 폭허게 심어간다.

즈청비신디

"어떵허믄 경도 연삼년 동안을 사름을 쉑입네까?"[706]

---

699) 입세 : 잎에.

700) 봉간 : 주워서.

701) 제기 : 빨리.

702) 가달 : 다리.

703) 푸더지고 : 엎어지고, 넘어지고.

704) 제우 : 겨우.

705) 올레 : 거릿길에서 집으로 들어오고 나갈 때 드나드는 골목 비슷한 길.

"도련님아 도련님아 요디 사십서 나 집이 강 아바지 어머님신디 강, 선신문안(現身問安)이나 올려두엉, 나 다시 나오쿠다에-."

들어산다.

남복방에 놀려들언 남ᄌ 입성(男子衣服) 벗어 두고

여복방에 놀려들언 여자 입성(女子衣服) 입엉

아바지신디 어머님신디 간

"글 공부 활 공부 연삼년 살안 오랏수다."

"나 뚤아기 착실하다 느707) 방으로 어서 들어가라-."

"어머님아

나영 ᄒᆞᆫ디 간 글 공부허영 오던 친구가, 저 올레 잇수다만은, 이거 해는 서산열락(西山日落) [말] 다 지어 불고, 이제 갈 수가 엇이난 나영 ᄒᆞᆫ디 누웡 자당 가는 게 어떵허우꽈?", "남ᄌ(男子) ᄌ식이가? 여ᄌ ᄌ식이가?" "아이고 어떵 남ᄌ가 여ᄌ 뚤랑 옵네까?" "날 ᄀ뜬 여ᄌ가 뒙네다." "열다섯이 넘엇걸랑이, 나 방더레 둘앙 오고, 열다섯 안네걸랑 느 방더레 [소리] 둘앙 가라-."

"열다섯 안네가 뒈옵네다."

"경 허건 어서, 느 방에 둘앙 강, 눅전 제우렌." 허난, 어느 동안 여복방에 놀려들어 여자 옷 앗안, 올레 간 남자 옷 벳겨두언 여자 옷 입어 입쪄 놓안, 여자로 변장(變裝)시견, 이녁 구들더레, 둘아앗언 들어간다에-.

그날 밤은

상다락도 노념헌다.

중다락도 노념헌다 하다락도 노념헌다.

706) 쉑입네까 : 속입니까.

707) 느 : 네.

밤새도록 노념허단
부베간의
인연을 맺어간다.
그때엔, 천하(天下) 독(鷄)은 목을 들러 주지반반 지에(地下) 독은 출릴 치어 '구구구구' 허연, 동이 터 가난, 문도령 가젠 허난, "아이고 도련님아 도련님아
이제 가민 어는제나 오쿠가.
아이고 굳은 언약(言約)이나 허여두엉 갑서.", "강 보아사 알주만은~, 나 도실씨[708] 흔 방울 내어 주커메, 이 도실씨 흔 방울 이 무뚱에[709] 싱거근,[710] 순이 나곡 낭이 뒈엉 컹, 열매 율앙,[711] 꿎이 피엉 열매 율앙, 따 먹엄시민, 나 오키여에-."
남즈 의복 둘러 입언
옥황더레 도올라불고
그날부떤~ 바로, 창 무뚱에, 도실씨를 싱거간다.
순이 난다, 꿎이 피멍
멧 번~, 영 허는 게 그 낭이 컨
순이 나고 잎이 나고
꿎이 피언~ 도실(桃實)이 열리난
그거, 다 율안 익언 털어지어도, 문도령 아니 오랏구나에-.
이 날이나 올 건가 저 날이나 오실 건가

708) 도실씨 : 복숭아씨.
709) 무뚱 : 처마 밑에 신발 따위를 벗어둘 수 있도록 마련된 공간.
710) 싱거근 : 심어서.
711) 율앙 : 열어.

메날 메날 올레만 간 상 기다리고

밤이도 누민

창 무뚱에 ᄇᆞ름만 허뜩허여도 문도령이나 오라신가, 영 허단 ᄒᆞ를날은 올레에 간 보난 놈이 집이 장남덜, ᄆᆞᆯ(馬) 아홉 쉐(牛) 아홉 ᄆᆞᆯᄆᆞ쉬(馬牛)덜 이꺼 앗언, '어리렁아 떠리렁아', ᄆᆞᆯ 풀메에 풀 멕여 앗언, 오는 건 보난 머리엔 진달래꽃 아지랭이꽃

꺾어 앗언 쉐 머리에 ᄆᆞᆯ 머리에 찔런 오람구나.

"아이고~, 장남덜아 그 꽃 날 도라.", "아이고 상전님네 집이 정이엇인정수냄이도, 밥 아홉동이 국 아홉동이 먹엉 누엉 좀만 자게 말앙, 이거 강 허영 오렝 허옵소서."

그때엔~, 대답헐 수 엇어지연

집으로 들어오란 보난

정이엇인정수남이

밥 아홉 동이 국 아홉 동이 이구 십팔 여레덥(十八) 동이를 먹어 놓앙

동(東)더레 돌아 누엉 ᄒᆞᆫ 좀자고 서(西)드레 돌아 누엉 ᄒᆞᆫ 좀자곡 허염시난, 그때엔 그걸, 정수냄일 깨와간다.

"아이고 정수냄아 정수냄아~, 누엉 좀만 자지 말앙

놈이 집이 장남덜 ᄀᆞ치룩 강, ᄆᆞᆯ(馬)이영 쉐(牛)영 강, 물도 멕이곡 풀도 강 틋지곡, 강 진달래 아지랭이, 꽃도 강 허영오라에-."

"상전님아 상전님아

날 보내컬랑

ᄆᆞᆯ 아홉도 내여줍서 쉐 아홉도 내여줍서."

"어서 걸랑 기영 허라."

[말] ᄆᆞᆯ 아홉 쉐 아홉 내여주난 그거 끗어 앗언, '어리렁 떠리렁' 허멍

굴미굴산[712] 노조방산 아야산으로 [소리] 올랏구나-.

노조방산 올라산~

동더레 벋은 낭 하나 시민 몰 아홉도 그레[713] 강 문딱 묶어간다.

서더레 벋은~, 낭 하나 봐지민 그레 강 쉐 아홉도 문딱 묶어간다.

[말] 묶어 두언 이녁은 그자 테역밧디[714] 누언 그자, 동더레 돌아누엉 하우염[715] 허멍 훈 점, [소리] 서더레 돌아 누엉, 훈 점 자단 보난, 해는 거저 지어가고 몰 아홉 쉐 아홉덜은, 물도 기렵곡 배 고프곡 허난, 문딱, 죽언 다 자빠지엇구나에-.

그때는 작박 ᄀ뜬[716] 손콥으로

몰 아홉도 박박 벳겨간다.

쉐 아홉도 박박 벳겨간다.

멩게낭[717] 숫불을 살로와[718] 놓안

궤기는 구멍 익어시냐 훈 점, 설어시냐 훈 점 맛 보단 보난 몰 아홉도 다 먹어지고, 쉐 아홉도 다 먹어지고, 첨 이거 배가 뽕끌랑허게,[719] 먹어지엇구나, 몰 가죽이랑, 앗엉 가건, 구젱이 점벵이라도[720] 허영 입저.

쉐 가죽 앗엉 가저.

몰 가죽 쉐 가죽은 놓안, 튼튼허게[721] 묶언 등에 짊어 앗언

---

712) 굴미굴산 : 미상. '깊은 산'을 일컬을때 씀.

713) 그레 : 그리로.

714) 테역밧디 : 잔디밭에.

715) 하우염 : 하품.

716) 작박 ᄀ뜬 : 주걱 같은.

717) 멩게낭 : 청미래덩굴.

718) 살로와 : 살려.

719) 뽕끌랑허게 : 아주 부르게.

720) 점벵이 : 잠방이.

그때엔 내려오단 바려보난

올리수에 보난 올리[722] ᄒᆞᆫ 쌍이, 올리 하나가 ᄑᆞ딱ᄑᆞ딱허게 놀암구나, 야 저거나, 맞형 강 우리 상저님 안네민, 저거 우리 상저님

나신디 ᄆᆞᆯ 아홉 쉐 아홉, 죽은 거 좋뎅 허주긴~ 영 허연~, 황기 도끼에 쉐~, 황기 도끼를 내여 놓안, 그 올리수를 맞치젠, 팡허게 맞히난, 올리 ᄒᆞᆫ 쌍은 ᄑᆞ딱허게 놀아나불고, 황기 도끼는 물 알러레 ᄉᆞ로록허게 ᄀᆞᆯ라 앚앗구나에-.

이거 올리도 못 맞치고

황기 도낀 물 알러레 ᄀᆞᆯ아 앚아부나네

저거라도 강 ᄎᆞᆽ앙 오주긴, 옷은 우알로 ᄆᆞᆫ딱 벗언, 담 우터레 ᄆᆞᆫ딱 걸쳔 내불어두언, 물 속에 간 동으로 숨비엉[723] 서으로 나오고 서으로 숨비엉

동으로 나오고

영 허여도, [말] 벳깃디 물 벳깃디 나완 보난 도끼도 못 ᄎᆞᆽ곡, 아따가라 첨 핏체 ᄀᆞ뜬 도둑놈덜은 오꼿 오라, [소리] ᄆᆞᆯ 가죽이영 쉐 가죽이영, 정수냄이, 옷ᄁᆞ지, ᄆᆞᆫ딱 앗아가부럿구나에-.

ᄌᆞᆷ녀덜 구젱이 점벵이허젠 헤연

ᄆᆞᆫ딱 가젼 가부난

동더레 돌아상 보아도 개낭잎만[724] 번들번들 서더레 돌아상 보아도

개낭잎만 번들번들

---

721) ᄐᆞᆫᄐᆞᆫ허게 : 탄탄하게.

722) 올리 : 오리.

723) 숨비엉 : 헤엄쳐서.

724) 개낭잎 : 누리장나무의 잎.

아이고 개낭잎, 이거라도 틀엉 가운디 물건이라도 곱졍 가주긴 헤연, 그때엔 개낭잎을 확허게 뜯언, 또꼬망더레 대연 똥을 박 깨난

개낭잎에~ 정수냄이 똥내가 나는 법

지금도 개낭잎에 냄살이 팡팡 나는 법

그거 허연, 강알에 것만 곱져 앚언, 올레로 못 들어오고 담 튀어 앚언, 뒤에 장항(醬缸) 뒤에~, 주젱이[725] 잇이난 그레 간, 주젱이 쏘곱더레 간, 술짝 곱아가는구나에-.

정술댁이는~ 뒷날 아척

장(醬) 거리레[726] 장항 뒤 간 보난

주젱이가 들싹들싹 꼬물꼬물 허염시난

"아이고~, 큰일 낫저."

상전님신디 간 "상전님아 [말] 우리 집이 세변도원수가 낫수다." "무사 말이고?", "아따가라 첨, 저, [소리] 정지에 강, 뒤에 강 봅서, 장 거리레 갓단 보난 [말] 주젱이가 다 춤을 추엄수다." "것사[727] 뭔 말이고?", [소리] 간 보난 아닌 게 아니라 주젱이가 꼬물락 꼬물락 허염시난

"야아 귀신이냐 생인이냐

혼적 나오라.

아니 나오민, 하늘 옥항 옥추경(玉樞經) 불러당 거꾸로 느다 스물흔(二十一) 번, 읽으켄." 일럿구나-.

"상전님아 상전님아

어쩨 귀신(鬼神)이 이디 옵네까?

---

725) 주젱이 : 띠나 짚으로 둥글게 엮어 가리 꼭지 따위에 덧덮는 물건.

726) 거리레 : 뜨러.

727) 것사 : 그것이.

난 정이엇인정수냄이우다만은."

[말] "아이고 이레 혼저 나오라." 나온 건 보난 첨 아니 옷 우알로 민짝허게 벗엉 강알에 것만 곱쪈 나왓구나, "너 이거 어떵헌 일이냐?" "아이고 상전님아 모른 소리 맙서.", [소리] 벌써 하도~, 문도령 생각만 헤연 집안네서도 허여가난, 집이 장남덜이고, 몸종덜이고 다 ᄌᆞ청비, 문도령 생각허는 걸 알앗구나, 그걸 이용허연, 벌써, [말] 아이고 정수냄이 ᄀᆞᆮ는 말이 "상전님아, 간, [소리] 물 아홉 쉐 아홉 묶언 놓아두언, 그거 묶은 생각은 아니허고, 옥항에서 문왕상 문도령 궁녜시녜청덜 돌안 오란 하도 노념허멍 놀이허여 가난 그거 구경허단 보난, 물 아홉 쉐 아홉 문딱 죽으난 황기 도끼 들런 황황허연, 물 아홉 쉐 아홉 다 죽은 거, 잡안 그거 구원 먹어 두언 오단, 올리라도 맞청 왕 상전님 안네젠 헌게, 도끼도 일러불고~ 올리도 놀아나불고[728] 나오란 보난, 펏체 ᄀᆞ뜬 도둑놈덜 문딱, 옷이고, 가죽 머리고 문딱 앗안, 가 부난 이 꼬락지 뒈엇수다.

"경 허민 너~, 문도령, 내려오와난[729] 디 알것느냐?"

[말] "예 첨 그거 알고 말고 마씀, 이제 낼 모리 뒈민 또시 오켄 헙디다.", "게믄 너 그디 나 돌아다[730] 줄 수가 잇것느냐?" "예.", [소리] "경 허민 물 아홉 죽은 것도 좋다 쉐 아홉 죽은 것도 좋다."

"혼저 너 방으로 강 옷이나 입으라."

낼 모리 뒈여가난

[말] 모릿날이 뒈난 "상전님아 상전님아, 우리가 가젱 허민, [소리] 게

728) 놀아나불고 : 날아가버리고.
729) 내려오와난 : 내려왔던. '내려와난'이라고 말할 것을 발음이 길게 늘어졌음.
730) 돌아다 : 데려다.

도731) 먹을 거라도 허여삽니께." [말] "무시걸 어떵어떵 출리느니?", [소리] "는젱이 ᄀ루 닷 뒈건 소금 닷뒈 놓곡 춤 ᄀ루 닷 뒈건 소금 ᄒᆞᆫ 줌 노나마나 허영, 범벅 두 덩어리를 멘들곡, 영 헙서." "어서 기영 허라.", 범벅 두 덩어리 멘들안

몰은, ᄌᆞ청빗 몰, 안장~허연, 몰석커리는,732) 정수냄이가 끗이난

몰 발굽에 구젱이 땅물 헤여단, 박아 놓안 [말] "아이고 상전님아 이거 봅서 몰 다글락 다글락 걷지 못헨 헴수께, [소리] 몰 머리에, 코ᄉᆞ(告祀)가 잇어야 하는 법이우다." [말] "기여 ᄀ만 시라.733) 나 ᄂᆞ리켜.", [소리] ᄂᆞ려오란 "어떵헤영 허느니?" "이던 몰 코ᄉᆞ를 허젱 허민

산메 찌어 놓코

술 걸곡

영 허여근 몰 머리에 코ᄉᆞ를 헙센." 허난

문딱, 상 출려 놓안, "상전님 이디 사십센.734)" 헤여두언, 그때에, 절 허는 체 헤여두언, 술잔 들런 몰 귀더레 간 이레도 강 착허게 데끼고 저레도 강 훅허게시리, 몰 우터레 지치난, 몰은 술 귀더레 가 가난 많이 탁탁허게 털엇구나-.

"상전님아 요거 봅서.

몰도 그만 먹으난 실편735) 아니 먹켄 배 불엇젠 아니 먹켄 많이 털엄수다.

[말] "이거 어떵헙네까?" "게건 느 다 먹어불라게.", [소리] "어서 기영

---

731) 게도 : 그래도.

732) 몰석커리 : 몰석거리. '몰석'은 말고삐를 뜻함.

733) ᄀ만 시라 : 가만히 있어라.

734) 사십센 : 서 있으시라고.

735) 실펀 : 싫어서.

협서.", 그때엔 순장만썩 빙에기만썩, 다리 쫑끄렝이 벋어 앚언 믄딱 먹언, 몰 발굽에

구젱이 땅물 박안 놓앗단 주청비 몰르게 그거, 확확 빤 데껴두언 [말] "상전님이랑, 이 구덕736) 이거 지엉 잇입서, 날랑 몰, 잘 걸엄시냐 못 걸엄시냐, 나 흐끔 이거 버릇이라도 フ르청 오쿠덴." [소리] 몰을 안장(鞍裝) 우터레 탁허게 탄 앚으난 '이러씩씩 이러씩씩'

몰~, 꿈치, 탁탁 치멍

나고 간다.

"상전님아 혼저 뚤랑 옵서.

상전님아 혼저 옵센." 허난

가다가 "정수냄아 정수냄아

나 테왕 글라."737)

[말] "아이고 혼저 좇아 옵서 이레 혼저 둘으멍 둘으멍 옵서.", [소리] "아이고 나 다리 아판 못 가키여, 지천 못 가키여.", 가단가단, 담 우터레 간 앚앗구나에-.

질에 질병 난다 발에 발병 낫구나.

아이고 배고프고 시장허난 가단 아멩혀도, 정수냄이도 배 고픈 셍인 고라 몰(馬)을 세완, [말] "상전님아 옵서 우리 배 고판 밥이나 먹엉 가게.", "아이고 기영 허라. 나도 지천 도저히 못 가켜.", "경 허민 상전님아 거 출령 온 거 이레 줍서 보게.", [소리] 내어 놓안, 는쟁이 フ루 닷 뒈 소금 닷 뒈 논 건, 그때에, [말] "상전님이랑 이거 앗앙 저 ㅂ름 우터레 갑서, [소리] 춤フ루 닷 뒈에 소금 흔 짐 노나마나 헌 걸랑 날 줍센."

---

736) 구덕 : 조금 큰 바구니.

737) 테왕 글라 : 태워서 가거라.

허난, 그거 들런~ ㅂ름(風) 우이 가난, 하도, ᄒᆞᆫ 직을 끊어 먹으난 [말] 찬찬헨738) 못 먹으난 "야 정수냄아 정수냄아, 이레 오라보게, 나 이거 짠 죽으믄 죽어도 못 먹켜 오라 우리 바꽝 먹게." "메께라 첨, 아이고 상전 먹다 남은 건 쥐가 먹고, 종(僕)이 먹곡 종이 먹다 남은 건 쥐가 먹고 개가 먹곡 개가 먹다 남은 건 쥐가 먹는 법이우다.", [소리] "아이고 경 허민 나 더 이상 못 먹키여 느 앗아단 먹어불렌." 허난, 그거 앗어단

이녁껀 밥으로 먹고 상전껀, 반찬 출련, 순장만썩 빙에기만썩, 문딱 먹었구나에-.

"정수냄아 정수냄아

짠짠헌 거 먹어부난 물 기려완739) 못 살키여."

[말] "아이고 어디 강 나 물이나 먹어사주 애가 ᄏᆞᆫᄏᆞᆫ 몰란 못 살키여, 요 물 오라 이 물 우리 ᄒᆞᆫ끔 먹엉 가게.", "아이고 첨 상전님아 그 물은 못 먹는 물 아니우꽈, [소리] 그 물은 모기 죽은 물이우다.", 가당 가당

오라 저 물 먹게

저 물은 ᄀᆞ다귀740) 죽은 물

요 물은 게우리741) 죽은 물

요 물은 몰 발굽 씻인 물

핑게 핑계허멍 못 먹게 허연, 가는 건 보난, 짚은, 산중에, 물이 잇엇구나에-.

그 물에엔 당허난 간 몰을 세와 놓안

738) 찬찬헨 : 짜서.

739) 물 기려완 : 물을 마시고 싶어서.

740) ᄀᆞ다귀 : 각다귀.

741) 게우리 : 거위(蛔蟲).

"상전님아 상전님아

요 물은 먹젱 허민

[말] 아멩이나 먹으민 아니 뒙네다. 이 물은 그릇으로 양 떵 먹으민 그 몰라가는 양 애가 큰큰 몰르고, 손으로 떵 먹으민 손 몰라가는 양 애가 큰큰 몰르고, 영 허난 이건 [소리] 애 아니 몰르젠 허민, 옷을 우알로 몬딱허게 벗어두엉, 물더레, 엎더지엉 입으로, 뺄아 먹어사 애가 아니 몰릅니다에-."

"나 허는 거 보아근

나 뽄[742] 따랑 먹읍서."

몬딱 옷을 몬딱 벗언, 가 놓아두언

두이로 상전님이랑 졸레석[743] 둥깁센 헤연, 이녁은 엎더지언 그 물을 뺄아 먹으난, 하도 물은 기렵고 이젠 산중(山中)에 오난, 정수냄이 말 아니 들을 순 엇고, 헐 수 엇이 옷 몬딱 벗어 놓아두언 엎더지언 물 먹는 동안에, ᄌ청비 옷 가시낭 우터레 몬딱 데껴두엉 ᄀ는 말이, "상전님아 상전님아 그 물 알러레 바레어 봅서, 하늘 옥황에서 문왕상 문도령, 궁네 신예청 돌안 오란 노념놀이 허염수께-."

확허게 물 굴메[744] 보난 불긋불긋

'아이고 요거 무신 일인고.'

고개 들런 보난, ᄌ청비 옷을 낭 우터레 데꼈 물 굴메 뒈엿더라.

'아이고 옳치나 요거안티 속아지엇구나 이 노릇, 어떵허민 좋코.'

"정수냄아 정수냄아

---

742) 뽄 : 본.

743) 졸레석 : 무제미.

744) 굴메 : 그림자(影).

나 옷 도라 나 옷 도라."

"아이고 상전님아 [말] 나 곧는 냥 다 허켕 허민 옷을 안네쿠다." [소리] "아이고 무신거 말이고?" "상전님아, 옵서 나영 입이나 흔 번만 맞추와 보게."

"나 입 맞춥는 거 보단, 나 먹는 엿단지 먹어보라 더군다나 돌아진다."

"상전님아 옵서 젓대 ᄀᆞ뜬 허리나 흔 번만 안아보게."

"나 허리 문직는[745] 거 보단, 나 눅는 원앙칭칭 잣베게에, 금산 이불 한산, 요에 강 누어보라 더군다나 좋아진다."

"옵서 젓이나 문직아 보게."

"나 가슴 문직는 거 보단

나 눅는 구들에 강 보민 가짓겡이에, 나 베는 베게 베어보라 더군다나 좋아진다."

하도 이 핑게 저 핑게 허여가난

커싱커싱,[746] 정수냄이, 허여 가는구나에-.

ᄌᆞ청비가 생각을 허난

내가 잘못 저거 거실랏당은, [말] 저 종하님 손에 내가, 죽어질 듯 허난 저걸 달래어 사주, "아이고 정수냄이야 무사 느 경 용심내염디[747] 경 허지 말앙이, 이레 오라, 오널은 이제 기왕지서 어둑엉 이거 집도 못 춫앙 가곡 헐 꺼난, 느영 나영이, 이디 누웟당이나 가게." [소리] 그때엔 서른여덥 늿바디[748] 허우덩싹 웃엇구나.

---

745) 문직는 : 만지는.

746) 커싱커싱 : 뜻하는 대로 되지 않아 만족하지 못하는 상태.

747) 용심내염디 : 언짢아 하느냐, 노여워하느냐.

748) 늿바디 : 이빨.

[말] "정수냄아 우리가 그냥 누워지느냐 요디 돌멩이덜이라도 봉그멍 움막이라도 짓어사 눅주 이거, 이 한지(寒地)에 누워 지느냐?" [소리] "어서 걸랑 기영 헙서."

돌멩이 봉가단

움막을 둘러간다.

"아이고 정수냄이야 요거 보라. 고망 버룽버룽허연, 보릿낭께기나 아욱[749] 풀이라도 튿어당, 요거 담고망을 막아사 눅주, 경 허당 넘어가는 사름 넘어오는 사름, [말] 느영 나영 누워시민, 어떵허난 상전허고 종허곡 누웟젠 헤영 욕허곡 허느네.", [소리] 아이고 그 말도 맞아붸난, 벳깃딜로 돌아 뎅기멍

어욱이영 풀이영 튿어단

싀(三) 고망 막으민 훈 고망은 안느로 줍아뎅겨 빵, 불 숢으멍 추와불곡[750]

다섯 고망 막으면, 세 고, 두 고망은 빵 불 추와불곡

[말] 영 허는 게 그자, 정수냄인 밤새낭 그 고망 막단 보난, [소리] 해는 터엇구나에-.

해는 터 가난

[말] 따시 그냥 이젠 눅진 못 헐 거고 싱끗싱끗[751] 헤가난, "아이고 애야 정수냄아 이젠 누어지느냐게, 다 붉아부난[752] 눅진 못 허곡 [소리] 경 말앙 이레 오랑 나 동무릅더레[753] 엎더지라, 느 머리에 늬나 잡아주

749) 아욱 : 억새. =어욱.

750) 불 숢으멍 추와불곡 : 불을 때며 태워버리고.

751) 싱끗싱끗 : 불만이 가득 찬 상태.

752) 붉아부난 : 밝아 버리니.

753) 동무릅더레 : 무릎에.

마, 서른여덥 닛바디 허우덩싹 웃언 동무릅더레 톡허게 엎더지난, 머리는 걷언 보난

모살밧디 개조름 앚인 거 ᄀ치

아이고 쉬는 박작허곡, 늬는 보난

훍은[754] 늬는 군ᄉ(軍事)로 놓아두고

장수(將帥)로 놓아두고

좀진[755] 늬는 군ᄉ(軍事)로 놓아 두고

중엣[756] 늬는, 똑똑허게 손콥으로 죽여가난

대가리 늬 잡아가난, 좀 ᄉ로록허게 오젠 허난 손은, 허우작 허우작, ᄌ청비(自請妃) 가슴팍더레도, 젖도 문직젠 허우작 허우작 허다네

ᄉ로록허게 무정눈에 좀 드난

천 근 들어 벡 근 쏠

벡 근 들어 천 근 쏠 내여 놓안, 웬[757] 귀로 느단[758] 귀더레 탁허게 찔런 죽엿구나-.

'야 요 놈으 새끼~ 나가 누겐 중 알안 날, 이용허젠 허엿구나.'

몰 안장더레 탁허게 타 앚안 몰 잠지[759] 착 후리멍, '이 몰아 저 몰아, 날 살리컨 오라난 질 촟앙

혼적 글라.'

몰 탄 오노렌 허난

754) 훍은 : 굵은.
755) 좀진 : 가는.
756) 중엣 : 중간의.
757) 웬 : 왼쪽.
758) 느단 : 오른쪽.
759) 잠지 : 볼기.

산신대왕(山神大王)이 턱허게 나산다.

[말] "야 저 물 탕 가는 저 무두력 총각, 어서 ᄇᆞ름 알로 넘어가라, 뒤에 부정허곡 서정헌 무두력 총각 [소리] 쫓앗구나-."

ᄇᆞ름 알로

가는 것이

집인 들어가난

그때엔, 아바지 어머님신디, [말] "아바님아 어머님아 이녁 애기가 아까웁네까, 종하님이 아까웁네까?" "아이고 첨 애야, 걸 말이엔 헤염시냐 암만 아까운덜 이녁 애기가 아깝쭈, 종하님이 아까울 사람이 어디시니?" "아버지야 어머님아, 정이엇인정수냄이 하도 행실(行實)이 궤씸헤연, 나 죽여뒨 [소리] 오랏수다-."

"이 년 저 년

예펜[760] 년이

사름을 죽이덴 말이 미신[761] 말고

ᄒᆞᆫ저 나고 가라.

나가렌." 헤연, 어서 썩 나가렌 허난, [창조가 서창하게 바뀐다.] 이녁 방에 간 ᄒᆞᆫ 술 적부떠 열다섯, 십오 세ᄁᆞ지 입던 의장 문딱, 포따리에, 싸~ 놓안 [다시 창조가 원래대로 바뀐다.]

놓아 두언

다시 물을

그때엔 나고 가는 것이

어딜 가민 좋코

760) 예펜 : 여자.
761) 미신 : 무슨.

갈 디 올 디 엇곡

아방 눈에 골리 나곡 어멍 눈에 시찌낭, 어떵허민 좋코, 넘어 뎅기단 바려보난, 꼿감관 꼿생인

부대감네 집에

드나네, 모[762] 글을 딱허게

글 삼 제 썬 부찐 거 보난, 우리 집이 서천꼿밧디 부엉새, 죽이렌 심어주는[763] 사름 잇이민, 말젯뚤아기 ᄌ원사위(自願嗣位) 허켄, 썬 부쪗구나에-.

그때엔

서천꼿밧 집이난

들어사며

벳끼디서 부엉새, 하나 죽은 거 잇이난, 활을 그 속, 확 찔러 놓안 서천꼿밧더레 훅허게 데꼈구나에-.

서천꼿밧디 들어간, 이레 주왁 저레 주왁[764] 허염시난, 그때는 부대감이 오란, [말] "거 누게가 거 흠부로 거 놈의 서천꼿밧디 들어와시닌?" 후육누육(詬辱累辱)을 헤여가난 "아이고, 모른 소리를 허지 마십서. 부엉새가 저 꼿밧디 앚앗길레 활을 훈 대 던지긴 던졋습네다만은, 활이 아까워, 내가 부엉새가 아까운 게 아니고 활이 아까워서 활을 촞으레 들엇수다.", [소리] "경 허민, 어서 촞아보렌." 허난 촞안 보난 활에 부엉새 찔런 죽엇구나.

그때엔~

762) 모 : 감탄사처럼 내뱉은 말.

763) 심어주는 : 잡아주는.

764) 이래 주왁 저래 주왁 : 이리 기웃, 저리 기웃

"아이고 우리 집이

부엉새가 흔 번 울민 검뉴울꼿[765] 뒈어지곡 두 번 울민

피 오를 꼿 뒈어

검늪어근 꼿이 다 죽어감젠." 영 허난

"우리 집이서 부엉새 맞히민, 말젯뚤아기 ᄌ운사우(自願嗣位) 허켄," 허난

"어서 걸랑 기영 헙센." 헤연, ᄆᆞᆯ 이껑 간, ᄆᆞᆯ을, 오양간에 간

우견막이 간

ᄆᆞᆯ을 매연

ᄆᆞᆯ 세를[766] 춤실로 똑기, 묶엇구나에-.

ᄆᆞᆯ 촐은[767] 앗아단 ᄆᆞᆯ 앞더레 주난, 세 묶어부난 먹지 못 허연, 이레 저레만 헤여가난

"야 이 ᄆᆞᆯ아 저 ᄆᆞᆯ아, 든디 들 건 든 덧 행실(行實) 난 디 나건 난 덧 헹실 허라." 후육누육 허여가난, 그때엔

부대감은

그 말을 들어간다.

그 말 들어 놓안

"아이고 우리만 잘 살암젠 허단 보난, 우리보단 더 잘 사는, 집이도 잇구나 아멩헤도, 저~, 쉔(牛ㄴ) 죽이나 쉰 주는 쉐로구나."

죽 허여단, 내여주곡

춤실을 톡허게 푸난, 활축활축, 촐이여 죽이여 먹어가는구나에-.

765) 검뉴울꼿 : 시들어 가는 꽃.

766) 세를 : 혀를.

767) 촐 : 꼴.

그때는 그날 밤에
이녁만 간 방에 간 누운 게
아닌 게 아니라 부엉새가 부엉 부엉 울엇구나.
벳깃디[768] 나오란
서천꼿밧디 오란, 배 활딱허게 걷어 누워시난, 부엉샌 배 ᄃᆞ뜻헌디엔[769] 헤연, 그 ᄃᆞ신디 오란 톡허게 앚이난 폭허게 심언 "잘 걸렷져.", 활 헤연 다시 부엉새에 찔렁 꼿밧디 놓안, 오멍 창고망[770] 뚤롼, 구들에 들어완 누원 잠시난, 그때는, 서천꼿밧, 부대감은 오란 "언치냑은[771] 어떵헌 소식이 없더냐?"
"이만허곡 저만헤연 활을 던지긴 던젓수다만은
죽어신 디 살아신 디, 맞아신 디 아니 맞아신 디도 몰르쿠다."
"경 허건, 강 보주긴" 헤연, 간 보난 활 ᄒᆞᆫ 대가 꼽혓구나에-.
부대감이엥도 허는 사름 잇곡
서수왕이엔~ 허는 사름도 잇습네다.
그때엔
이디 서천꼿밧 미신 다른 저 서춘선[772] 가민, 다른 걸로도 표현헙네다만은, 그때는, 우리 말젯사위 허기가~, 분명허다.
우리 말젯사위 허저.
말젯딸허고 부베간을 삼젠 허난
말젯딸은 석 둘 열흘 벡일 살아도, 몸 허락을 아니허여 가난, 그때는,

---

768) 벳깃디 : 바깥에.
769) ᄃᆞ뜻헌디엔 : 따뜻한 데라고.
770) 창고망 : 창구멍.
771) 언치냑은 : 어제 저녁은.
772) 서춘선 : 서촌(西村)에서는. 즉 제주 서부 지역을 말함.

아버지신디 [말] "아바지야 아바지야 어떵허난 저추룩 도고 높은 사위(嗣位)허연, [소리] 이거 석 돌 열흘 벡일이 뒈염수다만은, 손도 까딱 아니헤염수다에-."

불러간다.

"어떵허난 우리 뚤 얼굴이 못낫느냐

메치가[773] 못낫느냐?"

[말] "아이고 모른 소리 맙서 과거를 보레 가는 길이라서, [소리] 나~, 몸 허락을, 아니 허염수덴." 허난, "양반칩이 ᄌ식(子息)은 분명허다."

그때엔 서천꽃밧 들어간 댕기멍

피 오를 꼿 꺾어간다 술 오를 꼿 오장육부 말 ᄀ을 꼿

사름 생길 꼿, 문딱 똑똑허게 꺾언, 곱쪈 놓아 두언, 그때엔 은토시 ᄒ날 내어주멍 "이거 본메본짱으로[774] 놓앙 놔 두민, 나~, 강~, 글 공부영 활 공부

과거를 보앙 오란

우리~ 흇앙 오건, 맞추어 보겐." 굳은 언약 허여두언

나산다.

이 물아 저 물아 정수냄이 죽어난 디 어서 글라.

간 바려보난, 문딱 녹안 뻬만 술그랑허게[775] 남아시난, ᄎ레(次例)대로 피 오를 꼿 놓아간다 술 오를 꼿 오장육부 말 ᄀ을 꼿 사름 생길 꼿, 문딱, 놓안 송악낭 막뎅이로 연싀번 착착 후리난 살아난 와들렝이 일어난다에-.

---

773) 메치 : 맵시.

774) 본메본짱 : 증거가 될 사물. 증표.

775) 술그랑허게 : 살그랭이. 뻬만 앙상하게 남은 모양.

몰 또꼬망에 태와간다.

"혼저 글렌." 헤연 몰 잠지를[776] 탁 치난

존둥 몰빨에 불 일어나듯

집으로 당허난

[말] "아바지 어머님아 이녁 애기보단 더 아깝덴 헌, 이거 정수냄이 살련 오랏수덴." 허난 "이 년아 저 년아 첨 점점이라 가난, [소리] 아이고 사름을 죽엿당 살렷당 어떵허민 허느니.", "우리 눈에 나고 가라.

어서 가렌." 허난, 입던 의복 문딱 싸 앗언~

나고 간다.

어딜 가민 좋코~.

금마답에

수리 든다 올레 밧꼇 막음 두언

가단 가단, 바려보난

어떤 주모할마님, 앚아 놓안, 왈각찰각, 베를 짬더라.

베를 짬시난, 그 베, [말] 짜는 디 간 ᄀ만히 산 보난, 베가 아니고, 일광단(日光緞)이로구나 [소리] 월광단(月光緞)이로구나~. 무늬, 짜암시난에 미녕을[777] 짜암구나, 공단을 짜암구나. [말] "할마님아, 이건 어떵 허난 영 곱닥헌[778] 거 영헌 거 짜암수까?", [소리] "아이고~, 넘어가단 할마님, 미녕 짜는 것도 보곡, 물도 훈 직[779] 얻어 먹엉 가젠 오란 들엇수덴." 허난, [말] "아이고 할마님아, 어서 강 물이나 훈 직 줍서." "아이

776) 잠지를 : 불기를.

777) 미녕 : 무명(木棉布).

778) 곱닥헌 : 고운.

779) 훈 직 : 한 모금.

고 느도 여자난 나 이거 짜 부난, 일어사지 못 허켜, 느대로 강 정지에[780] 강 거려당 먹으라." "아이고 경 헤도, [소리] 주인 모른 공서가 잇십네까~, 할마님 손으로 흔 직만 줍센." 헤연, 할마님 일어상 가분 동안엔, 베틀에 앉아 놓안

왈칵짤칵~ 짜는 것이

할마님은 들어오란

[말] "아이고 이거 애야 첨 이거 어디 갈 건 중 알안 이거 느 이추룩[781] 허염시니?", [소리] "아이고 어디 갈 꺼우꽈?" "옥항에 문왕상 문도령 서수왕에, 장게(杖家) 가젠 허난, 홍세미녕 갈 꺼여."

그 말 끗데엔~

그거 짜멍, [말] "는 게난 어떵헨 이디 온, 어딧 아이고?" "아이고 난 [소리] 아방 눈에 골리나고 어멍 눈에 시찌난[782] 나오란 갈 디 올 디 엇언 뎅겸수다.", "경 허건 오라 나영 쉬양(收養) 똘이나 허영 나 쉬양 어멍 삼아불라.", "경 허건 기영 헙센." 헤연, 쉬양 부모(收養父母) 삼아 놓안

사는 것이~, "이 미녕 나가 짜쿠다."

짜단, 하도, 문도령 생각을 허난

칭원(稱寃)허고 원통(寃痛)헌다.

'사름을 영 쐭겨~두엉,[783] 날랑 이 고생허는 디, 이녁이랑 장게 간덴 말이 미신 말이린.', 생각을 허난 비새ᄀ찌 눈물은 떨어진 게

---

780) 정지에 : 부엌에.

781) 이추룩 : 이렇게.

782) 아방 눈에 골리나고 어멍 눈에 시찌난 : 부모의 눈에 거슬려서.

783) 쐭겨~두엉 : 속여두고.

금바둑이 뒈엿구나 옥바둑 그려지멍

공작(孔雀)새여 원앙(鴛鴦)새여

홍세 갈 미녕에 막 무늬가 세겨진다.

할마님은 보난 [말] "어따가라 첨 어떵허난 느 짠 거 영 곱게 짜시니?", [소리] 그때엔 그거 다 짜난 싸 앗언, 문도령신디, 할마님이, 옥항에 도올란 가난, 문왕상, 문도령네 문딱덜 모여 앗언, 그거 훈 밧디라도[784], 올이나 잘못 뒈여신가 어떵헤여신가 풀단 보난, 마지막 뒈어가난, 무늬 노멍, 그림새 그리멍 더 잘, 짜지엇구나에-.

"할마님아 문저 짠 거 말제 짠 거 어떵허난 틀렴수까?"

"우리 집이~ 넘어가던, ᄌ청비엔 헌 아일

쉬양 뚤 삼안 사난 그 아이가 짯젠." 일럿구나.

문도령이 벳겻디 나오란, "할마님아, ᄂ려 가십서. 오널 밤, 짚은 밤 뒈민 나가, 내려사쿠다에-."

할마님은 내려온다.

그날 밤인, 훈 디 매날 둘안 눕단 "ᄌ청비야 느만 저 방에 간 누워시렌." 헤연 보내어 놓고, 비록 쉬양 사위(收養斜位)라도 도고 높은 사위, 문도령 허여지카부덴, 뜨로[785] 눅젼, 놔 두난

그날 밤은 짚은 밤 당허여 가난, 야 창무뚱으로 어쓱비쓱

어뜩어뜩 허여 가난

문도령은 그디 ᄂ려사난 ᄌ청빈, 누엇단, "귀신(鬼神)이냐 생인(生人)이냐?" "어찌 귀신이 여기 올 수가, 잇것느냐? 나 하늘 옥항 문왕상 문도령이엔." 허난, "문도령이 적실허걸랑 창꼬망으로 손가락이나 내

784) 훈 밧디라도 : 한 군데라도.

785) 뜨로 : 따로.

보내렌." 허난, 손가락 내보내난 생각을 허난~

'요 문도령 아니면, 내가 무사,[786] 이 고생(苦生)을 허멍

무남독녀(無男獨女)로 낭~ 이와 ᄀ찌, 부모덜, 산진 이별허영

애야가슴 불 부쪄 놓앙

영 허리.'

생각을 허난 궤씸헌 생각이 들언, 상손가락 내 노난, 바농으로[787] 앗안, 꼭허게, 찔럿구나에-.

ᄌ지피가 볼끈 난다.

'부정허고 서정헌 인간 땅이여

못 잇일로구나.'

옥황더레 도올라부난

할마님은 뒷날 아척

"아이고 씨, 암톡허연[788] 놓앗단, 그거 허연, 잡안, 죽 쑤어 놓고 허연, 숟가락도 두 개 그릇도 두 개 놓안 상~에 놓안, 들런 구들에 오란 보난 혼자만 누웟구나.

"어떵허난 느 혼자만 잇이니?"

[말] "게민 누게가 옵네까?" "언치냑[789] 밤이 누게 아니 와서냐?", "누게 산디 뭐 뭣 산디 저 무뚱에[790] 완 어뜩비뜩 헙디다만은, 나 손가락, 꼭허게[791] 바농으로 찔러부난, 옥항더레 부정허덴 문도령 [소리] 도올랏

---

786) 무사 : 왜.

787) 바농으로 : 바늘로.

788) 암톡 : 암탉.

789) 언치냑 : 어제 저녁.

790) 무뚱에 : 처마 밑에 신발 따위를 벗어들 수 있도록 마련된 공간. 보통 마당보다 조금 놓게 되어 있음.

수다-."

"아이고 애야 그것사 어떵헌 말이고.

느 그 행실(行實) 앗아부난, 느네 아방 어멍신디도 눈에~, 나앗구나~.

아방 눈에 골리나고 어멍 눈에 시찌난

나왓져만은 나도 못 돌앙 살키여, 흔저 나고 가라에-."

"아이고 이제~ 이녁 부모도 이별허고

쉬양 부모 눈에 나고

어딜 가민 좋고." 나산 뎅기단 더 갈 디 엇이난, 법당(法堂)으로 간 들어간, 머리 삭발(削髮)시견

흔 침 질러 굴송낙, 두 침 질러 비랑장삼

목에 염줄(念珠) 걸엇구나 손에 단줄, 걸어 놓안 금바랑을

옥바랑을 들런

촌촌(村村) 가호가호(家戶家戶)

다 세연, 시권제를 받으레 뎅겨시난

흐를날은 뎅기단 '아이고 우리, 만나난 디나, 흔 번 강 보주긴.', 문도령이영 즈청비영 만나난, 물엘 간 보난

옥항에서

궁녜(宮女)청은 시녜(侍女)청 정남청은 소남청덜 나오란

앗안 비새ᄀ찌 울엄구나, "어떵허난 느네덜 영 울엄디?", [말] "아이고 모른 소리 허지 맙서.", [소리] "우린 옥항에 문도령 몸 받은 궁녜 시녜청이우다만은, 문도령이, 심녜병(心慮病)이 난

인간에 즈청비 먹는 물을 강 떠오민

---

791) 꼭허게 : 손가락을 바늘로 찌르는 모양.

그 물을 먹어사 그 병 조켄[792] 허난, 그 물 뜨레 내려오라도 [말] 물을 못 줓안 영 앚안 울엄수다." "이 아이덜아 게민 나가 이, 골아주크메[793] 느네들 이, 그 물 떵 올라강, 느네 올라가난 표주박을 따시 혼 번 내려완 날 옥항더레 나도 돌아다 줄티야?" 허난, "아이고 경 헙서게, 그거 못 헙네까.", [소리] "경 허켄 허민 나~, 그르챠줌이엔." 헤연, 물 떤 보내난, 그 궁녜청덜 올라간, 표주박 다시, 인간에 내리우난, 그 표주박을 탄 올라가는구나에-.

옥항엔 간 보난

궁녜 시녜 정남청 소남청덜

물 들런, 문도령네 집더레 들어가는 거

먼 올레로 벌써, 다 뒤 볼롼[794] 집은 알안 놔 두난, 그날 밤 해는 지어 가고

이 밤 저 밤~ 야사삼경 깊은 밤

당허난, 문도령 눅는, 바로 창 무뚱에, 낭(木)이 잇엇구나 그때엔, 낭우터레, 톡허게, 올라가는구나에-.

아니우다 꺼꿀로 골아지엇수다,[795] 시권제 받으레, 집으로 들어산 다에-.

권제 받젠 들어간~

시권제를 받안

"문도령, 손으로 권제 내보냅서.

---

792) 조켄 : 좋겠다고.

793) 골아주크메 : 얘기해 줄테니. 즉 가르쳐 줄테니.

794) 뒤 볼롼 : 뒤를 밟아.

795) 아니우다 꺼꿀로 골아지엇수다 : 아닙니다 거꾸로 말해졌습니다. 이용옥 심방이 본풀이를 전개를 바로 잡기 위해 수정하고 있음.

문도령이 몸에 신병(身病) 난 거 닮으난, 명(命)과 복(福)을 잇젠 권제 내보냅센." 허난 가짓껭이에 잇던 권제 내보내레 오난, ᄌᆞ청비 송낙 폭 허게 써 부난 문도령은 ᄌᆞ청비 얼굴 못 보아도 ᄌᆞ청빈, 문도령 얼굴을 보아간다.

그 권제 받아두언

그날 밤이

무우낭 상가지에

계수나무, 상가지에 간

앉안 잇이난

그때엔, 짚은 밤이 당허여 가난

그때엔 문도령, 문을 쏙허게 율멍 허는 말이, [말] "야 첨 오널은 휘엉 창청, [소리] 아이고 저 대보름 ᄃᆞᆯ(月)~, 곱기도 곱다, 저 ᄃᆞᆯ 쏘곱엔 계수 나무나 박혓건만은, 인간에 ᄌᆞ청비만인 못내 곱다."

ᄌᆞ청비도 그 말 끗데엔 말을 이어간다.

"요 ᄃᆞᆯ아 저 ᄃᆞᆯ아 곱기사 곱다만은

하늘 옥항 문왕상 문도령만인

못내 곱덴." 영 허난 "야 귀신이냐 생인이냐, 어서 썩 내려오라-."

"도련님아 도련님아 어찌 생인이 이디, 귀신이 이디 옵네까.

아이고 난~, 생인이우덴." 헤연, 내려온 건 보난 먼 ᄃᆞᆯ로 보난 ᄂᆞᆾ이, 권제 받으레 오라난, 소서중이로구나, 아이고 송낙을 확허게 벳견 보난~

ᄌᆞ청비로구나.

ᄌᆞ청비 안안, 비새ᄀᆞ찌, 문도령허고 울어간다.

"도련님아 도련님아, 도련님 생각에~

난 인간에서 줴(罪)도 많이 지곡

한도 많곡 허연

이끄지[796] 오랏수다.”

문도령도 즈청비로 허영 심리병(心慮病)이 난 그와 ㄱ찌 뒈난, 구들에 손 심언, 그날 밤인, 둘안 들어가앗구나에-.

그날부떠

혼 방 안네 살렴[797] 살아간다.

낫인 뒈민 펭풍(屛風) 두에 강 곱찌곡,[798] 밤인 뒈민 혼 이불 쏘곱에 둘앙 눕곡

영 허는 게

느진덕정하님이, 세숫물도 떵 구들더레 보내민 곱닥헤영 나오곡, 세수 수건도 구들더레 보내민, 혼 짝만 젓단, 물도 팍팍 뒈영 나오곡, 수건도 양 끗이 젓엉 나오곡, 밥도 혼 그릇 떵 구들더레 디믈리민, 반도 아니 먹언 나오던 밥 그릇이, 문딱 비엇구나에-.

피라곡절(必有曲折)헌 일이로다.

창꼬망 뚤롼 보난

펭풍(屛風) 두깡에서

꼽닥헌 아기씨가 왓다갓다 허염구나.

‘아이고 큰일 낫져 이거 세변도원수가[799] 낫구나.’, 그때엔 문수왕에, 상전, 큰 상전님네신디 간, 고허여 가는구나에-.

문수왕 곧는 말이

고허는 까운데

796) 이끄지 : 여기까지.
797) 살렴 : 살림.
798) 곱찌곡 : 숨기고.
799) 세변도원수가 : 난리가.

벌써 ᄌᆞ청비는 그걸 알안 아이고 문수왕이 알민, 큰일이 날 거난 나 부떠, 문수왕보단 나 부떠 시아방보다 ᄆᆞᆫ저 꿰를[800] 부리젠 헤연, 문도령을 추그련[801] 보내엿구나에-.

"나 ᄀᆞᆮ는 냥 강 ᄆᆞᆫ딱 ᄀᆞᆯ앙 옵서."

"미시거엔[802] ᄀᆞᆮ느니?"

"새 옷이 좋읍네까 묵은 옷이 좋읍네까 들어보고

샛 쏠밥이 좋읍네까 묵은 쏠밥이 좁네껜 들어봅서.

새 사름이 좋읍네까 묵은 사름이 좋읍네까.

새 장(醬)이 둡네까 묵은 장이 둡네껜 헤영

나 ᄀᆞᆮ는 냥 강 ᄆᆞᆫ딱 ᄀᆞᆯ아두엉, 서수왕에 장게 아니 가켄 강, 허여두엉 옵서에-."

아바지 어머님 ᄎᆞᆽ안 들어간다.

"아바님아 어머님아

새 장이 둡네까 묵은 장이 둡네까?"

"새 장이 ᄃᆞᆯ기는 ᄃᆞᆫ다만은, [말] 묵은 장만이 짚은 맛은 엇나.", "경 허민 어머님아 아바님아 새 쏠밥이 좁네까, 맛 좁네까 묵은 쏠 놩 밥을 해사 맛 좁네까?", "아이고 새 쏠밥이, 코시롱허영[803] 맛은 좋아도 묵은 쏠밥만이 풀은 엇나.", "게민 새 옷이 좁네까 묵은 옷이 좁네까?", "새 옷은 이 어디레 아씩[804] 나갈 때엔 그자, 좋기는 ᄏᆞᄏᆞᆯ혜영[805] 좋아도

800) 꿰를 : 꾀를.
801) 추그련 : 부추겨.
802) 미시거엔 : 무엇이라고.
803) 코시롱허영 : 고소해서.
804) 아씩 : 잠깐.
805) ᄏᆞᄏᆞᆯ혜영 : 깨끗해서,

묵은 옷만이 방장 무장 경 모음에 들게 못 입나." "경 허민 어머님아 아바님아, [소리] 새 사람이 좁네까 묵은 사람이 좁네까?" "새 사름이 좋긴 좋아도, 묵은 사름만이, 쏙은[806] 몰라진다에-."

"경 허민 나~ 서수왕이 장게 아니가쿠다."

"아이고 요것사 어떵헌 말이고

이거 큰일 낫구나."

서수왕이 말을 허뒈 "우리집이 아무라도 메누리가 될 사람

나~, 얼굴도 메치도 기상도 몸매도 아니 보아근, 나 직양도폭을 지어당 입져보렌." 허난

ᄌ청비 ᄑ리[807] 몸에 환싱(還生)허영 간

지레기가[808] 얼마니 너비가 얼마니 품이 얼마니

장단이 얼마니, 짓이 어만큼

문딱 제어 놓안, 직양도폭을 지언 올리난, 입으난 똑기 맞았구나에-.

삼천선비덜 노는 디 그 옷 입엉 나가면

"아따가라 거 문수왕님아 어떵허난 경 옷이 곱딱허곡 경 똑기 몸에 맞암수까 누게가 지엇수까?", "우리집이 새 메누리가, 이 옷을 지엇수다."

그 옷~ 입어근 뎅기곡

영 허는 게

영 허여도 죽일팔로[809] 허여간다.

서수왕에선

서수왕 뚈아기신디 막편지,[810] 돌려 보내난, 서수왕 뚈애기 막편지,

---

806) 쏙은 : 속은. 마음은.

807) ᄑ리 : 파리.

808) 지레기가 : 키가. '지레'는 키(身長).

809) 죽일팔로 : 죽일 듯이.

불 술안[811] 그거 물에 칸[812] 먹고, 물명지로, 목 메언, 죽어부렷구나에-.

석 돌 열흘 벡일이 뒈난 새몸에, 변장허연, 새몸으로 환싱(還生)헌다.

머리로 나는 건 두통(頭痛)새

눈으론 곰방새 코론 송인새 귀론 월귀새

입으로 악심(惡心)새 목엔 골은 줴

가슴에 애열이 박현 죽엇구나 애열새

오금엔 즈작새 남즈(男子)엔, 곰방새 여즈(女子)엔 헤말림

살차 살렴에 헤말림,[813] 주는 새가 뒈엇구나에-.

서수왕에서~, "아이고, 우리 똘 죽어시난

어서 즈청비 이레 나왕

땅 쉬흔(五十) 둥이를 파 놓고 숫 쉬힌 가멩이를,[814] 놓앙, 땅, 쉬은 자를 파 놓고 숫 쉬흔 둥이 놓앙, 불 와랑와랑 살랑, 그디~에 칼을 놓앙, 그 칼을 발아들고 발아나민, 우리 메누리 헐 자격이 당당히 잇젠, 어서 나오렌." 허난

헤영헌[815] 옷 우알 치메 저고리 입어 놓고

'멩천(明天) 7뜬 하늘님아~

아이고 나~ 저 칼을 발아들고 발아날거우다만은, 나 줴(罪)엔 헌 건 아뭇 줴도 엇수다.

즈청비 비새7찌 울멍, 정수냄이 죽엿단 살린 줴 벳낀 엇수다.

---

810) 막편지 : 혼인하기 전에 신랑쪽에서 신부집에 전하는 예장(禮狀).

811) 술안 : 태워.

812) 칸 : 타서.

813) 헤말림 : 부부살림 따위 일을 분산시킴.

814) 가멩이를: 가마니를.

815) 헤영헌 : 하얀.

아이고 날 살리컨, 대호방 수천 리 비나 내리게 시겨줍서."

그때엔 아닌 게 아니라

올라상~, 발아들고 발아나젠 허여가난

비가 혼 방울 두 방울, 또록또록 떨어지는 게 대호방, 수천 리가 되엇구나에-.

다 그 비 맞아그네

칼은 식어 가는 냥, ᄌ청비는 발아나곡

마지막 끗터머리[816] 다가가난 씨어멍 오란 "나 메누리, 아이고 적실허게 나 메누리 뒐, 자가 당당허덴." 헤연, 폭허게 안은 게 발, 뒤꿈치를 간 쏘악허게 베엇구나에-.

아이고 치메깍엔 보난

ᄌ지피가 불끗허게 묻혀지난 씨아바지 씨어머니신디 간 이젠, 업대를 허연~ 허난, "야 메눌아기씨야 어떵허난 느 그 치메깍에 ᄌ지피가 메겨 지어시냐?" 아이고, 그거 베여지엇젠 허민 메누리, 아니허켄 허카부덴 "모른 소리 맙서. 여자엔 헌 건 열다섯 십오 세가 넘으민 선보름 후보름, 법 잇엉, 월경법(月經法), 뒈는 법이웨다에-."

그 법으로

열다섯 십오 세가 넘으민 선보름은 후보름

월경법도 마련뒈엿수다.

법지법(法之法)을 마련허여두언

하도 동네방네, ᄌ청비 ᄋ망지곡[817] 똑똑허곡 착허덴, 소문이 낫구나에-.

---

816) 끗터머리 : 끄트머리.

817) ᄋ망지곡 : 똑똑하고 당차고.

문도령은 각시 잘 허엿젠

이 디도 가민 'ᄒᆞᆫ 턱 내라' 저 디도 가민 'ᄒᆞᆫ 턱 내라'

영 허는데

강남이라 천저국(天子國) 세변도원수 나나네

이 세변도원수를 막으레, 문도령ᄀᆞ라 오렌 연락이 오랏구나. [말] "아이고 도련님아 았아 십서." 씨아바지도 가젠 허난 "아바지 았아 십서, 이네 몸이 강 오쿠덴." 헤연, ᄌᆞ청비가 ᄆᆞᆯ 안장을 타 앗엉

이러씩씩 이러씩씩

강남이라 천저국

세변도원수도 간 다 막안 오라간다.

막안 오난~ ᄒᆞᆫ 턱 내렌만 헤여가난, 그때엔 벌써 ᄌᆞ청빈 알안, 게와시도818) 잔치를 허여

ᄆᆞᆫ딱덜 헤염시난, [말] "경 말앙 낭군님아 가뒈, [소리] 천 잔(盞)이고 만 잔이고 술을 주걸랑 받지 말앙, 저고릿 앞 섶더레 소게819) 감안 놓아 주멍, 이레 ᄆᆞᆫ딱, 비왕820) 절대로 천 잔 만 잔, 술 ᄒᆞᆫ 잔도 먹지 말앙 옵서에-."

"어서 걸랑 기영 허라."

벳낏디 나가난

"나 술도 받읍서 나 술도 받읍서."

"어떵허난 경 ᄋᆞ망진 새각시 허연 오랏수까?"

[말] 술을 주는 게 삼천선비덜 술은 ᄒᆞᆫ 잔도 안 받안 그자 주는 냥,

---

818) 게와시 : 거지.

819) 소게 : 솜.

820) 비왕 : 비워서.

저고릿 앞 섶더레 문딱 그자 문딱 비와두언, [소리] 물 타 앗언 오노렌 허난, 얻어 먹는 게와시가 물ᄀ랑에서, “아이고 문도령님아 나 술이나 받앙 갑센.” 허멍 그 술 주난, ‘이거 동녕바치[821] 술이사 어떵 아녈테주 긴.’헤연, 받안 먹은 게, 야~ 도약(毒藥)을 타앗구나에-.

그 술 먹으난 물 안장~ 탓단 알더레 탁허게 털어진다.

그 물은, 와들랑탕 와들랑탕 물이 집이 완 하도 영물(靈物)의 짐승이라 와들랑탕 헤여가난 ‘어떵헌 일인고.’, 간 보난 ᄌ청비가, 그 물 탄 간 보난, 문도령 죽어시난 문도령을, 물 우터레 올려 놓안 집으로 들어 오란

밧꺼레~,[822] 간 구들에 눕져 놓고, 제[823] 심어단 실에 묶언 창문더레, 묶언 돌아 메난, ‘바르르릉 바르르릉’ 창문 창호지를 긁어가난

삼천선비덜은 다~, 동녕바치안티 추그련, 그 술에 도약(毒藥) 놓게, 허난 알안, 이젠 이거 문도령 죽어시난 우리도 강 말이나 ᄒᆞᆫ 번 골아보저 얼굴이나 보저, 오라가난 무쉐방석을 심언 훅훅허게 던지멍

“아이고 선비님네야 잘 오랏수다, 요 방석 앗어당 ᄁᆞᆯ앙[824] 앗입센.” 허난

[말] 그걸 들르젠 허난 엇따 듬직헌 게 무거완 못 들럿구나 “춤 이거 예펜(女便)이 아니로구나, 어떵헌 예펜이 힘이 좋안 영 요런 걸 데껴신고.”, ᄒᆞᆫ끔 시난 진 모물ᄎᆞ베기[825] 허연 먹곡, “도련님네~ 선비님네~, 선비님네, 이 ᄌᆞ베기나 먹읍센.” 무쉐ᄌᆞ베기 헨 주난, 이녁은 무쉐ᄌᆞ베

---

821) 동녕바치 : 거지.

822) 밧꺼레 : 밖거리. 즉 바깥 채.

823) 제 : 저(箸).

824) ᄁᆞᆯ앙 : 깔아서.

825) 모물ᄎᆞ베기 : 메밀수제비.

기~, 아니 먹언, 모몰ᄌᆞ베기난, 와삭와삭 먹곡

선비덜은 무쉐ᄌᆞ베길 먹젱 허난 닛빨이 와드득 꺾어지엇구나 [말] "게난 문도령은 어딜 가앗수까?", [소리] "아이고 우리 낭군님은 저거 봅서 당신네 신디 간 술을 주난 천 잔이고 만 잔이고 받안 오란, 술에 취허연 누언 콧소리만 저추룩 '부르릉 부르릉' 허멍 잠수덴." 허난, 아이고 선비덜

"우린 죽어시카부덴[826] 허단 보난, ᄎᆞᆷ말로 저거 콧소리로구나~." 허여간다.

문딱 가부난~

문도령 살리젠 허난, 그때엔, ᄌᆞ청비가 정이엇인정수냄이 살려난 꼿, 앗어단, 따시 문도령을, ᄎᆞ례(次例)대로 놓안 살렷구나에-.

살려두언 "문도령님아 문도령님아, 그런 게 아니고 사실이 약하약하[827] 허연, 나~ 부대감네

서천꼿밧데

ᄌᆞ운사위(自願斜位) 허여두언, 이만저만 헤연, 당신 촟앙 오젠 허난, 굳은 언약(言約)을 허연 은토시 ᄒᆞᆫ 착 허연, ᄒᆞᆫ디 헌 일이 잇이난, 그디랑 강 족은각시로 삼앙, 나신디라근 선보름 살건 그디 강 후보름 살곡 그디 후보름 살건 나신디, 선보름 삼아 살앙, 강 옵센." 허난

문딱 출련~ 본메본짱 은토시 앗언 간다.

간 바려보난

[말] "얼굴도 어떵허연 ᄄᆞ나부러수까?[828] 메치도 ᄄᆞ나부러수까?" "이

---

826) 죽어시카부덴 : 죽은 줄 알고.

827) 약하약하 : 설명하는 모양.

828) ᄄᆞ나부러수까 : 달라져 버렸습니까.

거, [소리] 연삼년이민, 얼굴인덜 아니 뜨나멍 메친덜 아니 뜨납네까, 본메본짱이나 내어놉서 보겐." 헤연 본메본짱 내어 놓안 보난, 아이고 은토시 훈 착썩 앗인 게 똑기 맞앗구나. "내 낭군(郎君)이 적실허다."

그때부떠

좋은 음식도 출려 놓곡 좋은~ 반찬 출련

하도 부제칩이난 잘 헤여 주단보난, 오꼿[829] 즈청비 생각은 잊어부런, 그디서 살단 보난

호를날은 언뜩 생각허연 보난 '아이고 나~, 즈청비 옥항에, 놓안 내부러 두언 영 오란 살아지엄구나, 혼저 가주긴' 헤연 물을 탁 탄 게, 모자(帽子)도 꺼꿀로[830] 둘러쓴다.

옷도 꺼꿀로 둘러 입언

갓구나.

가시난 즈청빈 벌써 알안, "아이고, 나 전싱(前生) 나 팔저(八字)가 날 울렷젠" 헤연, 미녕치메~ 열두 복(幅) 치메 장물에 둥강 크곡,[831] 장물에 둥강 물리곡 둥강 물리곡 허단 보난, 문딱 장물에 삭앗구나에-.

그 옷 입어 앗언, "낭군님아, 얼마나 나를 꼴 바레기 실러사[832]

다 꺼꿀로 물 안장(鞍裝)도 꺼꿀로 놓고, 옷도 꺼꿀로 입곡 모자 아울라 꺼꿀로 썽 옵네까?, 아이고 물 아울라 꺼꿀로 타 부러시민, 집 촟아 오지 못헐 일 아닙네까에-."

그때엔 "난 가쿠다."

나오젠 헤여가난, 문왕상허곡, 문왕상~ 안부인 씨어멍 뒌 어른은,

---

829) 오꼿: 그만, 완전히.

830) 꺼꿀로 : 거꾸로.

831) 둥강 크곡 : 담그고.

832) 꼴 바레기 실러사 : 얼굴을 보기가 싫으면.

"아이고 나 메누리야 어디 가젱 헤염시니?" 돌아지엉, 치메 심엉 둥기민,[833] 하도 장물에 오래 발레어 부난 삭안, 북북칮어지멍~[834] 노는 게

심엉 둥기민 북허게 칮어지곡 심엉 둥기믄 북허게 칮어지곡 헌 게, 그게 청나비 벡나비 몸이 뒈엿수다에-.

내려오란 보난~, 정이엇인정수냄이 질레에[835] 앚안, 삐삣 물란, 소돌소돌 소들암구나.[836]

[말] "아이고 얘야, 느 어떵허난 영 앚안 소들암시니?", "모른 소리 허지 맙서 큰상전님네 문딱 죽어불고 배 고프고 시장헤연, 배 고판 영 앚안 졸암수다." "아이고 얘야 첨 이레 오라, 어디 강 나 밥 빌엉 멕이마.", [소리] 밥 빌어 먹이젠

물~이영 쉐영, 하영[837] 거느련 밧가는 디

장남덜이영 허연 밧가는 디 시난 그디 간

[말] "아이고, 우리 밥이나 훈 직만 줍서." "야 어따가라 첨 느네덜 줄거랑 말앙 우리덜 먹을것도 엇다.", [소리] 이 년 저 년이엥 허멍, 이놈 저 놈 후육누육(詬辱累辱) 욕을 허난, 그대로 나오란, 뎅기단 보난 골겡이로[838] 농서허연

돌렝이에,[839] 할망 하르방이 잇엇구나.

[말] "하르바님 할마님아 배 고판 우리 밥이나 훈끔 줍서." "아이고

---

833) 둥기민 : 당기면.
834) 북북칮어지멍 : 박박 찢어지며.
835) 질레에 : 길에.
836) 소들암구나 : 시들고 있구나.
837) 하영 : 많이.
838) 골갱이 : 호미로.
839) 돌렝이 : 아주 자그마한 밭. 집 주위에 있는 작은 밭. =드로갱이.

야이들아 ᄒᆞ끔만 인칙[840] 올 거 아니가게, [소리] 우린 못 먹어도 느네줄 걸, 저디 강 보라, 동글랑 도랑착에,[841] 밥 잇이메, 그것 강 먹으렌." 헤연, 그것 간 먹엇구나에-.

부제칩이 밧딘 우리덜 밥 아니 준 디랑

저 디랑 열두 풍문조훼(風雲造化) 불러주엉, 보리에랑 감비역[842] 조에랑 와시리 줘

콩에랑 접짝께나~ 불러주곡

보리에랑 대우리나[843]

불러주곡

산디에랑 나분데기[844]

불러주라.

저 밧디랑 야 밧 갈당~

사름에 ᄆᆞ쉬(馬牛)에 광란이찡(狂亂-症)

벳 보섭에 쌀이살성(殺意殺星)[845]

불러주라.

요 할망 하르방, 용시허는[846] 디랑, ᄒᆞᆫ 번 들어보겐 헤연 [말] "할마님아 하르바님아 게난 용신허민 얼마나 납네까?", "아이고 모른 소리덜 말라 잘 뒈민 이, 감은 암쉐에~ 하나썩 싯끄곡[847] 할망 하르방 그자

840) 인칙 : 일찍.

841) 도랑착에 : 도시락에. 동고량.

842) 감비역 : 깜부기.

843) 대우리 : 귀리(燕麥). =대오리.

844) 나분데기 : 육도(陸稻)의 이삭이나 콩 따위의 꼬투리에 열매 알이 여물게 들어 익지 못한 것.

845) 쌀이살성(殺意殺星) : 흉해(凶害)의 뜻.

846) 용시 : 농사.

흔 짐썩 지곡 아니 퉤민, 숭년(凶年) 들엉 아니지민 우리 할망 하르방 그자 흔 짐썩도 못 지엉 그자, [소리] 우리 먹을 만 씰만 벳낀 아년."

"하르바님 할마님네 돌렝이에랑

가지 으름[848] 새 으름

잔뜩 율앙

부제팔명 시겨 드리쿠덴."

밥 얻어 멕여두곡 오곡농亽(五穀農事)씨 타젠, 염제실농씨안티 ᄌ청비 올라간, 씨앗은 문딱 탄 내려오단 생각해 보난 '아이고 오란 보난 모물 씬[849] 아니 잊어부런, 잊어부런 아니 탄 오랏구나.', 아이고 따시 올라간 게 무시거 그릇도 아니 앗앙[850] 가곡, 아무 것도 아니 앗앙 가부난 담을 건 엇이난, 헐 수 엇이 쏘곱에 입엇던 소중이 벗언, 그것에 묶언 옵서늉 이옌 헌 게[851] 옛날은 소중기엥 허민 이디 문딱 ᄆ작단추 돌앙, 영헌 빤스 대신 입는 거난, 그거에 담으난 찰찰찰찰 헐으멍[852] 온 게, 지금은 경 아녀도 어디 웃드르나[853] 어디 옛날은, 그자 모몰은 그자, 걸름 우이도 나곡, 늦인 용시를 허여도 제일 간 말제[854] 늦게 간 타완 용시헤여도, 흔디 해 먹는 법, 모몰 용신, 늦어도 흔디[855] 해 먹읍네다에-.

그 법으로, ᄌ청비는, 인간, 제석할마님이 뒈엇수다에-.

---

847) 싯끄곡 : 싣고

848) 으름 : 열매.

849) 모몰씨 : 메밀씨.

850) 앗앙 : 가지고.

851) 옵서늉이옌 헌 게 : 온다고 한 것이.

852) 헐으멍 : 흘리며.

853) 웃드르 : 한라산이 있는 쪽 근처의 들이나, 또는 그런 곳에서 형성된 마을.

854) 말제 : 마지막에. 가장 나중에.

855) 흔디 : 함께.

- 세경본풀이〉테우리청 지사귐

[연물 : 지사빔][심방이 장구 치는 것을 멈추고, 북을 치기 시작한다. 창조가 바뀐다.]

〈북을 치며 구연하는 모습〉

세경~ 신중~ 마누라님 난산국을, 풀엇수다 본산국을 풀엇수다. 먹은 이도~ 입은 이 덕 입은 이도~, 먹은 이도 세경의 덕 입은 이도 세경의 덕, 우리 인간, 태어나는 것도 세경의 덕, 인간 태어나민 집 짓어 사는 것도 세경의 덕, 걸음발 허는 것도 세경의 덕 농사 지엉, 밥 먹어 배불게 살기도 세경의 덕, 살당~ 살당~ 죽엉 가면, 땅 쏘곱에 묻는 것도 세경의 덕, 산이[856] 산이라도 세경의 덕, 죽엉 가도 세경의 덕, 세경 반대 헐 수가 잇십네까. 오널은 세경 난수생, 신풀엇수다. 세경~

856) 산 : 묘.

제석할마님 받다 쓰다 남은 주잔덜랑, 저먼정~ 내어다근, 천~, 천왕(天皇) 테우리청,[857] 지왕(地皇) 테우리청, 인왕(人皇) 테우리청, 동경 서경 남경 북경 테우리청, 주이베여 디립네다. 그두에라근, 일소장에 놀던 테우리청, 이소장에 삼소장에 ᄉ소장에, 오소장에 놀던 테우리청, 육소장에~ 칠소장은 팔소장 구소장에, 십소장에, 놀던 테우리청덜, 주이붸자. 삼 메 삼 잔~, 헌메공신(獻馬功臣), 가목관(監牧官)은, 수테우리 수장남에 놀던, 테~우리~, 테우리에 놀곡, 수목수, 수테우리에 놀곡, 옥항(玉皇) 테우리는~, 백중이우다 금시상 테우리는, 정이엇인정수남이, 칠뤌(七月)~ 열나흘 날, 상을 받던, 테우리청덜, 미어진~ 벵뒤마다~ 놀곡, 태역 단풍(丹楓) 좋은데, 물 출 쉐 출덜 좋은 둘로, 놀아오던 테우리청덜, 동경은~ 가린석,[858] 세경 부림페에,[859] 놀아오던 테우리청, 떡이여 밥이여 술이여 궤기여 못 먹거니, 못 쓰거니 허지 말앙, 많이 권권이웨다.

---

857) 테우리 : 주로 말과 소를 들에 놓아 먹이는 일을 직업으로 하는 사람 또는 목동(牧童).

858) 가린석 : 밭 갈 때에 왼편으로 쇠머리에 씌워진 긴 고삐.

859) 부림페 : 부림패. 밭 갈 때에 오른편으로 쇠머리에 씌워진 긴 고삐.

체서본풀이

〈심방 설명〉

체서본풀이는 사람을 저승으로 데리고 가는 체서에 대한 본풀이다. 체서는 강림이고, 강림이가 저승에 다녀오는 이야기다. 열다섯 살이 되기 전에 죽은 사람은 동이용궁할망이라는 구할망이 서천꽃밭으로 데리고 가는 것이고, 그 이상의 성인은 체서가 저승으로 데리고 간다. 서천꽃밭으로 가는 아기들은 꽃감관 꽃생인이 죄를 판단하고, 저승으로 가는 성인들은 염라왕이 죄를 판단한다.

- 체서본풀이〉들어가는 말미

[심방이 장구를 몇 번 치다가 이내 멈춘다.]

처서관장(差使官長)님전~, 난산국 본(本)을 풀저어~ 본산국에 신을 풀저 헙네다. 처서님아, 신이 성방(刑房)860) 성은 이씨(李氏) 을미생(乙未生)~, 어찌 신전(神前)에 본을 다 압네까. 전설(傳說)로 내려오는, 본이웨다. 앞이 골을 말 두에 곧곡 뒤에 골을 말은 앞이 곧곡, 벡(百)에 혼 말 천(千)에 혼 말 십일 제, 여쭈앙 잘못 뒈영 차찰(察察)이 부찰(不察)뒐지라도, 숭관계랑 즈부감제허멍, 처서 난수생더레 도느립서에-.

[심방이 장구를 치기 시작한다.]

천앙처서(天皇差使)님네

860) 신이 성방(刑房) : 제주인 무(巫)인 심방을 일컫는 말.

내립서 지왕(地皇)처서님

인왕(人皇)처서님도 ᄂᆞ립서, 연직ᄉᆞ제(年職使者) 월직ᄉᆞ제(月職使者), 시직(時職), 일직ᄉᆞ제(日職使者) 시직ᄉᆞ제(時職使者)

눈이 붉어라~ 황ᄉᆞ제(黃使者), 코가 붉언

적ᄉᆞ제(赤使者) 옥항(玉皇)은, 박나자 저승은 이원ᄉᆞ제님, 이승 강님ᄉᆞ제

저 바당엔 가민 바당에서 죽는 건 거북ᄉᆞ제, 어린아이, 둘고 가는 건 구천왕, 처ᄉᆞ님네

신이 성방 안동허영 가는 건, 명도명감(明刀冥官) 삼처서(三差使), 낭에[861] 강 목 돌아 앚이영[862] 죽게 허는 건, 절량처서(結項差使)

약 먹어 죽게 허는 거언 ᄉᆞ약처서(死藥差使)

놈이 손 땅에 급허게, 맞아근 죽는 건, 객서(客死), 부명처서(符命差使)

질레에서 죽는 건 객서처서(客死差使), 불나게 허는 건 화덕처서, 신구간(新舊間)[863] 때에 죽는 건, 구관신관(舊官新官) 처서님네

[말] 처서 난수생 신풀젠 헤염시난 처서상(差使床)더레 다, ᄂᆞ려 하강허영 처서본 신푸는 데로, 난산국 본 풀건 신에 가심 [소리] 열려줍서-.

- 체서본풀이〉본풀이

엿날이라 엿적에, 동게남(東觀音)은 상저절, 서게남(西觀音)은 금법당(金法堂), 잇입데다.

법당엔 보난 푼처[864] 직헌 대서(大師)님, 소서(小師)님도 사옵데다.

---

861) 낭에 : 나무에.

862) 목 돌아 앚이영 : 목 매달아.

863) 신구간(新舊間) : 대한(大寒) 후 5일째부터 입춘(立春) 3일 전까지의 기간.

동경국 땅엔 보난, 버물왕도 삽데다.

짐치 ᄀᆞ을은 짐치(金緻) 원님 사시곡, 과양 땅엔 과양생이 부베간(夫婦間), 사옵데다.

ᄒᆞ를날은~

법당에서 대서님, ᄀᆞᆮ는 말이

"야~ 소서야 소서야, [말] 나는 칠십(七十)은 넘곡 팔십(八十)이 당허면, 소꼭허민 내가 죽어질 듯 허니 날랑 죽건 남(木) 천(千) 바리를 들여, 화장(火葬)을 시겨두고 너 혼자만 어찌 이 법당을 이 척척산중(疊疊山中)에 직헐 수가 잇것느냐. 인간땅을 내려사고 보아라 버물왕이 잇는데, 아덜사 낳는 게 하나 두 개 삼삼(三三)은 구(九) 아홉 성제(兄弟)를 솟아난, 우이로[865] 삼형제도 열다섯 십오 셀 못 넹견 문딱 죽어불곡, 알로[866] 삼형제도 열다섯 십오 셀 못 넹견 문딱 죽어불고, 지금 현재(現在) 남은 건, 중간으로 삼형제가 남앗져마는 이 아기덜 명(命)과 복(福)이 쪼란,[867] 열다섯 십오 셀 못 넹길 듯 허난, 강 이 애기덜을 둘아다가, 우리 법당에 왕 수룩(水陸)을 올리멍 명과 복도 잇어주곡 흔디 벗허영, 이 법당을 [소리] 직허시라-.

그 말 ᄀᆞᆯ아 두언

아닌 게 아니라, 칠십은 고레(古來) 팔십은, 근당허난

ᄒᆞ를날은 소꼭허난 죽엇더라.

소서님은 대서님 살아계실 적 들은 대로~, ᄀᆞᆯ은 대로, 남 천 바릴 들연, 화장(火葬)을 시겨간다.

---

864) 푼처 : 부처(佛).
865) 우이로 : 위로.
866) 알로 : 아래로.
867) 쪼란 : 짧아.

화장 시겨두언

푼처님 앞이 완, 누원 좀을 자노렌 허난

[말] 대서님이 꿈에 선몽(現夢)허길 "야 소서야 소서야, 나 산 때에 그만큼 ᄀᆞᆮ고 일르든[868] 걸 그 동안 잊엇느냐? ᄒᆞᆫ저 일어낭, 어서 동경국 버물왕네 집더레 어서 신수펑[869] [소리] 들어사라-.

펀쩍허게 깨어난 보난

몽롱성에 꿈일러라.

ᄒᆞᆫ 침 질러 굴송낙 두 침 질러 비랑장, 목에 벡파염줄(百八念珠) 손에 단줄(短珠), 금바랑 옥바랑 둘러 잡안

동경국 땅더레 소곡소곡 ᄂᆞ려사단 보난, 펭제남[870] 그늘 아래서 삼천선비덜 노는 가운디 보난, 동경국 버물왕 아덜덜 삼형제도, ᄒᆞᆫ디 놀암구나에-.

소서님이

사둠서[871] ᄀᆞᆮ는 말이

[말] "야 서룬 아기덜아 저기서 노는 저, 버물왕 아덜 삼형제, 너이덜 아무리 글을 잘 허면 무엇을 허고, 활을 잘 허면 뭣 허겟느냐. 너이덜 명이 ᄍᆞᆯ라, 열다섯 십오 세 되민 ᄉᆞ고전명(四顧定命)이 [소리] 마기로구나-.[872]"

그 말 ᄀᆞᆯ아두언

소서님은 소곡소곡 넘어간다.

---

868) 일르든 : 이르던.
869) 신수펑 : 내려서.
870) 펭제남 : 팽나무.
871) 사둠서 : 선 채로.
872) 마기로구나 : 끝이로구나.

이 아기덜 집으로 들어오란

비새ᄀ찌 울어간다.

어머님이 [말] "서룬 아기덜아 느네덜 무사 경 울엄시니?", [소리] "아이고 어머님아~ 모른 소리허지 맙서.

아명아명헌873) 소서님이 넘어가단

우리덜ᄀ라 ᄀ는 말이, 우리덜 열다섯 십오 세가 ᄉ고전명, 마기엔, ᄀ아 두언 가옵데다에-."

"어디 경 잘 아는 소서가 잇것느냐?

야 느진덕이정하님아

저먼정에 나고 보라.

어떵헌 대서님이나 어떵헌 소서님이 잇건, 어서 우리 집더레 청허시라."

소서님은, 벌써 그걸 알안, 논두덕만 돈 디 돌악 돈 디 돌악 버물왕네 집이서, 청허건 들어가젠, 논두둑을 빙빙 돌암구나아-.

느진덕정하님 나산다.

"소서님아, 소서님아

우리 집이서 안부인이 소서님 청허염수다."

어서 걸랑 글렌 허연

동경국 버물왕네 집더레, 시군문 밧꼇딜로 들어사며 나사며 짓알로 "소승(小僧)절이 벱네다-."

동경국 안부인이 탁 나산 허는 말이 "예~ 잘 오셧수다, 잘 오라수다마는 어느 당에서 옵데가?874) 어느 절에서 옵데가?", "예~ 나는 동게

873) 아명아명헌 : 이러저러한.

874) 옵데가 : 왔습니까.

남은 상저절 서게남은 금법당, 법당을 직헌, 대서님은, 인간 하직(下直)을 뒈고, 이내 몸은 소서가 뒙네다." "경 허난 무사 인간에[875] 내립데가?", "내가 인간에 내리기는, 우리 절도 헐어지곡[876] 당도 파락(破落)이 뒈난, 인간에 내려상 시권제삼문(-勸齊三文)을 받아당 헌 당도 고찌곡 헌 절도 수리허곡, 인간에 명 없는 ᄌᆞ순(子孫)에 명도 주고 복 없는 ᄌᆞ순에 복도 주곡 생불환싱(生佛還生) 없는 ᄌᆞ순에, 생불환싱을 지급시겨 주젠 시권제삼문을 받으레 내렷수다-."

권제삼문 떠다네

"높이 들러 비웁서 ᄒᆞᆫ 방울이 떨어지면

명과 복이 떨어지는 법입네다."

스르르~ 스르르르 비와두언

"소서님아 소서님아

단수육갑(單數六甲)이나 짚어 봅서."

"소면헐 듯 허오리다." "오용팔괄(五行八卦ㄹ) 짚어 봅서." "소면헐 듯 허오리다."

단수육갑 오용팔과는 짚언 보난, "어떵허난 동경국 버물왕님~ 님네 집인, [말] 아덜로만 아홉 성젤(兄弟ㄹ) 낫수다마는 우이로 삼형제도 죽어불엇수까?" "예 갈림 죽어 갈림을 헤엿수다.", [소리] "알로 삼형제도 죽어 갈림헙데가?" "예 경 허엿수다.", "경 허나망정 지금 중간으로 [말] 삼형제가 남아 잇수까?" "예 잇수다.", [소리] "이 아기덜, 지금 현재 잇주마는, 명이 단단 졸라지어[877] 열다섯 십오 세, 못 넹길듯 헙네다-."

---

875) 인간에 : 인간 세상에.

876) 헐어지곡 : 낡고.

877) 졸라지어 : 짧아서.

"소서님아 소서님아

아이고 경 허건 원천강(袁天綱)이나[878] 앗언 옵데가?

화주역(四柱易)을[879] 앗언 옵데가?"

"앗언 뎅겸수다."

"내여 놉서 바려보게."

원천강~ 화주역 내여 놓안, 초장(初章) 이장(二章) 제삼장(第三章)을 걷언 보난

아닌 게 아니라 그와 ᄀᆞ찌 버물왕 아덜 삼형제, 열다섯 십오 세 못 넹기켄 글 삼 제(三字), 똑기 벡엿구나에-.

그때엔 "소서님아

아이고 어떵허민 우리 이 아기덜

명과 복을 잇엉 열다섯을 넹겨줍네까?"

"경 말앙 우리 법당에 이 아기덜 보넵서, 우리 법당에 강, 연삼년 동안 살당 보민 열다섯 설도 넘어불곡 허민, 이 아기덜 명과 복 잇어줄 듯 헙니덴." 허난, "소서님아 소서님아."

"그 일인덜 어려운 일이우꽈.

경 허걸라근 굴송낙도 ᄒᆞᆫ 번 벗엉 빌려 줍서.

굴장삼도 ᄒᆞᆫ 번 벗엉 빌려 줍서.

우리 아기덜 큰아덜부떠 족은아덜ᄁᆞ지, 그 모저(帽子) 씨우곡 그 옷을 입쩡, 저 금마답에[880] 걸음 걸여 걸려 보앙, 소서 행착(行着)이 뒈민, 법당으로 보내쿠다에-."

---

878) 원천강(袁天綱) : 중국 당나라의 점장이, 여기서는 점서(占書)의 뜻.

879) 화주역(四柱易) : 사주를 보는 점서(占書).

880) 금마답에 : 마당에.

그때엔 굴송낙 벗언 준다.

굴상[881] 장삼도 벗언 준다.

"큰아덜부떠 요레[882] 오라보게.

굴송낙도 써 보라.

굴장삼도 입어 보라.

목에 염줄 손에 단줄 걸어보라.

이제랑 걸음이나 걸어보라."

앞 정도 바려보난 소서 행착 분명헌다.

뒷 정도 보난 소서 행착 분명헌다.

삼형제가 믄딱 소서 행착 뒈엿구나.

그때엔 그 옷 벗언 소서님 안네멍 "소서님아, 우리 아기덜 낼 모리[883] ᄉᆞ오싯(巳午時ㅅ) 날ᄁᆞ지, 그 법당으로 보내쿠다에-."

소서님은 시권제를 받안

첩첩산중더레

법당더레 소곡소곡 도올라불고

[말] 어머님이 그때엔 아덜덜 삼형젤 불러다 놓안, ᄀᆞᆮ는 말이 "야 큰아덜아 셋아덜아 족은아덜아 느네덜 그냥 우리 어멍 아방 ᄌᆞᆺ디[884] 잇당은, 열다섯 십오 세 못 넹긴덴 허난, 경 말앙 죽음광 삶이 맞사느냐 느네덜 법당에 강, 아멩이나 아멩이나[885] 촘으멍[886] 촘으멍 살앙, [소리]

881) 굴상 : 발음이 잘못 나옴.

882) 요레 : 이리.

883) 모리 : 모레(明後日).

884) ᄌᆞᆺ디 : 곁에.

885) 아멩이나 : 어떻게든.

886) 촘으멍 : 참으며.

열다섯, 십오 세, 넹경[887] 오는 게 어떵허냐?-"

"어서 걸랑 기영 헙서."

그때엔, 그 아기덜 가젠 허난

"서룬 아기덜아, 은기(銀器) 놋기(鍮器), 내어주젱 허여도 그걸 지영 뎅기젱 허민

무거왕 짐이 뒐 듯 허난, 느네덜, 비단(緋緞) 삼삼은 구 아홉 핀(匹)을 내어주커메, 이 비단 지어근, 뎅기다근

만간~ 길로변(-路邊)에서라도

시장기가 ᄀ이 난 때랑

아무 디라도 들어 강, 식은 밥에 물제미라도 ᄒᆞᆫ 순끄락 얻어 먹으민, 남의 것 공허게[888] 먹고 공걸림~, 공허게 쓰면 목 걸리고 등 걸리는 법이난, 이거 삼삼은 구 아홉 치썩만 끊어주어근, 법당에 강 살당 오렌." 허난

그 비단 지어 놓안~

아방왕에 들어간 아바님전 하직절을 올려간다.

"서룬 아기덜아.

몸 조심허영 뎅경 오라."

어멍왕에 들어간다.

어머님전 절 삼 배(三拜)를, 하직절을 올려가난

"서룬 아기덜아 멩심(銘心)허영 뎅경 오라."

어머님 아덜덜 손 심언 비새ᄀ찌 울어간다.

금마답에 수리든다.

---

887) 넹경 : 넘겨서.

888) 공허게 : 댓가를 지불하지 않고.

올레에 시군문 밧꼇디 간 막음도 앚언

법당더레 소곡소곡 올라가는 게

첩첩산중(疊疊山中)이로구나.

가단 가단 보난 법당 잇엇구나, 올레에 간~, 싱근드러 몰팡돌(下馬石) 우이 간 앚이난, 마당너구리 땅너구리 티눈이, 늬눈이반둥개[889] '드리쿵쿵 내쿵쿵' 하도 주꺼간다에-.

늬눈이반둥개

양반(兩班) 오민 양발을 들렁 주꾸고

무반(武班)이 오면~, 누웡 주꾸는~, 중반(中班)이 오면

하~, 반(下班), 앚앙 주꾸고

영 허는 반둥개가 하도 '드리쿵쿵 내쿵쿵' 주꺼 가난

"아이중아 저먼정 나고 보라."

나산 "어디서 옵데가?", "우리는 동경국땅, 버물왕 삼형제가, 오랏수다에-."

이 아기덜 굴아두언 비새ᄀ찌 앚안 울엄시난

소서님신디 간 일르난

소서님 흔저 안느로 돌아오렌 헤연, 이 아기덜 안터레 돌아단

고칼[890] 디려 머리 삭발(削髮) 시겨간다.

상탕(上湯)에 메 짓고 중탕(中湯)에 모욕(沐浴)허고 하탕(下湯)에 수죽(手足) 싯천

아침인 뒈면~ 아침 불공(佛供)을 새벽 불공을 허여간다.

점심인 당허민 낮 불공

---

889) 늬눈이반둥개 : 눈가에 점이 있어 네 눈으로 보이는 제주산 토종 사냥개.

890) 고칼 : 중의 머리를 깎는 칼.

해가 지여가면 저녁 불공

ᄒᆞ루~ 삼싀(三) 번

불공을 올리는 게

해가 가고 돌(月)이 가고 가는 게

야 뒷 해가 당허난, ᄒᆞ를은 앚안, 법당에 앚안 높은 더레, 저 산천(山川)더레 바려보난, 입은 돋아 청산(靑山)이요~ 꽃은 피여, 화산(花山)이 뒈엿구나에-.

삼형제가

"소서님아 소서님아.

우리가 강 [말] 저 산천에 강 이디 온 두이도[891] 이거 해가 바꽌, 저 산천에, 야~ 입이영 꽃이영 만발(滿發)이 뒈여시난[892] 강 꽃 구경 산보(散步) 구경이나 허당 오쿠다." "어서 걸랑 기영 허라.", [소리] 그때엔~ 산보 구경 꽃 구경

나산~ 저 산천 간 보난

이 산 저 산 뎅기단

한창 엇다 꼿도 구경 좋다.

잎도나 구경 좋다 구경허단

높은~ 동산더레, 올라 산 ᄇᆞ려진 치 아니허연

하늘 우터렐 바레어 보난~, 검은 구름이 동경국 땅으로, 동글동글, 떠오람구나에-.

그걸 바려보난

난데없는~, 부모생각이 난다.

---

891) 두이도 : 뒤에도.

892) 뒈여시난 : 되었으니.

저 구름은 절로[893] 떵 오멍

동경국은 당허난 우리 아버지 어머님 얼굴을 보안, 요디 오란 넘어가젠 헤여 가난 우리덜 얼굴도 보멍 감건마는

"아이고 우리사 살아도~

부모 ᄌ식 생이별 헤여근, 이게 어떵헌 일인고?"

생각을 허난 삼형제가, 그 동산 우이 앚안, 비새ᄀ찌, 울어가는구나에-.

바로 요 시간에

법당에선 대서님이, 소서님 꿈에 선몽(現夢) 시겨간다.

[말] "야 소서야 소서야 뭣허레 그 애기덜을, 꼿 구경 산보 구경 보내엿느냐?, 이 아기덜이 이제 내려오는 대로 아바님도 강 보앙 오켜 어머님도 보앙 오켜 허구대나, [소리] 절대로, 보내지 말렌." 헤연, 꿈에 선몽을 [소리] 드렷구나에-.

퍼짝허게 깨여난, 바려보난, 몽롱성 꿈일러라.

"야 거 첨 필아곡절(必有曲折)헌 일이옌.", 앚안 잇이난, 아닌 게 아니라 삼형제 손 심언~

비새ᄀ찌

울멍덜 들어온다.

[말] "아이고 야이덜아 무사 느네덜 경 울엄시니?" "아이고, 소서님아 경 헐 중 알아시민 산보 구경 꼿 구경 가지나 말 걸, 난데 엇이 갓단 아바님도 보구저라[894] 어머님도 보구저라 우리가 하도 아바님 어머님 보구장 헤연, 더 못 잇이쿠덴." 허난 [소리] "아멩이나 느네덜, 열다섯만 넘건 가렌." 허난, "아이고 소서님아 우리가 강, 아바지 어머님 얼굴 보

---

893) 절로 : 저리로.

894) 보구저라 : 보고 싶어라.

앙 오랑 더 살민 아니 뒈쿠겐.", 소서님, 손목을 심언, 비새ᄀᆞ찌 울어가 옵데다에-.

'이 아기덜 요만 허민

얼마나 부모~ 그려와사

영 허리야.'

[말] "경 허민 이 니네덜, 꼭 가구정 허건 가기랑 가라마는, [소리] 느네 과양땅이랑 들어가건, 매우 멩심(銘心)허영 넘어강 오렌." 허난, "예.", "너희덜, [말] 내가 인돌 알더레 춤을 바끌테니[895] 그 춤 마르기 전에 갓다 올 수가 잇것느냐?" "예 그 춤 마르기 전에 갓다 오겟습니다.", [소리] "경 허민 아멩이나[896] 과양땅이랑 멩심허영

넘어가곡 넘어오렌." 헤연

"느네덜 지영 온 거 비단 삼삼은 구 아홉 페(匹)

요거 지영 가라."

그거 내여주난~ 그 비단 지여 앚언

삼형제가~ 소곡소곡

나비 ᄂᆞᆯ 듯 새 ᄂᆞᆯ 듯

어는제랑[897] 집이 강

아까운~, 우리 아바지 얼굴 보코

아까운~ 우리 어머니

ᄃᆞᆺᄃᆞᆺ헌[898] 홀목도[899] 잡아 보코

895) 춤을 바끌테니 : 침을 뱉을 테니.

896) 아멩이나 : 어떻게든.

897) 어는제랑 : 어느 때면.

898) ᄃᆞᆺᄃᆞᆺ헌 : 따뜻한.

899) 홀목 : 손목.

아 나비 눌 듯 새 눌 듯 가단 가단

난디 엇이, 시장기가 ᄀ이 나는구나에-.

어느 쯤이나 오라신고.

ᄒᆞᆫ 눈을 거듭 떤 바려보난, 과양땅을 오랏구나.

아이고 ᄒᆞᆫ 발은~ 앞더레 ᄒᆞᆫ 발자국 내여 놓고

두터레 두 발자국 디려 놓고

더 이상 갈 수가 엇어 간다.

ᄒᆞᆫ 눈을 더 턴 보난 늬(四) 귀에 풍경(風磬) 둘안 와라차라, 잘 사는 집이 잇이난 저 집이 강 식은 밥에 물제미라도 얻어 먹엉, 시장기 멀령 가 주긴, 들어가단 바레어 보난~, 문 이름은 보난, 과양성이네, 집이 뒈엿구나에-.

아이고 요거 과양성이네 집이로다.

경 허나망정 배고팡 갈 수 엇이난 ᄒᆞᆯ 수 엇이 들어가사 허주긴 헤연, 아시덜ᄀ라[900] "느네 이디 사시렌." 헤여두언, 큰성님 혼자 들어사멍 짓알로 "소승절이 뵙네다-."

"아이고 어떵허난 오널 아침이

[말] 중이 ᄌᆞ식(子息) 아침부떠 오널 우리집이 재수(財數)까리 믄딱 그자 벗어져부럿쩌.[901] [소리] 아침부떠 난디 엇이 소서 ᄌᆞ식이 들어오람시니, 야 수장남(首長男)[902] 수별캄(首別監)아,[903] 저 중 어서 귀 잡아 냅다치라-."

900) 아시덜ᄀ라 : 동생들에게.

901) 재수(財數)까리 믄딱 그자 벗어져부럿쩌 : 재수가 매우 없음을 나타내는 표현.

902) 수장남(首長男) : 머슴들의 우두머리.

903) 수별캄(首別監) : 수장남과 같은 뜻.

배 고프곡 시장허난~, 무슨 힘이 잇이멍

수장남 놀려들언[904] 귓이 심언 두러메연 치난, 마당 구석더레 콕허게 박아진다.

둘쳇 성님이 들어가도, "저 중도 귀 잡아 냅다 치라."

내여단 부찌난 마당 구석더레 콕허게 박아진다.

[말] 족은아신 올레에 암만 산 기다련 형님네 밥 빌엉 오걸랑 먹젠, [소리] 암만 기다려도 아니 오라가난 우리 형님네, 배 고프난 간 밥 주난이 아시 생각 안 허연 당신네만 먹엄신가, 나도 들어강 보주긴 들어가 가난, 어떵허난~ 오널 아척엔

하나도 아닌 세 개썩 뗴죽[905] 채우멍 오람젠, 과양성이~ 각신, "저 중도 귀 잡아 네훈두렌."[906] 허여가난

"아이고 요 어른아 저 어른아.

우리도 원래에 소서 즈식(子息) 중의 즈식 아닙네다. 동경국 땅 버물왕의 자식인데, 우리가 명과 복이 쫄르난~, 법당에 간 수룩 들연, 아바지 어머님 하도 얼굴 보고 싶언, 내려가단 시장기가 나난 시장기라도 멀령 가젠, 식은 밥에 물제미라도 얻어 먹젠, 잠깐 들엇수다에-."

버물왕이나 지금 ᄀ뜨민

도지사(道知事)급 아덜덜이로구나.

겁이사 파짝 난다.

식은 밥 흔 직 흔 숟가락 거려 놓안 숟가락 닥닥허게 좁안[907] 세 개

---

904) 놀려들언 : 날아들어.

905) 뗴죽 : 무리.

906) 네훈두렌 : '내쫓으라' 정도의 뜻.

907) 좁안 : 말아서.

놓안, 그 앞더레 앗아단 주난, 물이영 밥이영 훈 숟가락썩 폭폭 거려 먹은 게, [말] 눈이 베지그랑헨[908] 산이라도 이젠 넘엉 가질 듯 물이라도 넘엉 가질 듯 허난, 큰성님 곧는 말이 "나 동싱덜아 어머님이 올 때에 무시거엔[909] 골아시니?, 이거 이 비단, 과양성이네, 애기나 잇이민 애기 속적삼이나 허여주렌 아홉, 아홉 치만 끊어주주마는 애기도 엇고, [소리] 우리가, 얻어먹고 헤여시난, 과양성이 부인, 머리창 머리댕기라도 디령 뎅기게, 야~ 비단 아홉 치만, 끊어줘동 가는 게 어떵허냐에-?"

"어서 걸랑 기영 헙서."

비단~, 아홉 칠 끊어주난

어따가라 늬 귀에 풍경 돌앙 와라차라 잘 살아도, 비단이라 헌 건 아니 보아나난, 아이고 과양선이 부인 비단 보난, 엇인 언강[910] 절로 난다.

"아이고 도련님네야 요거 미신 거우꽈? 비단이엔 헌 것이 요거우꽈?

안트로 들어 옵서.

우리 집이 안네 들어강 보면 안소랑(內廊房)도 좋수다.

밧소랑(外廊房) 좋수다.

내외소랑(內外廊房) 좋아집네다.

안느로 들어 옵서."

하도 안터레 청허난, 안터레 구들더레 들어가난 훈끔 잇이난~, 술광 궤기,[911] 열두 가지 도용칠반(統營漆盤)을 출련 들어온다에-.

---

908) 베지그랑헨 : 배 고픈 상태에서 밥을 잘 먹으니 만족한 모양을 나타냄. 원래 '베지근ᄒᆞ다'는 고기 따위를 끓인 국물 같은 것이 맛이 있어 구미가 당기는 것을 뜻함.

909) 무시거엔 : 무엇이라고.

910) 언강 : 아양.

911) 궤기 : 고기.

"아이고 우린 법당에 살아부난

궤기광 술은 아니 먹읍네다."

"아이고 도련님네야 모른 말씀 허지 맙서.

법당 안네선 아니 먹엄주마는 법당 벳겻딘 나오민, 술 궤기 다 먹읍네덴." 허난, 궐(勸)에 버천,[912] 안 먹읍네덴 헤도 하도 먹읍센 허난 권(勸)에 버천 호록호록 마신 게, 그 법으로 지금도, 법당 안네선 아니 먹어도 법당 벳겻디 나오민 스님덜, 짜장멘칩이도 들어가곡 궤기도 먹곡 술도 강 먹엉, 뎅기곡 허는 법이 뒈여수다.

동더레도 비씩헌다.

서더레도 술에 취허연 비씩헌다 남더레도 비씩헌다.

이 애기덜 술에 취헤연 누워부난, 과양선이 부인은, 이 비단을 어떵 헤영 빼앗이민 좋콘, 부엌에 간, 오 년 묵은 춤지름에~ 삼 년 묵은 간장물에, 솟디[913] 놓안~ 오근도근 불화식(-火食) 시겨간다.

바랑바랑 불은 숨으난[914]

와상와상 궤여간다.

오근도근 궨 거 그릇에 거련 오란

[말] 방문은 확허게 올안 보난, 삼형젠 코 '화르릉 화르릉' 코 불멍 술에 취헨 잠시난, "어따 요놈의 새끼덜 춤말로 잘 뒛져. 거 ᄀ리에[915] 좀 잘 잠젠." 헤연, [소리] 그자, 웬 귀로 누단 귀더레, 누단 귀로 웬 귀러레, 스로록허게, 질엇구나에-.

---

912) 버천 : 지쳐서

913) 솟디 : 솥에.

914) 불은 숨으난 : 불을 사르니.

915) ᄀ리에 : 고비에.

버물왕 아덜덜 삼형젠
얼음산, 구름 녹듯
구름산, 얼음 녹아가듯
소르록허게 죽으난, 비단은 확허게 빼여 앗언, 상거슴[916] 통쉐[917] 헤연, 금동퀘성문(金銅櫃床門)을 올안 그 쏘곱더레 아무도 몰르게 디려 놓안, 상거슴 통쉐, 절로 싱강허게 종갓구나에-.
"수장남아 수벨캄덜아
요레덜 오라 보라.
오널 밤 야사삼경
깊은 밤 개 고넹이[918] 문딱 좀 들어불걸랑, 요놈으 새끼덜, 지게에 지영 강, 아이고 가당 무시거 하나라도 털어지나 어떵헤영 허민 큰일이 난다. 아무도 몰르게 지게에 지영 강, 저 주천강 연네못(蓮花潭)디 강 존둥에랑,[919] 돌멩이 하나썩 돌아메멍 강, 다 디물랴뒁[920] 오라에-."
"어서 걸랑 기영 헙서."
"경 허당 시체(屍體)라도 떠올르민 큰일 난다."
돌멩이 존둥더레 하나썩 돌아메멍
주천강 연네못디 강
지게에 지연 간 팡팡 디물려두언 오난, 도둑놈이 돌으캄을 우뚝 산, 이녁 헤여진 짐작은 잇고, 뒷날 아침인 동새벡이, 수장남덜을, 일렷구나에-.

---

916) 상거슴 : 자물쇠청.
917) 통쉐 : 자물쇠.
918) 고넹이 : 고양이.
919) 존둥에랑 : 허리에는.
920) 디물랴뒁 : 들이밀어 두고.

"야 수장남 수벨캄덜아.

ᄒᆞᆫ저 강 보라.

언치냑 헌 일 아무 일도 엇이냐 강 보렌." 허난

간 바려보난 "아이고 그냥은 가민, 수상허게 사름덜이 네기난[921] [말] ᄆᆞᆯ(馬) 이껑 가라 펑게로 ᄆᆞᆯ 이껑 강 이, ᄆᆞᆯ 물 멕이는 펑게 헤영, [소리] 경 헤사 존덴." 허난, ᄆᆞᆯ 이꺼 앚언 물 멕이는 펑게 헤연, 간 보난, 아따 가라 어제도~ 그 자리에 아무 것도 엇엇던 자리건마는

삼석(三色)베기 꼬장,[922] 꿋이 ᄃᆞᆼ골ᄃᆞᆼ골허게[923] 물 물 우이 떳구나.

ᄆᆞᆯ 이껑 강 물 먹젱 헤여가민, 철 리(千里) 만 리(萬里) 잇던 꿋 싀게가 ᄃᆞᆼ골ᄃᆞᆼ골 어느 동안 놀려들언, [말] ᄆᆞᆯ 주둥이 박허게 무지리민[924] ᄆᆞᆯ은 그자 주둥이 무지려부난, [소리] 발로 물을 팡허게 지고~, [말] "이디 아니 뒈켜." 이거 이제랑 고장 엇인더레 끗엉 가젠, [소리] 또 저만쯤 강 ᄆᆞᆯ 물 먹젱 헤여가민, 어느 동안 삼석벡이 고장이 놀려들엉, ᄆᆞᆯ 주둥이 박허게 무지리민, ᄆᆞᆯ은 앞발로 물을 팡허게 지곡 허여가옵데다에-.

그 법으로 옛날은 ᄆᆞᆯ 이껑 물 멕이젠, 이껑 가면

앞발로 ᄆᆞᆫ저 물을 팡팡허게 지여두엉, 물을 먹엇젠 허옵데다에-.

집으로 들어간다.

"상저(上典)님아 상저님아 간 보난

[말] 어제도 그 꿋이 양 어십디다마는 양 어떵헹 언치냑 밤 사이에, 아이 오늘 아침 사이에 그거 나온 꿋이주, 간 보난 삼석벡이 고장이

---

921) 네기난 : 여기니.

922) 꼬장 : 고장. 꽃.

923) ᄃᆞᆼ골ᄃᆞᆼ골 : 물 위에 떠서 조금 움직이는 모양. ᄃᆞᆼ글ᄃᆞᆼ글.

924) 무지리민 : 무지르면.

둥골둥골 물 우이 떠둠서로, 생전 물 물을 못 먹게 헹 이레 가민 이레 쫓아 왕, 물 주둥이 무지려불고, 저레 가민 저레 쫓아 강 물 주둥이 무지려불고 허난, 앞발로 물만 팡팡 지단 [소리] 그대로 오랏수다-."

삼석벡이 고장이엔 허난

그것에도 탐(貪)이 난다.

엇인 연세답

ᄀᆞ는대[925] 서대 구덕[926]에 담아 놓안

ᄒᆞ글ᄒᆞ글[927]

주천강~ 연네못더레 들어산다.

주천강 연네못디 간 보난 고장이 진짜로 세 개 둥골둥골 떠시난, 물막게[928] 들런, 활활허게 이녁 앞더레 뎅기멍, "나에게~ 테운 고장이건나 앞더레 오렌." 둥견 물을, 둥겨가난 둥골둥골 세 개가 떠 온다.

앞이 오는 고장은 붉은 고장 벙실벙실 웃는 고장

가운디 오는 고장

노린[929] 고장~, 싱끗싱끗 용심 내는 고장이여.

조름에 오는 건 푸린 고장, 비새ᄀᆞ찌, 우는 고장이로구나에-.

손은 물 알러레 디려놓안, 존둥으로 꼿을 똑똑허게 꺾언, ᄀᆞ는대 서대 구덕에 놓아 앗언

[말] ᄒᆞ글ᄒᆞ글 집이 들어완 "야 첨 요 꼿 요거 이리 보아도 곱고 저리 보아도 곱고, 영 고운 꼿이 어디 싯콘" 헤연, [소리] 하나는~ 일문전에

---

925) ᄀᆞ는대 : 가는 대(竹).

926) 구덕 : 대바구니.

927) ᄒᆞ글ᄒᆞ글 : 걸음을 걸을 때에 허리를 이리저리 흔드는 모양. =ᄒᆞ글망글.

928) 물막게 : 빨랫방망이.

929) 노린 : 노란.

(一門前) 간 꽂읍고 하나는 상깃지둥에[930] 하나는 뒷무뚱에 꽂으완, 일문전에 꽂은 건, 앚앙 보고 들멍 나멍 보저 꽂어 상깃지둥에, 마리대처[931] 난간에 앚앙 보저, 다 보이는 디 뒷무뚱이여

꽂아 노난

과양선이 부인

뒤에 장 거리레 가젱 허민 뒷설작도 박허게 심엉 둥기곡

마당더레 나가젱 허여가민, 앞설작도 박허게 둥기곡

아이고 밥상 받아낭~ 밥상 들러가젱 허민 상고박도 심엉, 허운데기[932] 박박허게 메여가난, [말] "에이고 요놈으 고장 첨, 이거 곱긴 춤말로 곱다마는 헹실(行實)은 괘씸헌 고장이여, [소리] 요놈으 고장 못 쓰켄." 헤연 박박허게 무지련, 정동화리(靑銅火爐)더레 불을 박허게 짇엇구나.

불은 부쩌두언 곰곰드리[933] 생각허난, 아이고 사름도 아닌 고장신디나 허운데기 다 심찌고,[934] 하도 칭원헨 올레에 간 유왕유리 허염시난

그 동네에 청토산이 마고할마님

불망굴[935] 잇건, ᄒᆞ나 빌어단 식은 밥에 물제미 데왕 먹젠, 옛날은 돌아가멍 불씨 묻엉~ 불씨 살류 때난 불씨 죽여불민, 벌도 받곡 헤엿젠 협데다. 불씨, 야 과양성이네~, 집이 담당이 ᄎᆞ례(次例)가 되어신고라

"우리 정짓간에 강 봅서."

---

930) 상깃지둥 : 상방(上房)과 큰방 사이의 기둥.

931) 마리대처 : 마루대청.

932) 허운데기 : 머리카락(頭髮).

933) 곰곰드리 : 곰곰이.

934) 심찌고 : 잡히고.

935) 불망굴 : 불씨. 불 붙고 있는 나무가 아주 타서 숯불과 같이 벌겋게 된 것.

정지에 간 솟강알은936) 헤싼 보난

불망굴이 엇엇구나.

이제랑~ 정동화리에 구들에나 강 보주긴 헤영 구들에 정동화린 헤싼 보난 불망굴은 엇고, 구실937) 세 개가 잇이난, 그거 앗안 올레에 나온다.

"과양선이 각시야.

요거 보라 느네 정지에 솟강알 헤싼 보난

불망굴은 엇고, 느네 구들에 정동화리 간 헤싼 보난 불망굴은 아니 나오고, 구실 세 개 나오란 봉간938) 오랏젠." 허난, 아이고 그거 박허게 빼여 앗이멍

"이 늙은이 저 늙은이야.

아이고 누게가 그거 홍팡939) 오렌 허여시리야.

나 애기 나민 주젠 더 곱질 디 엇언, 재(炭) 쏘곱에 곱쩐940) 놔 두난 그거 홍팡 오랏젠." 박허게 빼연, [말] 영 보아도 곱딱 저영 보아도 곱딱 어따가라 첨, [소리] 요렁게 고운 구슬이 어딜로 나와신곤, 손에 놓아 둥골둥골 둥골둥골

영 허단 입에 놓안 둥골둥골 허는 게

녹는 처레941) 몰르게 구실 싀 개가 다 녹안, 이녁 자신도 모르게, 목알러레 스로록기 내렷구나-.

936) 솟강알 : 아궁이.
937) 구실 : 구슬.
938) 봉간 : 주워.
939) 홍팡 : 후벼 파서.
940) 곱쩐 : 숨겨.
941) 녹는 처레 : 녹는 줄.

그날부떠

아방몸에 뻬(骨)를 빌곡

어멍몸에 술(肉)을 빌언

아오(九) 열 둘 준삭(準朔)

석 둘 열흘이 뒈게 뒈여가난, 아이고 어떵허난 난데 엇이 장(醬)엔 장칼네여

물에는 펄네 남쩌.

옷엔 골네 남구나.

이거 밥도 못 먹키여.

옷도 못 골아 입으키여, 아오(九) 열 둘 준삭 채완, 애긴 나는 거 보난, "아이고 배야 아이고 배여."

방구석 늬(四) 구석을 다 둥굴어[942] 간다.

애긴 낳는 건 보난 아들 하나 솟아난다.[943]

이번은 조친 거 나카부덴 둥굴단 보난

[말] "어떠가라 또 아덜 낫져 이거 쌍둥이 낫구나 이번이사 조친 거 날테주.", [소리] 방구석 다 둥굴단 보난, ᄒᆞ루 앚안, 아덜, 싀(三) 개가 탄생(誕生)헤엿구나에-.

서울이라 상~, 어전(上御前)에 보고(報告)허민

큰 베실이나 내류와 줄 건가.

어디 ᄒᆞᆫ 사름이 아덜 세 개 난 디가 잇이리야, 난 아덜 세 개 나고렌, 자닥을 치연, 서울 어전에 보고허난 어전에선 어찌 사람이 애기 세 개를 날 수 잇것느냐, 개나 새끼 세 개 난덴 헤연, 체 서 말을, 마련헤여

---

942) 둥굴어 : 뒹굴어.

943) 솟아난다 : 태어난다.

보내엿구나에-.

이 아기덜 자는 건 글발이여 노는 건 활소리여

일곱 설이 당허연 한문서당(漢文書堂) 부찌난[944)]

글도 자원(壯元) 활도 자원

명심보감자(明心寶鑑字) 다 익어간다.

ᄒᆞ를날은~, 서울 상시관에 과거(科擧)를 헌덴 허난 시월 동당 과걸 보레 가저, 아바지 어머님신디 왕 ᄀᆞᆯ으난 [말] "서룬 아기덜아 느네덜 잘못 뎅기당 어느 놈 손땅에, 어느 놈 발땅에 죽어지민 어떵헐티 가지 말라." "아이고 아바지야 어머니야 우리 ᄀᆞ뜬 사름이 아니가민, [소리] 누게가 갑니껜." 하도 허난 "경 허건 강, 과거 살앙 오렌 헤연, 과거 강 시험보아 오렌.", 보내여 가는구나에-.

보내난

가 부난 그날부떠 걱정 근심 뒈엿구나.

"우리 아기덜

어디 간~ 어느 놈 손땅에 죽엄신가?

어느 놈 발칫에 죽엄신가?"

매날 근심 걱정을 허단

ᄒᆞ를날은 높은 동산에 간

불림질을[945)] 허노렌 허난

동으로, ᄇᆞ려진 체 아니헨 바려보난, 비비둥둥 주네나팔, 불언 과거 당선(當選) 뒈연덜 오람구나에-.

앞이는 선배로다 두엔 후배로다.

---

944) 부찌난 : 붙이니. 들여보내니.

945) 불림질 : 곡식을 바람에 날려서 쭉정이 등을 날려버리는 일.

일괄록(一官奴)은 일기생(一妓生)에

삼만관속(三獻官屬) 육방하인(六房下人) 어수에(御賜花) 비수에(妃賜花) 뜨고 온다.

야~ 와라차라 와라차라

과거당선(科擧當選)이엔 헤연 오라가난

불림질허단 그 불림질 허는 거, [말] ᄀ만이 허는 일이나 허주마는, [소리] 그걸랑 턱허게 놓아둠서 [말] "아이고 첨 어떵헌 집안은 산천(山川)도 좋앙, 저추룩 과거도 허민 당선 뒈연 오람신고?, [소리] 우리 아덜 덜 삼형젠 어디 간 어느 놈 손땅에 어느 놈 발칫에 죽어신고?, [말] 그자 멩천(明天) ᄀ뜬 하늘님아 저 놈으 새끼덜랑 요 우리 올레만 오건 그자, 똑기시리[946] 그자 죽게 헤여줍센.", [소리] 손으로 삭삭 빌엇구나에-.

빌어두언

아닌 게 아니라

오는 건 보난~ 과양성이네 집더레, 와라차라 들어오라가난

과양선이 안부인

불림질허단~ 솔박[947] 내불어 두언, 얼씨구나 절씨구나 아니 노진 못하리라.

우리 집안 산천도~, 그럭저럭 잘 뒈여감구나.

아이고 난~ 나 애기덜, 아니카부덴 후육누육(詬辱累辱) 궂인[948] 욕을 허여지엿구나.

이제랑~

---

946) 똑기시리 : 꼭.

947) 솔박 : 한 되 들이 크기로 나무를 파서 만든 됫박.

948) 궂인 : 궂은.

하메(下馬)를 시기난

호걸련대잔치를 허여보저

우리 일문전에서 발루완 과거 당선허게 헤엿젠, 문전더레 큰아덜은 동방급제(東方及第) 허여수덴 헤연, 절 삼 벨(三拜ㄹ) 허난, 소꼭허난 죽언, 일어나카부덴 허난, 아니 일어난 죽엇구나에-.

셋아덜은~

팔도도자원(八道都壯元)을

허엿젠 허연 조왕간(竈王間)에 간, 조왕에서 발루완, 이 과거 당선 뒈연 고맙수덴 헤여네

조왕에 간 절 삼 배 허난 소꼭허게 죽언 아니 일어나고, 족은 아덜은 ~ 문선급제(文選及第) 허여수덴 헤연, 동네에 짐치 원임네영 다 불러단

절을 허연 흔 잔썩 술을 받~ 원임네가 절 허연

술을 흔 잔썩 올리난 그거 먹으난, 소꼭허게 다 죽엇구나에-.

흔 날 흔 시간에

삼형제 다 죽어간다.

아이고~ 마당 늬 구석 상방[949] 늬 구석 다 누원 둥근다.

아이고 나, 흔 날에, 이 아기덜 다 낳곡 흔 날에 다 커근, 과거도 보난 흔 날에 당선 뒈영

흔 날에 다 죽덴 말이 웬 말인고

나 일이여 나 일이여.

[말] 누원 둥굴어도 죽은 애기덜은 아니 살아나고 이 노릇은 어떵허민 좋코?, [소리] 경 말아근, [말] "야 우선 이거 앞밧디 출병허고 뒷밧디

---

949) 상방 : 대청(大廳). 마루.

출병막이나 허영 놔두라 내가 어~떵헌 일이 셔도, 내가 이거를 꼭 [소리] 발루왕 말켄."[950] 헤연, 앞밧디 뒷밧디 출병허여 두언, 원임을[951] 춫앙 갓구나에-.

"원임아 원님아.

어떵허난 원임도 그 날~, 흔디 앚안, 원임이 죽입데가?, 어떵헨 죽엿수겐." 하도~ 원임신디 간, 후육누육을 헌다.

성담~ 밧껫디, 원님신디 하도 허여가난

원임 굳는 말이 "무사 내가, 그추룩~ 사름을 죽입네까. 경 말앙 집이 강, 아침이랑 아침 소지 원정을 올리곡 낮이랑 정심(點心) 소지 올리고, 어둑어 저녁 소지를 올령, 흐루 삼 싀 번썩, 석 둘 열흘 벡일(百日) 동안 아홉 상지(箱子) 반만 소지(所志) 절체(決處)를 드령 오면, 내가 그 절체를, 허여 안네쿠다에-."

집으로 오란 원임 골은 대로

소지 절체를 올련, 아홉 상지 반 석 둘 열흘 벡일 동안 올리난

다 술아지엿구나~. 그 때엔 다시 원임신디 춫앙 가난, "아이고 누게가 두둘어불엉을 죽으나 놈이영 싸왕을 죽으나 허여시면, 그 해결(解決) 허주마는 이녁크로, 이녁 우이 옥살이지영 죽은 일, 나 이 해결 못 허켄." 허난, 성담~ 밧껫들로 빙빙허게

돌아 뎅기멍

"개 ᄀ뜬 짐치원아

쉐(牛) ᄀ뜬 짐치원아

요만헌 절체 못 허멍

---

950) 발루왕 말켄 : 바로잡고 말겠다고.

951) 원임을 : 원님을.

원님살이 뭐일러냐

그만 두렌 이 고을 원임살이 그만 두렌." 후육누육 하도 욕을 허난, 췌포(冊布)를 몬딱 싼 원임은, "나가 과양선이 각시신디, 욕을 들엉 어떵 살린.", 문을 안느로, 잡안 누웟더라.

지둥토인(妓童通引)은 밥상을 들런 간 보난

문을 딱허게 안으로 중가시난[952] 안부인신디 간 일르난, 안부인 밥상 들런, "이 어른아 저 어른아.

ᄒᆞᆫ 일은 알곡 두 일은 모릅네까?

나 안티도 못 ᄀᆞᆯ을 말이우꽈?

어떵헌 말이우꽈?, 나신디 ᄀᆞᆯ아 봅서, 아기업겟[953] 말도, 귀 넘어 듣지 말렌 헌 말이 잇수덴." 허난, 그때엔 문 올앙 ᄀᆞᆮ는 건 보난, 과양성이, 부인 ᄉᆞ건(事件)이로구나에-.

"원임아 원임아 ᄒᆞᆫ 일 알고 두 일은 몰람수까.

이 ᄀᆞ을에, 역력허고 똑똑헌 강님이 강파도 잇습네다.

어린 때에 부모혈속(父母血屬) 탄생허난

일곱 설에 한문서당(漢文書堂)에 들어간 게

천자(千字)를 웨우고 삼천자(三千字)를 통달(通達)허고

명심보감

통달ᄒᆞ여

열다섯 십오 세 뒈난~, 파도 베실ᄁᆞ지 맡앙~, 입장결혼헤연 장게(杖家) 가난, 큰각시~

놓아두엉 문 안네도 아옵(九) 각시 문 벳깃디도 아옵 각시

---

952) 중가시난 : 잠가 있으니.

953) 아기업겟 : 아기업게의. 아기업게는 업저지를 말함.

이구십팔(二九十八) 예레덥 각시덜 허영 사는, 강님이가 시난 강님이 ᄀ라, 잡혀당 저승 강 염네왕(閻羅王) 잡혀오렝 헤영, 이 해결허는 게 어떵허우꽈에-"

"어서 걸랑 기영954) 허저."

그 때에는

사흘 동안

사발통문(沙鉢通文)을 허여간다.

아무 날 아무 시(時)가 당허민

문딱 나왕 지금 ᄀ뜨민 반상회ᄀ찌 ᄆ을, 훼(會)를 열려간다.

사발통문허난 동안(東軒) 마당에 문딱 모이렌 허연

영 허여도 강님이신딘 아니 ᄀ아가난, 강님인 아니 나올꺼카부덴 아니 나오고 다른 사름은 문딱 나온 중에, 강님이만 아니 나오난, "야~ 강님이 ᄉ권장(四官長)에 궐(闕)이여-."

"강님이 강 잡아드리라."

강님이 심으레 간 보난

선관도서덜 간 바려보난

기생첩(妓生妾)덜 품에서만~ 노리게 허멍 놀암구나, "야 강님아 강님아 이레 썩 나왕 ᄉ권장에, 궐을 받으라."

"뭔 일입네까?"

어서 나오렌 헤연~, 홍사줄(紅絲繩)을955) 체완 동안마당 연단 우이 오란, 탁허게 앚져 놓안, 큰칼을 탁 씨왓구나에-.

ᄌ각(刺客) 놈은~ 칼을 들런 춤을 탁탁 추어간다.

---

954) 기영 : 그렇게.

955) 홍사줄(紅絲繩) : 죄인을 묶는 오랏줄.

"앞밧디랑 작두(斫刀) 걸라 뒷밧디랑
벌통956) 걸라.
수천끼를 내꽂으라.
야 강님아 강님아.

[말] 너 이 자리에서 목숨을 당장 바쪄 죽겟느냐? 저싱 강 염네왕을 잡혀 오겟느냐?", [소리] "아이고 짐승은 나면 가죽을 넹기렌 허고 사름은 나민 명예(名譽)를 넹기렌 헤엿저, 저싱 강 염네왕 잡혀 오겟습네다-."

[말] "그러나망정 저싱은 미신957) 때문에 가렌 허는 거우꽈?, [소리] 저승 가렝헌 이유나 알아사쿠덴." 허난, 과양선이, 부인, 야 그 애기덜, 나고 죽고 헌 말을, 다 골앗구나에-.

그때엔 아이고 강님ᄉ제~
저싱은 가쿠덴 대답은, 허엿건만
저승찔이958) 어디며, 저승이, 어디산디959) 어딜로 가는 것 산디
아무 것도 몰르곡~, 연단 우에 앉안
비새ᄀ찌 울제 울어간다.
주승 ᄀ뜬 양지러레 광주청은 눈물, 다륵다륵 털어지여간다.
큰칼을 벳겨두언 "어딜 가민 좋코?~
어딜 가민 날 도와주어
저승길을 골아줄 건고
이제랑 성방(刑房) 방에 가 보저, 성방님네야 나 저싱찔 골아 줍서."

956) 벌통 : 형구(形具).
957) 미신 : 무슨.
958) 저승찔 : 저승길.
959) 어디산디 : 어디인지.

"난 몰른다, 이별잔(離別盞)이나 받앙 가라.

작별잔(作別盞)이나 받앙 가라~.", 이방(吏房) 방에 놀려들언[960] "저 싱찔 골아 줍서." "난 몰른다.

이별잔 작별잔 받앙 가라."

"어딜 가민 좋코?"

동네 유지급(有志級)덜 촟앙[961] 간 "어르신님네야.

나 저싱찔 골아 줍서." "우리도 몰른다." 불쌍허다 가련허다, 친구 벗덜 촟앙 간 "나 친구덜아, 오라 나영[962] 벗허영 저싱이나 흔디 강 오게.", "아이고 난 말다."

"느네덜 너미 경 허지 말라 너미 허염쩌, 나 돈 잇곡 술칩이 가곡 새각시 칩이 갈 때엔, 나도 가마 나도 가마 느네도 하영 부떠라마는, 저싱은 가젠 허난 외로운 건, 나 혼자뿐이로구나에-.

곰곰드리 생각을 허연 보난

수양(收養) 누님신디나 강 보젠 헤연 수양 누님 촟앙 간, "아이고 나 저싱 감수덴." 허난, "아이고 오라방아~ 저승찔은 머나먼 질이엔 허연 게

가젱 허민 뚬인덜[963] 아니 나고 눈물인덜 아니 나리야."

청벡비도 내여준다 흑벡비도 내여준다.

"가당 가당 질이 막히나

보인 안개 찌걸랑 청벡비로 둘렁 가라 흑벡비로 둘렁 가라."

960) 놀려들언 : 날려들어.

961) 촟앙 : 찾아.

962) 나영 : 나하고.

963) 뚬 : 땀.

"오라방 혼저 강 오렌." 헤연, 눈물수건이영, 뚬수건이영 내여주멍 "눈물 나건 눈물 닦으멍 가곡 뚬 나건, 뚬 닦으렌.", 다, 내여주엇수다에-.

곰곰드리 생각허나에~

아이고 나, 잊혓구나~. 우리 큰각시 나안티[964] 시집 오고 장게(丈家)나 강, 이거 그 자리에서 사모관디(紗帽冠帶) 벗언 놓아두곡 큰각시 족두리 벳견 놓아 두언, 나 그 질로 나온 게, 이구십팔 열여덥 각시년덜 허연 부수 댕기단 보난 큰각신 잊어부난, 이 노릇 어떵허민 좋코? 이제랑 큰각시 울린 줸가.

마지막 큰각시나 춫앙 가근, 안심(安心)이나 시겨두엉 가저.

큰각시 사는 더레~ 춫아 앚어네 가단 보난

큰각신~, 굴묵낭[965] 방에에 물보리 섞어 놓안 도휏낭(桃花木) 절깃대로,[966] 이녁 전싱(前生)~ 팔저(八字)~

생각허멍 "이여방에 이여방에."

방에랑 콩콩 좋은 소리 내걸천 지염더라.

그때엔 강님수젠, 아무 말도 아니 골안, 허울허울허게 집 안터레 놀려든다.

강님이 큰각시는, 그때엔 방에를 지단, 방에툭이랑 툭허게 놓아 앚이멍, [말] "아따가라 첨, 이 어른아 저 어른아 살암시난[967] 얼굴보아 지염수다양?, 어떵헤연 우리집이 춫앙 올 생각난 옵데가? 저 올레에 가시가 걷어지여십데가? 어떵허난 범주리 까시가[968] 걷어지여십데가?, 어떵

964) 나안티 : 나에게.

965) 굴묵낭 : 느티나무.

966) 절깃대 : 절구공이.

967) 살암시난 : 살다보니.

968) 범주리 까시 : 범주리 가시. '범주리낭'은 실거리나무. =씰거리낭.

허난 정문(正門)이 열어지연 날 촟안 옵데가?", [소리] 영 골아도 속솜[969] 저영 골아도 속솜, 아무 대답 아니 허연, 방문터레 방 안테더레, 허울허울 들어산다에-.

방엔 간~ 문 욜안 보난~

올라다 보난

능화도벡(菱花塗壁)

내려다 보난

각장장판

아이고 벡장(壁欌) 우터렌 바련보난

공단(貢緞) 이불 서단(紬緞)이불

잇엇더라.

원앙칭칭(鴛鴦衾枕) 잣베게에

한산(韓山)모시, 이불헤여~, 벡장(壁欌) ᄀ득, 게연 놓앗구나.

ᄇ려진 체 아년 구들 구석엔 보난, 정동화리(靑銅火爐) 일곱 개 주르르허게 놓안 살암구나에-.

그때서야 앚안 후훼(後悔)를 허여간다.

아이고 영 허난 홀어멍은, 혼자만 삼 년 동안 사난, 요추룩 부제(富者)로 잘 살건마는

홀아방은 나ᄀ치 삼 년 동안 둥굴단 보난, 거적문에 남돌체기,[970] 하나뿐이로구나에-.

구들에 간 앚인 게

업더지언 비새ᄀ찌 울어간다.

---

969) 속솜 : 아무 말도 아니하고 입을 다문 모양.
970) 남돌체기 : 나무로 만든 돌쩌귀.

강님이 큰각시는

방에만 지단 생각을 허난 나 집이 온 손님이여, 아무리, 각시 하영 얻엉 뎅기멍, 나 간장(肝腸)을 테우곡~, 나 오장(五臟)을 다 썩엿주마는, ᄒᆞᆫ녁은[971] 생각허난 내 남편(男便)이 너무 잘 나부난, 각시라도 하영 얻언 뎅겻져, 들어강 보주긴 구들을 간 문을 확허게 율안 보난, 강님이 ᄉᆞ제님은, 업더지언 엉엉 울엄더라.

[말] "이 어른아 저 어른아 어떵허난 경 울엄수꽈? 일어나 봅서, 아이고 ᄌᆞᆺ사 나 그만썩 저만썩 ᄀᆞᆯ은 말에 칭원(稱寃)헤연 울엄수꽈?, 여자엔 헌 건양 동산 우에 앚앙 소피를 보아도 치멧깍 젓을 줄 모르는 건, [소리] 여ᄌᆞ(女子)에 ᄆᆞ음이난, 아이고 나 아까 ᄀᆞᆯ은 말에 칭원헤영 울엄 건, 다 풀려붑서에-."

강님ᄉᆞ제님이 와들랑허게 일어난다.

"아이고 이 사람아 저 사름아

자네 살아온 경 ᄀᆞᆯ은 것에

내가 칭원허영 울 거면 무시것허레, 이 집일 ᄎᆞᆽ아 오는고 이 사름아

나 인간에서 줴(罪)엔 헌 건, 당신, 나신디 씨녁 오랑, 장게 가고 씨집 오는 날, 나 그 발로 나강, 이구십팔 여레둡(十八) 각시허연 살단 보난, 자네 울린 줴 벳긴 엇인디, 저승 염네왕 잡히레 가는 길에 마주막으로 자네 사름, 얼굴이나 상봉(相逢)허영 가젠, 안심이나 시겨두엉 가젠 오랏노라."

[말] "낭군님아 게난 저싱가렌 헌 건 무신 페적(表迹)을 줍데가?", [소리] 보곰지서[972] 꺼내는 건 보난, 흰 종이에, 검은 먹글을 써엇구나에-.

---

971) ᄒᆞᆫ녁은 : 한편으로는.

972) 보곰지서 : 지갑에서.

열두 복(幅) 대홍대단 홋단치메

확허게 웨오 둘러입나

연단 우터레 치돌은다.

동안(東軒) 마당, 연단 우이 올라산

"아이고 어떵헌 판서(判事)우꽈 어떵헌 ᄉᆞ띠우꽈,[973] 요 글은 이싱글 아니우꽈 저싱글은, 붉은 거에 흰 글로 써야 저승글입네다."

그 법으로, 우리 지금 사름 죽으민 맹전법(銘旌法)도 설련이 뒈곡, 그 때사 부랴부랴 붉은 천에, 둑새기[974] 흰 자 까 놓안 먹으로 글을 썬 밀ᄀᆞ루허연 뿌련 ᄀᆞ루허연 뿌려간다.

그거 들런 집이 들어온다.

아이고 잘 나도 내 낭군(郎君) 못 나도 내 낭군

내 낭군이 저승 가는 길에, 살아도 막번, 호ᄉᆞ(好事)를 시겨보저 죽어도 막번 호ᄉᆞ를 시겨보저.

그때엔 저승 가멍 입을 옷이나 멘들아 보저.

손으로 바농질 헤연 멘들아간다. 북방사주(白紡紗紬) 말바지, 남방사주(藍紡紗紬) 저고리에, 벌통 행경(行纏) 웨코 접은 벡농(白綾) 보선 한산 모시 두루마기, 남수와단 서단콰지, 붉은 대단 안을 바쪈 지어간다.

머리엔 보난 사태산 쉐털(牛毛) 흑토잘리 모자를, 눌망눌망

궁적짓에 밀나라(蜜花)[975] 붓따온 줴움친이여[976] 불림친이로다.[977]

허여간다.

---

973) ᄉᆞ띠우꽈 : 사또입니까.

974) 둑새기 : 계란.

975) 밀나라(蜜花) : 밀화로 만든 빼듯한 끈. 밀화패영(蜜花貝纓).

976) 줴움친 : 졸이는 끈.

977) 불림친 : 날리는 끈.

본메본짱으로, 바농 ᄒᆞᆫ ᄊᆞᆷ[978] 퀘지(快子) 썹에 놓안, 지엇구나에-.

서룬 낭군 가당 배 고프민 어떵허코

강남서 들어온 ᄍᆞᄁᆞ만 멧시리에 일본서 들어온 ᄍᆞᄁᆞ만 멧ᄉᆞᆺ디에

시양삭삭 고운 ᄊᆞᆯ~, 굽 넙은 사라 다라에, 물 잡아 ᄃᆞᆷ근다.

이어 방에 콩콩허게 지언, 체할망 굴런 쳇 바쿠 탁 치난 좀질도[979] 좀질다.

체 아래 꺼, 허여 놓안 초징[980] 이징 삼징 놓안 벡시리떡을 치언, 젤 우의 건 떼어 놓안, 일문전(一門前) 하르바님신디 간 올련, "우리 낭군, 강님이우다, 저싱 감시메 저싱질, 인도(引導) 지도(指導)시겨 줍센." 절 삼 배 올리고 소지 삼 장을 ᄉᆞᆯ아간다.[981]

아렛찡은~ 떼여 놓안~

조왕(竈王) 할마님 전에 간 올리고, 소지 삼 장을 ᄉᆞᆯ고 절 삼 배를 허고

가운디 건 똑허게 떼언 포따리에 ᄐᆞᆫᄐᆞᆫ허게 싼, 강님이 나시[982] ᄎᆞᆯ려 두언, 아이고 밤새낭 좀 아니 잔 그거 허젠 허난~, 그 밤이 새도록 ᄎᆞᆯ련, 잇이난, 천하ᄃᆞᆨ(天下鷄)은, 목을 들러 ᄌᆞ지반반 울어간다.

구들에 들어 완 문은 확허게 ᄋᆞᆯ안 보난 강님 ᄉᆞ제님은, 코만 '화르르릉 화르르릉' 코만 불멍 잠시난, [말] "아이구 이 어른아 저 어른아 무정도 험도, 어떵 ᄀᆞ랑 경, [소리] 좀을 잠수까."

"아이구~

978) ᄒᆞᆫ ᄊᆞᆷ : 한 쌈.

979) 좀질긴 : 자잘하기는.

980) 초징 : 시루떡을 찔 때 소를 넣어 뗄 수 있게 만든 첫 층계.

981) ᄉᆞᆯ아간다 : 태워간다. 'ᄉᆞᆯ다'는 사르다(燒).

982) 나시 : 묷.

나가~, 나라도 강 퉬 일 ᄀᆞ뜨민, 당신 대신 나라도 저싱 강 오쿠뎅.", 영 허여도 이건 본인 벳긴 못 가는 일이라부난

그 법으로~, 야~, 저싱 가는 법광 군인(軍人) 가는 법은 대신도 못 강, 본인 벳긴 못 갑네다에-.

혼저 일어납서."

일어난 보난 지에ᄃᆨ(地下鷄)은 출릴983) 치영

'구구구구' 울어간다 대명천지(大明天地)가 붉암더라.

[말] 그때엔, 각시허여 논 거 옷 문딱 ᄎᆞ례ᄎᆞ례(次例次例) 입어 놓고, 떡 허연 온 거 포따리에 톤톤 싼 존둥이더레 탁허게 묶어 놓안, "아이고 서룬 정녀야 나~, 뎅기멍 각시 하영 얻엉 뎅견, 문 안네도 아홉 개, 문 베꼇디도 아홉 개 이구십팔 열여덥(十八) 각시덜 얻언 뎅기멍, 저 사름 고생시긴 거 너무나 미안허난 나 저싱 강 오랑, 우리가 검은 머리 벡발(白髮) 퉤도록, 호강(豪强)시겨 주켄." 굳은 언약을 허여두언

올레 바꼇 나산 보난

어떵헌 여자가, 빈 허벅을984) 지연, 이레 주왁 저레 주왁, 앞이 들언 젓엄구나에-.985)

강님ᄉᆞ제님

그때엔 삼각수(三角鬚)를 거슬린다.

봉에눈(鳳眼)을 ᄇᆞ릅 뜬다.

정동 ᄀᆞ뜬986) 풀딱지를 확허게 걷으멍, "야 어떵헌~ 여자냐 여자라

983) 출릴 : 꼬리를.

984) 허벅 : 물을 길어 나르는 동이.

985) 이레 주왁 저레 주왁, 앞이 들언 젓엄구나에 : 이쪽으로 움직이고 저쪽으로 움직이고, 앞에서 왔다 갔다 하고 있구나.

986) 정동 ᄀᆞ뜬 : 청동(靑銅) 같은.

헌 건 꿈에만 시꾸와도[987] 새물(邪物)인데, 강님이 저승 가는 길에, 빈 허벅 지영 앞에 들언 젓엄젠."

주먹으로, 와쌍허게 허벅을 벌러난[988] 법으로, 옛날은 사름 죽어난 귀양풀이[989] 허젱 허민, 그 사름 죽어난 구들에, 사기 그릇 앗아당, 와쌍바쌍, 벌르멍 귀양풀이 허영, 쌀이쌀성(殺意殺星) ᄃᆞ려 낫습네다에-.

지금은 모든 게 개화법(開化法)이 뒈난 콩으로 쌀이(殺意)를 쌀성(殺星) ᄃᆞ립네다.

가단 보난 어떤 청토산이 마구할마님

불 부떠난 부지뗑이 짊어간다.

불 부떠난 행지치메 둘러 입언, 꼬부랑 할망이 앞이 들언, [말] 걸엄구나 '어따 저 할마님은 첨 어드레 가암신고.', [소리] ᄒᆞᆫ저 돌아 강 할마님 미쳥 말벗이나 허영, ᄒᆞᆫ디 가저.

강님이가 제기[990] 가면

할마님도 제기 걷곡

할마님~, 강님이가 뜨게[991] 가 가민 할마님도 뜨게 가고

가단 가단~ 높은 동산에 간 오똑허게 앉앗더라.

할마님신더레 강님ᄉᆞ제님이 절을 허울허울 삼 배(三拜) 허난 [말] "하이구 첨, 어떵헌 도령님이 넘어가단 이런 똥내 지렁내 난 늙은이안티 절 헤염수까?", "아이고 할마님아 모른 소리 맙서. 우리집이도 가민 백(百) 난 하르방 할마님 다 잇수다, [소리] 할마님아 옵서 배 고프고 시장

---

987) 시꾸와도 : 나타나도. 보여도.

988) 벌러난 : 깼던.

989) 귀양풀이 : 사람이 죽어 장사를 치른 날 밤에 행하는 굿 이름.

990) 제기 : 빨리.

991) 뜨게 : 느리게.

허난 시장기나 멀령 가게.", "어서 기영 허렌." 헤연 내여논 건 보난, 똑ᄀᆞ뜬, 떡이로구나에-.

"어떵허난~ 할마님 떡광 나 떡은

ᄒᆞᆫ 솜씨에, ᄒᆞᆫ 손밑에, 떡이 닮음네까에-."

"모른 소리 허지 말라.

난 너의 큰각시네 집에 조왕할망인데

[말] 너 허는 건 행실이 궤씸허드라마는, [소리] 너의 큰각시 하도 정성이 지극허곡, 정네가 불쌍허난, 너 큰각시 생각하는 게 너 저싱찔 ᄀᆞᆯ아주젠 나오라시메, 나 떡이랑 너 먹엉, 시장기 멀령 가곡 너 떡이랑 앗앙가당 보라 일문전 하르바님이, 너 저싱찔 ᄀᆞᆯ아주젠 나왕 앚아실꺼메, 하르바님 안네영, 저싱찔 ᄀᆞᆯ아줍센 헤영 저싱 ᄎᆞᆽ앙 강 오라에-.

그때에 그 떡 갈라먹언~ 할마님전

고맙수덴 헤연 절을 허울허울 삼 벨 올련

고개를 확허게 들런 보난, 그때엔 할마님, 간간무중992) 뒈엇구나에-.

피라곡절(必有曲折)헌 일이로구나.

이녁 혼자만 가단 보난, 아닌 게 아니라~, 벡발(白髮) 뒌 하르바님

높은 동산이~, 앚아시난 담뱃대 진진헌993) 담뱃대 물고 헤영헌994) 쉬염(鬚)에 앚앗구나. 하르바님신디 간 다시 절을 허울허울 삼 배 허난, [말] "아이고 어떵헌 도령님이 넘어가단 절을 헴수까?" "아이고 모른 소리 맙서 우리집이도 벡 난995) 하르바님 할마님 다 잇수께, [소리] 옵서

992) 간간무중 : 온데 간데 없이 사라져 버림.

993) 진진헌 : 매우 긴.

994) 헤영헌 : 하얀.

995) 벡 난 : 백 살이 된.

하르바님아 시장기 멀령 가게." 내여논 건 보난, 다시 닮은, 시리떡이로구나.

"어떵허난 하르바님 떡 나 떡 이치룩 닮암수까?"

"아이고 너 허는 건~ 행실이 궤씸허여도

[말] 너 생각은 허민 이 느 질 골아줄 생각이랑 마랑 아무 것도 엇다마는, [소리] 너네 큰각시 정녜가 불쌍허고, 정성이 기특허난, 너 큰각시 생각을 허난 너 저싱찔 골아주젠 나오라시메

저싱찔 골아주건, 저싱 강 오라." "나 떡 먹엉 시장기 멀령 가고, 느 떡이랑 그냥 앗앙 가당 보민, 느 들어갈 찔을 헤우청 들어강 보라 이원ᄉ제,[996] 질토레비 질감관(路監官) 질 닦으단, 허기(虛飢) 버쳔 지금, 누워시메 그 떡 주엉, 시장기 멀려근, 저싱찔 골아도렌 허영 강 오라에-."

그때는 하르바님 손 심엉

높은 동산 올라산 게

이구산으로 올라산다.

"강님아, 아이고 요질은 보라 이거~, 어떤 사름덜은[997] 올라 옥항상제부떠 거느리고 어떤 사름덜은 시왕(十王)부떠 거느려도, 이내 몸은[998] 처서(差使)덜만 가는 질이난, 처서찔만 세웁네다에-.

천앙처선(天皇差使ㄴ) 월죽ᄉ제(月直使者)가 들어가는 질이여

"강님아 요질은 보라~ 요건 보난, 지왕처서(地皇差使)

일죽ᄉ제(日直使者)가 들어갈 찔

요쪽에 건 보난~, 어금베 도서나자(御禁府都事羅將) 들어갈 찔

996) 이원ᄉ제 : 저승의 사자(使者) 이름.

997) 어떤 사름덜은 : 어떤 심방들은.

998) 이내 몸은 : 이용옥 심방 자신을 지칭하며 말하고 있음.

저쪽에 질은 보라~, 연직사자(年直使者) 월직(月直) 일직(日直) 시직사자(時直使者)가 들어갈 찔

요질은 보라~, 저승 눈이 붉어 황스제(黃使者)

코가 붉어 적스제(赤使者) 입이 붉은 악심스제(惡心使者)가 들어갈 찔

요질은 보라 저승은 이원스제 이승, 강님스제(姜林使者), 느 들어갈 찔이로구나에-.

단지 그것만 골아주어 두언

하르바님도, 간간무중 뒈엇구나.

[말] "아이고 이 하르바님은 첨 어디사 가신디 원 영도 영 그냥 할망도, 펀칙허난 어디레 엇어져부런, [소리] 하르방도 엇어져부런 이 노릇을 어떵허믄 좋콘.", 이녁 혼자만 들어가젠 허난, 동읫 가지는 서더레도 왕상헌 질이로다 서읫 가진 동더레 왕상헌 질이로다.

어주리찔이여 비주리찔[999] 눈비약[1000] 한탈남찔[1001]

가시덤벌 띠덤벌 돌팟구, 질이 뒈엿구나에-.

[말] 그 법으로 우리 사름 죽을 때는 강님스제허고 가는 법이라 부난, [소리] 그 질로 들어갈 거엥 헤영 사름 죽어나민, 귀양 내영 질치는 법도 설련이 뒈엇수다.

옛날은 꼭 시왕맞이만 헤여사 질치엇수다만은, 요즘은 신식(新式)이난~ 모든 게 다 신식법 뜨란, 그냥 귀양풀이만 허멍도 질덜 치여불곡 허염수다.

가단 가단 제우제우[1002] 헤우청 가단 보난

---

999) 어주리찔이여 비주리찔 : 요철(凹凸)이 심한 길.

1000) 눈비약 : 풍설(風雪).

1001) 한탈남찔 : 산딸기 나무로 가득한 길.

[말] 질토레비가 질 닦으단 허기 버천1003) 누엇구나, “아이고 혼저 일어낭 요 나 떡이나 먹어그넹에 ᄒᆞ끔, 시장기나 멀립서.”, [소리] 하도 배고프난 듣도 묻도 안 헤영 그 떡 먹언 [말] “게난, 이젠 난 눈이 베지그랑 헤연 살아지쿠다만은 어디서 어드레 가는 누게가 뒙니까?”, “난 이승에서 강님인데, 저승 염네왕 잡히레 감수다.”, “게난 어떵헨 옵데가 혼(魂)이나 불런 옵데가?” “아니우다 엇수다 원혼(冤魂)이랑 마랑 나 그냥 오라수다.” “아이구 첨, 가젱 허민 검은 머리턱이 벡발(白髮)이 뒈게 걸어봡서 저싱을 가지느냐 못 갑네다, [소리] 나도 놈의 거 공허게 얻어 먹고 얻어 쓰민 목 걸리고 등 걸리는 법이난, [말] 경 말앙 양, 이디 잇입서 이디 잇이민, 염네왕이 네일 모리 ᄉᆞ오식(巳午時) 날 당허민, 아렛녁케 원북장제 [소리] 말젯똘아기, 다~, 죽어가난, 원북장제네

그디~ 가근

굿 받아 먹젠 내리는 디, 나가 질을 닦아단 영 허기 버천 누엇수덴.” 허난, “그때엔 아니 뒙네다 나가 아멩헤도 저싱 강 오쿠덴.” 허난, “어서 걸랑 기영 헙서.”

“그때에는

아니 뒙네덴.” 허난, “경 허민 어떵허쿠가?, 경 허걸랑 속적삼이나 입언 옵데가?” [말] “예 입언 오랏수다.”, [소리] “그거 벗입서” 벗이난 그거 들렁, 강님이 본 강님이 본 강님이 본

연세번을 불러가난

강님이 삼혼정(三魂情), 저싱 원대문에 간, 지부쪗구나에-.

ᄒᆞ끔 잇이난

1002) 제우제우 : 겨우겨우.

1003) 허기 버천 : 배가 고파서. ‘버치다’는 부치다.

와라차라 벌련독게(別輦獨驕)덜~ 들어온다.

삼만관속(三萬官屬)도 오라간다.

앞이 오는 벌련은 청가메 번벌련

심언 보난[1004] 초제 진간대왕(秦廣大王)이 탓구나.

두 번째 오는 벌련은~ 흑가메 흑벌련

빈 벌련이여, 세 번째 네 번째, 다섯 번째 벌련 독겐, 와지끈 땅에 심언 보난 염네왕이 앚앗구나-.

ᄒᆞᆫ 번 보고 두 번은 못 보앗더라.

머리엔 말관을 쓰고

눈은 보난 통대왈만인 허고

귀는 보난 작박만이[1005]

허연~, 앚앗구나.

아이고 콘 보난 물똥코만인 허고 허난 바싹 ᄆᆞᄉᆞ완,[1006] 뒷켤음질 헤연 삿단, 때는 요 때여 요 때 못 심으면, 못 잡히면, 나는 평생 이승도 못 오라 가고

아니 퉬로구나.

요등에 홍사줄을 찻다네

다르르르 굴르멍

나간, 저승 염네왕을 탁허게, ᄉᆞ문절박(私門結縛) 시겻구나에-.

그때엔 염네왕 ᄀᆞᆮ는 말이, [말] "야~ 나보다 더 높은 사름이 어디 잇어서 나를 ᄉᆞ문절박 시기느냐. [소리] 어서 이 ᄉᆞ문절박 클르렌.", "저

1004) 심언 보난 : 잡아 보니.

1005) 작박 : 주걱.

1006) ᄆᆞᄉᆞ완 : 무서워서.

승왕~ 왕도 왕이웨다.

이승왕도 왕이웨다.

이승 짐치원, 몸 받은, 강님이가 뒈옵네다에-."

그 법으로 저승 염네왕도 강님신딘 드난, [창조가 서창하게 바뀐다. 장구 치는 것을 멈춘다.] 인정(人情)1007) 주언 달레난 법 잇습네다. 우리가 굿허레 강, 영혼(靈魂)님네 질 치어낭1008) 이 처서본 풀 때난 처서본 풀 때엔 영혼님네 문딱 거느령, 그 영혼님네 오널 질 치어 드리고 허여시메 처서님아 인정 걸건, 손에 홍사줄도 풀려 줍셍 허고, 발에 박수1009) 목에 헹처칼 풀령, 저승더레 곱게 곱게 둘앙 갑셍, 영 허여근, 헌다헌 저승 염나왕 염나대왕도 강님이신딘 드난 인정 걸어나난, 오널은 인정 하영 걸엄수덴 헤영 그 연유(緣由) 닦으곡, 목소리도 낮추앙~, 이와 ᄀᆞ찌 허는 법이고, 귀양풀이 가도, 오널은 질 치어 드려시난 초새남, 귀양찔로 질을 치어 닦아 드려시메, 영혼님 저승 좋은 질로, 하다 어주릿찔 비주릿찔 눈비약 한탈남찔 들게 말아근, 저승더레 곱게 둘앙 가줍센 헤영, 인정 거는 법, 인정 받아다, 많이 위올려 드립네다에-.

[창조가 다시 원래대로 바뀐다. 장구를 다시 치기 시작한다.]

인정 역가(役價) 많이 받아당

위올려 드령 가면

제비 줍앙~,1010) 귀양풀이 간 때엔 그때 제비 줍으민, 인정~ 하뎅을 허나 족뎅을 허나1011) 어느 식구 누게가 아니 걸엇젱을 허나 허영, 점

1007) 인정(人情) : 굿을 할 때 신에게 바치는 돈, 혹은 지전(紙錢) 등.

1008) 질 치어낭 : 질치기를 한 뒤에.

1009) 박수 : 족가(足枷). 족쇄(足鎖) =박쒜.

1010) 제비 줍앙 : 제비쌀을 집어. 즉 제비점(쌀점)을 본다는 뜻.

1011) 하뎅을 허나 족뎅을 허나 : 많다고 하거나 적다고 하거나.

(占)을 허는 법 뒈엇수다에-.

"강님아 강님아

기영 말아

홍사줄 발에 박수 인정 거난 문딱, 염네왕 것도 클르난, 나영 흔디 흔디 글라

아랫녁케에

원북장재 말젯뚤아기

다 죽어간 전새남[1012] 허염시메 그디 강 굿허는 디 강 굿이나 받아 먹엉 가겐." 허난, "어서 걸랑 기영 헙서.", 염네왕 뚤롸 앗언 가는 것이

간 보난 허댁(許宅)이엔 헌 큰심방이

[말] 여자심방이로구나 허댁이난, [소리] 성은 허씨요, 옛날 큰여자 심방ᄀ란 댁이, 남자 큰심방ᄀ란 의원이엥 헤영 불르는 법이난, 허댁이엔 헌 큰심방이, 시왕전을 발아난 오리정신청궤,[1013] 올레완 쏠 케우리멍[1014] 저승왕도 옵서 이승, 저승처서도 옵서 다 허여도, 강님이 살려옵센은 아니 헤엿구나에-.

강님ᄉ제님~

염네왕은 들어가 불고

혼자만 올레에 삿단[1015] 다시, 홍사줄 다르르 클런 굿허던 허댁이엔 헌 큰심방, ᄉ문절박(私門結縛)을 허난~, ᄑ릿ᄑ릿허게 심방이 죽어가는구나에-.

1012) 전새남 : 병이 있어 앓는 환자를 살리기 위해 하는 굿.

1013) 오리정신청궤 : 초감제에서 신을 청해 들이는 소제차.

1014) 케우리멍 : 여기저기 흩어 던지며.

1015) 삿단 : 섰다가.

그 중에도 역력허고 똑똑헌 신소미(神小巫)가[1016] 확허게 나사며 올레완 쏠랑, 확확 케우리멍 "저승왕도 왕이요 이승왕도 왕이요, 이승 강님ᄉ제(姜林使者)님, 어서 옵센.", 허여가난 그 때엔, [말] 그 법으로 옛날도, [소리] 굿허레 가젱 허민 큰심방, 굿 헐 충[1017] 몰라도 굿을 맡으민 소미가 큰, ᄋ망지곡[1018] 큰심방질 허는 소밀 돌앙 가민, 줴를 아니 받으곡~, 잘못 헤영 돌앙 강, 굿 잘못 헤여불민, 시레법나에 잡히는 법이웨다에-.

들어간다.

들어가난 옛날 옛날엔 아멩헤도 시왕맞이헐 때민 시왕당클만 메언 시왕맞이 헤여신고라, 그때야 부랴부랴~, ᄉ제상(使者床)도 시왕 알더레 출리라.

메 삼 기(器)도 치어 올리라.

떡도 올리라 과일도 올리라.

문딱 올려두언, 강님처서님 나시는, 열말 쏠 대독판 새미 금시리, 치어단 올려 가옵데다에-.

낮이는 역가(役價) 밤이는 중석(中食)이요.

올렷단, 역가 바쩐

둥글둥글 노념허여 옆도전은 내여다 연당 만당을 ᄀ득이고

ᄌ순더레 음복(飮福)을 다 허여 상당도숙을 때가[1019] 뒈난, 강님ᄉ제님은, 염네왕 춫젠 보난 염네왕은 강님이 뜨집을[1020] 보젠, 청댓섭 고고

1016) 신소미(神小巫) : 소미들 중에 가장 웃소미. 수소미(首小巫).

1017) 헐 충 : 할 줄.

1018) ᄋ망지곡 : 영리하고 똑똑하고.

1019) 상당도숙을 때가 : 굿을 거의 마쳐 당클과 제상을 정리할 때가. 상당숙임.

1020) 뜨집을 : 마음 속을.

리로, 환싱(還生)을 허엿구나에-.

강님ᄉ제님은

ᄑ리[1021] 몸에 환싱허연

청댓 고고리 우이 간 턱허게 앚이난

[말] "야 강님아 강님아 거 역력허고 똑똑허다. 강님아, [소리] 어서 내려글라에-."

내려온다.

강님아 강님아

돌아사라 앞이는 놀류, 놀류 빗짜

앞이는 놀륜~ 빗짜~, 임금 왕쩨 뒤엔 놀륜 빗쩨, 베견, 글을 베겨 간다.

그때엔 "강님아

느 벡강셍이 하나 내여주커메

가시라 나 낼 모리 ᄉ오싯(巳午時)날 뒈민, 동안(東軒) 마당에, 연단 우터레 ᄂ려사마." [말] "아니 뒙네다. 아멩헤도 나영 꼭 가사주 아니 뒙네다. 염네왕님 가켄 헤부난 나 이ᄁ지 좇안 오라지 아니 헤엿수꽈?", "아이고 나 거짓말 안 헤영 똑기 정말로 [소리] 가켄." 허난, "경 허민 분명히 오라사 헙니덴." 굳은 언약을 헤여두언, [말] "경 허나망정 염네왕님아 나 양 저싱 오젠 허난 양, 그냥 못 간덴 헤연 혼(魂) 불러부난, [소리] 나 혼 불런 오라부난, [말] 나 몸천(身體)더레 나 혼이 들어사 나가 인간에 갈 거 아니꽈?", [소리] "어서 걸랑 기영 허라." 그때에는

강님이~ 본 강님이 본

1021) ᄑ리 : 파리.

연싀번을 불러가난

강님이, 삼혼정(三魂情), 벡강셍이[1022] 하나 앚언, 강님이 혼 불른 거, 백강셍이 하나 앚언~, 가단가단 보난 행기수가[1023] 잇엇더라 그레 팡허게 디물랸, 가단 보난, 혼 불러부난 몸천만 눈더레 간, 삼혼(三魂)이 지극허엿구나에-.

몸천이 와들렝이[1024] 일어난다.

일어난 보난 동서막금 허연, 왁왁헌[1025] 밤중이여

'아이고 이 밤중에 어딜 ᄎᆞᆽ앙 가코.' 뎅기단 보난, 불이 빼룽~허게 싸진 비주리 초막이 잇엇구나. '아이고 저건 누게네 집인고 그자 저 집에라도 오널 밤이 강 임시 ᄒᆞ끔, 무뚱에라도 앚앗당 낼랑 큰각실 ᄎᆞᆽ앙 가나, 어멍 아방 집을 ᄎᆞᆽ앙 가나 허주긴.', 뎅기단, 들어가멍 보난 강님이 큰각시는

아이고~ 첫 식게(祭祀) 넘어나난

시걸명 잡식[1026] 허여단 올레에 오란, 데껴두언 들어가멍, 문을 ᄐᆞᆫᄐᆞᆫ허게 ᄆᆞᆫ딱, 안으로 ᄌᆞᆼ가간다에-.

"이 문 ᄋᆞᆯ라 이 문 ᄋᆞᆯ라."

"앞 집이 김서방이걸랑 낼랑 옵서[1027] 식게 테물(退物) 안네쿠다."

"뒷 집이 뒷서방이건 낼랑 옵서.

1022) 벡강셍이 : 흰 강아지.

1023) 행기수 : 놋그릇에 담긴 물. 행기물.

1024) 와들렝이 : 급히 일어서는 모양.

1025) 왁왁헌 : 캄캄한. '왁왁ᄒᆞ다'는 조금도 보이지 않고 어둡기만 하다는 뜻.

1026) 시걸명 잡식 : 제사 끝낸 뒤에 제상의 각 제물을 조금씩 뜯어 바깥에 던져 잡신을 사귀는 일.

1027) 옵서 : 오십시오.

식게 테물 안네쿠다."

"아이고 난 강님이가 뒈여진다."

"우리 낭군~ 저승 가네

연삼년을 넘언, 오널 첫 식게(祭祀) 넘엇수다." 그 법으로, 우리 이, 이승서 삼 년, 일 년 살민 저승은, ᄒᆞ루가 뒈엇수다에-.

"아이고 우리 낭군이걸라근

창꼬망으로 퀘지썹이나 보내어 봅서.", 창꼬망 뚤롼 퀘지썹 디믈리난, 바농 본메본짱으로, ᄒᆞᆫ 쏨 놓안 지은 것이, 문딱 삭아부런 귀 엇인 바농 하나 남앗더라.

"아이고 내 낭군이 적실허구나."

문을 문딱 ᄋᆢᆯ아가난, 아바님도 모셔오라 어머님도 모셔오라, 형제간 덜토 돌아오라, 이구십팔 열레덥 각시덜 돌아오렌 헤연 문딱 불러단, 아바진 들어오멍 ᄂᆞ단 홀목[1028] 비어 잡안 비새ᄀᆞ찌 울어간다.

어머님은 들어오멍 웬 홀목 심언 비새ᄀᆞ찌 울어간다.

아바진 울멍~ ᄂᆞ단쪽더레 오란 톡허게 앚이난 "아바지야 아바지야 나 엇이난 어떵 삽데가?", "ᄆᆞ디ᄆᆞ디[1029] ᄂᆞᆯ 생각이 나지어라."

"아바지랑~, 오른펵에 앚아부난 성주성편(姓主姓便) 마련허고, 아바진 살당 살당 이루후제[1030] 돌아가시민, 왕대 방장대 헤영, ᄆᆞ디ᄆᆞ디 아이고 데고 허멍, 아바지 생각허영, 연삼년 공 갚아 드리쿠다에-."

아바진 돌아가시민

시무옷은, 알단[1031] 풀엉 아바지는~ 남자의 ᄆᆞ음이라, 감추질 아니

1028) 홀목 : 손목.

1029) ᄆᆞ디ᄆᆞ디 : 마디마디(節節).

1030) 이루후제 : 나중에.

헤영 문딱 그자 줄아부난, 알단 주지 아니영[1032] 풀엉 시무옷 입으민, 아방 죽은 상제(喪制)가 뒈, [말] 게난 대막뎅이 방장대[1033] 들르곡, 알단 아니 박앙 알단 푼 옷 입은 건, 아방 죽은 상제고, [소리] "어머님아 나 엇이난 어떵헙데가?"

"서룬 나 아덜아

느 엇이난, 이레 돌아사도 가슴이 먹먹~ 저레 돌아사도

가슴이 먹먹

아덜 생각이 절로 나라."

"아이고 설운 어머님 웬쪽에 오란 앚아부난, 웨편(外便) 마련허쿠다, 어머님이랑 살당 살당 이루후제 돌아가시민 동쪽더레 벋은, 머구낭[1034] 방장대 헤영 어멍 생각허영

먹먹허게

어멍 생각허멍 공 갚으쿠다마는

어머닌 죽으민, 야 시무옷은, ᄒᆞᆫ끔이라도 애기덜 허는 거 곱지젠 감추젱만 헤여나난, 치메도 알단, 감추앙 주엉 입곡 시무옷도 알단, 박앙 입고

어머님아 아바지, 산 때, 만약, 어머님이 문저 돌아가시민, 제 드려근, 옛날 삼년상 꼬박꼬박 헐 때도, 대소상(大小喪)을 ᄒᆞᆫ꺼번에, 허는 법이라 낫수다에-.

남편 놓아뒁 문저 갓젱 헤영 경 허는 법이 뒈어낫수다.

1031) 알단 : 아랫단.

1032) 주지 아니영 : 꿰매지 아니하여. '줍다'는 꿰매다(縫).

1033) 방장대 : 상장(喪杖).

1034) 머구낭 : 머귀나무. =머귀낭.

"나 아시덜아 나 엇이난 어떵허연 살안디?

[말] 그동안 어떵 살안디?" "어따 첨 성님아 모른 소리 맙서. 형님 잇인 땐 양, 형님 갈라 먹을 것도, 우리만 먹을 거 형남 갈라 먹어부난 우린 족게[1035] 먹어수께, [소리] 돈도 형님 갈라 써 부난 우리만, 써시믄 하영 쓸 걸, 족게 썻수다마는 형님 엇이난, 먹는 것도 하영 먹어지고, 돈도 하영 써지언 좁데다.", 영 허난 형제간은 옷 우읫 ᄇᆞ름(風)이여 걸름만 못 허구나.

그 법으로 형제간 죽은 디 가 상제질 헐 땐, 수리대 방장대 짚엉, 상제질 허는 법이웨다에-.

[말] "이구십팔 열레덥 각시덜은 다 어디 가시니?" "아이고 그 날 그 자 그 시간에 문딱 서방덜 얻으멍 둘아나부런, 하나토 엇수다.", [소리] 이젠 큰각신 잇이난, "서룬 정네야 나 엇이난 어떵허여니?", "모른 소리 맙서 당신 엇이나네

아이고 잇인 땐 각시만 하영 얻언 뎅기멍 나 간장을 테웁데다만은, 엇이난 ᄒᆞᆫ ᄆᆞ음 ᄒᆞᆫ 뜻이 뒈언, 죽어도 이 집이 귀신 살아도 이 집이 귀신 뒈젠, 난 정절(貞節) 수절(守節) 직허영 앗젠 허엿수다."

영 허난 아이고 열 각실 얻어도, 큰각시가 큰각시로구나.

이제랑 아바지도 집이 갑서.

어머님도 집이 갑서.

형제간덜 ᄒᆞᆫ저 가라 문딱 보내여두언, 씨집 가고 장게 가도 ᄉᆞ랑[1036] ᄒᆞᆫ 번 못 풀리단, 그날 밤인 부부간에, 열두 ᄉᆞ랑 다 풀려 가옵데다에-.

ᄉᆞ랑 ᄉᆞ랑 좀진 ᄉᆞ랑

1035) 족게 : 적게.

1036) ᄉᆞ랑 : 사랑.

좁쌀같이 좀진 ᄉᆞ랑
ᄉᆞ랑 ᄉᆞ랑 귀난 ᄉᆞ랑
모몰쏠ᄀᆞ치 귀난 ᄉᆞ랑
ᄉᆞ랑 ᄉᆞ랑 둥근 ᄉᆞ랑
보리쌀ᄀᆞ찌 둥근 ᄉᆞ랑
ᄉᆞ랑 ᄉᆞ랑 ᄀᆞᆼ근 ᄉᆞ랑
곤쏠ᄀᆞ찌[1037] ᄀᆞᆼ근 ᄉᆞ랑

[말] 열두 ᄉᆞ랑 다 풀리단 보난 그자 붉는[1038] 처레 몰르게 그자, 둘이가 푸수 좀 자단 보난, 동성방이 희연허게 붉아불곡 과양셍이네 부베간은 메날, 이 강님이가 와사 지네[1039] 아덜 죽은 거 해결헐 거난, 메날 그자 조석, 아침 조석(朝夕), [소리] 저녁으로 메날, 과영성이네 집 부베간이, 강님이 큰각시네 집이 어는제민[1040] 강님이 올 띠만, 기다령 왓다갓다 허당 그날 아침인 오란보난, 문을 돌아가멍 톤톤 ᄌᆞᆼ갓구나에-.

어떵허난 강님이 큰각시 동만 터가민 일어낭 뎅기는 게, 무신 숭시(凶事)가 낫저, 창꼬망을 손에, 춤을 볼란

창궁기 ᄯᆞᆯ롼 보난
몸천은 하나고 머리는 둘이 잇섯더라.

아이고 요거 강님이 저싱 가노렌 헤여두언 저승도 아니 가고 큰각시허고, 낮인 뒈민 펭풍(屛風) 뒤에 강 곱곡,[1041] 밤인 뒈민 큰각시영 ᄒᆞᆫ디 ᄒᆞᆫ 이불 쏘곱에 살림 살암젠 헤연, 짐치원신디 간, 밀고(密告)를 헤엿구

1037) 곤쏠 : 흰 쌀(白米).
1038) 붉는 : 밝는.
1039) 지네 : 자기네.
1040) 어는제민 : 어느 때면.
1041) 곱곡 : 숨고.

나에-.

죽일 팔로 둘러간다.

어서 강 심어오라.

심어당 다시 연단 위에 앚져 간다.

“야 너 이 자리에서 오널은 마주막이로구나.” 목숨을 내어노렌, 큰 칼을 내어 놓안

ᄌᆞ각(刺客)놈 불러단 춤을 추어가난 [말] “아이고 짐치원임아 그자 ᄒᆞᆫ 번만, [소리] 나 말 들어 줍서. 모릿날 ᄉᆞ오시(巳午時) 뒈민 염네왕 ᄂᆞ려사켄1042) 헤여시난, 그때 뒈영 아니 ᄂᆞ려사민 날 죽여도 좋수덴.” 허난, “어서 걸랑 기영 허라.” 아닌 게 아니라~, 모릿날 ᄉᆞ오시가 당허여 가난

동으로도 날새 우새 시우적란 뒈어간다 서으로도 날새 우새 시우적란

동으로도 흙은 빗발 좀진 빗발

엄신둠신 내려온다.

너른 목에, 번개 치듯 좁은 목에 베락 치듯 와지끈 당허엿구나-.

염네왕이

동안(東軒)마당 내려산다.

문딱덜 베락 천둥소리에 ᄆᆞᄉᆞ완 다 하간1043) 걸로 변장덜 허멍 곱아불고,1044) 강님이만 큰칼 씌와부난 ᄃᆞᆯ도 기도 못 헤연 잇이난, “강님아 강님아

어떵헌 일로 너만 앚앗느냐?

이 집은 누게가 지어시며, 어떵허난 이디 앚앗느냐?”

1042) ᄂᆞ려사켄 : 내려오겠다고.

1043) 하간 : 여러 가지.

1044) 곱아불고 : 숨어버리고.

"염네왕님 일 분 일 초(一分一初)만 시간, 늦어시믄 나 머리털 하나가 ㄱ류왕, 죽을 뻔 헤엿수다에-."

"이 집은

김편수가 지엇수다."

김편수 불러간다.

"야~ 이 집 지을 때에 지둥 멧 개 세왓느냐?"

"하나 두 개 세언 스물네 지둥 세왓수다.", "아니 세운 걸랑 어서 톱으로 싸렌."1045) 허난 세단 보난, 굴묵에 공깃지둥은,1046) 나 아니 세왓수다." "경 허건 톱으로 혼저 싸불라.", 톱 들연 싸단 보난 ㅈ짓피(紫朱血)가 불끗 난다.

짐치원 그자 겁지멍엔1047) 염네왕 내려사는 디, 확허게 변장(變裝)험 써늉이엔1048) 헌 게, 굴묵에 공깃지둥으로 간 사난, 피 나부난 집 짓엉 상량(上樑)헐 때는, 드(鷄) 야게기1049) 끊엉, 네 지둥에 빨경헌 피 허영, 불르는 법

염네왕 보암시카부덴~

김편수 옷으로 확허게, 피를 딲아부난, 지금~, 신의 성방덜, 굿 허영 염네왕 청허젱 대시왕맞이나 초감제헐 때엔, 홍색 피 색깔이엥 헤영, 홍포관디(紅袍冠帶), 입는 법 뒈엿수다에-.

그때엔 짐치원 나온다.

[말] "어떤 일로 날 청헙데가?" "아이고 ㅅ실(事實)이 야카저카허연,

1045) 싸렌 : 베어 내라고.

1046) 공깃지둥 : 벽장 위에 가로 건너 지른 나무를 받치는 기둥. =공짇기둥.

1047) 겁지멍에 : 겁을 먹어서.

1048) 써늉이엔 : 시늉이라고.

1049) 야게기 : 목.

과양성이네 애기덜 때문 청헤엿수다." 과양성이네 불러단, "너 그 애기덜 설엇느냐?"[1050] "예 설앗수다." "낳앗느냐? 베엇느냐?" "예 베엇수다." "나앗느냐?" "낫수다.", "경 허민 과거헨 온 건 적실?" [소리] "예 과거헨 오란, [말] 다 죽언 출벵[1051] 헤엿수다." [소리] "경 허민 출병헌 디 어서 팡 보라." [말] 판 보난 아무 것도 엇엇구나 "영 헤도 바른 말 못 허것느냐?" "아이구 우린 첨, 줴엔 헌 건 ᄒᆞ끔도 엇수다.",[1052] [소리] "경 허민 너네덜, ᄀᆞ만히 이디 잇이렌." 헤여두언, 어른 아이 막론허고 ᄆᆞᆫ딱, 족박이여 함박이여 드르멍, 나오란 주천강 연네못을 ᄆᆞᆫ딱 퍼도 물은 감돌곡 감돌곡 풀 수가 엇엇구나. 염네왕님이 송악낭 막뎅이 들런 연싀번 와작착 와작착 와작착 후려

후리난 물은 바짝 싼다.

물 알엔 보난~, 아이고 서룬 아기덜 죽연 돌멩이 돌아메멍 데껴분 거, ᄆᆞᆫ딱 술(肉)은 시내방천에 물에 끗언 내려불고, 뻬(骨)만 술그랑허게 남앗구나, "야 과양성이네 너네 이레 오랑 요 것덜 보라 영 허여도 바른 말, 못 허것느냐?", "아이고 염네왕님아." 그때사, 손을 삭삭 ᄑᆞ리손을 부벼간다.

"아이고 잘못 허엿수다."

염네왕님이 서천꼿밧 도올라, 사름 생길 꼿, ᄆᆞᆫ딱 허여단, 그 애기덜신디 댓가지로 ᄆᆞᆫ딱 허터진 뻬(骨) 줏어단 ᄌᆞ근ᄌᆞ근 놓안, 피 오를 꼿 술 오를 꼿 오장육부 말 골을 꼿 사름 생길 꼿, 놓안 송악낭 막뎅이로 연싀번 착착 후리난 와들렝이 일어나멍, "봄잠이라 너미[1053] 자지엇수다-."

1050) 설엇느냐 : 아기를 가졌느냐.

1051) 출벵 : 가매장(假埋葬).

1052) 엇수다 : 없습니다.

서룬 아기덜아 아이고 물 알에서
아방 그려완,[1054] 어떵 죽어지언디
어멍 그려완 어떵 죽어지어시니
서룬 아기덜아
아방국도 줓앙 가라에-.
어멍국도
줓앙 가라.

그때엔, 버물왕 아덜덜 삼형제 아방국 어멍국 보내여 두언, 일곱 쉐(牛)에 아홉 장남을 거느련, 과양생이네 두갓이,[1055] 튼튼허게, 벌통은[1056] 쉐또꾸망 물또꾸망에 둘아메연, 끗엉 뎅겨 가는구나에-.

가시덤벌마다
띠덤벌 돌팟구마다
거리에, 돌단 보난
몬딱 갈리갈리 찢어지다 남은 건, 뻬만 술그랑허게 남앗구나.

[말] 야 열칠팔(十七八) 세 난 청비발 애기씨덜 몬딱 이레 오라 느네덜 안직 힘때 좋앗져 저, ○○○~ 지회장님 ᄀ찌 처녀덜이난 힘 좋앗젠 헤연, 이거 몬딱 뻣이렌[1057] 헤연, 굴묵낭 방에에

도에낭 절귓대에 놓안
독독허게 뭇아간다.[1058]

1053) 너미 : 너무.
1054) 그려완 : 그리워서. 보고 싶어서.
1055) 두갓 : 남편과 아내. 부부. =두갓세.
1056) 벌통 : 벌(罰)들, 형(刑)들.
1057) 뻣이렌 : 빻으라고.
1058) 뭇아간다 : 찧어 부수어간다.

푸허게 허풍 ᄇ름에 불려부난, ᄀ다귀 모기가 여름 뒈어가민 뒈엉, 귀에 왕 '과양과양 과양과양 무사[1059] 나 죽어갈 때 아니 멀려 주엇젱' 헤영, 헤여가민 이녁 대로 이녁 귀차지 착허게[1060] 모기 뚜드려졈시카 부덴 두들엉 보민, 이녁 귀야지[1061] 이녁 빰 이녁 대로, 때리는 법 뒈엿수다에-.

일곱 쉐에 아옵(九) 장남은

염네왕 올라사젠 허난 "우린 어디 강 얻어 먹읍네까? 아이고 염네왕님아 우리도 법지법이나 마련헤여 주어뒁 갑서.", 헤여가난 "너네랑 경 허건

사름 죽어나걸랑 귀양으로 일곱 신앙 아홉 귀양으로

큰 상 아래서 상 받앙, 그 집이 귀양풀이 아니 허걸랑 다시 영장(永葬) 나게[1062] 헤영, 귀양풀이 받아 먹으라."

염네왕이 도올르젠 허난

그때엔~, 짐치원을 불러단 [말] "원임아 원임아 첨 어떵허난 강님이 저렇게도 똑똑허고 역력헙네까?, 나 저싱 가그넹에 나가 써 먹쿠다." "아이고 아따가라[1063] 첨 아니 뒙네다. 우리 인간에도 강님이 똑똑헌 강님이 잇어사 헙니께.", "경 허건 양 옵서 우리가 둘이가 하나썩 갈랑 앗게." "메,[1064] 사름 하나 놓앙 어떵 두 개로 갈릅네까", "아이고 좋은 수가 잇수다. 경 허건 날랑 혼(魂)을 빼엉 가크메 짐치원이랑 몸천(身體)

1059) 무사 : 왜.
1060) 착허게 : 찰싹하게.
1061) 귀야지 : 뺨. =귀야다리.
1062) 영장(永葬)나게 : 사람이 죽어서 장사지낼 일이 생기게.
1063) 아따가라 : 감탄사.
1064) 메 : 감탄사. 남이 하는 말이나 행동이 어이없을 때 내는 소리. =메께.

앗입센."[1065] 허난, [소리] 아이고 짐지원은 혼 일은 알곡 두 일은 몰란, 혼 빠져 불민 사름 역활(役割) 못 허는 거 생각은 아니허연, "예 경 헙서." 헨 대답 허여부난, 염네왕은, 강님스제 삼혼(三魂) 빼연, 저승더레 도올랏구나에-.

강님이는~ 몸천만 우둘커니

연단 우이 사난, [말] "야 박파도야[1066] 저디 강 들어보라." "어떵허난, 경 역력허고 똑똑허게 저싱이 어떵헌디라니 혼 번 강, 저 강님이ᄀ라 들어보라." 박파돈 간 "야 강님아 강님아.", 암만 불러도 속솜[1067] "아이 저놈으 새끼 저거 봅서 저 저싱 갓다오렌 큰 양이엔 바로, 나 말이 말이 안 ᄀ뜬 셍인고라 원 대답도 아니 헴수다.", [소리] "그 놈의 새끼 이제부떠 경 큰 냥 헤염건, 아그랑 작대기 헤당 거려 밀려불라 죽게시리.", 아그랑 작대기 가정 간 톡허게 건드리난 헷드렝이[1068] 갈라지멍 코로, 입으로 귀로영, 쉬프리만 웽웽 헤엿구나에-.

그 법으로 우선 사람 죽으민, 이 고망 콧고망 ᄀ뜬 디 귓고망 ᄀ뜬 디, 설멩지 헤여당, 쉬[1069] 싸카부뎅, 막는 법 뒈엿수다에-.

아이고 강님이 죽엇구나.

어떵허민 좋코

큰각시신디 부고 전허난

1065) 앗입센 : 가지십시오.

1066) 박파도 : 강님을 '강파도' 하듯이 '파도'는 직책을 뜻하는데, 아마 패두(牌頭)의 와전인 듯함. 패두(牌頭)는 ① 죄인의 볼기를 치는 형조의 사령 ② 장용위(壯勇衛)의 소속 군사 50명을 인솔하는 군인 ③ 인부 10명의 두목.

1067) 속솜 : 말을 하지 않는 모양.

1068) 헷드렝이 : 덩글랑이, 뎅강, 덜렁.

1069) 쉬 : 서캐. 이의 알.

[말] 큰각신 혼저 강님이 늙은 때엔 하도 각시 얻언 뎅기멍 나 애간장 태완 게, 이젠 아이고 호강허멍 살게 되엇젠 헤연, [소리] 혼저 일 해결헤여 두엉 오민, 곱닥헌1070) 옷 멘들앙, 입지젠 헤연 옷 앚안 멘들단, [말] 미신 편지가 왓구나 탁 깐 보난 부고(訃告)로구나 사름 죽어, [소리] 아이고 나 일이여 나 일이여~ 잘 허여 먹어라.

이 노릇 어떵허콘 상방 구석 늬 구석 다 누웡 둥근다, 마당 구석 다 누언 둥근다.

[말] 이거 거짓말 아닌가? 미신 어떵형 죽을 말이라, [소리] 아이고 나 눈으로 강, 눈소문허지 말앙 귀소문으로 귀소문허지 말앙, 눈소문허렌 헤엿져 나 눈으로 강 똑바로 보주긴, 와들랑허게 일어난 가젠 허난, [말] 옛날엔 머리 질룰1071) 때난 머린 그냥, 하도 누언 둥글어부난 주치산이 메방석 뒈난, 머리 손으로 그냥 어는제랑 구들에 들어 강 머리 빗곡 헐 저르1072) 엇이 손으로 그냥 박박허게 씰언, [소리] 확허게 보리낭은 둥견 묶으젠 허난, 탁허게 끊어져 불고, 보리낭으로 못 묶으키여, [말] 산디짚(山稻)은 둥견 묶으난, 똑허게 훈끔 묶어지엿구나. 그 법으로 옛날은 사름 죽으민, [소리] 산디짚허영 성복제(成服祭)허기 전이는, 머리 묶엉 뎅겨난 법 뒈엿수다에-.

간 보난 진짜로 죽엇구나.

"아이고 짐치원임아 우리 낭군

미신1073) 일이 부납허연 죽엿수까

1070) 곱닥헌 : 고운.
1071) 질룰 : 기를.
1072) 저르 : 겨를. =저를.
1073) 미신 : 무슨.

사름 어떵허연 죽입데가

저싱을 아니 간 오라십데가

염네왕을 아니 청허여 오라십데가

어서 바른 말 헙센 헤여도 어느 누게 대답하는 잔 엇곡, [말] 그때에 그자 강님이 큰각시가 사름 죽걸랑, 저 어느 웨국(外國)나라 ᄀ치록 어디 강 데껴 산에 강 데껴불민, 매도 똥수르기덜,[1074] [소리] 참매덜 뎅기멍 틑어 먹어불곡 까메기도 틑어 먹어불곡 헤시믄 좋을 거, 특히나~ 우리 한국, 야 이 처서본에 나오는 법, ᄎ례(次例)를 다, 출려부난 지금 우리 사람 죽으민, ᄎ례 출리는 법, 강님이 큰각시가, 내운 법이웨다에-.

집이 상 출려 놓안

아이고 혼저 오랑 밥 먹읍센 허멍, 벳깃디서 죽어부난

둘안 들어간다.

초수렴(初小殮)도 허여보저 섭섭허다.

정수렴(中小殮) 허여보저 섭섭허다 대수렴(大小殮)도 허여보저 섭섭허다.

호상범절 출려보저 섭섭허다.

집이서 옛날은 관(棺)도 다 짤 때난 관 짜 보저

섭섭허다 입관허연

관 쏘곱더레 디려노난 섭섭허다.

검은 호상[1075] 씌와가난 더 섭섭허다.

천지판을 더끄난 섭섭허다.

호상, 복(服) 옷을 주어 보아도 섭섭허다.

1074) 똥수르기 : 소리개. =똥소로기, 똥수로기, 똥소레기.

1075) 호상 : 수의(壽衣).

그때엔 성복제(成服祭)를 지내여도 섭섭허다.

일포(日晡)를 허여도 섭섭허다.

뒷날 아척

허헌헝착(虛魂行次)[1076] 염불허저, 생이화단(喪輿--), 꾸며 놓안~, 동관헤여 보뒈 섭섭허다.

서른여덥 유대건 거느리언

생이화단에 놓안 허헌헝착 염불 불런

저 산천더레, 올라가 보아도 섭섭허다.

아이고 가당 ᄒᆞ끔 쉬엉이나 가저, 옛날은 ᄒᆞ끔 쉴 때엔 떡 허영덜, 옛날 보리떡 허영 상예떡이엥 허영 믄딱 테우는[1077] 법

몰 부림을 허여 보아도 섭섭허다.

저~ 공동 산천에 간

먹술을 놓아도 섭섭허다.

개광자리 파 놓안, 그레 하관(下官) 헤여도 섭섭허다.

개판(盖板)을 더끄뒈 섭섭, 멩전(銘旌) 더껀 그 우터레 개판 더꺼도 섭섭허다.

소리 좋은 소리덜 허멍, 달귀를 지어 보아도 섭섭허다.

봉토 쌓아 보아도 섭섭허다 용미제절(龍尾階節) 싸도 섭섭허다.

산담을[1078] 허여 보아도 섭섭허다.

집으로 들어완 초우제(初虞祭) 이우제(二虞祭) 삼우(三虞) 졸곡(卒哭), 허여도 섭섭허다.

1076) 허헌헝착 : 허혼행차(虛魂行次). 장례 전날 빈 관을 매고 마을을 돌며 망자의 이승에서의 삶을 추모하는 것.

1077) 테우는 : 나눠주는.

1078) 산담 : 산(묘)의 주위을 돌로 쌓아 두른 담.

ᄒᆞ루 삼싀번 상식(常食)을 허여 보아도 섭섭허다.

섹일(朔日) 삭망삭제(朔望朔祭)~,1079) 초ᄒᆞ루 보름, 허여도 섭섭허난, 대상(大喪)허저 섭섭허다 소상(小喪)허저 섭섭허다, 팔뤌(八月) 초ᄒᆞ를 당허민 산에 금벌허여1080) 보아도 섭섭허다. ᄆᆞᆫ딱 넘엉 석 ᄃᆞᆯ 열흘 벡일 뒈민, 담제(禫祭)를 헤여 보아도 섭섭허다.

식게(祭祀) 멩질(名節) 다 이거, 강님이 큰각시가 내온 법으롭서, [말] 지금은 모든 게 다 무신 대소상이여 무시거여 아니허고, 삭제(朔祭)도 아니허곡, 상식(上食)도 아니허곡 허여도, [소리] 원 ᄎᆞ레(次例)는 강님이 큰각시가, 다 내온 법이웨다에-.

저승선 염네왕이

[말] "야 강님아 강님아 인간에 하도 이 사람덜이, [소리] 하노난, 너 나가, 관장패(官長牌)를 내어주커메, 이거 앗엉, 인간에 강 벡(百) 난 하르방 할망으로, 어서 강 ᄃᆞᆯ앙 오라에-."

"어서 걸랑 기영 헙서."

관장페여 적베지(赤牌旨)여

ᄆᆞᆫ딱 쿰어1081) 놓고 이제랑 처서(差使) 헹착(行着) 출려줍센 허난, 그 때엔 체서(差使) 헹착을 출렷구나에-.

남방사주(藍紡紗紬) 저고리에 북방사주(白紡紗紬) 말바지

벌통 행경(行纏) 웨코 접은 벡농 보선

산새털 흑토잘리 모자 멘들안 ᄂᆞᆯ멍ᄂᆞᆯ멍 궁적짓에

우율망근 접상통을 둘러쓴다.

1079) 삭망삭제(朔望朔祭) : 초하루 제는 삭제(朔祭), 보름 제는 망제(望祭), 이를 합하여 삭망삭제라 함.

1080) 산에 금벌허여 : 무덤에 벌초(伐草)를 하여도.

1081) 쿰어 : 품어.

밀롸(蜜花) ㅂ따라 줴움친에 불림친에
한산모시 두루막을 둘러 입고
남수와단 서란콰지를 입어간다.
석 자 오 치 폴찌거리
일곱 자는 발싸기에
종이 낙국지 반달을[1082] 돌안 신을, 신은 묶어간다.
홍사주는 요등에 찬 처섯기를[1083] 들러 놓안
인간더레 불랑불랑
ㄴ려사노렌 허난 일곱 까마귀가, 담 우이덜 오똑오똑 앚안 너네 이것덜 뭣덜 헤염신고 보난, 도 아니 몰(馬) 잡는 디 몰피(馬血)라도 흔 굴레 썩[1084] 얻어 먹젠, 앚앗구나에-.
그때에는
강님이ㄱ라
"아이고 강님ㅅ제님아 강님ㅅ제님아, 강님ㅅ제님, 적베지(赤牌旨) 거우릴 줍서 우리가 앚앙[1085] 가민, 짓놀개에 부쩡 강 올 건디, 강님ㅅ제님이 앚앙 강 오젱 허민, 어는제랑 강 오카 하도 줍센." '강굴락까 강굴락깍' 하도 헤여가난, [말] 좋은 인심에 "기여 게걸랑[1086] 느네덜 앚앙 강 오라.", [소리] 내여주난 그거, 쿰에~, 놀개~ 쿰에, 쿰어 가는구나에-.
쿰에 쿰엇단
몰 잡던 도하님네

1082) 반달을 : 초신의 끈이 반달 모양으로 매게 되어 있는 것을 이르는 표현.
1083) 처섯기를 : 차사기(差使旗)를.
1084) 굴레 : 입안(口腔)을 조금 나쁘게 이르는 말.
1085) 앚앙 : 가지고.
1086) 기여 게걸랑 : 그래 그러면.

물 발통을 끊언 훅허게 던진 게, 지네 마쳠시카부덴, 퐛딱허게 ᄂᆞ는 게, [말] 적베진 알더레 탁허게 털어지난, 물 잡던 도하닌[1087] 이거 미신 글인고, [소리] 확허게 봉간 익어보난 사름 잡으레 가는 적베지로구나, 아이고 무섭고 서껍다 물 잡던 칼을 박박 씰어 훅허게 데껴부난 데끼거니 마치거니 어떵허난 마침, 벳겻돌 알로 큰 구렝인 나오란 게, [말] 글쓴 걸 음찍허게 들러 먹어부난 구렝인 아메도 옛날은 얼룩달룩 안해나신고라, 글쓴 거 먹어부난 [소리] 얼룩달룩 허는 법

일곱 가메귄 인간에 오란 보난, 아이고 적베지 오꼿 어디서 일러부럿구나, 물 잡던 밧디 간 보난 구렝이가 그거 들러먹언 들어 감시난, "나 적베지 도라 나 적베지 도라."

[말] 바짝 좇아 게난 그 법으로 옛날은 베염[1088] 나상 뎅기는 딘 까마귀도 깍깍 울멍, [소리] 구렝이 조름에, 까마귀 좇앙 뎅기는 법

벳겻돌 알더레 들어가부난, 인간더레 돌아 앚앙 어른 갈 디 아이 가라 아이 갈 디 어른 가라, '강굴락가 강굴락가' 울엄시난

어떵헌 열칠팔 세(十七八歲) 난 청비발[1089] 아기씨, 물구덕 지연 물질레 오라시난, [말] "ᄒᆞᆫ저 글라[1090] 저싱 가게." "아이구 난 마우다. [소리] 우리집이 강 보민 벡(百) 난 하르방 할망, 아방 어멍 다 잇수다." "ᄒᆞᆫ저 강 내보내렌." 허난 들어가멍 [말] "하르바님 저싱 갑서." "난 말다 첨 ᄒᆞᆫ끔이라도 더 살켜.", "할마님 저싱 갑서." "난 말다 더 살켜.", "경 아방 어멍은 안 가쿠가?" "난 말다 우리도 더 살켜.", [소리] 아무도 아니

1087) 도하닌 : 하인은.

1088) 베염 : 뱀(蛇).

1089) 청비발 : 청비바리. '비바리'는 조금 성숙하나 아직 미혼인 여자를 상스럽게 일컫는 말.

1090) 글라 : 가자.

강 이때에 하르방이나 몬저 가부러시민 건물[1091] 건드리[1092] 엇엉, 지금도 초상(祖上)부터 즈근즈근 죽을 걸, 아무도 아니 가켄 헤여부난, 그때엔 열칠팔 세난 아기씨, 일문전에 앚안 삼동낭 용얼레기로[1093] 머리 빗언, 웨우 느다 빗어 가난 일곱 까메귀, 상고박더레 오란 삼혼(三魂) 빼연, 저싱 초군문(初軍門) 가앗구나에-.

그 법으로 건물 건드리 초상(祖上) 놓아 두엉, 즈순(子孫) 가곡, 부모(父母) 놓아뒹 자식(子息) 가고

허는 법이 뒈엿수다.

저승 염네왕은

흐를날은 초군문 돌단 보난 열칠팔 세난 아기씨가 열 손가락 눈에 더껀[1094] 비새그찌 울엄구나. [말] "아이고 야이덜아 무사 느네덜 영 울엄디?" [소리] "아이고 모른 소리 맙서.", 하도 울암시난, [말] 그때엔 염네왕이 강님이를 불럿구나 "야 강님아 강님아 이거 어떵헌 일이고? 나 늙신네부떠 강 돌앙 오렌 헷주 영 세파랑헌 애기씰 돌앙 오렌 헤여냐?" "아이고 첨 그게 아니우다게. 이만저만 헨 가단 보난, 일곱 까메귀가 하도 지네만, 저 적베지영 관장페영 주면 강 오켄 헤연, 일곱 까메귈 주엇수다.", "경 허건 당작 심어 오렌." 헤연, [소리] 염내왕 일곱 까메귀 오라가난 말도 듣도 묻도 아녀곡 하도 부에가[1095] 그냥 꿋죽그찌 난, 세파랑헌 애기씨 돌아온 생각허는 게, 귀 심언 앗안 딱허게 두러 메치

1091) 건물 : 거꾸로 흐르는 물.

1092) 건드리 : 거꾸로 된 차례. '건물 건드리 엇엉'은 서열(序列)이 고르지 못하게 되었음을 뜻함.

1093) 얼레기 : 빗. =얼레빗.

1094) 더껀 : 덮어.

1095) 부에가 : 화가.

난, 귀도 오꼿 빠져간다.

송악낭 막뎅이로 다리 거둬세완 부수 두드러부난 가마귄, 멧독으로 새카망허고

밧 갈아분 디 밧고랑, 넘어가젱 허민 앙글ᄌ침 앙글ᄌ침

멍청허영 먹을 거 허여당 엿날 초가집덜 헐 때엔, 구름 지나가 가민 그 구름만 가늠헤영, 놈의 집 식게헤낭 웃제반 걷어당 지붕 우이 데꼉 놔두민 그거 물엉, 구름 가늠헤영 다른 지붕에 강 팡 묻어 두엉, 그 구름 넘어가 불민, 이 지붕 저 지붕 강 문딱 팡 먹이 촟앙 뎅기는 법

[말] "그 법으로 너네 경헐 때 누게 보앗느냐?" "똥수레기도 보앗수다.", "똥수레기도 심어 들이라." "너 큰큰헌 몸천에, 훈디 그거 인도 못 헤연, [소리] 너 이놈으 새끼, 진진헌 주둥이, 이 주둥이로 뎅기멍 물도 도르게 물도 못 빨아먹게, 복허게 빠멍 널랑 물 먹구정 허민 뻥도로로 뻥도로록 헹, 비 청허영 비 오건 너 털에, 물이나 빨아 먹으라에-."

그 법으로 일곱 까마귀도

반(半) 처서(差使)가 뒈는 법입네다. 아침 동새벡이[1096] 동네에 까마귀가 오랑 궂이 울면

어린아이 돌고 갈 까마귀

낮이 방방 궂이[1097] 우는 가마귄

젊은 청소년(青少年)덜 젊은 사름 돌앙 갈 까마귀

저냑 시간에 오랑 궂이 울민 늙신네 죽을 까마귀

테[1098] 짓엉 뎅기는 가마귄 ᄇ름(風) 불 까마귀

1096) 동새벡이 : 이른 새벽부터. '새벡'은 새벽(晨).

1097) 궂이 : 궂게.

1098) 테 : 무리. 떼(群).

서로 맞앗앙, 둘이가 '강굴락각 강굴락각' 궂이 우는 가마귄
싸움헐 까마귀여
동더레 돌아 앗앙 까왁 까왁
서더레 돌아 앗앙 까왁 까왁
궂이 우는 가마귄 급헌 일 날 까마귀여
동네에 화재(火災) 날 까마귀여
처서님전, 높은 낭에~, 가지에 앗앙 울민 상가지(上枝) 즈순(子孫)이여, 중가지(中枝)에 앗앙 궂이 울민 중가지 즈순 돌고 갈 까마귀, 하가지(下枝)에 앗앙 궂이 울민 하가지 즈순 돌고 갈 까마귀여
처서님, 그 법으로 일곱 까마귀도 반 처서가 뒈는 법, 난산국 다 풀엇수다에-.

- 체서본풀이〉비념

처서님아
신나락 만나락허여
신이 성방 앞이 굴을 말 뒤에 굳고, 뒤에 굴을 말 앞이 굴앙 차찰히 부찰뒌 일
줴랑 잇건
삭 시겨줍서
벌(罰)랑 잇건 풀려줍서.
처서님아
그 집안에, 하다 처서님 들게 맙생 헤영 축원(祝願)허는 법이고, 살아 잇는 즈순덜, 펜안허게 뎅기게 시겨줍생 허고, 죽엉 간 영혼님이랑 잘 저싱더레 돌앙 갑생 헤영, 축원허는 법입네다에-.

칠성본풀이

〈심방 설명〉

칠성본풀이는 밧칠성과 안칠성에 대한 본풀이다. 집안의 안녕과 농사의 풍년을 위해서 한다.

– 칠성본풀이〉들어가는 말미

[심방이 장구를 치기 시작한다.]

위(位)가 돌아갑네다. 제(座)가 돌아가옵네다.

안느론 안칠성, 바꼇들론

제왕 등세칠성 한집님, 어간 삼아

우리 인간(人間)덜, 내오게, 산에 산간(山間)에서

그 집안 산천(山川) 조민,[1099] 아덜 주순(子孫) 탄생허고

산천 부족허민 똘 주순 솟아나면

키와 주기는 집터가 좋아사, 그 집이서, 잘 크곡, 장성(長成)허는 일 아닙네까.

등세 칠성 한집님, 바꼇들론 청눌건지 청누람지[1100] 벡눌건지 벡누람지

1099) 조민 : 좋으면.

1100) 누람지 : 이엉과 비슷한 것으로 낟가리 위에 덮는 물건. =누래미, 누라미.

우의는 뽈아지곡, 알은 퍼지곡

뗏방걸이[1101] 허여근, 암치엣장 숫치엣장,[1102] 마련허신 한집님전

난산국을 본 풀저, 본산국, 신을 풀건 과광성에 제누립서.

- 칠성본풀이〉본풀이

엿날이라 엿적에, 장나라는 장설룡, 대감님이 사옵데다.

송나라 송설룡, 부인님이 삽데다, 거부제(巨富子)로, 와라치라 잘 살앙, 영 허여도, 삼십(三十) 서른 넘곡

ᄉ십(四十) 마흔 근당허여도

남녀간(男女間)에 ᄌ식(子息) 엇언, 호오 탄복(坦腹)허단

어느 법당(法堂) 어느 절에 영급(靈給) 좋고 수덕(修德) 좋고

동게남은 상저절 서게남, 금법당(金法堂)에 간

수룩 올려 온 게, 좋은 날은 합궁일(合宮日), ᄀ릴[1103] 잡아근

천상베폴(天上配匹ㄹ) 무으난, 포태(胞胎) 뒈연 아호(九) 열(十) ᄃᆞᆯ(月) 준삭(準朔) 체완

낳는 건 보난 여궁녀(女宮女), 탄생(誕生)헌다.

이름이나 지와 보저, 우리가 법당에 간 칠성기도(七星祈禱) 허여네, 이 아기를 솟아나난[1104]

칠성아기로 이름 셍명(姓名) 지완

ᄒᆞᆫ 설(歲) 두 설 열다섯, 십오 세가 다 뒈여가난

1101) 뗏방걸이 : 멜빵. 여기서는 새끼줄.

1102) 암치엣장 숫치엣장 : 암키와 수키와. 밧칠성을 모실 때 기와를 사용함.

1103) ᄀ릴 : 가려.

1104) 솟아나난 : 태어나니.

장설룡 대감이라근, 장성 베실[1105] 살레 옵서 송설룡, 부인님이랑 송성 베실 살레 옵서.

편지(便紙) 답장(答狀)

가간장이 오난에, 장설룡 대감 송설룡에 부인

[말] 베실 살레 가젠 허난 '아이고 요 애긴 어떵허여 두언 가코. [소리] 아들로나 나시민 첵실(冊實)로나 돌앙[1106] 갈 걸, 뜰로 나 부난 첵실로도 못 돌앙 가곡.' 이제랑 느진덕정하님 불러다 놓안, "느진덕정하님아, 우리 저 뜰 우리 아기, 궁 안에서 밥을 주곡 궁 안에서 옷을 주엉 키왐시민 우리가 강 베실 살앙 오민, 느 종문세(僕文書) 벳겨 주곡, 살을 도렐(道理ㄹ) 헤여주마에-."

"어서 기영 협서."

장설룡에 대감님, 송설룡에 부인님, 베실 살레 올라가젠 허난

가메에 탄~ 가는 게, 동네 ᄆ을에, 은동허연 전송처(餞送處), 나고 간다.

가 가난 아기씨도

아바지가 가는 디, 어머님이 가시는 디

나산 전송처로, 몰래몰래, 이 사름덜, 중간에 들언 가단, 질에 질병 나고 발에 발병 나고 사름덜은, 하나 두 개 문딱 털어지언, 돌아산 이녁 집이 가 불고, 아기씬 가단가단 보난, 가멧벳줄 놓치고, 가메는 천 리(千里) 만 리(萬里) 늬발족에 들렁 강

아기씨는~

아이고 가단가단~ 질에 질병나곡

1105) 베실 : 벼슬.

1106) 돌앙 : 데리고.

발에 발병난

묵은 각단[1107] 새 각단밧 떨어진다.

그디 간~, 떨어지난, 이레 누웡 둥그럭 저레 누웡 둥그럭 둥글단 보난, 묵은 각단 새 각단에, 온 몸은 문딱, 베연, 피가 유열(流血)이 낭제가 퉤고[1108]

까마귄 놀아 가단

웬 눈도 좃아[1109] 불어간다.

아기씨는 그디서~, 그와 ᄀ찌 퉤여불고

느진덕정하님은, 아기씨 밥을 주저 옷을 주저, 아기 눅는 구들문 올안[1110] 보난 아기씨가 감감무중 퉤엿구나-.

아무리 집안에 문딱 촟아간다.

울성 장안 촟아간다.

올레 벳껏디 동네 금방상, 다 촟안 뎅겨 보아도, 아기씨 못 촟앗구나에-.

동네에 간, 글을 빌언 쓴다.

우리 아기씨 간간무중 퉤여부난

우리 상전님네신디, 편지 서신이나 띄와봅서.

'삼 년 살 공서(公事)건 단 석 돌(月)에 살고, 석 돌 동안 살 공선, 단 사을에[1111] 판단(判斷)헤영 옵서. 아기씨 상전님 간간무중 퉤엿수덴.' 헤연

1107) 각단 : 키가 작은 띠(茅).
1108) 낭제가 퉤고 : 낭자하고.
1109) 좃아 : 쪼아(啄).
1110) 올안 : 열어.
1111) 사을에 : 사흘에.

편지 서신 띄왓더니만은
장설룡 대감님 송설룡 부인님은
“아이고 우리가 그 애기 낳젠 허난, 얼마나 공을 들연 낳은 아긴데, 이 베실 못 살민 말주, 애기 일러부렁[1112] 어떵 살리.”
그 베실 아니 살안
내려온다.
오란 보난, 아닌 게 아니라 아기씨는 간간무중 뒈여불고
아기씨는 묵은 각단 새 각단밧디서 살단 보난~, 몸은, 베염의[1113] 몸이 뒈곡, 얼굴은 사름의 얼굴, 인사가, 뒈엿구나에-.
그때엔
법당에서
장설룡 대감님 송설룡 부인님 베실 살레 간
제기[1114] 오랏젠 허난 어떵헌 〈실(事實)로 제기 오라신고, 삼베중이 대서님네가, 소곡소곡, 장설룡님네 집더레 들어가젠, 인간 땅을 내려사 옵데다에-.
삼베중이 가노렌 허난
묵은 각단 새 각단밧 근당허난
아기씨가 큰 소리로 웨여[1115] 간다, 앞이 가는 대서님아 이 내 몸을 살려줍서.
대서님 귓전엔, 인간 소린 아니 나곡, ᄇ름 소리만 휭휭허게 귓전을

1112) 일러부렁 : 잃어버리고.
1113) 베염의 : 뱀의.
1114) 제기 : 빨리.
1115) 웨여 : 소리쳐.

넘어산다.

두 번째 가운디 가는 대서님아

이내 몸 살려줍서

가운디 가는 대서님 귓전에도, ᄇᆞ름 소리만 휭허게 넘어가고, 아이고 조름에[1116] 가는 소서님아 이내 몸 살려줍서-.

인간 소리가 들려온다.

이 묵은 각단 새 각단밧디 어떵헌 인간이 잇엉, 이 소리가 나암신곤, 확허게 뒤돌아 산, 이레저레 ᄎᆞᆽ단 보난, 어~ 인사가 잇엇더라.

아이고 이거 큰일 낫져.

상가메를 술술 연싀번 씰어두언

홀목이사[1117] 잡안, 볼근볼근 줴는 게, 아기씨는 춤막춤막 놀래여 간다.

묵은 각단 새 각단밧디 드난

그때엔 묵은 각단도 비여간다. 새 각단도 비연, 끌레기[1118] 허연 뗏방거릴[1119] 허연 등에 놓안 지여간다.

이 아기씨, 우리 법당에 간 수룩 들연, 칠성기도 허연 난 애기로구나.

그 아기씨 등에 지여 앗언 오는 동안에, 아기씨는~, 아바지 어머님 꿈에 선몽(現夢) 드려간다.

"아바지야 어머님아

이날 저냑, 내일 아척이,[1120] 붉는 날에

1116) 조름 : 꽁무니. 뒤. =조롬.

1117) 홀목 : 손목.

1118) 끌레기 : 꾸러미. =끌르기, 끌럭지.

1119) 뗏방거리 : 멜빵.

1120) 아척 : 아침.

대서님이 느려사민, 첫 번째 든 대서님이랑

시권제를 내여 보내곡, 두 번째 대서님이 들어오건 시권제를 주엉 보냅서.

세 번째 소서랑 들어오건

총베에[1121] 물 적져 가민, 알아볼 도레(道理)가 잇곡, 나 잇인 자릴, 알아지옵네다에-."

꿈에 선몽을 디리난

퍼쩍허게 깨여난 보난 몽롱성 꿈이로다.

필아곡절(必有曲折)헌 일이엔 허연, 부베간(夫婦間)이 앚안 잇이난

아닌 게 아니라 그날이 세여 가난, 앞이 오는 대서님이, 짓알로[1122] "소승절이 벱네다-."

시권제를 내여 준다.

시권제를 받아 앚언 가 불고

두 번째도 대서님이 들어오난

시권제 삼문을 내여주난, 시권제 받안 나고 간다.

세 번째 오는, 소서중은, 싱근 들어 몰팡돌(下馬石) 알에서~, 아기씨, 끌레기에 산 거를 그 알더레 톡허게 놓아 두언, 들어사멍 짓알로 "소승절이 벱네다-."

시권제를 아니 준다.

그때엔 "수장남 수별캄덜아.

어서 총베에 물 적지라~."

그땐 소서님이 축원(祝願)을 허여 간다.

1121) 총베 : 말의 갈기나 마소의 꼬리털로 만든 베.

1122) 짓알로 : 아래로.

'멩천(明天) ᄀᆞ뜬 하늘님아

지엣(地下)님아

이내 몸을 살리커들랑, 하늘 오랑 보인낭게 산낭게도[1123] 내리와줍서.

지에님이랑 이내 몸 살리컨 모진 광풍(狂風) 불엉, 구둠도,[1124] 천지(天地)가, 왁왁허게[1125] 시겨줍서예-.'

그때엔 축원을 허연, 정문(經文)을 익어 가난

하늘에서 보인낭게 내려온다.

산낭게 좀쑥허게 ᄂᆞ리와[1126] 가는구나.

땅에선 모진 광풍(狂風)이 부난 천지(天地)가, 왁왁허난 이 담 저 담 짚으멍 ᄀᆞ는 말이~, "당신네 아기씨, 우리 아기씨 어디 가시니 바른 말허렌." 헤여 가난, "당신네 아기씨 ᄎᆞ즈이컨~,[1127] 당신네가 아기씨 불르민 아기씨가 대답헐만, 웨민 아기씨가 알아들을만 헌디, 이 아기씨 잇수다에-."

단지 이 말만 ᄀᆞᆯ아두언 나고 간다.

나가부난 ᄒᆞ쏠 시난[1128] 보인낭게 걷어간다 산낭게도 걷엇구나 몬지도~,[1129] 존질롸[1130] 간다.

그때엔 "느진덕정하님아 수장남 수벨캄덜아

문딱 ᄎᆞ즈아보라, 부르민 애기가 대답헐만 헌디 잇곡, 웨민 알아들을만

1123) 보인낭게 산낭게도 : 안개를 이르는 표현.
1124) 구둠 : 먼지. =몬지.
1125) 왁왁허게 : 조금도 보이지 않고 어둡기만 하게.
1126) ᄂᆞ리와 : 내려와.
1127) ᄎᆞ즈이컨 : 찾으려면.
1128) ᄒᆞ쏠 시난 : 조금 있으니.
1129) 몬지 : 먼지. =구둠.
1130) 존질롸 : 가라앉혀.

헌디 잇젠 허난, ᄒᆞᆫ저 ᄎᆞᆽ아보렌.” 영 허난

집안 울타리 문딱 ᄎᆞᆽ곡

올레 밧껏디 간 ᄌᆞ근ᄌᆞ근[1131] ᄎᆞᆽ단 보난 싱근 들어 물팡돌 알에

아기씬 끌레기에 싼 잇엇구나.

“아이고 상전님아, 아기씨 요디 잇수덴.”, 돌아단 보나네

머리는 사름의 머리로다 몸은 베염의 몸이, 인사가 퉤엿구나.

아이고 요거 큰일 낫구나, 머린 보난, 주치산이 메방석이 퉤여불고

눈은 보난 곰방눈 코는 보난 물똥코

입은 보난 작박입 퉤엿더라.

야게는[1132] 홍실야게 퉤엿구나 배는 보난 두룽둥배 퉤고, 조름은 보난 뽀족조름 퉤엿구나.

이거 큰일 낫져 아이고 이 노릇을 어떵허민 좋코, 은대양에 물을 떠단, 앗젼 굴메를[1133] 보난, 베염 ᄋᆞ섯(六) 개가 배 쏘곱에 ᄉᆞ랑ᄉᆞ랑 잇엇구나에-.

양반칩이 ᄉᆞ당공저[1134] 낫구나.

이거 큰일 낫져, 한 목숨 죽을 디

죽여불젱 허민 배 쏘곱에 베염덜ᄁᆞ지, 일곱 목숨이 죽을 꺼난 죽이지 말앙, 귀양이나 보내야 불젠 그때엔, 동이와당(東海--) 쉐철이 아덜 불러단

무쉐철캅(--鐵匣)을 짜앗구나.

1131) ᄌᆞ근ᄌᆞ근 : 자근자근. 자세하고도 차례가 있게 일하는 모양.

1132) 야게 : 목의 양 옆과 뒤쪽. =야가기.

1133) 굴메를 : 그림자를.

1134) ᄉᆞ당공저 : 祠堂供辭?

그 쏘곱더레 담아 놓안, 상거슴 통쉐, 탁허게 중가 놓안, 동이와당더레 강남천자국(江南天子國)서 띄왓구나-.

물이 들민 동바당도 홍당 망당

물이 싸면 서바당도 홍당 망당

물 우이도 연삼년 떠 댕겨간다.

물 알에도 연삼년 중간에 연삼년 떠 뎅기단

우리나라 천하해동(天下海東)더레

물 꺼꿈에[1135] 뜨고 오는구나.

경상돈(慶尙道ㄴ) 칠십칠 관 넘어산다 전라도(全羅道) 오십삼 관 넘어사난

제주와당(濟州海)더레~, 진도(珍島) 안섬(內島)

진도 밧섬(外島) 넘어산다 벨파장을 넘어사난

들물 쓸물[1136] 받으라

동바당더레 쓸물 쓸물 받으난, 제주시(濟州市)더레, 산지축항더레[1137] 지부쪄가는구나에-.

산지축항 들젠 헤여가난

산지(山地) 칠머리[1138] 감찰지방관(監察地方官)님

쎄어지어 나게로다 못내 들어간다.

어딜로나 가 보코 화북(禾北)으로[1139] 들젠 허난

가릿당이 쎄어지어 나게로다 못내 들어간다.

1135) 꺼꿈에 : 거끔. 거품에.

1136) 들물 쓸물 : 밀물 썰물.

1137) 산지축항 : 제주시 건입동의 포구.

1138) 산지(山地) 칠머리 : 제주시 건입동의 지명.

1139) 화북(禾北) : 제주시 화북동.

삼양(三陽)으로[1140] 들젠 허난
가물개[1141] 시월도병서(十月都兵事) 한집
알당은, 요왕부인(龍王婦人) 일곱 아기 ᄇᆞ젯또 쎄여지어 못내 들어간다.
설개론[1142] 간 들젠 허난
강낭하르방 강낭할망[1143]
쎄어지어 나게로다 못내 들어간다.
신촌(新村)으로[1144] 들젠 허난
큰물머리 날이여 돌이여, 김동지 고동지 홍동지 영감 설베 헤연
오금상또한집이 쎄여지어 나게로다 못내 들어간다.
동카름은 일뤠중저한집님 쎄여지어 나게로다 못내 들어간다.
조천(朝天)으로[1145] 간 들젠 허난 정중아미 정중도령
새콪한집 쎄여지어 나게로다 못내 들엇구나
신흥(新興)으로[1146] 들젠 허난
토지관(土地官)은
축일한집
볼렛낭할마님, 쎄여지어 나게로다 못내 들어간다.
함덕(咸德)으로[1147] 간 들젠 허난
동편은 금성 서편 왕성, 급수황하늘이 쎄여지고 알동네, 서물할마님

1140) 삼양(三陽) : 제주시 삼양동.
1141) 가물개 : 제주시 삼양동의 지명.
1142) 설개 : 제주시 삼양동의 지명.
1143) 강낭하르방 강낭할망 : 감낭하르방 감낭할망. '감낭'은 감나무를 말함.
1144) 신촌(新村) : 제주시 조천읍 신촌리.
1145) 조천(朝天) : 제주시 조천읍 조천리.
1146) 신흥(新興) : 제주시 조천읍 신흥리.
1147) 함덕(咸德) : 제주시 조천읍 함덕리.

김동지 영감님 쎄여지어 나게로다 못내 들어간다.

북촌(北村)은[1148] 가난~

영산주 노산주

가릿당 용녀부인 쎄여지어 나게로다 못내 들어간다.

동복(東福)으로[1149] 들젠 허난 셍이하르방 셍이할망 쎄여지어 나게로다 못내 들어간다.

저~ 김녕(金寧)으로[1150] 들젠 허난

새콪한집~, 큰도안전 큰도부인

궤노기 쎄여지고 ᄂᆞ무리 쎄여지어 나게로다 못내 들어간다.

나사난 월정(月汀)은[1151] 가난

수데기, 월정은 들어사난

황정승 ᄄᆞ님아기

서당하르방 쎄여지어 나게로다 못내 들어간다.

저~ 행원(杏源)은[1152] 들어가난

나주판관(羅州判官) 나주목사(羅州牧使) 쎄어지어 나게로다 못내 들어간다.

한동(漢東)은[1153] 당허난 구일 구일, 구월 구일 한집이 쎄어지어 못내 들고

펭대(坪岱)로는[1154] 들젠 허난 수데깃또 쎄여지어 못내 들어간다.

1148) 북촌(北村) : 제주시 조천읍 북촌리.
1149) 동복(東福) : 제주시 구좌읍 동복리.
1150) 김녕(金寧) : 제주시 구좌읍 김녕리.
1151) 월정(月汀) : 제주시 구좌읍 월정리.
1152) 행원(杏源) : 제주시 구좌읍 행원리.
1153) 한동(漢東) : 제주시 구좌읍 한동리.

갯마린[1155] 멍동소천국이 쎄어지어 못내 들엇구나.

상서화리(上細花里) 들어사난~, 천즈 백즈, 도내금상또 쎄어지어 못내 들어간다.

제주시 흔 바퀴를 다 뺑허게 돌아도, 이거 다 거느령 허젱 허민 오널 해가 다 지어도 못다 헙네다. 다 돌아도 각 무을 무을마다, 본향(本鄕)이 잇어부난 쎄어지언 못 들고 나퀘로다 헌 거는, 바당에 강 보민, 개맛이엔 허영, 그 개맛을 상징허는, 뜻이 뒈옵네다에-.

우리 개맛이라부난 들어오지 못 허게, 막아부난~, 나고 가는 것이

흔 바퀴 돌아 앗언

제주시 떠 오난 들물 쏠물 앗안 지치난,[1156] 함덕(咸德)이라 무생기알[1157] 들어산다.

서우봉(犀牛峰)[1158] 알에 간, 무생기알에 당허난

무에낭 상가지에 간 탁허게 걸어진 게

그디서 홍창망창, 들물썸에 쏠물썹 받암시난

함덕이라 일곱 좀네(潛女)덜은

헛무레질이나[1159] 들어보젠, 무레질허젠 들어갓단 보난, 난데 엇인 무쉐설칵을, 봉갓구나에-.[1160]

1154) 펭대(坪岱) : 제주시 구좌읍 평대리.

1155) 갯마리 : 제주시 구좌읍 평대리의 지명.

1156) 들물 쏠물 앗안 지치난 : 밀물 썰물이 일어나니.

1157) 무생기알 : 제주시 조천읍 함덕리의 지명.

1158) 서우봉(犀牛峰) : 제주시 조천읍 함덕리에 있는 오름. 서모오름.

1159) 헛무레질 : 해녀들이 소라나 전복 따위를 캐는 물질. 미역이나 천초 등의 해조류를 캐는 것에 비해 그 양이 많지 않고 그 날의 일정한 소득을 보장할 수 없으므로 '헛물질'한다고 함.

1160) 봉갓구나에 : 주웠구나.

낭에서 봉간 ᄂᆞ려운다.

그걸 앚어 앚언

셋사스미로[1161] 올라온다.

일곱 좀녀가~ 그거 금(金)이 들어신가 은(銀)이 들어신가, 느가 먼저 봉갓져 내가 먼저 봉갓져

서로가 허단 보난, 서로서로, 머리 메탁허연 느 머리는 내가 심곡, 내 머리는 니가 심언 싸옴바락 퉤엿구나.

엉물이라[1162] 송첨지 영감님(宋僉知令監-)~, 불락이나 강 낚아당 저냑 반찬이나 허여 보젠, 송동바구리 둘러메고

춤대, 미늘(鉤距) 좋아 홍낚시를 거느련

함덕서, 저 셋사스미 알로[1163] 헤영 가젠 ᄂᆞ려가단, 불락 낚으레 가단 보난, 일곱 좀녜가 서로덜 머리덜 메멍 싸웜구나 "야이덜아 느네덜 이거 어떵허난, ᄒᆞᆫ 불턱에 놀멍,[1164] 싸왐시니 [말] 이 머리덜 노라 이 머리덜 노라." "아이고 하르바님아 그게 아니우다, 저거 양 나가 먼저 봉갓수다.", 다른 좀녀는 "아니우다 나가 먼저 봉갓수다.", [소리] 허여 가는게 서로가 큰 소리 족은 소리 나멍 싸움을 헤염시난, [말] 송첨지 영감님 허는 말이, "아이구 야이덜아 느네덜 경 싸움헐 일이 시냐,[1165] 경 말앙 그거 이레 도라 나를 주면 내가 그거 욜앙 이, 그 쏘곱에 금이 드나 은이 드나, 느네들 일곱 좀녀가 똑 ᄀᆞ뜨게 갈랑 앚곡, [소리] 그 첩갑(鐵

1161) 셋사스미 : 제주시 조천읍 함덕리의 지명.

1162) 엉물 : 제주시 조천읍 함덕리의 지명.

1163) 알로 : 아래로.

1164) ᄒᆞᆫ 불턱에 놀멍 : 하나의 불턱을 같이 사용하는 동료들이면서. 불턱은 해녀들이 물질을 하다가 불을 피워 몸을 녹이고 옷을 갈아입는 곳을 말함.

1165) 시냐 : 있느냐.

匣)이랑 나를 주민 나, 담배, 초갑이나 허기가 허나 어쩌허겟느냐에-."

"어서 걸랑 기영 헙서."

그때엔 하르바님이

그걸 열젠 헤여가난

ᄒᆞ쏠 뻬옥허게 ᄋᆞᆯ아지어 가난

좀녀덜은 ᄒᆞ끔이라도 하영 앗젠 손을, 쏘곱더레 쏙쏙허게 디믈린 게 선뜩선뜩 허여간다.

'이거 무시건고, 무시거 영 석석헌[1166] 게 잇인곤.' 헤연, 손은 확확 빠 내여 두언, 확허게 여난, 세는[1167] 멜록멜록

눈은 아뜩아뜩

느 꼴리는 내가 물고 내 꼴리는 니가 물엉

나오는 건 세여보난 베염 일곱 개가 ᄉᆞ랑ᄉᆞ랑 나오랏구나.

아이고 요거

무서웁고 서껍고 추접헌[1168] 거로다.

이거 이런 걸 놓안 우리가 싸와지여신가.

베염 우터레 춤을 탁탁하게시리 믄딱 바깐, 돌아사난 베염 일곱은~, 무셍기 속, 알더레

숨부기낭[1169] 알더레

소로로록 기연 들어간다.

그날부뗀 그 일곱 좀네

1166) 석석헌 : 차가운, 서늘한.

1167) 세는 : 혀는. '세'는 혀(舌).

1168) 추접헌 : 더러운.

1169) 숨부기낭 : 순비기나무.

집이 온 게, 머리에도 그자 굿인 허물 나아 가곡, 눈에도 도랑팔 한팔이 나곡 코에 콧줄 입에 하메, 목에 목걸리여, 등에 등창이여, 생손도 알리곡[1170] 생발도 알리곡, 온 몸에, 굿인 허물이 대닥대닥 나아가는구나에-.

아이고 요거

조벳 약을 다 써 보아도

아니 좋아 가는구나.

이거 어떵허민 좋코 이거 어디 강 들어나 보주긴 헤연, 가물개 큰심방~, 이원신네가 살앗구나, 그때엔 가물개 이원시님 춪앙 간다.

춪앙 강 이원시님신디 간 문복단점(問卜單占)을 허난

"아이고 당신님네 눈으로 보아 줴척 입으로 속절헌 줴척

손으로 문직은[1171] 줴척이 뒈난

그 줴척으로~, 웨국(外國)서 들어 온, 이런~ 조상(祖上)에 걸렷젠."

영 허난

"어떵허민 좁네까?" "경허민, 그 셋사스미 알로 강 천막(天幕) 치여 놓곡 밥도 일곱 떡도 일곱 사라,[1172] 채소(菜蔬)도 일곱, 잔(盞)도 일곱, 문딱 일곱 개썩 올려 놓곡, 제 메치[1173] 제 신상(神像) 그려 놓앙, 앗게방석 자리부전 놓아근, 사나오멍 사나오멍,[1174] 일곱 석을 풀고 보면 알아볼 도레(道理)가 잇습네다에-."

집으로 들어온다.

1170) 알리곡 : 아리고.

1171) 문직은 : 만진.

1172) 사라 : 접시. '사라'는 일본어 さら.

1173) 메치 : 맵시.

1174) 사나오멍 사나오멍 : '살려내어 살려내어' 정도의 뜻.

일곱 좀녀가 혼디 메와간다.

셋사스미 알로

벡몰래(白沙)로 들어산다.

간~ 천포답 군막 치여 놓곡, 궂은 대로 문딱 일곱 개썩, 출려 놓안, 천보답은, 앚게방석 자리보전 놓아 놓곡 제 메치 제 신상 그려 놓안, 일곱 석을 사나오멍 사나오멍, 풀언 집으로 간 게, 얼마 아니 엇언

즈벳 약을 아니 써도~

머리에 굿인 허물 좋아간다.

눈에는 도랑팔도 좋아간다 한팔도 좋아간다.

코에 콧줄 입에 하메

청걸리도, 흑걸리

좋아간다.

등창도 좋아가는구나.

어느 손에 발에

베적(表迹)도 좋아간다.

필아곡절(必有曲折)헌 일이여

물에 들레도 가민 일만(一萬) 해녀(海女) 어부(漁夫)덜이 함덕은 많허여도

다른 해녀덜 못 헤여도, 이 일곱 좀녀는, 망사리[1175] ᄀ득

전복(全鰒)도 허민 대전복 소전복이여

문어여~

메역도[1176] 허민, 망사리 ᄀ득허여근

1175) 망사리 : 해녀들이 물질할 때, 채취한 해산물을 담아 놓는 도구.

1176) 메역 : 미역.

그 메역 물류왕[1177] 진상(進上)도 바찌곡, 육지(陸地) 내지(內地)더레 풀곡, 영 허는 게, 큰 집도 사곡 큰 밧도 사곡, 좀녀허멍 부제(富者)가 뒈여가는구나에-.

함덕이라 일만 해녀 어부덜은

"우리도 저 조상 위허게. 저 일곱 좀녀만 그 조상(祖上) 위허여 가난, 잘 뒈염젠."

그때엔 문딱[1178] 등세칠성 한집님만

위허여 가는구나.

함덕 황하늘허고

서물한집님은 석 둘 열흘 벡일 동안을 앚아도 원 어느 즈손 원, 출령 오는 자 엇엇구나. 그때엔 후망(後望)을 허연 보난~, 웨국(外國)서 들어온 등세칠성에만 들언, 문딱 일만 해녀 어부덜이 그디만 위허여 가는구나에-.

급수황하늘이 말을 허여간다.

"야 너네 어디서 들어완, 여기는 우리가 땅 추지도 우리 추지 물 추지도, 우리 추진데 어서 당작 이 함덕무을 베꼇디, 아니 나가민 선흘곶디[1179] 들어강, 들굽낭[1180] 작대기 허여당, 동서더레 케우려 불켄." 일럿구나에-.

그때에는

어머님이 말을 허뒈 "서룬 아기덜아

1177) 물류왕 : 말려서.
1178) 문딱 : 모두.
1179) 선흘곶 : 제주시 조천읍에 있는 선흘곶.
1180) 들굽낭 : 두릅나무.

우리가 이디 잇당은, 어느 날 어느 시간에 들굽낭 작대기 해당 케우려 불민, 죽는 ᄎᆞ례(次例) 몰른다. ᄒᆞᆫ적 오라 함덕 베낏디 나가게."

함덕ᄆᆞ을 나산 금성못을

지금 대성아구찜인가 잇인, 바로 그 앞잇 동산이~, 금성못이 뒙네다, 금성못 오란 ᄎᆞᄎᆞ영기 ᄒᆞᆫ 쌍 불려간다.

신흥(新興) 넘어사난 조천(朝天)은 당허난

지금은 그디서 만세 불러낫젠 헤영 만세동산 만세동산 헤여도 옛날은, 그 동산이 풍선동산이옌 헙데다.

풍선동산 넘어산 ᄎᆞᄎᆞ영기 ᄒᆞᆫ 쌍을 불려간다.

조천은 당허난 조천관으로 이름을 지와 두언

신촌(新村) 당허난

신좌면(新左面) 구좌면(舊左面)

이름을 지완, 신좌면은 신촌이고 구좌면은, 글로 동더렌 다 구좌면이엔, 그때부떠 이름이 뒈엿수다에-.

아따가라 요 동네 열녀비(烈女碑)나 세왐직헌 디여

열녀문(烈女門)으로 이름 성명 지와 두언

진드른[1181] 당허난 꼬불꼬불헌 질, 과짝헌[1182] 질 그자 곧 ᄒᆞ끔만 허민 다 가짐직 다 가짐직 허멍도 어따 진드른 당허난, 아따 요 질은~, 보아지멍도 멀기도 먼 질이여 짐도 질다, 진드르로 이름생명 지와두언

지금 검문소(檢問所) 잇는 자린, 돌숭이 옛날 돌만 하도 존존헌[1183] 돌멩이 작지덜만[1184] 하부난, 돌숭이로 이름 생명 지와두언

1181) 진드르 : 제주시 조천읍 신촌리에 있는 너른 들판을 이르는 지명.

1182) 과짝헌 : 곧은.

1183) 존존헌 : 자잘한.

삼양(三陽) 당허난

어떠헌 청년(靑年)이 뜽돌을 하나 들런, 이레 강 들러당 툭허게 놓곡, 저레 강 들러당 툭허게 놓곡 어따 저 청년 뜽돌로 잘도 들런 뎅겸져, 들은돌로 이름 생명 지와두언

나사난

지금 화북(禾北) 주공아파트 쪼금 넘어산 디 보면, 아래 바다쪽으로, 비석(碑石) 세와젼 담 둘러지고 허난, 그딜 당허난

족은뚤이[1185] ᄀᆞᆮ는 말이

"어머님아 어머님아

어떵 머리꺽이 과짝헌 게 바싹 ᄆᆞ습수다."[1186] "무사 ᄆᆞᄉᆞ우니?, 아이고 애야 ᄒᆞᆫ저 오라." "아이고 함덕 급수황하늘이 활을 앗아 들언, 우릴 꼭 쏘아 죽염직 허옵네다에-."

"뒤돌아보지 말앙 ᄒᆞᆫ저[1187] 오라."

그 법으로 옛날 어른덜은 밤질 걸 때에, 뒤돌아 보지 말앙 걸으렌 헤영, 뒤 아니 돌아보는 법이 뒈엿수다.

그 법으로 그딘 쌀상둣거리엔 허영, 옛날 엿적에도 그런~, 활 쏘으는 베실헐 때에는

그 자리에서 활을 쑵곡 허엿져 영헙네다.

나산 오단 동주원 당허난

물 ᄒᆞᆫ 모금썩 동주원물 이젠 엇어져부럿수다. 동주원물, 그디 간 그

1184) 작지 : 자갈(砂礫).

1185) 족은뚤이 : 막내딸이.

1186) ᄆᆞ습수다 : 무섭습니다.

1187) ᄒᆞᆫ저 : 빨리.

물 간, ᄒᆞᆫ 모금썩 먹어 앚언

베릿낸 오란 보난, 물은 벤직벤직, 지금 화북 내창이우다. 물이 벤직벤직 허염시난, 그디 간 아이구 이젠 저 동산만 올르민, 성네읍중(城內邑中) 다 들어오라시메, 서로가 바련 보난 하도 둥글멍들 기멍 오단 보난, 눈만 삐롱헨 문딱 몬지로 더꺼져시난, 저디 강 몸모욕(-沐浴)이라도 헤영 우리가 묵은 옷이랑 벗어 두엉 새 옷 ᄀᆞᆯ아 입엉 가겐 헤연, 그디 간~, 담고냥에[1188] 가시낭 우에, 덤벌[1189] 쏘곱에, 묵은 옷을 문딱, 벗언 놓앗구나에-.

그 법으로 뎅기난 보민 베염덜,[1190] 가죽 벗엉 술그랑허게 벗엉 놓아 두어근 뎅기는 법

그땐 그디 간 보난 이 호겡이[1191] 저 호겡이물, 벤직벤직 허여시난, ᄒᆞᆫ 베염 하나가 호겡이 하나썩 ᄎᆞ지헤연 이레 참방 저레 참방

몸모욕을 허여 놓안, 새 옷을 ᄀᆞᆯ아 입어난 법, 옛날 차 엇고 아스팔트 지금 이추룩 아니헐 때에는, 이거 한~, 칠십 년~, 육십오 년 칠십 년 전만 헤여도, 함덕서도 걸엉 제주시ᄁᆞ지 갈 때는, 옷 포따리 ᄒᆞ나, 꼭 옷 놓앙 묶엉, 존둥에 졸라 메엇당, 저 지금 ᄀᆞ으니ᄆᆞ르[1192] 가민, 그디서 다 ᄀᆞᆯ아 입엉 올라갓젠 허옵디다에-.

그디서 새 옷 입언 ᄀᆞ으니ᄆᆞ를 당허연 올라사난, ᄀᆞ웃ᄀᆞ웃

아이고 송서(訟事)헐 생각이랑 마랑, 지금은 문딱 동산 깎아부난 헤엿주 옛날은, 그디가 완전 높은 동산이 뒈난, 아무 생각도 엇엇더라. 어따

1188) 담고냥에 : 담구멍에.
1189) 덤벌 : 덤불.
1190) 베염 : 뱀.
1191) 호겡이 : 웅덩이. =호강이, 옹뎅이.
1192) ᄀᆞ으니ᄆᆞ르 : 제주시 건입동에 있는 지명.

가라 요디 올라오라나난 지치고 다치다.

ᄀᆞ으니ᄆᆞ를로 이름 지우게 헤연 이름 지와두언, 들어사젠 허난 동문(東門)도 잡앗더라 서문(西門)도 잡앗더라 남문(南門)도 잡앗더라

제주시 문 문딱 잡아부난

제우[1193] 들어오는 게

저 공덕동산으로 들어산

보난, 한산물이 잇엇구나 한산물에 간, 다시 물 ᄒᆞᆫ 모금 먹언 안가심 잔질롼, 바려보난~, 소피고냥 잇이난 소피고냥으로 소로로로, 기연 일곱 애이새끼[1194] 들어산다에-.

고망으로[1195] 들어간 나온 건 보난 산짓물로 나와지엿구나.

산짓물에 간, 바려보난 열칠팔 세 난 아기씨덜, 연서답[1196] 와랑지랑 뺄단, 아이고 베염 일곱 개가 가난, 어따가라 ᄆᆞᄉᆞ운 거 더러운 거옌 허멍

추접헌 거옌

허던 연서답 다 설렁 가 가난, 우리가 이디도, 앚일 데가 아니로구나. ᄒᆞᆫ저 가겐 헤연, 대번칙이 산짓물로 나온 게, 칠성통으로 나오랏구나에-.

베염 일곱 들어가낫젠 헤연 칠성골로 이름 지와간다.

헤짓골은 당허난 헤(日)가 좀쑥허게 지어부난 헤짓골로 이름생명 지와두언

1193) 제우 : 겨우.
1194) 애이새끼 : 아이.
1195) 고망 : 구멍.
1196) 연서답 : 빨래.

다시나 뒷날 아척 나오는 게

관덕정(觀德停)~, 멧돌 우이 강 ᄉᆞ랑ᄉᆞ랑

일곱 애이새끼가~, 누워시난~, 지동토인은, 영 뎅기단 보난 무시거 빈직빈직[1197] 허염구나. '이거 무시건고.' 허연, 간 보난~, 야 빈직빈직 허연 아니 보아난 거여 이거 더러운 거옌 헤연, 춤을 그 우터레 탁탁허게 바까간다.

바까두언

아그랑작대기 앗아단에[1198]

박허게 긁언, 확허게 앗안, 데끼난[1199] 베부른동산더레 간, 털어지는 구나에-.

배만 볼락볼락 허여간다.

그 법으로 베부른동산이엔 이름 지와두언

이젠, 상천골로 문딱 제주시, 이름이 그때 칠성한집님이 이름생명, 다 지왓젠 허웁네다에-.

이제랑 어딜로나 가 보코

가락쿳물 간 보난

가락쿳물은 어딘고 허민~, 오현단(五賢壇)으로 내려가당 보민 옛날 그디, 물 잇엉 두르박이로,[1200] 물 떵 먹고 지금 체 내는 디, 그 골목으로 들어가민, 그디가 가락쿳물이난

그디 강~

1197) 빈직빈직 : 어떤 것이 번듯번듯 빛나는 모양.
1198) 앗아단에 : 가져다가.
1199) 데끼난 : 던지니.
1200) 두르박 : 두레박.

팡[1201] 우이 간 일곱 애이새끼
ᄉᆞ랑ᄉᆞ랑 누워시난에
옛날 제주시에서 최고(最高)로 부자로 잘 산 집이, 송칩(宋宅)이엔 헙디다. 송칩이, 할마님은 물이나 질어오젠~, 간 치메 벗언 놓아 두언 그 물, 허벅에다[1202] 떤 질어 놓안, 물구덕 지젠 허난 치메 입으난 다르르허게 베염 일곱 갠 털어지엇구나에-.
그때엔 그대로 집이 온 게
검뉴울꼿이[1203] 뒈엿구나.
아프는 중 몰르게~
ᄌᆞ벤 약을 다 써도 아니 좋고
하도 허다허다 버치난 어디 간, 문점(問占)을 지난 웨국(外國)서 들어온 조상(祖上), 무사[1204] 테운 조상을[1205] 아니 모사 오랏젠, 영 허난 연십년이 뒈연 따시 가락쿳물 간 보난, 십 년 동안 어찌 한집이 그디 잇입네까. 눈에 펜식을 허연, 잇이난 치멧통 받안, "나에게 테운 조상이건
나 앞더레 옵센." 치메를 받으난
일곱 애이새끼 술술허게 기어든다.
집으로 오란~, 금마답더레 놓안 "조상님네 그자 아무디라도 들어가 구경 헌더레 좌정(坐定)허구경헌더레, 들어갑센." 허난, 마당 구석 늬(四) 구석을 다 돌아간다.

1201) 팡 : 넓직한 돌 따위를 놓아 만든 자리.
1202) 허벅 : 물을 길어 나르는 동이로, 모양이 둥글며 배가 불룩하고 위의 아가리는 아주 좁음.
1203) 검뉴울꼿 : 시들어가는 꽃.
1204) 무사 : 왜.
1205) 테운 조상을 : 자신에게 오는 조상을. '테우다'는 어떤 특별한 복(福)이나 기능, 재주를 타고 나는 것을 말함.

상방 구석 늬 구석 다 돈다.

구들 구석 늬 구석 돌안 나온다.

챗방[1206] 구석, 늬 구석을 다 돌안

그때엔 다시 나오난 정지 구석 늬 구석 돌안 나완, 들어가는 건 보난, 안고팡더레, 소로로로 들어간다에-.

옛날 집덜은 꼭 고팡이[1207] 정지에 부떵, 경 헤사 쏠 거리레도 고팡에 강 거령 바로, 정지더레 오고 영 헐 때난

안고팡더레 소로로로 들어가난

그때엔 그디 간, 어머님이 곧는 말이 "아이고 나 새끼덜아, 나 뚤덜아 우리 일곱 애이새끼추룩 부떠 앚엉 댕기단~, 잘못 무도헌 백성 만나민, 하나 죽을 도리 우리 일곱이 다 죽나 경 허난이, 우리가 경 말앙, 우리 이녁만씩 떼어지영, 아무 디라도 다 ᄎ지덜 허영 들어삿당, 우리, 만날 때 만나곡 헤어질 때 헤어지게."

"어서 걸랑 기영 헙서."

"큰뚤아긴 어딜로 갈티?"

"날랑, 대정(大精)은 정의원 목관아지에

판관(判官) 상 받는 알로 강, 우이로 제반 걷으민

상을 받으쿠다."

"두 번째 뚤아긴 어딜로 갈티?"

"동과~, 동~, 동과원(東果園)은 서과원(西果園)

북과원(北果園)을 ᄎ지허쿠다."

싓챗뚤아긴 "안동안(內東軒)은 밧동안(外東軒)

1206) 챗방 : 안방 곁에 딸려 있어 식사(食事)를 주로 하는 방.

1207) 고팡 : 고방(庫房).

내동안(內東軒)도 ᄎᆞ지허쿠다.”

“늿찻뚤아긴 어딜로 갈티?”

“날랑 새새각시 시집 오라낭

우이로 제반 건엉, 새각시 상 받앙, 알더레 거려 노민[1208] 그거 받으쿠다.” ”다섯차~, 여섯차뚤아긴, 어딜로 갈티?”

“날라근에

뒈지기도[1209] 마련허고 섬지기 홉지기

믄딱 마련을 허쿠다.”[1210]

“여섯차 막둥이 뚤은 어딜로 갈티?”

“날랑, 뒤에, 과원(果園)ᄎᆞ지 과원ᄎᆞ지허영, 날라근, ᄑᆞ릿ᄑᆞ릿, ᄑᆞ릿 ᄑᆞ릿

허엿당 구시월(九十月) 당허민

ᄂᆞ릿ᄂᆞ릿

댕우지나[1211] 소유지나, 텡~ 텡유자나~

허여근에

날랑 미깡,[1212] 허여근~, 과수원에서

아이구 어머님아 살암십서

우이로 상품(上品)이랑 임금님신디 진상(進上) 바쪄두엉~, 바찌다 남은 걸랑 어머님신디 ᄀᆞ는대구덕에 놓앙 지엉 오쿠다.”

“아이고 나 뚤아기 착실허다.

1208) 거려 노민 : 떠 놓으면.

1209) 뒈지기 : 되(升) 지기.

1210) 허쿠다 : 하겠습니다.

1211) 댕우지 : 아주 큰 유자(柚子)의 한 가지.

1212) 미깡 : 귤. ‘미깡’은 일본어 みかん.

나 뚤아기 기뜩허다."

[말] "게난 어머닌 어디 가쿠가?" "아이고 날랑 이, [소리] 안으로 들어사민 안고팡 알로, 황독 지체독, 도루무깡 알[1213] 베락단지 조막단지 알로

안고팡으로 좌정허고

베낏딜로랑~, 어느 배낭[1214] 알로나, 유지낭[1215] 알로

청대 ᄀ대왓들로나

날라근, ᄎ지허영

옛날 우리 아바지 우리 어머님 잘 살 때에, 하도 부제(富者)로 잘 사난, 지에집을[1216] 짓이난 암치엣장 숫치엣장 덮언 살아낫져, 암치엣장 숫치엣장 본메 놓아

나~ 묵은 각단에서 올 때에 끌레기에 싼 와난 법으로, 우이는 쫄아지고 알랑 퍼지게 허여근 청ᄂ람지 청~, 벡ᄂ람지

둘러쓰곡, 뗏방거리 허영, 날랑 좌정허영 잇이켜." [말] "게민 어머니 우리 어느제 만나코양?", [소리] 우리가 만날 때랑, 삼월(三月)이라 삼짓날 돌아오건

궁기궁기[1217] 솟아나건

마불림을[1218] 검불림을[1219] 뎅기곡

1213) 알 : 아래.
1214) 배낭 : 배나무.
1215) 유지낭 : 유자나무.
1216) 지에집을 : 기와집을.
1217) 궁기궁기 : 구멍구멍.
1218) 마불림 : 장마 기운을 날림.
1219) 검불림 : 더위를 피함. 피서(避暑).

마불림 뎅길 때랑~, 뎅기다근

독통에 들어가걸랑, 독새기도[1220] 하나 음찍허게, 우리가 줏엉 먹곡, 집가지도 돌곡 네도리도[1221] 바라보곡

장항(醬缸) 뒤도 바라보곡

한도리도 발곡

우리가 뎅겨

문전철갈이도[1222] 허걸랑, 야~ 봄 나건 봄 철갈이 받곡, ᄀ을[1223] 뒈영 들어갈 때랑, 오곡씨덜 허여 놓앙 ᄀ을 농서(農事)허여 오건, ᄀ을 철갈이 받곡, 옛날 옛날엔, 지금은 정월(正月)이나 삼월(三月)ᄁ지 ᄒᆞᆫ 번만 헤여도 옛날 어른덜은, 철갈이도, 봄 철갈이 ᄀ을 철갈이 두 번썩 허엿젠 허옵데다에-.

그거 받아

상강(霜降)이 지어가건

구월 구일(九月九日), 당허연 구월 상강 지어가건

궁기 궁기마다

촟앙 들어가게

영 허던

한집님은 강남 옥골미양 상질친밧은

너븐드르 한가름서

솟아나던

1220) 독새기 : 계란(鷄卵).

1221) 네도리 : 문을 다는 곳의 바로 위에 얹혀진 도리. =문곳도리, 문골도리.

1222) 문전철갈이 : 철갈이는 계절제(季節祭)로 '밧칠성'이라고 부르는 사신(蛇神)을 모시고 있는 집에서 부(富)를 기원하며 행해짐.

1223) ᄀ을 : 가을.

한집님은
아리롱아기 다리롱아기 공단아기, 서단아기 네단아기
일곱 아기, 거니리던 한집님아
난산국을 풀엇수다 본산국을 풀엇수다.

- 칠성본풀이〉비념

한집님아~ 하다 하다
마불림도 허지 맙서.

검불림도 허지 맙서 집가지 네도레 한도레, 돌지 맙서 정지도 들어오지 맙서, 솟강알에도[1224] 강 드러눕지 맙서 장항~, 두에도 강, 장항에 강 사려 눅지도 맙서.

한집님아, 독(鷄)통에도 가지 맙서.

ᄌᆞ순덜 눈에 편식허게 말앙, 항상 몸을 풀 쏘곱으로 곱정[1225] 뎅깁소서.

뒷할마님이랑, 하다 니(齒)도 골지 맙서, 하우염도[1226] 허지 맙서.

물어 들건 여의주나 물어 들건, 부로초(不老草)나
물어 들엉 한집님에서
이 집안~ 용시도[1227] 허거들랑
거부제로, 가지 ᄋᆞ름[1228] 새 ᄋᆞ름

1224) 솟강알 : 걸어 놓은 솥 밑의 아래. '솟'은 솥(鼎).
1225) 곱정 : 숨겨서.
1226) 하우염 : 하품.
1227) 용시 : 농사.
1228) ᄋᆞ름 : 열매.

잔뜩 올앙

새스렁 은가지로 수리수리 바리바리 나수왕

안고팡에랑 들어가걸랑, 지세독도 ᄀ득입서,[1229] 지세황독도 ᄀ득입서.

베락단지 조막단지

ᄀ득입서 도루무깡도 ᄀ득게 시겨줍서.

한집님아 뒷할마님이랑~

하다하다, 마불림덜 허게 말앙, 아기덜 똘덜 잘 그늘랑, 할마님에서 한집님에서

그늘룹곡

과수원 바꼇 우리 제주돈(濟州道ㄴ) 특히나 밀감(蜜柑), 생산지(生産地) 아닙네까.

어느 밀감밧디

낭에 강 걸어지지 맙서 죽은 설로 산 설로

감아지지도 맙서.

ᄌ순덜 미깡밧디 약만 치곡 헙네다, 약 치는 디 잘못 뎅기당~

약 치어 불민 한집님아

좋은 목숨 죽어지곡 허옵네다.

한집님아~, 과수원에라근

앞으로 봄 이거~ 철갈이난

이 봄에, 순이 나곡

잎이 자라곡, 앞으로 꼿이 피곡 영 헐 거난, 하다 꼿 피걸랑

1229) ᄀ득입서 : 가득차게 하십시오.

벌도 적당허게 오랑, 이디저디 므딱 앚앙, 꼿ㄱ루[1230] 묻히게 허여 주곡

너미 하영도 피게 맙서 너미 드물게도 피게 맙서. 어느 동 뭊걸랑[1231]

털어지게도 맙서.

궤양병도 하게 맙서 흑점병이나, 어느 진딧물도 궤게 맙서.

잎마름병~ 허게 맙서.

ᄌ순 몰랑, 약 잘못도 치게 맙서.

한집님아~, ᄒ 가지에, 파치도[1232] 욜게 말앙, 상품으로만 쭈르르허게 욜게 허영

콘테나[1233] ᄀ득

하영하영[1234] 욜앙, 동ᄋ름 서ᄋ름 남ᄋ름, 북ᄋ름 잔뜩 욜앙

하영 열게 시겨주곡

판로(販路)도 잘, 뒈게 시경 부제팔명을 시겨줍서.

한집님전에서

ᄌ순덜 먹을 연 입을 연 나수와주곡[1235]

이 터에서

머리 좋은 ᄌ순덜, 나게 허곡 이 터에서 ᄌ순덜, 잘 자라게 시겨줍서에-.

1230) 꼿ㄱ루 : 꽃가루.

1231) 뭊걸랑 : 열매가 맺으면.

1232) 파치 : 깨어지거나 흠이 나서 못 쓰게 된 물건. 여기서는 비상품(非上品).

1233) 콘테나 : 콘테이너(container).

1234) 하영하영 : 많이 많이.

1235) 나수와주곡 : 나게 하여주고.

문전본풀이

〈심방 설명〉

문전본풀이는 집 안에 좌정한 신들의 본풀이다. 올레, 정살, 부엌, 상성주, 중성주, 하성주, 화장실 등 집 안의 모든 곳에는 신들이 있다. 땅은 세경땅이고 터는 칠성이나, 그 외에 집 안의 신들의 이야기는 문전본풀이에 들어 있다.

- 문전본풀이〉들어가는 말미

[심방이 제상을 앞에 두고 장구를 치며 본을 푼다.]

위가(位) 돌아갑네다. 제(座)가 돌아~

가옵네다~.

들 적 문전 날 적엔, 일문전(一門前), 아닙네까.

안문전은 예레덥(十八), 밧문전 스물여덥(二十八)

천지동방(天地東方) 일울엉, 하늘님 어간삼아

난산국은 본 풀저, 본산국 신을 풀저

영헙네다.

난산국 본 풀건, 본산국더레, 제ᄂ립서에-.

- 문전본풀이〉본풀이

문전하르바님

헤만국 문전할망 둘만국, 문전아바지

남선ᄀ을 남선비 셍완(生員)

문전어멍 여선국은 부인님, 뒈옵데다.

엿날이라 엿적에, 남선ᄀ을 남선비, 여선국은 부인님이 부베간(夫婦間)을 삼아

사는 게~ 아기사 낫는 게, 아덜로 하나 두 개~, 일곱 성제(兄弟) 솟아나앗구나에-.

이 아기덜 킵젠[1236] 허난

ᄒᆞᆫ 해는 숭년(凶年) 들곡 ᄒᆞᆫ 해는, 풍년(豊年) 들엉 가난공신 서난허난

남선비 셍완(生員)님은

ᄀᆞ철ᄀᆞ셀[1237] 거느령, 남박세길[1238] 파곡, 남신을 팡, 그거 풀앙 그날 그날 구명도석(求命圖食)허는 것이

ᄒᆞ를날은

남선비 ᄀᆞᆮ는 말이로다.

"여선국 부인님아 여산국 부인님아, 나 경 말앙 우리 식구덜, 아홉 식구 살아가젠 허난 가난공신 서난허난, 육지(陸地) 방면 나강, 무곡(貿穀)이나 지어당, 살기가 허나 어찌하오리까에-."

"어서 걸랑 기영 헙서."

제주(濟州)서 나는 소산지(所産地) 메역[1239]

초곽(初藿) 메역 말곽(末藿) 메역

1236) 킵젠 : 키우려고.

1237) ᄀᆞ철ᄀᆞ셀 : ᄀᆞ세를. 즉 '가위를' 정도의 뜻인 듯함.

1238) 남박세기 : 나무바가지.

1239) 메역 : 미역.

전배독선(全船獨船) 잔뜩 실러 간다.

"서룬 낭군(郎君)님아

[말] 아이고 경 허당 낭군님 가당 무신 일이 시나, 오당 무신 일이 시나 저 시퍼렁헌 바당을, [소리] 넘어 뎅기젱 허민~, 무신 일이 잇이민 어떵헙네까?", "아이구 나가 나강, 연삼년(連三年)이 넘어도, 아니 돌아 오걸랑~, 삼동낭 용얼레기[1240] 춤씰 ᄒᆞᆫ 제 묶엉, 바당에 들이쳐 보민 ~, 살아시민 아무 것도 아니 올라올 거곡, 죽어시민 본메본짱, 머리턱 이라도[1241] 하나~, 올라오건 죽어신가 허수서라."

굴미굴산[1242] 노조방산 에야산을 도올라간

곧은 낭(木)을 비어단, 풍선을 둘앙

배(船)를 지어간다.

그 배 짓어 놓안

메역 문딱 싯꺼 앗언, 육지(陸地) 방면 강 그거 풀아두엉, 무곡(貿穀) 허여당~, 아기덜 구명도서(求命圖食) 시키젠, 성창(船艙)머리에 배를 띄 왓구나에-.

배는 나가는 게

높은 파도고개 넘어산다 높은, 절(波) 고개를 넘어사난

ᄇᆞ름(風) 부는 대로~, 절 지치는[1243] 대로

가는 게~, 어딜 감신고.

가단 보난 한강 바당에서

1240) 삼동낭 용얼레기 : 상동나무로 만든 빗.

1241) 머리턱 : 머리털, 머리카락.

1242) 굴미굴산 : '매우 깊은 산'의 뜻으로 씀.

1243) 절 지치는 : 파도가 이는.

모진 광풍(狂風) 만나간다.

‘멩천(明天) ᄀᆞ뜬 하늘님아

이네 몸 살려줍서.

요왕(龍王)님아 선왕(船王)님아.’

허단 보난~, 배는, ᄆᆞ른더레[1244] 간~, 성창에 지부쪗구나에-.

닷(碇)[1245] 풀어 놓안

그 배를, 성창머리에 강

묶어두언

어느 쯤이나 오라신곤 뎅기단 보난

성창머릴 발아난, 가단 보난, 노일저데, 만낫구나에-.

노일저데

귀일이 ᄄᆞᆯ

주막집을 출려 놓앙

장서를 허염구나 “아이고 어디서 온, 셍완(生員)이 됩네까?, 우리집에 오랑 시장끼나 멀령 갑서.”, 엇인 언강[1246] 지어가난, 그디 들어간 게

노일저데귀일이 ᄄᆞᆯ 호탕에 빠지어

전배독선(全船獨船) 다 폴아[1247] 먹고

살단살단 바려보난

체죽만[1248] 먹단 보난, 안명천지(眼盲天地)가 뒈엇구나에-.

고향산천(故鄕山川)선

1244) ᄆᆞ른더레 : 마른 곳에. 즉 육지로.

1245) 닷(碇) : 닻.

1246) 엇인 언강 : 없는 아양.

1247) 폴아 : 팔아.

1248) 체죽 : 겨죽.

아덜덜은 커 가고

"어머님아~, 어머님아

우리 아바지 무사 아니 오람수까?"

연삼년이 뒈어 가도 아니오난, "아이고 서룬 아기덜아, 경 말앙 느네 덜, 초신이나 일곱 베만[1249] 삼아도라."[1250] "어서 걸랑 기영 헙서." 초신 일곱 베를 혼~, 아들 ᄒᆞ나가 ᄒᆞᆫ 베썩 삼안, 일곱 베를 앗어 놓안

성창(船艙)에 간, 촘실 ᄒᆞᆫ 제 헤연~ 삼동낭 용얼레기, 바당더레 혹허게 데끼멍, '서룬 낭군(郎君)님아 살앗건 ᄒᆞᆫ저 옵서. 망간 가당이나 오당이나 요왕(龍王)에 좀 잠걸랑, 본메본짱 머리턱이라도, 하나만 올라옵서에-.'

그 말 골안 던져두언

낮이 뒈민 촌 벳을[1251] 맞고

밤이 뒈민 촌 이슬 맞이멍

여섯 베는 등에 신을 짊어지고

ᄒᆞᆫ 베는 신어 앗언

메날~, 두 일레 열나흘동안, 그 성창머릴 발아들고 발아나멍, 허당 보난, 그때엔, 삼동낭 용얼레기, 신은 문짝[1252] 다 그차져불고[1253] 삼동낭 용얼레긴 둥경[1254] 건젼 보난, 아무 것도 엇언 본메본짱이 하나토 엇엇구나-.

1249) 베만 : 켤레만.

1250) 삼아도라 : 만들어 주라.

1251) 벳을 : 햇빛을.

1252) 문짝 : 모두.

1253) 그차져불고 : 끊어져 버리고.

1254) 둥경 : 당기어.

“서룬 아기덜아 아명허여도[1255]

느네 아방~, 어디 간 산 것 닮다.

[말] 나 경 말앙이, 나가 나강 느네 아바지 줓아 오커메, 느네가 배나 하나 짓어 도라.” “어서 기영 헙서.”, [소리] 그때에 일곱 성제(兄弟)가 굴미굴산 도올란 곧은 낭(木) 비어단, 풍선을 돌안, 어머님 탕 갈 배를, 짓어 놓앗구나에-.

그 배 짓어 노난

그거 타 앚언, 아덜덜은 마중 나오라

“어머님아 몸조심 허영 강 옵서.”

그때엔 나산~, “살암시라 어머니, 강 느네 아방 줓앙 오마.”

나산~, 한강바당을 당허난, 모진 광풍이, 앗아단, 치어가는구나에-.

높은 절 고개가 치어간다.

“아이고 멩천(明天) ㄱ뜬 하늘님아

이네 목숨 살려줍서.

요왕(龍王)님아 선왕(船王)님아 살려줍서.”

영 허멍 빌단 보난~, 생전(生前) 보도 씨도 아니허난, 섬중덜에 앗어단, 지부쪗구나에-.

성창머리에 간 닷줄 풀어

닷을 묶어 두언 성창에 ᄂ련 가노렌 허난

지장밧디 새(鳥) ᄃ리는[1256] 아기씨덜 말을 허뒈

“아이고, 요 새 저 새~, 밥주리[1257] 욕근 새야

1255) 아명허여도 : 아무래도.

1256) ᄃ리는 : 쫓는.

1257) 밥주리 : 참새. =밥주리생이.

너미 욕은 척 허지 말라, 아이가 뭇인[1258] 그물에도 드는 법이로구나. 남선비 욕은 깐에도, 노일저데, 귀, 호탕에 빠지난, 전배독선(全船獨船) 다 풀아 먹언, 안명천지(眼盲天地)가 뒈엇구나. 주어 저 새-."

주어 저 새 허여 가난

그때엔

"아이고 서룬 아기덜아

[말] 느네덜 굿[1259] 무시거엔 골안디?" "아무 거옌도 아니 골앗수다.", "느네 금방, 골은 말 다시 훈 번만 그거, 골아보라~." "아니 골쿠다." "아이고 훈 번 골아보라. 나 느네이~ 곱딱한[1260] 머리 뎅기끼심도[1261] 주마.", "진짜우꽈?", "기여." [소리] 진짜로 주켄 허난, 그때엔 "촘말로 줍서~." 허연 굳은 언약(言約)을 허여두언, 골은 대로 다시 훈 번 골는 건 보난

남선비 말이로구나.

[말] "그디 가젱 허민 어딜로 가느니?", "아이고 요 제(嶺) 넘어 강 봅서 저 제(嶺) 넘어 강 봅서, 가당가당 보민 남돌체기[1262] 거적문[1263] 하나 돌아메고, 체죽만 하도 먹단 보난 안명천지 [소리] 뒈언~, 잇습네다.", 어서 경 허민, 그때엔 머리 뎅기끼심 내여 놓안, 그 애기덜, 갈라주엇구나에-.

갈라주어 두언

1258) 뭇인 : 맺은(結).
1259) 굿 : 금방.
1260) 곱딱한 : 고운.
1261) 뎅기끼심 : 댕기감.
1262) 남돌체기 : 남돌쩌귀.
1263) 거적문 : 문짝 대신에 거적을 친 문.

가단가단 요 제(嶺)도 넘어간다.

저 제(嶺)도 넘어간다.

아이고 가단 보난

대축낭에 꼬까마귀 집을 지어놓고

거적문엔 웨돌체기 하나 둘앙

안명천지 뒌, 사름이[1264] 잇엇구나에-.

먼 딜로 보난 남선비~, 행착(行着)이 적실허여 가는구나.

'아이고 서룬 낭군님이 분명하다.'

[말] 들어 사멍, "아이고 넘어가는 사름, 집이나 ᄒᆞᄁᆞᆷ만 빌립써." "하이고 첨, 이 집 봅서. 어느 거, 주인(主人) 살고 나그네 살 디 잇우까?," [소리] "아이고~, 넘어 가단, 에~, [말] 나도 우리 고향(故鄕)에 가믄 집도 잇곡 밧도 잇곡 다 잇수다만은, 경 허건, [소리] 배 고프난 들어시메, 정짓간이라도 ᄒᆞ끔만 빌려줍서, 나~ 밥이라도 ᄒᆞᆫ 때만 허여 먹엉 시장끼나 멀령[1265] 가쿠덴." 허난 "그걸랑 경 헙서.", 정지 간 솟(鼎) 뚜껭인 올안 보난, 하도 체죽만 썬 먹어나난, 체죽으로~, 솟이 잔뜩 눌엇구나, 앞밧디 놀려들어 삼수세를[1266] 박박 허여간다.

뒷밧디 놀려들어 삼수세 박박 비어단에

솟을 박박~ 씻어 두언

시양삭삭 고운 쏠 놓안, 초불 이불 연싀불을 싯어 두언

곤밥[1267] 허연~ 상에 놓안 들런 들어간다.

1264) 사름이 : 사람이.

1265) 멀령 : 채우고.

1266) 삼수세 : 한삼덩굴. =삼수세기.

1267) 곤밥 : 흰 쌀밥.

[말] "주인님아 주인님아 이 밥이나 ᄒᆞ끔만[1268] 먹어봅서." "아이고 나 아니 먹쿠다.", "아이고 주인님아~, [소리] 주인 모른 공서가 잇이멍~, 주인 모른, 나그네, 잇습네까~.

이거~, ᄒᆞ끔 들어봅센." 허난

하도 권(勸)에 버쳔 손으로, 더듬더듬 문직안~, 숟가락으로 ᄒᆞᆫ 숟가락 거련 입더레 노난, 옛날 먹어난 곤밥이로구나에-.

남선비 셍완(生員)님 그때엔

입엔~, 밥 ᄒᆞᆫ 숟가락 놓안 ᄂᆞ려가진 아니허고

앚안 눈물이사~, 서산 베옥 ᄀᆞ뜬 양지러레[1269]

주승 ᄀᆞ뜬 눈물은 광주청 눈~, 연주지듯 비새ᄀᆞ찌 울어간다.

[말] "주인님아 주인님아 무사 경 울엄수까?", "아이고 나~, 나도 옛날은 이런 밥도 먹어 낫수다만은 지금은 이 정체가 뒈엇수다.", "게건 옛말이나 ᄀᆞᆯ아 봅서.", "아이고 난 옛말도 모릅네다." "본 말이나 잇건 ᄀᆞᆯ아봅써." "난 본 말도 엇수다.", "경 허건 들은 말이나 ᄀᆞᆯ아 봅서~, 살아온 말이나 ᄀᆞᆯ아 봅센." 허난, [소리] "난 남선ᄀᆞ을 남선비가 뒈여지고

우리 안부인은 여선국부인인데

아덜 일곱 성제(兄弟) 난 하도 가난공신 서난허난, 육지 오랑 무곡 지어당 살젠 오랏단, 노일저데귀일의 ᄄᆞᆯ [말] 호탕에 빠지언, 전배독선(全船獨船) 실런 온 거 다 풀아 먹고, 아이고 가지도 못 허고 오지도 못 허난, 나 체죽만, 멕여부난 체죽만 먹단 보난, 이젠 눈 아울라 오꼿[1270] 어둑어 불언, 영 헤연 이 신세가 뒈언, [소리] 살암수다에-."

1268) ᄒᆞ끔만 : 조금만.

1269) 양지러레 : 얼굴에.

1270) 오꼿 : 그만. 경황이 없이 불시에 어떤 상황이 벌어진 것을 나타냄.

여선국부인님~ 앞더레 중금중금, 들어앚아 간다.

"아이고 서룬 낭군님아~, 낭군님아, 나가 여선국이, 뒈옵네다."

부베간(夫婦間)이~ 손 비여잡안 비새ᄀᆞ찌 앚안 우노렌 허난, 그때엔 노일저데귀일이 ᄄᆞᆯ은, 이녁은 놈의 집이 간~, 큰일 허는 집에 간 일 허여주언, 때 삼시(三時) 뽕그랑허게[1271] 배(腹)가 뽕그랑허게 얻어 먹어 앚이곡~, 남선비 나시는,[1272] 치멧깍에 조체 ᄒᆞᆫ 줌 빌어 앚엉 ᄒᆞᆼ글ᄒᆞᆼ글, 집으로 들어사단 보난~, 남선비 놈이 여자영 손 심언 앚앙 울엄시난, 들어오멍, "아이고 요 개(犬) ᄀᆞ뜬 놈아~ 쉐(牛) ᄀᆞ뜬 놈아~

날랑 동냥허레 뎅기멍 너놈 멕일 거 빌어 오당보건, 너 놈이랑 집안네 앚아둠서로,[1273] 질레에 넘어가는 질칸나이년덜 심어 놓아, 히약가씹 뭐일러냐."

욕이사 후육누육(詬辱累辱) 허여간다.

"아이고 이 사름아~ 나 고향(故鄕)에서

우리 큰 부인(婦人)이 날 ᄎᆞᆽ안 오랏젠." 일러간다.

[말] "아이고 성님아 아이고 성님인 중 나 몰랏수께게 성님인 중 알앗이민, [소리] 무사 나가 궂인 욕을 헙네까 아이고 성님, 잘못 헤엿수덴." 허난, "아이고 나 동싱(同生)아, 이 남편(男便)이영 살젠 허난 고생(苦生) 많이 허고 많이 속앗져,[1274] 아이고~, 저 정지에 강 솟뚜껭이 욜앙 보라, 밥 잇이메 긁어당 먹으렌." 허난, 정지에 간 솟뚜껭이 욜안 보난 헤영헌 곤밥허연 빈직빈직허게 지름기 나멍 잇엇더라.

1271) 뽕그랑허게 : 배(腹)가 매우 부른 상태.

1272) 나시는 : 몫은.

1273) 앚아둠서로 : 거동하지 않고 가만히 앉아 있으면서.

1274) 속앗져 : 고생했구나.

그걸 보난~, 그 밥은 먹으멍

생각을 허난 아멩헤도 저만 허민, 저~, 제주절도(濟州絶島)에서, 부제 팔명으로 살암구나~. 저 년 죽여불민, 안고팡 ᄎᆞ지도 나 ᄎᆞ지요 곤쏠 ᄎᆞ지도 나 ᄎᆞ지, 안구들 ᄎᆞ지도 나 ᄎᆞ지난, 죽여불주긴, 엇인 생각이 떠올랏구나에-.

그 밥 먹언 들어온다.

"성님아 성님아~

[말] 글읍서. 요디 가민 양, 주천국 연네못디 가민 아이고 몸 모욕(沐浴) 허여봅서 정말로 좋아집네다. 성님도 오젠 허난, 저 바당 넘언 저 섬에서 이 섬을 오젠 허난, 아이고 ᄍᆞᆫ물인덜 아니 지치멍 나도 놈의 집 간 양 하도 일헤여부난 뚬난, [소리] 뚬내가 나고 허난, 강~ 우리 강 몸이나 ᄀᆞᆷ앙[1275] 오게마씀.", "어서 걸랑 기영허렌." 허난, 그때엔 주천강 연네못디 간 옷덜은 벗이멍, 담 우터레 톡톡허게 지쳐간다에-.[1276]

담 우터레 지천 놓아두언

그때에

물은 술짝술짝 즉아[1277] 불라가난

[말] "성님 영 헙서 등에 때나 밀어안네져." "아이고 아시야,[1278] 아시 영어심 나 아시부떠 때 밀어주켜." "아이고 성님아 첨, 거 무신 말씀을 경 헴수까 우이로 내리는 물이 발등더레 지는 법 아니우꽈. 나가 성님

1275) ᄀᆞᆷ앙 : 감아. 'ᄀᆞᆷ다'는 머리나 몸 따위를 물에 씻는다는 뜻.

1276) 지쳐간다에 : 걸쳐가는구나.

1277) 즉아 : 줍아. 물을 바르기 위해 살짝 찍는 모양.

1278) 아시 : 동생.

때 밀어 안네커메 양, 성님이랑 말째랑[1279] 나 밀어줍센." 허난, [소리] "어서 기영 허렌." 헤연 등 내무난, 혼 번 물 족아 볼롼 때를 밀어 간다.

두 번째 물 족아 볼롼 등 미는 체 허여간다.

연싀번은 당허난, 미는 체 허단 물더레 자락하게 거려 밀렷구나-.

올라오젠 허여가민~ 밀려불고

헤영~ 올라오젠 헤여가민 밀려불고

하도 영 허난 지치고 다쳔, 히단히단[1280] 버치난 죽언, 물 알러레 ᄉ로록허게 골라 앚이멍 "너 이 년아 저 년아, 넌 날 죽염다만은 나 속으로 난 아기덜 일곱 성제(兄弟), 손에 너 년도 죽어보라에, 그 원수(怨讐), 갚아줄로구나에-."

죽어부난

여산국 부인님 입엉 간 옷 문딱 지가 문딱 입어 놓안

집으로 들어오멍 [말] 거짓말 확허게 쳔, "아이고~, 낭군님아 낭군님아 노일이저데귀일이 또 하도 행실(行實)이 궤씸허연 양, 나 물에서 죽여뒌 오랏수다." "촘말로 저 사람 거 잘 해서, 아이 그년 잘 죽여서 나 그년으로 헤여네 나 이거 전배독선(全船獨船) 실런 온 거 문딱 풀아 먹고, 나 신세가 동나 아이고 나, 체죽만 메날 쒼 멕여부난 영 눈ᄁ지 오꼿 어둑어불엇젠." 허난, [소리] "아이고 낭군님아 글읍서.[1281] 우리 고향에 아덜덜 일곱 성제(兄弟) 기다리는디, 가겐." 헤연 여선국 탄 간 메연 놔둔 배(船), 성창머리 메여지어시난

그 거 타 앚언 닷 풀어 앚언 배를 탄 제주와당(濟州海) 들어선다.

1279) 말째랑 : 나중에.

1280) 히단히단 : 헤엄치고 헤엄치다가.

1281) 글읍서 : 갑시다.

이 바당 저 바당~ 건넌~ 제주 절도(濟州絶島)를 당허여 가난에

일곱 성제(兄弟)는, 성창머리에 메날 상[1282] 우리 아바지가 어는제민 올 건고 우리 어머님이 어는제민 올 건고, 메날 기다리곡 바레단 ᄒᆞ를 날은 보난 가마귀 젓눌개만썩, 가뭇가뭇헌 게, 물가 ᄁᆞ므에~ ᄃᆞ글ᄃᆞ글 떠 오람구나.

ᄌᆞᆺᄌᆞᆺ이 보난, 우리덜 일곱 성제, 손메 들연, 짠 배가 분명허다. 아이고 저 배엔 우리아바지 어머님이 오람구나-.

큰성님 ᄀᆞᆮ는 말이

"나 동싱덜아 아바지 어머님, 아이고 우리 아바지 오랜간만에 오시는데, 우리가 무신 걸로 헤영 ᄃᆞ리(橋)를 놓아 보코~. 경 말앙 우리 일곱 성제(兄弟)가 ᄃᆞ리 노아보겐." 허난, 큰아덜은

갓 벗어 ᄃᆞ리 논다.

두 번쨋 아덜은 탕근 벗어 ᄃᆞ리 논다.

세 번쨋 아덜은~, 두루막 벗어 ᄃᆞ리 논다 네 번쨋 아덜은 저고리 벗어 ᄃᆞ리 논다.

다섯 번째 아덜은

행경(行纏) 벗어 ᄃᆞ리 논다.

ᄋᆞ섯쳇 아덜은 다님[1283] 벗어 ᄃᆞ리 논다.

일곱찻 아덜은~

[말] "형님네 참 잘 헤염수다. 잘 헤염수다만은, 나 이네 몸은, 칼쏜ᄃᆞ릴[1284] 놓겟습네다-."

1282) 상 : 서서.

1283) 다님 : 대님.

1284) 칼쏜ᄃᆞ리 : 심방이 신칼을 이용해 점을 칠 때 나오는 점괘의 하나로, 칼날 두 개가

[말] "아이고 나 아시야 아시야 어떵허난, 아바지 어머님 오는 디 얘야 칼쏜ᄃᆞ리가 뭐일러냐." "형님네 모른 소리 맙서, 나 생각이우다만은, [소리] 절로1285) 오는 거, 아바지는 우리 아바지가 적실한 듯허나, 어머님은 우리 어머님이 아닌 듯 예감(豫感)이 들엄수덴." 허난

[말] "너 어떵 그걸 알겠느냐?", [소리] "오걸랑~, 집을 춫앙 갑생 허여 보고 집이 강 살렴1286) 사는 거 보민, 우리 어멍이 긴가 아닌가 알 꺼 아니우꽈?", 그때엔 배는 중금중금 성창머릴 당도허난

벳조판을 놓안 아바지 어머님이

ᄂᆞ려간다.

일곱 성제 아덜덜은, 아바지 우이도 강 돌아 앚언, 비새ᄀᆞ찌 울어간다.

"아이고 어머님아~, 어머님은 보난, 어~ 어떵허난 얼굴이 ᄄᆞ나지엇수까?",1287) [말] "아이고 야이덜아 모른 소리 말라.", "그전 얼굴이 엇수다."1288) "아이고 야이덜아 모른 소리 허지 말라. 느네도, 저 바당 넘엉 갓당 [소리] 오라 보라. 다 얼굴이, 그전 얼굴 엇어지고 그전 메치1289) 엇어진다.

느네 아방 춫젠 허난 하도 고생(苦生)을 허여부난

그전 얼굴 엇어진다."

"어머님은 이제도록 아바지 간 만나난, 말 ᄀᆞᆯ아시메~, 우리 일곱 성제 아바지, 손 심엉 가멍 만단 ᄉᆞ실(事實) 만단정헤(萬端情懷)나 일루멍

모두 위로 향하여 놓인 것. 매우 나쁜 점괘로 인식함.

1285) 절로 : 저기.

1286) 살렴 : 살림.

1287) ᄄᆞ나지엇수까 : 달라졌습니까.

1288) 엇수다 : 없습니다.

1289) 메치 : 맵시.

가크메, 어머님이랑 앞이 상 집 춫앙 글읍센." 허난, 말덴 말은 못 허고 대답은 헤연, 뒤터레, 시뜩시뜩 바려 가멍

이 골목더레도 들어가젱 주악주악[1290]

저 골목더레도 들어가젱 주악주악

[말] "어머님아 어떵허난 그동안에 집 잊어부러수까?" "아이고 멀미기가 나고 수질기나 난 히여뜩허난,[1291] [소리] 다, 집도 못 춫으키여.", 집이 간~ 살렴 사는 건 보난

안고팡엔 간 항(缸)을 여난~

어느 대벽미(大白米)카부덴 큰 쏠항인가 율앙 보민, 좁쏠항이로구나.

좁쏠항인가 율앙 보민 보리쏠항이로구나.

밥 허영 상도 출령 들러오는 건 보민, 아방 받던 숟가락 사발덜은

족은아덜 족은아덜 받던 건 큰아덜 큰아덜 받던 건 말젯아덜

말젯아덜 받던 건 큰족은아덜 큰족은아덜 받던 건

셋아덜

거꾸로 다 문딱 그냥 놓아시난, 아이고 일곱 성제(兄弟)는 벌써, 우리 어머님이 아닌 걸, 눈치 체엿구나에-.

눈치 체연 ᄒᆞ를날은

아멩헤여도[1292] 오늘 ᄀᆞ치 비는 촉촉허게 오고, 친구네 집이 간~, 초신덜 삼으멍, 아덜 일곱 성젠 가부난 노일저데귀일의 뚤은 이녁 혼자만 구들에 누원 이 생각 저 생각을 헤연 보난, '아이고 영 허당, 저~ 아덜덜 일곱 성제가 나 지네 어멍이, 아닌 중 알민 날 청댓썹에 목 걸려 죽일

1290) 주악주악 : 갈 곳을 몰라 갈팡질팡 하는 모습.

1291) 히여뜩허난 : 머리가 어질어질하고 갈피를 잡지 못하는 상황.

1292) 아멩헤여도 : 아무래도.

꺼난, 나가 저것덜 손에 죽는 것 보단, 나부떠 머릴 썽, 저것덜 다 죽여부러 사주긴' 헤연, ᄀ만히 누웟단, "아이고 배(腹)야 아이고 배야~

아이고 배여~ 아이고 배여~

아이고 배여."

탕탕 누원 둥굴어 간다.

그때엔~

남선빈 베꼇디서 들으난 하도 웨는[1293] 소리가 난 "이거 어떵헨 영 웨엄신고?", 어둑은 눈에 두들락탁 두들락탁 거련, 집이 오란 문 율안, "어디 아판 영 헴시넨?" 허난, "나 건들지도 맙서.

손도 대지 맙서.

나 배 아판 죽어지쿠다."

"어떵허민 좋콘?" 허난 "경 말앙~, 요 제 넘곡 저 제 넘엉, 삼도전시커리에[1294] 강 봅서, 푸는체[1295] 쓴 점쟁이 앉아시메

그디 강[1296] 점(占)이나 허영 옵서."

그때엔 남선비 ᄉ붕인셍인고라~, 올레로 돌아 앚언 어둑은 눈에, 이 담 지프곡 저 담 지프멍

가노렌 허난

노일저데귀일이 ᄄ\ᆞᆯ은 어느 동안~, 헛간에 놀려들엉 푸는체 앗안, 울담질허연[1297] 이 담 튀고 저 담 튀언, 삼도전시커리에 간, 딱허게 앚앗구나에-.

1293) 웨는 : 외치는.

1294) 삼도전시커리 : 세거릿길.

1295) 푸는체 : 키(箕).

1296) 강 : 가서.

1297) 울담질허연 : 울담을 넘어서.

남선비 넘어가가난 "점(占)이나 ᄒᆞᆫ 번 보앙 갑서."

"경 아녀도 나 점허레 오랏수다.", "누게 볼 거꽈?" "우리 집이 안부인이우다." "멧 설(歲)이꽈?"

"아무 설이우다.", 갑자을축(甲子乙丑) 짚을 축 몰르난 갑자을축, 별정 몰축허멍 꺼꿀로 노다 지푸는 체 마는 체 허당

"당신네 아덜덜 일곱 성제가 잇수까?", [말] "예. 잇수다.", "이 애기덜영 ᄀᆞᆮ건 나신디 욕이랑 허지 맙서양. [소리] 이 애기덜~, 일곱 성제 애(腸) 내영 멕여야, 당신네 부인, 이 병(病) 좋쿠다에-."

"아따가라 그것사 미신 말이우꽈?"

다시 일어산 집더레, 이 담 지프고 저 담 지프고

열두 간죽대 몽둥이 짚언, 두들락탁 두들락탁 오는 동안에 웃담질 허연, 오단

헛간더레~, 푸는체 앗안 훅허게 둘러 데껴두언, 구들에 강 누원 창고망으로, 올레더레 보난 남선비 오람구나, "아이고 배여~ 아이고 배여~

아이고 배여~." 누언 탕탕 둥굴어간다.

[말] "아이고 게난 가난 무시거엔 ᄀᆞ읍데가? 제기 오랑 ᄒᆞᆫ저 ᄀᆞᆯ아 봅서게.", [소리] "아이고 가난 이 사름아 아덜덜 일곱 성제 애(腸) 내영 먹으렌." "그 개 ᄀᆞ뜬 점쟁이 그거, 어디 점쟁입데가?, 어떵 나 속으로 난 애길 나가 애(腸) 내영 먹읍네까, [말] 경 말앙 양 다시 ᄒᆞᆫ 번 강 옵서요 제(嶺) 넘고 저 제(嶺) 넘엉 강 보민 양, ᄉᆞ도전니커리에[1298] 멩텡이[1299] 쓴 점쟁이가 잇수다, 그디 강 점(占)이나 헤영 옵센" 허난, [소리] 다시 그와 ᄀᆞ찌 가는 동안에

1298) ᄉᆞ도전니커리 : 네거리.

1299) 멩텡이 : 망테기.

멩텡이 헛간에 간 앗아 놓안

ᄉᆞ도전니커리에 간, 그거 둘러 썬 앚앗단 넘어 가가난, “점 허영 갑서.”, 그때엔, “멧 설이우꽈?” “아무 설이우다.” 지푸는 체 마는 체 허단, “아덜 일곱 성제 애(腸) 내영 먹읍센.” ᄀᆞᆯ앗구나에-.

일곱성제 애 내영 멕입센 ᄀᆞᆯ으난

따시 돌아온다.

“아이고 배여 아이고 배여.”

[말] 둥굴어 가난, “가난 무신거엔 헙데가?” “똑ᄀᆞ뜬 말 헤연게.”, [소리] “거 첨 이상한 일이우다. 숭시가 아니민 조훼(造化ㄴ) 거 담수다 경 말앙, 이번이랑, 요 제 넘고 저 제 넘엉 강 보면, 그디 점쟁이 신디 이번 ᄒᆞᆫ 번 강 들엉, 세 밧디가[1300] ᄒᆞᆫ 말이 지민~,[1301] 아덜 일곱 성제 애 내여줍서 나 먹엉 양 나 병(病)만 조민, 쌍둥이로~, 네 번 나 불민, 벤리[1302] 부쪙, ᄋᆢ덥(八) 성제 아덜 하나, 더 나 안네쿠다에-.”

“어서 걸랑 기영 허라.”

남선비~ 가난 다시 그와 ᄀᆞ찌 일럿구나.

일르난 그때에

아이고 장도칼, 헛간에 간 ᄎᆞ아 내여 놓안, ᄃᆞ뜻허게 벳남석에[1303] 앚안, 슬금슬금

장도칼을 ᄀᆞ노렌 허난

그 동네 청토산이 마고할마님

1300) 밧디가 : 군데가.

1301) ᄒᆞᆫ 말이 지민 : 같은 말이 나오면. 즉 같은 점괘가 나오면.

1302) 벤리 : 변리(邊利).

1303) 벳남석 : 양지 바른 곳.

불망굴이나[1304] 잇걸랑 빌어당 물제미나 데왕 먹저

솔박 보리낭 뭉크령 놓고 허연

[말] 오란 보난 남선비가 칼을 골암구나 "남선비 생완(生員)." "예." "무시거 허염순?", "아이고 나 칼 골암수다." "무시거 허젠 장도칼을 골암서?", "아이고 말도 말고 일르도 맙서. 굿싸[1305] 양 우리집 안부인 하도 배 아판 죽어지켄 헤연, 세 밧디 간 점(占) 헤도 경 똑ᄀ치 납네까 원 양, 본디 체 하도 허난, 아덜덜 일곱 성제 애 내영 멕여사 조켄 허난, 애 내젠 칼을 골암수다.", [소리] "아따벌라 이것사 무신 말이고 이제랑, 이 아덜덜 춫아 보저."

것평[1306] 들러 데껴두언

동네 춫단 보난

친구벗네 집이 간~, 웃음발탁덜 허멍 놀암구나 "아이고 이 아이덜아 요 남선비 아덜덜아 느네덜 어느 염치(廉恥)로 웃일 생각 나암시니?, 느네 집이 강 보라 느네 아방, 느네 어멍 아판~, 배 아프덴 허난 어디 강 점(占)사 허여신디사, 느네들 일곱 성제 애 내영 멕여사 존덴 허난, 장도칼 골암서렌." 허난, 그 아기덜, 그때엔 일어사는구나에-.

올레 베껴 나오란 비새ᄀ찌 울멍~

"어딜 가민 좋코~."

울어 간다.

울단울단 [말] 족은아시 허는 말이 "형님네야 운다고 해결이 됩네까?, [소리] 경 말앙 형님네 이디 사십서[1307] 내가 강, 어떵헌 펭게를 헐 지라

1304) 불망굴 : 불 붙고 있는 나무가 아주 타서 숯불과 같이 벌겋게 된 것. =불망골.
1305) 굿싸 : 방금.
1306) 것평 : 그릇. 전복이나 조개 등의 껍데기를 이르는 말로, 그릇처럼 사용함.

도, 아바지 칼을 강, 빼영 오쿠다에-."

그때엔 녹디셍이 들어간다.

"아바지야 아바지야, [말] 무시거 허젠 이 장도칼 ᄀᆞᆯ암수까?"1308) "아이고 느네 어멍이 굿싸 막 아프덴 허연 이, 간 점(占) 허난, 느네덜 일곱 성제 애 내영 멕여사 조켄 허난 느네 애 내젱 칼 ᄀᆞᆯ암시녜.", "아이고 아바지 거 참 잘 헤염수다. [소리] 우리 자식(子息)은 죽어 불민 또 나민 애기주만은, 어멍은 ᄒᆞᆫ 번 죽어불민 다시 어디 강, 얻어오기 전인 어멍 엇입네다.

잘 허는 노릇이우다만은

[말] 아바지 생각헹 봅서 아바지 손으로 우리 애 내젱 허민, 아들 하나에 아바지 속으로 난 애기, ᄒᆞᆫ 번썩 애 내젱 허민 아바지 가슴인덜 아니 아픕네까, 일곱 번 가슴을 아파사 허고 놈의 눈이 잇엉 아무디라도 그냥 데껴불진 못 헤영, 흙을 ᄒᆞᆫ ᄀᆞᆯ체썩1309) 더끄젠 헤여도, [소리] 일곱 골체, 흙을 더끄젱 허민 아바지 몸도 불편헌 디, 못 견딜 거난, 그거 그 장도칼 나를 줍서 형님네랑 나 손으로 애 내영 오고, 나 하나만 아버지 손으로 애 내민~, 아바지 펜안(便安)할 거 아니우까에-.

가심도 ᄒᆞᆫ 번만 아파불고

흙도 ᄒᆞᆫ ᄀᆞᆯ체만 덮어불민

좋을꺼난 나 줍센." 허난 "아따 첨 족은아들 거 ᄋᆞ망지다, 기여 느 말이 똑기 맞다." 허멍 칼을 내어주난, 그 칼 앗안 올레 나오란, 형님네덜 손 심언 일곱 성제, 갈 디 엇이난~, 천방지축 올라가는 게 굴미굴산

1307) 사십서 : 서 있으십시오.

1308) ᄀᆞᆯ암수까 : 갈고 있습니까.

1309) ᄀᆞᆯ체썩 : 삼태기씩.

노조방산 아야산, 신산곳을 올라간다.

가단가단

미어진 벵뒤[1310] 시난

배 고프고 시장도 허고

울단 보난 조라움도[1311] 허고

누원 좀을 자노렌, 눈 게 ᄉ로록허게 좀이 들엇구나에-.

자노렌 허난 어머님이 꿈에 선몽(現夢) 허여간다.

"아이고 서룬 나 아덜덜아

어디 오란 잠시니, 아이고 ᄒ저 일어나라-."

펴짝허게 일어난 보난

몽롱성에 꿈일러라.

필아곡절(必有曲折) 허덴 헤연 앚아시난, 산노리(山獐) ᄒ나가 톨락톨락 튀멍 ᄂ려 오람시난, 아이고 저거라도 잡앙, 애 내엉, 앗앙 가곡 궤기랑 우리 시장기라도 멀리젠 허난, 산노리가 말을 허여간다.

"도련님네야 도련님네야

난 산신대왕(山神大王) 산신백관(山神百官)이난, 날랑 살령 보냅서, 곧나 조롬에,[1312] 산돗(山猪)~, 세끼~, 일곱 개 ᄋ섯(六) 개 일곱 개 돌아 앚언, 내려 오람시메 하나라근에

씨종ᄌ(-種子)로 놓아 두엉

애미랑 씨젱주 놓아 두엉

산돗(山猪) ᄋ섯 ᄆ리랑

1310) 벵뒤 : 넓은 벌판.

1311) 조라움도 : 졸림도.

1312) 조롬에 : 꽁무니에.

애를 내영 갑센." 허난

[말] "너 거짓말 아니냐?", "아니우다 정말이우다.", "너 만약 거짓말만 헤시믄 너 심으민1313) 진짜로 그땐 죽여불꺼난 알앙 허렌." 헤연, [소리] "요거, 산더레 보내어 불민 강 섞어지어불민 못 홏넨, 저고리 앞섭을 박허게 벌연, 춤1314) 탁허게 불란 똥고망더레 폐적(表迹)으로 탁허게, 부쪄간다에-.

그 법으로 지금도, 노리꽁지는 헤영허게,1315) 히는 법 뒈엇수다에-.

아닌 게 아니라 ᄒᆞ끔 시난

산토세기

야~ 세끼 여섯 개 둘안, 애미가, ᄂᆞ려 오람구나 일곱 ᄆᆞ리 ᄉᆞ랑ᄉᆞ랑 내려온다.

애미는 다시에 씨종중허젠

놓아고 세끼는 가죽머리 벳겨 간다.

애는 내연 ᇁ더레 놓아 두언

술(肉)은 배 고프고 시장허난

질룬허곡 죽은 멩게낭1316) 가지덜 줏어다 놓앙

이렁이럭 숫불1317) 살라 놓안, 궤기(肉)는 익어시냐 ᄒᆞᆫ 점 설어시냐 ᄒᆞᆫ 점 맛 보당 보난, 일곱 성제가 도리도리 모여 앚안 다 먹엇구나에-.

"성님네야 옵서 ᄂᆞ려가게."

"어서 걸랑 기영 허라."

1313) 심으민 : 잡으면.

1314) 춤 : 침.

1315) 헤영허게 : 하얗게.

1316) 멩게낭 : 청미래덩굴.

1317) 숫불 : 숯불.

ᄂᆞ려오단, 집 근처에 근당허난

집동네에 오난 "형님네야, 나 들어 강~, 망간 중에 어떵헌 큰 소리가 나나, 영 허걸랑 형님네랑, 올레에 좌우팔방(左右八方) 벌여 삿당, 칼 들은 이 활 들은 이 돌멩이 들은 이

막뎅이 들은 이

와르르르 눌려듭센.", 굳은 언약(言約)을, 형님네영 약속(約束)을 허여두언, 문 확허게 올안 들어간다.

"어머님아 어머님아

서룬 형님네

나 손으로 간, 믄딱 애 내연 오라시메

[말] 요거 먹엉 살아납서.", [소리] 구들더레 앗안 들어가가난 ᄀᆞ는 말이, "아이고 아덜아~, [말] 중벵(重病)든 사름 약 먹는 디 아니 본다. 저레 나가 불라.", "기우꽈?",1318) [소리] 나오는 체 허멍 손가락에 춤 불롼 창고망 뚤롸두언 나완, 먹엄신가 아니 먹어신가 곱안1319) 보난, 아이고 노일저데귀일이 뚤~, 사름 애(腸)엔 허난, 겁 나신고라, 입바우에 쿳바우더레, ᄌᆞ지피만 불긋불긋 묻혓구나에-.

묻혀두언

자리 걷언 그 알러레 ᄉᆞ랑ᄉᆞ랑 애 ᄋᆞ섯 개 놓아 간다.

"아이고 하나만 더 먹어시민 요 가슴에~ 몽클헌 거, 믄짝허게 ᄂᆞ려갈 건디 가슴에 뭉클락헌 거 땜에 못 살키엔." 허난, 그때엔 녹디셍이가 문 확허게 올안 들어가멍 [말] "어머님아 어머님아 영 협서, 나 이젠 마주막 아니우까 마주막으로 어머님 머리에 늬나1320) ᄒᆞᆫ 번 잡아두엉 나

1318) 기우꽈 : 그렇습니까.

1319) 곱안 : 숨어서.

죽어도 원이 엇수다." "아이구 애야, 중벵든 사름 머리에 늬 아니 잡나." "어머님아 경 허믄 옵서 어머님 눅는, [소리] 나 자리나 훈 번만 소지허여[1321] 두엉, 치와 두엉, 죽으, 원(願)이 엇수덴." 허난, "중병 든 사름 눅는, 자리 아니 겐다.", 그때엔~ 삼각산을 그슬린다.

붕에 눈을 ㅂ릅뜬다.

허운데기[1322] 심언 들어메언 밧자리더레 넵따 부쪄두언

눅는 자리 확허게 걷언 보난

애 ?섯(六) 개 ᄉ랑ᄉ랑 자리 알에 묻언 놓아시난

훈 착 손에 세 개썩 들런 지붕상상조치ᄆ루 올라산다.

"아이고 이 동네에~ 다심~ 어멍이영~,[1323] 사는 아기덜

다심아기 둘앙 사는 어멍덜

우리 보앙 정다십서.

서룬~, 나 성님네덜아

죽엇걸랑 혼정(魂情)으로 눌려듭서 살앗건 훈저 몸천으로 눌려듭서."

웨여가난, 형님네 ?섯, 와르르허게 눌려들언 보난, 아이고 벌써 아방도 어디레 둘아난 엇어불고, 노일저데귀일이 뚤은 보난~, 구들에, 작박フ뜬 손콥으로 족은아덜 지붕 우이 간 하도 웨여 가난, 벡장(壁欌) 박박하게 허우튼언,[1324] 벤솟간(便所間)에 가난, 더 둘을[1325] 디 엇이난, 통시에[1326] 간, 쉬은대자(五十五尺) 머리로 목 메여 죽엇구나에-.

1320) 늬 : 이.

1321) 소지허여 : 청소하여.

1322) 허운데기 : 머리(毛髮)을 낮추어 부르는 말.

1323) 다심어멍 : 계모.

1324) 벡장(壁欌) 박박하게 허우튼언 : 벽장을 박박하게 긁어 뜯어.

1325) 둘을 : 도망갈.

'아바진 어디 가신고?'

춧단 보난 어둑운 눈에 족은아덜 하도 웨는 소린 나가난, 살떠레 부뜨젠 올레더레 둗단,[1327] 올레 가난 정살에[1328] 발 걸려 넘어진 게 죽엇구나.

요년 어떵 골앙 우리가 원수를 다 갚으코

마당더레 끗어단 놓아간다.

이제랑 갈리갈리 묻딱, 끈치멍 갈리갈리 칫엉이나, 우리가 포마시[1329] 허저, 머리~ 쉬은(五十) 대 자 머리는, 끊어단

저 바당에 던져부난 메역이여 몸이여[1330] 톨이여[1331] 멘산이여[1332]

설련이 뒈어간다.

눈은 돌롸단

천리통으로 만안경(望遠鏡)으로 마련허저.

귀는 끊어단, 무전기(無電機)여, 마련허옵데다~. 코는 돌롸단

침통으로 설련허고, 닛빨은 빠단 대우살로 설련헌다.

입은 끊어단~ 스피카로 마이크로[1333]

설련을 허여간다.

젓은 돌롸단

1326) 통시 : 돼지 기르기를 겸한 변소.

1327) 둗단 : 달리다가.

1328) 정살 : 정낭.

1329) 포마시 : 남에게 때려 맞거나 원한이 있을 때에 그를 때려 주거나 원한 갚음을 하는 것. =포시, 푸마시, 포신.

1330) 몸 : 모자반.

1331) 톨 : 톳.

1332) 멘산 : 해초의 일종.

1333) 스피카로 마이크로 : 스피커(speaker)로 마이크(microphone)로.

던져부난 가지깽이에, 저 바당엔 가민 해삼(海蔘)으로 설련허고
손톱 발톱은 빠단 저 바당더레 데껴부난 굼벗도 서립헌다.
손은 끊어단 글겡이로[1334] 마련헌다.
발은 끊어단 곰베로[1335] 설련허고, 양다린
허벅다린 끊어단 드딜팡도 앗쩌 간다.
배는 돌롸단 데껴부난 물이슬이로구나.
요세엔 미신 해파리엥 허느냐? 엿날은 물이슬[1336] 넙작헹 큰큰헌 거 잇엇수다. 그거 물류왕, 요즘 해파리도 마련헌다.
벳도롱은[1337] 돌롸단 저 바당에 데껴부난
수두리보말이여[1338] 먹보말도, 설련이 뒈엇수다에-.
허다 똥꼬망은[1339] 끊어단
돌롸단 저 바당에 데껴부난
물문주리도[1340] 뒈영, 강 물문주리 영 문직으면 물 짝하게 뿌령~, 허는 법 뒈엇수다.
남선비 좋아허던 건 끊어단 저 바당에 던져부난
대전복이여 소전복이 뒈엇구나.
허당허당 남은 건 방에톡에 놓안 독독 뭇안[1341] 불려부난, 모기 각다기 뒈엇구나에-.

1334) 글겡이 : 갈퀴.
1335) 곰베 : 곰방메.
1336) 물이슬 : 해파리.
1337) 벳도롱 : 배꼽.
1338) 수두리보말 : 바다 고동의 종류.
1339) 똥꼬망 : 항문.
1340) 물문주리 : 말미잘.
1341) 뭇안 : 찧어 부수어.

이제랑 우리 어멍 촟아보저.

배를 탄~, '아이고 멩천(明天) ᄀᆞ뜬 하늘님아 요왕(龍王)님아 선왕(船王)님아

어멍 촟젠 헤염시메 우리 어머님 잇는 더레 우리를, 인도(引導)나 지도(指導)시겨 줍센.', 빌단 보난

성창(船艙)에 간 배를 부쪄간다.

배에서 ᄂᆞ련 어디서사 죽어신 디 살아신 디 못 촟으난, 그자 넘어간다 넘어온다 돈 디 돌악 돈 디 돌악허멍, "어머님아 어머님아

혼정(魂情) 잇걸랑

우리덜 눈더레 펜식이라도 시켜줍센

아덜 일곱 성제 울멍 시르멍 뎅겸시난, 넘어갈 때엔 주천강 연네못디에 아무 것도 엇더라만은, 올 때엔 보난, 야~, 어머님 혼정(魂情)으로

연꼿이 반뜻허게, 활짝 웃이멍 피엇구나.

"아이고 요디가 적실허다."

그때에~, 그 물을 푸젠 허난 갑돌곡 갑돌곡

[말] 푸지 못 허여 가난, 송악낭 막뎅이로 연싀번 착착 "아이구 물이나 붓뜨게[1342] 해줍서 멩천(明天) ᄀᆞ뜬 하늘님아.", [소리] 허멍 두드난 물이 바짝허게 싼, 보난 물 알에~ 좋은 얼굴 술은 시내방천 다 흘러불고

해골(骸骨)만 살그랑이 남아시난

녹디셍이 족은아덜, "성님네랑, 허터진[1343] 뻬(骨) 문딱 대낭가지 헤여당, 줏어당 메왐십서 날랑 서천꼿밧디 강 오쿠덴." 헤연, 서천꼿밧도올른다.

1342) 붓뜨게 : 줄어들게.

1343) 허터진 : 흩어진.

피 오를 꼿 술 오를 꼿 오장육부 말 골을 꼿

사름 생길 꼿 똑똑똑허게 꺽어부난, 야~ 서천꼿밧디 화강(火光)이 중천 뒈연,[1344] 화강이 중천이엔 헌 건, 꼿을 꺽으멍 막 건드러 부난 이것 저것 다 다댁인[1345] 것이~, 서로가~ 다댁이단 보난 하방이 중천 헤연, 불이 일어낫구나 요즘, 어디서 다른 디더서덜은 미신, 만도래기 석성게 낭이엔 헤여도, 옛날부떠 옛날 옛적부떠 서천꼿밧디, 불이엥 허는 법이웨다에-.

화강이 중천허는 게, 서천꼿밧디 불이야-.

이 대목엔 뒈민 성주풀이 간 때엔 성주(成造)꼿 허영 놧당 그 꼿 불 부찌고

큰굿에는, 꼿 아니 멘들앙 놉네다. 이 불 일어나도 이 집이 부제(富者) 시켜줍센 헤영, 비는 법 뒈엿수다.

그거 허연 오란

어머님, 해골(骸骨)더레 즈근즈근 열두 뻬(骨)더레 놓안, "아이고 멩천 ᄀᆞ뜬 하늘님아 어찌 즈식이, 부모안티 매를 놉네까?

하~, 하늘님아 어머님 살리젠 허는 매 놓암수다, 이 즈식(子息) 용서 허여 줍센." 축원헤여 두언, 연싀번 후리난 어머님 와들렝이 일어나앗 구나-.

"봄 줌이라 너미 자지엇져."

일어나난, 아이고 어머님아 난, 이 아덜덜 일곱 성제(兄弟) 부수[1346]

1344) 화강(火光)이 중천 뒈연 : 서천꽃밭의 꽃들을 꺾는 과정에서 꽃들이 서로 마주쳐 닿거나 부딪치는 모양을 불이 난 것으로 표현.

1345) 다댁인 : 다닥친. 즉 서로 마주쳐 닿거나 부딪친.

1346) 부수 : 많이.

울단 보난, 족은아덜은 어멍 살리난 하도 지꺼젼1347) 이디 저디 부스튀여 뎅기당 오란 보난, 성(兄)덜 여섯 형젠, 어멍 누워난 흑인덜1348) 아까왕 어떵 내불린, 그거 이레 주물력 저레 주물력 허단 보난, 시리가 퉤엿구나에-.

엎어 놓안

주먹으로 박단 보난

녹디셍인 오란 보난 이녁 박을 딘 엇이난, “에~ 날랑 그냥 가운디라도 박아불저.” 바락허게 앗앙 가운디 박아부난, 녹디셍이, 가운데 박아난 법 그 법으로~, 옛날은 지금은 공장(工場)에서 떡 허여도 집이서 식게(祭祀) 멩질(名節) 때라도, 특히나 섯 둘(月) 그믐날 당허민 정월(正月) 초ᄒᆞ를날 멩질(名節)헐 거 시리떡을, 정지에서 어머님한티 조왕(竈王)에서 시리떡 치영, 탁허게 엎어 노민, 젤 가운디 껀, 족은아덜이 고망1349) 뚤롸부난 상고막은 뚤롸당, 일문전(一門前) 지붕상상조치ᄆᆞ루더레, 데끼는1350) 법 퉤엇수다에-.

그때엔 어머님 모션 돌아온다.

“이제랑 우리가 법지법(法之法) 마련허여 보게.

아바진 올레에서 죽어부난 올레지기 정살주목 네롱지기 직헙서.

어머님은 물 알에 놓아나난 오죽 얼진1351) 아녀멍, 어머님 춥진 아니 헙네까, 어머님이랑 정지에 ᄎᆞ지허영

어머님아 ᄒᆞ루 삼시번 불화식(-火食)허걸랑 ᄃᆞᆺ허게1352) 앗앙 불촉

1347) 지꺼젼 : 기뻐서.
1348) 흑인덜 : 흙인들.
1349) 고망 : 구멍.
1350) 데끼는 : 던지는.
1351) 얼진 : 춥지는.

헙서.

노일저데귀일이 뚤은, 저~ 변시(便所) 간, 죽어부난, 칙간도 직허고 칙간 ᄎ지를 헤영, 조왕(竈王)광 변소(便所)는, 통시는, 두 씨앗이 뒈는 법이난, 통시에 거 조왕에 못 오곡, 조왕에 거 통시에 못 가곡, 망간에~ 가민, 서로 두 씨앗이[1353] 뒈영, 급한 동티(動土) 불러주는 법 뒈엇수다에-.

그 법으로 올레 잘못 내나 올레 잘못 돌을 다루나 영 동티가 뒈민, 눈에 아바진 눈 어둑언 죽어부난, 눈에 풍문조훼(風雲造化)가 뒈는 법입네다.

"이젠 성님네 어딜로 가쿠가?"

큰성님은 "날랑 상성주(上成造)도 ᄎ질허마."

둘쳇 성님은 중성주(中成造)

셋차는 하성주(下成造)도 ᄎ지허저.

넷차는 동이청대장군

다섯차는 서이백대장군

ᄋ섯찬 남이적대장군

[말] 아이고 성(兄) 하나만 더 잇엉 ᄋ덥(八) 성제(兄弟)라시믄 딱 네 밧디[1354] 동서남북(東西南北) 앚아 부러시민, 막고 트고 뭐 삼살 사고(事故) 어떵허고 [소리] 아니헐 걸~, 아이고~, 아덜 하나가 엇어부난, 꺼꿀로 돌앙~ 동(東)으로부떠~, 남(南)더레 도는 게 아니고~, 동(東)으로 북(北)허고, 그 다음엔 서(西)가 막고, 남(南)이 막고 서이가[1355] 앚아불

1352) ᄃ뜻허게 : 따뜻하게.

1353) 씨앗 : 시앗. 남편의 처 또는 첩.

1354) 네 밧디 : 네 군데.

민 아니 앗인 쪽엔, 그 해(年) 막는 법 뒈엇수다에-.

[말] "게난 는1356) 어디 갈티?", [소리] "날랑 일문전(一門前)으로 ᄎ지 허쿠다, 일문전(一門前)

ᄎ질허여

조왕(竈王)에서 불러주민

문전(門前)에서 싸 주고1357)

문전(門前)에서 불러주민 조왕(竈王)에서 싸 주고

어머님이영 의논공론(議論公論)허고

어머님아 어머님아, 우리 삼멩일(三名節) 기일 제사(忌日祭祀) 헤여나건, 문전(門前) 받다 남은 거, 나 받단 건 어머님안티 받아안내커메, 어머님이랑 물에 살아나부난, 갯기1358) 제숙이랑 받지 맙센." 헤영 조왕더레, 밥 ᄒᆞᆫ 숟꺼락 놓고, 무시거 지름떡이나 계란전이나, 하나 놓앙, 조왕더레, ᄉᆞᆺ 우터레 강 가스더레1359) 노는 법이우다에-.

일문전(一門前)

난산국 풀엇수다.

본산국도 풀엇수다.

과강성 본을 풀엇수다.

- 문전본풀이〉비념

하다 이 집안

1355) 서이가 : 셋이.

1356) 는 : 너는.

1357) 싸 주고 : 감싸 주고.

1358) 갯기 : 바다의.

1359) 가스 : 가스(gas).

어느 문전(門前) 대청난간(大廳欄干) 질 알로 숭(凶)나게 맙서.

발 번엉 울고 곰을 일도 나게 맙서.

뿔리[1360] 엇는 연네꼿도 나게 맙서 문전(門前)으로 강적(强賊) 수적(水賊) 도둑적갈 들게 맙서.

부모ᄌ식(父母子息) 이별헤엉 나가게도 맙서 부베간에 이별헤영 나가게 맙서.

문전하르바님에서

ᄌ순덜 앞 질을 발룹서.

날로 날역(日厄) 둘로 둘역(月厄)

월역(月厄) 시력(時厄) 다 막아줍서-.

1360) 뿔리 : 뿌리.

〈조상신본풀이〉

〈조상신본풀이 설명〉

이 자료집에 수록한 조상신본풀이는 앞서 일반신본풀이의 경우와 마찬가지로, 인위적인 상황에서 구연된 것이다. 이용옥 심방은 한국학협동과정의 조상신본풀이 구연 요청에 따라, 모두 6편의 본풀이를 연이어 구연하였다. 본풀이 구연 순서는 이용옥이 수양어머니인 고군찬 심방에게서 물려받은 조상신본풀이 4편을 먼저 하였다. 이 4편의 조상신본풀이는 실제 굿에서도 동일한 순서로 구연된다. 그 다음으로 고씨 어머님 본풀이가 이어지고, 그의 단골이 모시는 조상신본풀이는 가장 마지막에 푸는 것으로 정하였다. 이용옥 심방은 조상신본풀이 구연을 위해 군웅덕담을 먼저 하고, 이어서 각각의 조상신본풀이를 본격적으로 풀었다. 산신일월, 고전적 하르바님, 이씨 불도 할마님, 양씨 애미 조상신은 원래 이용옥 심방의 수양어머니가 모시던 조상신이었다. 그러던 것이 고군찬 심방의 사후에 이용옥과 남편 김윤수가 그 조상을 그대로 모시고 본을 풀게 되었다. 한편 물려받은 4편의 본풀이 뒤에 고씨 어머님 본풀이가 추가되었는데, 이는 돌아가신 수양어머니를 역시 조상으로 모시기 때문에 추가된 것이다. 그리고 안판관댁 산신부군 본풀이는 이용옥의 단골인 순흥 안씨댁에서 모시는 조상신으로 가장 마지막에 구연하였다.

[연물 연주 : 북(한진오), 장구(김영철)][심방이 서서 오른손에 요령을, 왼손에 신칼을 들고 구연을 시작한다.] 야~ 말명 넉들임 굿이웨다~. [심방이 요령을 흔들며 신칼을 든 왼손을 왼쪽 어깨에 올린 다음 앞으로 내리고, 신칼을 잡은 왼손을 다시 오른쪽 어깨에 올린 다음 오른손에 잡고 흔드는 요령과 함께 앞으로 내린다.][심방이 본풀이를 시작하면, 소미들은 앉아서 연물을 치며 "에야~ 디야~, 아아아야, 에~, 산 넘어 간다. 물 넘어 간다."라고 노래를 부른다. 이후에는 심방의 선창에 따라 중간 중간에 "좋~다."라고 추임새를 한다.]

군웅덕담

[연물 : 덕담]

어제 오널 오널 오널은 오널이라

날도나 좋아서 오널이며

성ᄃᆞ리왓 대처지는 [왼손을 앞으로 내린다]

성도나 원만 가실소냐

ᄇᆞ롬산도나 [오른손을 앞으로 내린다] 놀고 가저

구름산도 쉬고 놀저

앞마당엔 보난 남서당 놀고

뒷마당에는 여서당이 놀고 [요령]

월매 딸 [왼손을 앞으로 내린다] 성춘향이는

이도령 품에서 좀[1361] 들엇구나. [요령]

노세 놀아 [요령][두손을 앞으로 내리며] 젊아 놀아

젊아 요때 못 놀면 언제 노나 [요령]

일뤌(日月)이 놀자 제석이 놀저

삼만관송(三房官屬)이 놀고 가저 [요령]

1361) 좀 : 잠.

산신일월

야~, [요령] 일월조상(日月祖上)이로구나~.

아~ 다름이 아니고 저 눈미 와산[1362] 고맥(高宅)이는, 집안 첫째는 산신일뤌(山神日月) 산신벡콴(山神百官) 물 벡 수(百獸) 쉐 벡 수 거니리던, 산신대왕님네 산신벡콴님네 오를 목 누릴[1363] 목, 동남어께 서남어께 놀던, 조상님네 므친[1364] 간장 므친 시름 물 벡 수 쉐 벡 수 허여 놀던 조상님네도, [심방이 쪼그려 앉아 신칼을 바닥에 내리치며 신칼점을 친다.] 다 풀려 놉서 [심방 일어서며] 고맙십네다~.

1362) 눈미 와산 : 제주시 조천읍 와산리. '눈미'는 와산의 옛 이름.

1363) 누릴 : 내릴.

1364) 므친 : 맺힌.

고전적 하르바님

아이고 그뿐만 아닙네다 고전적(高典籍)[1365] 하르바님 장잇ᄀ을 장잇 선감 한양ᄀ을 한양일뤌(漢陽日月), 악싱저데 놀던 조상님네도 간장 간장 ᄆ친 간장이랑, 그자 아주 설설이 아주 다 풀려 놉서. [요령]

고전적이 하르바님
엿날 부모 혈속 탄생허난 [요령]
어린 때엔 얼굴은 보난
천하일석(天下一色) 얼굴은 보난
관옥(冠玉)이여 몸은 보난 풍신이라
구덕에 놓안 홍글어 가난[1366]

야~ 자는 거는, 글 소리로다 노는 거는 활 소리로구나~. [요령]

ᄒᆞᆫ 설 두 설 일곱 설이 당허연 일천서당(一千書堂)에, 글 공부를 강노난 읽어도 자원(壯元) 써도 자원(壯元) 웨와도[1367] 자원(壯元), 야~ 영

1365) 고전적 : 고홍진(高弘進). 현종 때의 전적(典籍). 풍수가로 유명함. 현 제주시 출생.
1366) 홍글어 가난 : 흔들어 가니.
1367) 웨와도 : 외워도.

허는 게, 입장갈림을[1368] 허엿구나~. [요령]

열다섯 십오 세(十五歲)가 당허연 입장갈림은 허난 아긴 낳는 거 보난 여궁녀(女宮女), 또 하나 탄생을 허난, 그 뚤에, 몸종은, 악싱이를 돌앗구나~.[1369] [요령]

악싱이 돌안 놓안 ᄒ를날은 시월 동당 과거(科擧)를 헌덴 허난, 전적(典籍) 하르바님은, 그 아기씨영 다 놓아두언 서울 상경(上京), 야~ 과거 시험(科擧試驗)보레 올랏구나-. [요령]

서울이라 올라가네

시월 동당 과거(科擧)를 보는 것이 [요령][신칼을 잡은 왼손은 왼쪽 어깨에 걸치고, 요령을 들고 있는 오른손은 휘돌린 후 양손 모아 함께 내려 절하듯이 한다.]

그 시험 삼천선비덜 가운데에 [요령][왼손은 오른쪽 어깨에 걸치고, 오른손은 휘돌린 후 양손 모아 함께 내려 절하듯이 한다.]

어~ 시험을 보아신디

삼천선비덜은 문딱[1370] 낙방(落榜)허엿건만

에~

상시관(上試官)이 이름 성명(姓名) 불러간다. [요령]

야 제주도에서 올라온

고 짜 이 짜 지 짜 어서 나오너라. [요령]

야~ 베실이[1371] 당선(當選)이로구나~. [요령]

1368) 입장갈림을 : 혼인을.

1369) 돌앗구나 : 데렸구나.

1370) 문딱 : 모두.

1371) 베실이 : 벼슬이.

베실은 ᄎᆞ레ᄎᆞ레(次例次例) ᄂᆞ려 오는 디, 다섯 가지 베실이나 하나도 아닌, 다섯 가지 베실이, 야~ 당선 뒈언 ᄂᆞ려온다. [요령]

첫 베실은 보난 내직(內職) 베실
둘찻 베실은 웨직(外職) 베실
셋찻 베실은 참판(參判) 베실
네찻 베실은 전적(典籍) 베실
다섯찻 베실은
현감(縣監) 베실을 ᄂᆞ려온다. [요령]
앞이는 선배(先輩)여 두인 후배(後輩) [요령][왼손을 왼쪽 어깨에 걸쳤다가 앞으로 내린다.]
일관록(一官奴)에 이기생(二妓生)도 ᄂᆞ려온다. [요령][양손을 안에서 밖으로 휘돌린 후, 왼손을 허리에 휘감고 오른손은 다시 휘돌려 양손 함께 내린다.][요령]
삼만관속(三萬官屬) 육방하인(六房下人) 내여주난

야 와라차라허연 한양ᄀᆞ을로, 어~ 도임(到任)허연 들어가앗구나~. [요령]

한양ᄀᆞ을 들어간, 그 ᄀᆞ을에 원님살이를 허여 사는 게, ᄒᆞᆫ 해 두 해 연삼년 동안을 살단 보난, 아이고 오꼿 아바지 어머님 생각도 나고 가숙(家屬) 생각도 나고, 그 단똘아기[1372] 하나만 낳안 내부러둰뒹 가난 아기도 보구자 허고 얼마나 커어신고, 고향산천(故鄕山川)더레 오젠 허난 ᄆᆞ을 백성덜이 하르바님이 하도 ᄆᆞ음도 좋고, 영 허게 순허게 어질게 백성덜을 다슬련 살아나난, "아이구 현감님아 ᄒᆞᆫ 해만 더 살당 갑서.

1372) 단똘아기 : 외동딸.

두 해만 더 살당 갑서. 연삼년만 그자 더 살아줍서." 하도 허단 보난, 권(勸)에 버쳔 연십년을 살앗구나~. [요령]

이제랑 고향산천을 가젠 헤연, 오젠 허난 ᄆᆞ을 백성덜이 [양손을 들어 백성들이 일어나는 것과 같은 모양의 흉내를 낸다.] ᄆᆞᆫ딱 일어산, ᄆᆞ을 백성덜이, ᄆᆞᆯ 안장(鞍裝)을 심곡,[1373] 하르바님은 ᄆᆞᆯ을 타 앚언, 왕강신강, 하르바님 내려온다. [요령]

제주절도(濟州絶島)더레 오젠 오는 것이
영암이랑 덕진ᄃᆞ릴 근당허난
어떵헌~ 청비발 아기씨
머리엔 두리알낭폴 잉엇더라.[1374]
하르바님 ᄆᆞᆯ 탄 왕강신강 가는 디
질칼림을 확허게 [왼손으로 휘둘른다.] 젓어가난

야~ 현감님은, "야 ᄆᆞᆯ 하메(下馬)를 허여라~. [요령]

어떵허난 양반이 행찻길에 특히나 여정네엔 헌 건 꿈에만 시꾸와도[1375] 새물(邪物)이건만은, 여ᄌᆞ(女子)가 질칼림을 허느냐 야~ 수장남덜아 어서 들어강, 저 아까 질칼림 헌, 애기씨덜 강 심엉 오라~." [요령]

심젠 헤연 헤여가난 훍은[1376] 소낭밧[1377] ᄌᆞ운[1378] 소낭밧더레 호르륵허게 들어가난, 그때엔 바로 그자 조름에[1379] 좇아 앚언~, 소낭밧딘

1373) 심곡 : 잡고.
1374) 잉엇더라 : 이었더라.
1375) 시꾸와도 : 나타나도.
1376) 훍은 : 굵은.
1377) 소낭밧 : 소나무밭.
1378) ᄌᆞ운 : 작은.

간 보난 펀펀, 동서남북(東西南北)더레 보아도 인간처(人間處)는 하나도 엇곡, ᄇ레지 안치 아니연 ᄇ련 보난~, 소낭알에, 아~ 두리알랑포가 잇엇구나~. “아이고 요건 무신 건고, 이거 우리가 클렁이나 ᄒᆞᆫ 번 보카?” 앗앙 그걸 클런 보난, 진녹색 저고리 연밧물치메 은비네 놋비네 은가락지 놋가락지, 은전 나전 기우개, 청메실 홍메실 주홍당상 벌ᄆᆞ작 잇엇구나~. [요령]

그걸 봉간 말을 허뒈, “이거 우리가 현감님 몰르게, 벳장 알에 강 곱경, 제주절도 가졍 가민 큰 재물(財物)이 뒈고 재산이 뒐 듯 허니 우리가 곱경 가겐.” 헤연, 나오란 “현감님아, 줴송헙네다만은 간~ 보난, 아무 것도, 인간처도 엇고 아무 물체(物體)도 엇엉 그대로 오랏십네다.”, “거 첨, 피라곡절(必有曲折) 헌 일이여? 어서 글렌.” 헤연, 그때엔, ᄂᆞ려산 성창머리에 오란, 벳장 알에 오난 장남덜은 그 두리알랑폰 벳장 쏘곱더레 간 오꼿 곱져불고, 현감님은 배를 탄~, 두 일레 열나흘 베질을 헤엿구나~. [요령]

베질을 허여도 멩지와당 실ᄇ름 아니 난다
ᄇ름 궁기 막현 베질헐 일기가 아니 나난
엿날도 하도 곱곱허고 답답허난
장님신디 간 문점(問占)을 지난
아이고 현감님아 현감님아

“아이고 현감님아 어떵허난 벳장 알을 틈엉 봅서. 두리알랑포 ᄀᆞ뜬, 물체가 잇십네다. 그거를 벳장 우터레 앗아당 올려 놓곡, 산돗(山猪) 잡

1379) 조름에 : 뒤를.

아 장제맞이(獐猪--), 벨고ᄉᆞ(別告祀)를 올령 방구삼체를[1380] 울려 보민 알아볼 도레(道理)가 잇습네다~." [요령]

아이 그때엔 오란 아닌 게 아니라, 벳장 알을 튼언 보난, 두리알랑포가 잇엇구나. "야 첨 이거 피라곡절허다.", 그걸 앗아단 벳장 우터레 올려 놓안, 산돗 잡안, 장제맞이 별고서 올렷구나. [요령]

야~ 방구삼체를,

방구 삼체 덩덩덩 울렷더니
멩지와당[1381] 실ᄇᆞ름 불어간다
설랑설랑~ ᄇᆞ름은 불고
멩지와당 불어가난 벳머린 돌려간다 [요령]
한강 바당을 근당허난
두리알랑포는 들러 놓안
바당더레 짚은 바당더레 훅허게 던지멍 [양손을 들러 던지는 시늉을 한다.]
나에게 테운[1382] 조상이건

제주절도(濟州絶島)로 가민 잘 대우(待遇)허쿠덴 헤연, 야~ 파도 고개, 절 고개더레 던져 부럿구나~. [요령]

데껴 두언, 오는 게 고향산천에선, 이 제주절도에선, 아기씨 몸 받은 몸종, 악싱이는, 저 화북(禾北) 금동지 알에, 연세답 허젠 간 보난, 난데 엇인 물꺼꿈에[1383] 떠어 뜨어 온, 두리알랑포가 잇엇구나. 허던 연서답

1380) 방구삼체 : 방고삼채. 출항의 신호로 북을 세 번 치는 일.
1381) 멩지와당 : 명주(明紬) 바다. 매우 잔잔한 바다의 뜻.
1382) 나에게 테운 : 나에게 오려고 하는.
1383) 물꺼꿈 : 물거품.

내부러 두언, "이건 미신 건고." 확허게 봉강[1384] 클런 보난, 아이고 진 녹색 저고리 연반물치메, 은전 나전 은가락지 놋가락지 은비네 놋비네, 청메실 홍메실 주홍당상 벌ᄆᆞ작, 야~ 잇엇구나. [요령]

'어따가라 첨 이제도록 살아도 아니 보아난 거여.' 그거 그냥 앗안, 명도암을[1385] 치돌앗구나. 그디 가네, "아이고 아기씨 상전님아 상전님아 요레 ᄒᆞᆫ 번 오라 봅서, 아이고 요거 봅서 이거 얼마나 곱딱헌 옷이우까? 이 저고리도 입어 봅서 이 치메도 입어 봅서. 비네도[1386] ᄒᆞᆫ 번 머리에 찔러 봅서 까락지도 끼어 봅서." 영 허여 가난~, 아기씨가 "악싱아~, 아이고 어떵허난 나 이 옷 입어가난 ᄂᆞ단[1387] 둑지엔[1388] 청지넹이 기는 듯 스르르 스르르 헤염쪄, 웬 둑지엔 흑지넹이 기는 듯 스르르 스르르 허염쩬.", 그자 그 말 ᄀᆞᆯ아 두언, 악싱이 눈 ᄁᆞᆷ 박허는 동안엔 어느 동안, 간간무중 뒈엇구나~. [요령]

'아이고 이 노릇을 어떵허민 좋콘.' 허노렌 허난, 벌써 저~ 화북 금동지 알에, 현감님 탄 배가 그디 오란, 들어 오난, "어서 아기씨를 돌앙 내려오렌." 연락이 오랏구나. [요령]

악싱이는 어떵허민 좋코
그때엔~ 혼자 간다 [요령]
혼자 간 업대헤연 현감님아~ 현감님아
죽을 줴(罪)를 지엇수다

1384) 봉강 : 주워.
1385) 명도암 : 제주시 봉개동 명도암을 일컬음.
1386) 비네도 : 비녀도.
1387) ᄂᆞ단 : 오른.
1388) 둑지 : 죽지. 팔과 어깨 사이에 붙은 관절 부분.

"아이고 뭔~ 일이냐?", "그런 게 아니고, 아기씨 어제 그지겟날 눈 끔 짝할 사이에 간간무중 뒈언~, 아기씨, 엇습네다." 청댓섭에, 야~ 그 때엔 "아기씨 엇습네덴." 허난, "너 이 년아 저 년아, 아기씨 그, 아기씨도 못 직허멍, 너 청댓섭에 목 걸려 죽이기 전에, 당작 강 애기 춫아오렌." 일럿구나~." [요령]

그때엔 악싱인 비새ᄀ찌 울멍,

악싱이는 일어산 허는 말이
아이고 영 허난 좁쏠메만이만 살 도레가 시민
놈이 집 종살인 무사[1389] 허리 [요령]
비새ᄀ찌 울멍 나온 것이 어딜 가믄 좋코

야~ 중금중금 춫안 보난 가시낭 위에, 아기씨 입어난 치메도 걸련 칮어지언 넌들넌들, 저고리도 칮어젼 넌들넌들 걸어져시난, 중금중금 그자 그걸 의지 삼안, 저 옛날은 서로가 뻬울리멍덜, 사돈 일축 삼을 때난, 아기씨 탄생허난 예춘(禮村) 양좌수땍(梁座首宅)이 구덕혼서를[1390] 헌 디가 잇엇구나. 훈 번 그디나 가보주긴 헤연 양좌수땍일 가앗구나~. [요령]

간 "이디 목안[1391] 아기씨나 오라십데가?" "목안 아기씨산 디 누게 산 디, 어제 그지겟날 보난 피로 온몸이 유월(流血)이 낭제가 뒈언 저~ 우리집이 두에 신돔박낭 알에 간, 청대 ᄀ대 비어단 피리 단저 옥단저

1389) 무사 : 왜.
1390) 구덕혼서 : 구덕혼사. 어릴 때 정혼한 사이.
1391) 목안 : 제주목 안.

불멍 잇단, 오널 아침이 우리 집이 장남덜~, 야~ 논일허레 밧디 가 가난, 흔디 갓젠." 일럿구나~. [요령]

그때엔 밧디 논에 간 보난,

아이고 아기씨는 젓대 ㄱ뜬 정강이 걷어 놓고 [치마를 살짝 들러 정강이를 보이는 시늉을 한다.]

젓대 ㄱ뜬 폴딱질 걷어 놓아 [양 팔을 걷어 부치는 시늉을 한다.]

이레도 첨방 들어산다 [치마를 잡고 옆걸음을 한두 번 하며, 논에 들어가는 시늉을 한다.]

저레도 첨방 들어사난 [양손을 휘돌린 후 왼손을 허리에 감아치며 동시에 오른손은 위로 휘돌렸다가 양손 함께 내린다. 다시 양손을 안에서 밖으로 휘돌린 후, 왼손을 왼쪽 어깨에 걸치고 오른손은 휘돌려 양손 모아 함께 내리며 절하듯이 한다.]

아이고 그땐 악싱이가 "상전님아~ 아이고 요거 무신 일이우까 혼저 옵서 혼저 옵서.", "아이고 큰상전님 오란, 족은상전님, 아기씨 상전 아니 춫아오믄 날 청댓섭에 목 걸려 죽이켄 헨 오랏수다." "너 이 년아 저 년아, 날 춫이레 오라시민 어느 게 천가메냐 어느 게 옷가메냐? 그런 거 못 앗앙 온 건 나 줴척이난, 나 등더레 그자 돌아집서 나 업엉이라도 가쿠다~." [요령]

그때엔 업어 앗언~, 야~ 집으로 들어 오난, 구들더레 완 논 게 먹던 물도 아니 먹고 먹던 밥도 아니 먹고, 자던 좀도 아니 자고, 아기씨가 죽을 수경(死境)이 뒈엇구나. 일가 궨당덜은1392) "현감님아 어디 강 들

1392) 궨당 : 권당(眷黨). 친척.

어라도 봅서.", "양반칩이 들어보덴 말이 뭔 말이냐?" 하도 후육누육(詬辱累辱) 허여가난, 하도 허단허단 버쳔[1393] 아긴 막 죽을 ᄉ경 뒈어가난, 저 가물개[1394] 이원신신디 간, 문복단점(問卜單占) 허난 "현감님아 말씀드리기는 줴송스럽습네다만은, 이 아기씨 살리컬랑, 집안으로 큰굿을 헙서~." [요령]

"어따가라 첨 굿 허덴 말이 무신 말이곤." 헤연 그냥 집으로 오란~, 궨당덜 다 모여 앚안 "아이고 현감님아, 아기씨 아기가 죽음광 삶이 맞삽네까 굿이라도 원(願) 엇이 헤여 보는 게 어떵허우꽈?" 하도 궨당덜 영 헤여 가난 궨당덜 권에 버쳔, 굿을 허엿구나~. [요령]

밧겻딜론 천지천왕(天地天皇) 지도지왕(地都地皇)
삼강오륜(三綱五倫) 전운지방 법으롭서
대통기 소통게 지리아기 양상게
나부줄전지를 신수푸고
안느로 ᄉ당클을[1395] 추껴 메연
초감제 연ᄃ리 넘엇구나
에~
초신연맞이[1396] 초이공맞이[1397] 근당허난

1393) 버쳔 : 지쳐서.
1394) 가물개 : 제주시 삼양동의 지명.
1395) ᄉ당클을 : 사당클을. '당클'은 굿청 벽마다 높이 달아맨 선반으로 그 위에 제물을 차린다. 사당클을 메었다는 것은 큰굿을 하였다는 뜻.
1396) 초신연맞이 : 초신맞이. 초감제 후에 다시 재차 떨어진 신을 청하는 제차.
1397) 초이공맞이 : 초공과 이공신을 맞아 들여 하는 맞이굿.

신이 성방(刑房) 곧는 말이 "현감님아 현감님아~, 아이고 줴송헙네 다만은 이 아기를 살리컨 대시왕연맞이[1398] 앞으로, 아기씨 내여 놓앙 춤추는 게 어떠허오리까~?"

"야~ 첨 사름 벨 말을 다 들엄쪄. 양반칩이 굿 허는 것도 이거 쳉피스러운 일인데, 첨 양반 똘 내놩 춤추덴 말이 뭔 말이넨." 후육누육 욕을 허연, 그 시왕맞이 당허연 도액(都厄)은 막으난 도산(都算)을 지완, 이원시님 여쭙는 말씀이, "아이고 현감님아 현감님아 이 굿 뭇창[1399]가 불엉, 일주일 사흘이 넘고 닷새가 넘고 일주일이 넘으민, 동네 금방상에서 초혼(招魂) 소리가 나건 아기씨 살아난 줄을 알고, 초혼 소리가 아니 나걸랑 아기씨 눅는 구들 문을 열앙 보민, 알아볼 도레가 잇습네다~." [요령]

그때엔 그 굿은 뭇창 가 불고 사흘이 넘고 닷새가 넘고 어는제민 일주일이 넘으콘, 일주일 넘어도 동네에 초혼 소리가 아니난다. 야~ 큰일 낫젠 헤연 아기씨 눅는 구들 문을 간, 현감님이 확허게 [양손으로 문을 활짝 여는 시늉을 한다.] 열안 보난, 아기씨는 동이 같이 사려 앚안 죽엇구나~. [요령]

아이고 서룬 나 똘아기 죽엇구나
그만허난 죽엇구나
죽을 중 알아시민 양반 털세 허지 말앙
춤이라도 추는 냥 내불건 디 [요령]
가련허구다 적막허다

1398) 대시왕연맞이 : 시왕맞이. 시왕을 맞아들여 하는 맞이굿.
1399) 뭇창 : 마치어.

아이고 법지법 마련허저 동이 ᄀᆞ찌 사려 앚안 죽어부난
늘랑 동이풀이 대풀이 받아 먹으라
명도암 고장남밧
안테왓디[1400] 간 묻엇더니
아기씨 죽엉 얼마 엇이난 현감님도 죽엇더라
현감님은 아바지난 손 우터레 간 묻고 [요령]
얼마 엇이난 악싱이도 죽엇구나
악싱인 몸종이난 알녁[1401] 펜으로 묻고
얼마 엇이난 그 집이 간 굿 허여난
가물개 이원시님ᄁᆞ지 죽어간다
ᄒᆞᆫ 목숨 죽을 때 늬(四) 목숨이 죽언
이원시님은 올레로 감장허영
아 일월조상(日月祖上)님네
간장 간장을 풀려 놉서 [신칼점]
에둘른 간장을 다 풀립서

1400) 안테왓 : 제주시 봉개동 명도암 마을의 지명.
1401) 알녁 : 아랫녁.

이씨 불도 할마님

또 ᄒᆞᆫ 가지 조상이 잇습네다

영급(靈給) 좋던 이씨(李氏) 불도(佛道) 할마님이여

수덕(修德) 좋던 이씨 할마님

야~ 눈미 와산 고씨 하르바님, 저 산지 김땍(金宅)이 장게(杖家) 들언 새각시 돌아오는 날 잔칫날, 새각시는 가메 쏘곱에서 오꼿 몸이 궂엿구나~. [요령]

아이고 처음으로 몸 궂여신고라 가슴이 자락 털어지난, 그 궂인 서답은, 굴묵에 간 굴묵더레 간 담안 짇어불고1402) 영 헌 게, 그 하르바님광 할마님 살아도, 후세전손(後世轉孫) 시길 아기가 엇엇구나. 옛날도 하도 답답허난 씨받이로, 저 내생이 묵은 가름 간 이씨 할마님은 씨받이로 간 후처(後妻)로 돌아 오랏구나. [요령]

아이고 할마님은 "나가 이 집에 오랑 아덜이라도 낭 대(代)를 잇어야 주." 어떵허민 좋콘 헤연, 대 잇젠 허난~ '돋아올 땐 일광(日光)님아, 아이고 나 포태(胞胎)나 시겨줍서. 지어갈 땐 월광(月光)님아 나 포태 시

1402) 짇어불고 : 지피고.

겨줍센.', 장항(醬缸) 뒤에 강 물 떠다 놓앙 아침 저녁으로 생꼬[1403] 피와 놓고 물 떠 놓앙 빌곡, 영 허는 게, [요령] 야~ 할마님은 해(日)와 둘(月) 신력(神力)을 받안 불도(佛道)가 뒈엇구나~. [요령]

하르바님은 하도 강단(剛斷)허곡, 큰할망허고 하르방은 도엣집에 살고, 족은할망은 안집이 살리곡 허영, 영 허는 게 첨 살단 보난 아닌 게 아니라 할마님은, 낳는 게 아덜을 탄생헤엿구나~. [요령]

그 아덜 하나 난 살젠 허난 할마님은, 불도(佛道)로 뎅경 하르바님 강단헤영 하르방 ᄆᆞᄉᆞ왕 내놓은[1404] 못 댕기고, 어디 동네에 애기 뻬(骨) 맞추왕 애기 못 낭 허는 디 잇젱 허민 할마님, 그냥 골갱이[1405] 골체에[1406] 담앙 검질[1407] 메레 가는 체 밧디 가는 체 헤영 집이서 나갈 때엔 요등이에 톡허게시리 골체 끼어 앚엉, 벳낏딘 가민 우영팟터레 톡허게 골체허곡 골갱이 놓아 두엉, 애기 못 낭 허는 디 강 상가메 술술 씨러가민, 애기 못 낭 허단 애기 어멍도 그 애기도 나고, 애기가 춤막춤막 놀래멍 그 애기 ᄌᆞ드는 디가 잇어도 할마님 강 '어마 넉들라 어머 넉들라.' 아이고 할망 ᄌᆞ순이옌 헹 연싀번, 술술 씰민 애기도 펜안(便安)헤영 잘 크고, 영 허는 게 저 ᄃᆞ리[1408] 앞내에 ᄒᆞ를날은, [요령] 그때엔 할마님은 하도 영급이 조난 실력(神力)이 좋으난, 밧디 검질 메게 뒈엉 그 내기덜신디 춪앙 강, "애야 느네덜 낼랑 우리 밧디 검질이나 메여도라." "아이고 할마님, 미릇[1409] 골을 꺼 아니꽈게." "어제 그지겟날부떠

1403) 생꼬 : 향. 생꼬(せんこ).
1404) 내놓은 : 드러내놓고는.
1405) 골갱이 : 호미(鋤).
1406) 골체 : 삼태기.
1407) 검질 : 김.
1408) ᄃᆞ리 : 제주시 조천읍 교래리의 지명.

맞촤부난, 아무 집에 감수뎅." 허믄 "나 아덜 몽근년."1410) 단지 욕이옌 헌 건 그 말만 골아두엉, 할마님 돌아가 불민 밧디 가민 골갱이도 꺽어지어 불엉 그 검질 못 메곡, 사름이옌 그 네기덜은, 배에 광란이쯩(狂亂-症)도 불러주엉 배 아팡 그 검질 못 메게 허곡, 어디 밧 갈젱 허민 장남덜신디 강 "낼랑 우리 밧 갈아도라." "아이고 아무 밧디 감수다." "나 아덜 몽근놈이1411) ᄌ속(子息)." 그자 그 욕만 헤여뒁 나와 불민 벳1412) 보섭에1413) 쌀이쌀성(殺意殺星) 불러 주엉 밧도 못 갈게 허곡, 할마님 신력(神力)이 대단헤엿구나~. [요령]

영 허는 가운데 ᄃ리 앞내에 연세답을 간 보난, 어떤 열칠팔 세 난 아기씨가 연세답을 와랑자랑 허염시난 "애야, 느 이 우리집이 메누리로 나 오라시민 좋커." "아이고 할마님 무슨 말씀을 경 헴수까 난 마우다.", "요년 생긴 년 말컬랑 말라." 경 헨 욕헤여 뒁 할마님 오라 불민, 할마님 신력에서 그 애기씨가 "나 메누리 허쿠뎅." 이녁 대로 ᄌ청(自請)헹 올 정도로 신력이 좋읍데다~. [요령]

아이고 할마님은 단아덜1414) 키우져
삼 년 일동 큰굿 족은굿 허는 게
ᄒᆞᆫ 해는 큰굿허고 ᄒᆞᆫ 해는 족은굿을 허엿더라 [요령]

ᄒᆞ를날은 할마님 굿 헐 때가 당허난, 안고팡에 요즘에야 돈만 주민

1409) 미릇 : 미리. 일찍.
1410) 몽근년 : 상대방 여자에 대한 욕설로 하는 말.
1411) 몽근놈 : 상대방 남자에 대한 욕설로 하는 말.
1412) 벳 : 볏. 쟁기의 보습 위에 대는 조각.
1413) 보섭 : 보습.
1414) 단아덜 : 외아들.

그 시간에라도 살 때주만은, 옛날은 미녕도 다 맞추왕 짜사 짜당 놓아사 허고, 술도 다 집에서 닦아야 뒈고, 쏠도 미리 장만헤영 고팡에다 데멍 놓아사 허고 영 헐 때난, 할마님은 굿 허젠 문딱 출령 고팡에 놔두난, 아이 할마님 어디 뎅기단 오란 보난, 그 아덜은 마당더레 ᄀ렛방석 앗어단 턱허게 ᄁᆞᆯ아놓고, 고팡엣 것 굿 헐 때 쓸 거 문딱 앗어단 놓안, 그자 문딱 앗안 동서남북더레 케우리멍,[1415]

큰굿 귀신도 받앙 갑서
족은굿 귀신도 받앙 갑서
문딱 앗안 케우려 간다

아이고 할마님은 뎅기단 오란 보난, 아따가라 첨 이거 큰일 낫젠 헤연, 노늘[1416] 김씨 선성(先生)~, 잇인 때난 불러단 "요새 큰굿은 허젱 허민 돈이 얼마니 페백(幣帛)이 얼마니 술이 얼마니 쏠이 얼마니?", 들으니 문딱 들언 "아무만이 듭네다." "족은굿은 허젱 허믄 얼마나 드느니?" "아이고 아무만이 듭네다." "경 허걸랑 우리집이 왕 굿 허영 그자 벌엉 간 목 이거 문딱 앗앙 가렌." 허난, 그거 앗안 오랏구나~. [요령]

할마님은 그걸 보내여 두언 경 아녀도 가슴이 찝찝헌 디 ᄒᆞᆫ 번 어디 뎅기단 오란 보난, 옥황(玉皇) 화덕 처사가 내려완, 할마님네 집이 불이 와랑와랑 부떳구나~. [요령]

아이고 할마님은 안고팡에
오합상지(烏合箱子) 책갑(冊匣)을 모산

1415) 케우리멍 : 뭉치거나 모여 있는 물체를 헤집어 이리 저리 흩어지게 함.
1416) 노늘 : 제주시 조천읍 와흘리의 지명.

에~ 불도(佛道)를 모시난
할마님은 아덜 눈칠 보아간다
아덜은 어멍 눈치만 보는 것이
그때엔 할마님 아멩헤도 아니 뒈직허난
고팡더레 놀려 들언
오합상지 불도를 안안 오난

아이고 아덜은 그걸 확허게 뻬연~, 첵갑을 불 우터레 혹허게 던지멍 “어머님, 이거 보단 더 헌 저 집도 저추룩 불에 카는[1417] 걸, 그게 경 아깝수겐.” 데껴부럿구나~. [요령]

데껴분 게 할마님은 남대 육대 즈죽대로 몰란, 할마님 인간 떠납데다. [요령]

이씨 불도 할마님은
할마님 그 아덜 하나 난 게
할마님 하도 큰굿 족은굿 허연 놔 두난
아덜대에 탈난 일곱 성제(兄弟) 탄생허영
고땍이 전대전손 만대유전
유래전득 대전 [신칼점] 조상님도
고칩(高宅)이는 지금도 집이 식게(祭祀)날도
할망상 궤 우터레 출령 놓고
영 허는

불도할마님도 다 풀령 갑서~. 풀려 놉서~. [요령]

1417) 카는 : 타는.

양씨 애미

또 훈 가지 조상 잇수다~ 양씨아미 어진 조상이로구나. 야~ 양씨아미 어진 조상은, 양떽(梁宅)이 눈미 와산 양칩(梁宅)이서 우이론 오라바님네 삼형제에, 똘은 단똘로[1418] 탄생을 허엿구나~. [요령]

훈 설 두 설 여서(六) 일곱 설 당허난 양태청에[1419] 강 앚앙 양태도 허멍, 소리도 허민 심방소리만 허곡, 놀레도[1420] 불르민 심방 놀레만 허곡, 친구들ᄀ라 "야~ 느 오널, 집이 가민 어멍신디 욕 들엄직허다. 매 맞암직허다." "는 이, 물 질레 갓당 대바지[1421] 벌럼직허다.", 아이 집이 가민 진짜로 똑기 맞이민 뒷날은 왕 "야 양씨애미야, 느 이 점쟁이나 허라.", "아이고 게메 말이여." "느 이 심방질이나 허라." "게메 말이여. 아이고 무신 것사 허민 좋을 티사 몰르키여~.", [요령]

영 허는 게 당새미[1422] 물 질레 강, 허벅 둥가 두엉 동서남북더레 ᄇ려방 사름 아니 오람시민, 그디서 심방소리도 허곡 심방 놀레도 불르

1418) 단똘 : 외동딸.
1419) 양태청: 동네의 아낙네들이 모여 앉아 갓양태를 함께 짜던 곳.
1420) 놀레 : 노래.
1421) 대바지 : 물을 길어 나르는 작은 동이.
1422) 당새미 : 샘 이름.

곡 허엿구나~. [요령]

영 허연 사는 게 열다섯 십오 센 나난 어머님이 인간 하직을 뒈엿구나. 어머님 돌아가시난 엄토감장허저, 땅을 개광자리 판 어머님 관을 들여 놓아 가난,

아이고 양씨아미 비새ᄀᆞ찌 울멍
어머님아 어머님아 나 놓아 두엉
난 누게영 살렌 죽엇수까
나도 어멍과 ᄒᆞᆫ디 죽어불저
개광자리 쏘곱더레 드러누워 드러누워 허는 것이
에~
오라바님네 끗어 올리고 끗어 올리고 [요령]

야 영 헌 게~, 그때엔 [요령]

노늘 김씨 선생 불러단 어머님 초새남 연질을 치젠 헤연, 마당에서 대시왕(大十王) 청허고 허연 열두(十二) 문을 잡안 질을 치는 디, 양씨애민 영~ 상방에서 보난 마당에서 김씨 선생 춤추는 냥 손짓 노레면 손짓 노레고, 발짓 보멍 발짓 노레영, 아이고 상방에선 큰굿이 뒈고 마당에선 족은굿이 뒈엿구나~. [요령]

그 굿을 다 ᄆᆞ찬 심방덜 안체포1423) 설러1424) 가난 지도 ᄒᆞᆫ디 옷 포따리 싸 앚언, 나가 가난 ᄒᆞᆫ디 조름에 좇안 노늘 김씨 선생님네 집이 간 "아이고 김씨 선성님아 나 둘앙 뎅기멍 심방질 붸와줍서." "아이구 첨

1423) 안체포 : 무구(巫具)인 멩두를 담아 놓는 자루.
1424) 설러 : 정리하여.

이거 어떵헌 일이꽈? 그 오라방덜 삼형제, 큰일 날 소리 허지 맙서 우릴 청댓섭에 목 걸려 죽이젠 헤염수까, 어서 오라난 질로 어서 갑서~."

집이 갑센 허난 집이도 아니 가곡 그 질로 바로 할로영산(漢拏靈山), 저 물장오리 테역장오리 올랏구나~. [요령]

올라가부난 오라바님네 삼형제는 제주도 방방곡곡(坊坊曲曲)을 다 수소문해도 못 춫앗구나. 어디 쉐(牛) 보레 뎅기는 사름덜~, 그때엔 소문 소문 들으난 "물장오리에 간 보난 테역장오리엔가, 아이고 인간처(人間處)가 잇어렌." 허난, 그땐 큰오라바님 물 타 앗언 가앗구나~. [요령]

몰 타 앗언 간 보난
아이고 석 돌 열흘 벡일 동안 물 흔 직도 아니 먹고
밥 흔 직도 아니 먹언
어머님 질치는[1425] 거 보아나난
고사릿대 양쪽으로 심언 묶어 놓고
미미깽이 꺽언 신칼 대신 들런
발아들고 발아나 질치는 시늉만 허염더라
얼굴은 보난 귀신도 아니로다
생인(生人)도 아니가 퉤엇이난

오라바님이 간 "아이고 내 동싱(同生)아 흔저 글라,[1426] 집이 가민 느 허구정 헌 거 다 허여주켄." 헤연 추그련 집이, 몰에 태와 앗언 집이 오란, 구들더렌 가난 자락허게 거려 밀련, 벳끼덜론 야~ 쌀창문을 헨

1425) 질치는 : 질침을 하는.
1426) 글라 : 가자.

더껀 상거슴 통쉐로 다 중갓구나~.[1427] [요령]

아이고, 열다섯 나는 해에 어멍 죽으난 열레섯(十六) 나는 해에, 구들 안터레 놓안 중그난, 오 년 동안을 물 흔 직도 아니 주고 밥 흔 직도 아니 주언 막 몰류왓구나. 셋오라방, 족은오라방은 물 보레 강 오당, 질섶에 탈[1428] 타 앗엉 오랑, "아이고 요거 먹엉 살아나렌." 창고망으로 그거 허영 디믈리고, 여름 뒈민 벳은 콰랑콰랑 나민 에이고 목 몰람시카부덴 헤영, 보리 낭께기 꺽어당 창고망으로 디믈리곡, 벳끗디선 그릇에 물 들렁 흔저 뺄아 먹으렝 헤영, 물도 주곡 허엿구나~. [요령]

양씨아미 마당더레 창고망으로 브려보면
아이고 오뉴월(五六月) 영청 나는 벳디
벳은 콰랑콰랑 나지 [요령]
아이고 나도 어는제민 저 벳 맞앙
벳끗디 강 뎅겨 보코 비새ᄀ찌 울어도
큰오라방 강단허난 문도 안 열고

야~ 영 허는 게 스물하나 나는 해엔, 큰오라바님이 상거슴 통쉐를 열앗구나. '아이고 살려주젠 헤염신가.' "야~ 이 년아 저 년아 이레 어서 나오라.", 기연 반 둥금 반[1429] 헤연 벳꼇딘 나가난, 큰 남도구리에[1430] 보난 개장국을[1431] 끓연 딸려 앗언 오란, "야 이거 먹으라." "아

1427) 중갓구나 : 잠갔구나.
1428) 탈 : 딸기.
1429) 기연 반 둥금 반 : 기며 반 뒹굴며 반.
1430) 남도구리 : 나무 함지박.
1431) 개장국 : 개를 삶은 국.

이고 오라바님아 나 죽으면 죽어도 못 먹겟십네다.", "경 허민 너 이걸로, 모욕(沐浴)이라도 허라." "아이고 나 죽으면 죽어도 못 허쿠다." 게민 "머리라도 끔으라." "못 끔으쿠덴." 허난, 너 이 년 저 년 죽일 년 잡을 년이옌 헤연, 도구리차1432) 대가리 우터레 탁허게 씌왓구나~. [요령]

씌와 두언 따시 구들더레 자락허게 거리 밀련 벳낏딜로 문을 탁허게 중갓구나~. [요령]

아이고 구들에 간 갇혀 부난
구들에 간 엎더지언 울어간다
아이고 날 낳던 어머님아
이내 몸 놓아 두언 어멍부떠 죽어부난
아이고 나 이 고생을 허염수다 [울음]
어머님아 어머님아
엎더지언 비새ᄀ찌 울어간다 [요령]
감태 ᄀ뜬 머리 방바닥에 허부쳐 놓안
양씨아미, 젓대 ᄀ뜬 허리 오글랴 놓고 [요령]
방에 누원 울당 보난

야~ 이 시상(世上)을 떠낫구나~.1433) 셋오라바님 족은오라바님은, 넘어 가멍 듣고 넘어 오멍 들으난, 아까 큰 소리가 나고 형님 "야 소리가 난 게 어떵헌 일인고?" 헤연, 넘어가는 체 넘어오는 체 허연 보난,

1432) 도구리차 : 도구리 채로.
1433) 이용옥 심방에 설명에 따르면 양씨애미의 실제 사망일은 21세 되던 해의 5월 24일이라고 함.

누이가 죽엇구나 성님신디 간, "형님아 형님아 저 년 그만허난 죽엇수다.", "아무 년이고 놈이고 그 년 죽은 거 칭원(稱寃)허뎅 허민, 다 흔칼에 목 걸려 죽이켄." 일럿구나~. [요령]

큰오라바님은 지게 앗앙 강 들어 가당 보난, 야~ 일곱 폭 베 치메 걸어지어시난 일곱 폭 으섯(六) 폭에 ㅂ련, 그거 일곱 폭에 ㅂ련, 일곱 메에 묶언 지게에 지언, 가멩이턱에 싸 앗언 절연이왓디 간, 개광자리도 파는 듯 마는 듯 허연, 그 우터레 흙 탁탁 덮어 놓안 묻엇구나~. [요령]

묻어 두언 가시낭 허연 범주리가시로 탁허게 봉분(封墳) 우터레 노난, 그때엔 셋오라바님 족은오라바님은 넘어가는 체 허단 "성님아 이 년 이만만 헤도 뒈수다. 흔저 ᄂ려갑서. 우리랑 강, [요령] ᄆ쉬(馬牛) 보앙 가쿠덴." 헤연 멀리 가분 거 닮으난, 봉분을 새로 헤쌋구나. [요령]

아이고 봉분 헤싸 놓앙
서룬 나 동싱(同生)아 나 동싱아
아이고 그만허난 죽엇구나
좋은 얼굴도 이젠 허서(虛事)고
아이고 좋은 소리도 다 어디 가고 [울음]
서룬 나 동싱아 보구정 흔 어멍 초앙 가라 [울음]
비새ᄀ찌 오라바님네 누이 시체(屍體) 안안 울어간다 [울음]
그때엔 봉분도 개광자리 새로 판 묻어 놓고 [요령]
아이고 봉분도 새로 허연
나 동싱아 서천꼿밧디 가라

야~ 양씨애민, 서천꼿밧디 가난, 궁녜청 신예청덜 오란, "아이고 인간에도 얼굴이 좋다. 영도[1434] 얼굴도 고으카.", 손덜 심언 들어간 게 꿋감관 꿋생인은 꿋씨를, 주언 수둠 주고 물 주엉 키우렌 허난, 물 주엉 키웁는 디, 야~ 그때엔 꿋 춘심을 오란 보난, 검뉴울꿋이 뒈엇구나.

[요령]

"어떵허난 양씨애미 싱근 꿋은 검뉴울이 뒈엇이니? 느 부정허고 ㅅ정허연 아니 뒈켜. 아이고 돗궤기엔 종경내도[1435] 많허곡, 물코기엔 누릿내도 나곡 개고기엔 노랑내도 나곡, 쉐고기엔 쿱내도[1436] 난, 어서 느 인간에 돌아가라~." [요령]

인간에 오란 보난, 좋은 신첸(身體ㄴ) 벌써 땅 판 묻어부난, 살아나지도 못 허고 저싱도 못 가고, 영 허난 그때는, 아이고 저승 용도머리에 간~, 앚안 울엄구나~.

울엄시난 고전적 하르바님
인간에 ᄌ순네 집이 굿 허여 가난
제민공연 받젠 오는 것이
양씨아미
용두머리에 앚안 비새ᄀ찌
울엄시난

"아이고 어드레 가는 하르바님 뒙네까?" "난 인간에 고전적이 뒌다.", "하르바님아 아이고 나 아멩이나 돌앙 강 독부족 허영 돌앙 가줍서.

1434) 영도 : 이렇게도.
1435) 종경내 : 소, 돼지 등에서 나는 궂은 냄새.
1436) 쿱내 : 쇠기름 냄새.

게난 무시거허레 감수까?" "우리 ᄌᆞ순덜 굿 허는 디 나 제민공연 받으렌 감젠." 허난, "하르바님아 나도, 눈미 와산 가민 오라바님네 삼형제가 잇인 디, 나 심방 낳젠 허난, 우리 큰오라방 하도 강단헤연 정민장 읍민장 살멍, 양반 털세허연 나 심방 못 나게 헤여부난 나 살챳 목숨 개장국 끓여단 나 우이 지천 나 죽어지엇수다만은, 큰오라방까지는 문딱 씨멜족(-滅族)을 시기쿠다만은 셋오라방 족은오라방이 잇이난, 셋오라방 족은오라방 큰굿 허민 ᄒᆞᆫ디 모셩 강, 굿 허는 디 모셩 강 나도 ᄒᆞᆫ디 받아 드리커메 나 돌앙 가아줍서~." [요령]

"느 부정허난 게걸랑 꿋죽이라도 저디 강, 꿋죽 할망신디 강 부정이라도 신가이영[1437] 오렌." 허난 그때엔 꿋죽할망신디 간, 부정서정 신가이고 나카연, 하르바님 뚤롼 간 보난 하르바님은 ᄌᆞ순네 집이 난 고전적 살려옵센 허난 굿 허던 심방, 오리정 신청궤[1438] 허난 들어가 불고 아기씨 양씨 아미는 올레에 사도,

아이고 어느 누게 감주(甘酒) ᄒᆞᆫ 잔
원미(元味) ᄒᆞᆫ 그릇을 아니 주난
올레에 상 비새ᄀᆞ찌 울어간다

울단 양씨 큰할마님이엔 헌 건 셋오라방 뚤이우다~. 셋오라방 뚤 입을 빌언 훼뿌림을 허뒈, "야~ 난 양씨애민데, 아이고 나 심방 낳젠 허난 우리 큰오라방 개장국 끓여단, 나 죽게 헤여부난 꼿밧디도 못 가고 부정허연 오란 보난 나 시체도 묻어 부난, 이 디도 못 부뜨고 저

1437) 신가이영 : 개어. 없애서.
1438) 오리정 신청궤 : 초감제에서 신을 청해 들이는 소제차.

디도 못 부뜨난, 야~ 큰오라방 까지는 나가 문딱 씨멜족을 시길 거고, 셋오라방 족은오라방까지, 삼년 일동 굿 허영 나 간장 풀려주민,

큰굿 허민 큰밧 사게 허고
족은굿 허면 족은밧 사게 허연
ᄌᆞ순 번성 시겨주켄 허던 조상
큰굿엔 열두 석 만판이곡
족은굿엔 ᄋᆞ섯 석 앚인제엔1439) 삼 석으로 간장 풀리는 조상
조상님아 지금 현재도 그대로 뒈영
와산 가민 양칩이 큰가진 문딱 씨멜족 뒈어불고
지금 남은 건 셋가지 족은가지 [신칼점] ᄌᆞ순덜 뒈옵네다 [신칼점]

다 풀려 놉서~. 양씨 큰할마님이엔 헌 건 그 양씨애미~ 입 뿌련, 입을 빌언 훼뿌림 헤난, [신칼점] 큰할마님도 ᄆᆞ친 간장 이거 큰굿 족은 굿도 아니곡 ᄌᆞ순덜 연구(硏究)허염수다~. 다 풀려 놉서.

1439) 앚인제 : 앉은제.

고씨 어머님

아이고 전생 궂던 고씨 어머님도[1440]
눈미 와산 고칩이서 탄생허연
너오누이 가운데 우이로 오라바님 성제 잇고
똘 중엔 큰똘로 탄생허난 [요령]
열레덥(十八) 나난 대흘[1441] 한칩(韓宅)이 씨녁가근
포태(胞胎) 뒈언 그 아기 낙태(落胎) 뒈어불고
귓전에 굿 소리만 쟁쟁허고
아이고 북 소리만 나곡 허난 [요령]
그 살렴 아니 살안 나오는 게
대번칙이 어딜 가코
저 졸락코지 이씨 선성
굿 허는 디 가시난 불도맞이 허여난
메여들렌 허난 송낙 들런 대번칙이 메여 들고
소리도 보난 멩청(名唱)이고

1440) 고씨 어머님 : 고군찬 심방을 말함.
1441) 대흘 : 제주시 조천읍 대흘리.

어~ 아이고 어디 강 잇안 심방 나젠 허난
오라바님네 우이로 성제(兄弟) 강단허연
함덕 굿 허는 디 간 앉아네
설쒜1442) 두드림시난 큰오라방 간
허운데기 머리 심엉
끗어 잇언 그 가름 강 [울음]
아이고 전생 궂던 고씨 어머님도
양씨애미 신력(神力) 받앙
결혼(結婚)헤영 가도 아기도 엇고
어느 아덜 엇걸랑 뚤이라도 전대전손 만대유전
유래전득 시길 거니리왕상 헐 뚤 하나 엇어지엉
일본(日本)으로 양국(洋國)으로 다 뎅기멍 뎅기는 게
점(占)도 치민 잘 맞추고
영 허당 에~
쉬힌(五十)ᄁ지는 조상신디
아이고 나 살당살당 죽어불건
우리 조상 난 무덤 앞에 묻어불걸랑
조상ᄆ음에 든 ᄌ순신디 가근
의탁(依託)허영 아이고 조상 간장 [요령] 풀립센 허던
오십(五十)이 넘어가난 성은 김씨(金氏) 병술생(丙戌生)
이름 좋은 김윤수 쉬양(收養) 아덜 삼앙
아이고 이녁 당헌 부모 ᄌ식ᄀ찌

1442) 설쒜 : 꽹과리와 비슷한 모양을 한 무악기의 하나.

어머님도 아기 엇이난 난 아덜로 허곡
어~ 아이고
아덜도 어멍 잇젱 허연 허여도
개가(改嫁) 허영 가불곡 어멍 그리난
이녁 당헌 어멍ᄀᆞ찌 돌은 남[1443] 의지(依支) 돌은 남 의지허연
서룬 어머님 뎅기는 디
이젠 어디 굿 허레 가민 아무가이 김윤수신디 조상(祖上) 물릴 꺼난
이 ᄌᆞ순신디 이루후제랑 상 받읍센 허연
영 허멍 간장 석엉[1444] 동짓 섯 둘 설한풍(雪寒風)에
벡눈(白雪)이 펄펄 오라도 당신 혼자 하르방허곡만 살아 노난
아이고 조천읍(朝天邑)은 고군찬이엥 허민
건이(權威)나고 우품(威風) 난 서룬 어머니
어딜 강 온덜 어느 뚤이 시엉[1445] 물을 데왕 안네멍
어느 뚤이 시엉 미음이라도 ᄒᆞᆫ 직 끓영 요거 먹읍센 허멍
살단 보난 이내 몸도 어머님이 들엉
아이고~ 이내 몸~
저 아덜 혼자 나 단궐[1446] 다 못 심은다.
느가 윤수신디 오라근
결혼헤영 나 단궐 다 잡으렌 허연 [울음]
어머님 말 들언 멧 번 멧 번

1443) 남 : 나무.
1444) 석엉 : 썩어.
1445) 시엉 : 있어서.
1446) 단궐 : 단골. 즉 신앙민.

아이고 죽어불카 허당 어멍신디 가민

아이고 서룬 나 메누리야 살암시민 살아진다 [울음]

또 하나 돌앙 강 어머님아 더 이상 못 살쿠다

애기 놓아 두엉 아무디라도 가쿠뎅 허민

손 심엉 앚안 느 가불민 이 아기

사름 아니 뒈난 살암시민 살아진덴

아이고 나 ᄆᆞ음 안정 시겨주당

예순아홉(六十九) 나는 해에

윤시월(閏十月) 스물일뤳(二十七) 날

아이고 삼시왕(三十王)에 삼신왕(三神王)에 종명(終命)한 고씨(高氏) 어머님도

이내 몸 산 때는 어머님을 잊으멍

어머님도 간장간장 다 풀려근 [신칼점]

근당 애돌른 일 다 풀립서 [신칼점]

군문[1447] 잡지 말앙 [신칼점] 이거 굿 허는 디 아니우다 [쪼그려 앉아 몸을 앞으로 살짝 숙이며 절한다.]

야~ 간장을 다 풀려놉서~.

1447) 군문 : 점괘의 하나.

안판관(安判官) 댁 산신부군

그 두에는 눈미 와산도 아니우다만은 웃드르난, 저 선흘,[1448] 안칩(安宅)이 순눙(順興) 안씨(安氏) 집안이웨다~. [요령] 안씨 집안, 일월조상님도 다 풀려 놉서. [요령]

선흘이라 순눙 안씨 집안
조상님도 풀려 놉서 [요령]

야~ 엿날 저 안동(安東) 땅에서 안씨 하르바님네 삼형제가 제주도 백성덜, 다 굶엄젠 허난 무곡 전배독선(全船獨船) 실러 앗언, 제주도 저 ~ 서춘(西村), 애월(涯月)~,[1449] [요령] 갓꼇연변 둠북 석은개 알로 들어오랏구나~.

제일 큰성님은 더럭으로[1450] 들어가고, 두 번체 성님은 과납으로[1451] 들어가고, 세 번체 족은아신, "난 선흘로 가쿠덴." 헤연 선흘로 올랏더

1448) 선흘 : 제주시 조천읍 선흘리.
1449) 애월(涯月) : 제주시 애월읍.
1450) 더럭 : 제주시 애월읍 상·하가리 옛 지명.
1451) 과납 : 제주시 애월읍 납읍리 옛 지명.

라~. [요령]

선흘 오란 현칩(玄宅)이 간, 주인을 멎언1452) 헐 건 엇이난, 사농허레 뎅기는 게, 아침인 눼민 암노리여 꿩 사농이여 매 사농이여, 야~ [요령] 그때엔 안씨 하르바님 저 산천(山川) 올랑, 앞노리도 허곡 젓노리도 허곡, 영 허멍 사농만 헤연 살단 보난, ᄒᆞ를은 형님네가 "아이고 족은아신, 이거 선흘이엔 헌 디 올라카켄 허연게 어떵이나 살암신고 우리가 ᄎᆞ앙 강 보겐." 헤연, 성님네 둘이가 선흘 ᄎᆞ안 오랏구나~. [요령]

오란 보난 현댁(玄宅)이 주인은 허곡 사농허레 간 엇엇더라. 기다렴시난 돌아오란 아이고 삼형제가 만난, "어떵 살암수까?" "어떵 살암디?" 서로가, 다~ 모든 훼포(懷抱)를 다 풀멍 앗앗단, "난 영영헤영 사농허레 뎅기멍 살암수다." 그때엔~, [요령] "게민 아시야 느 사농허레 가는 디 우리도 ᄒᆞᆫ디 ᄄᆞ롸 강 보민 아니뒐거가?" "옵서. 경 허건." 경 현 그때에 삼형제가 굴미굴산 노조방산을 올라가난 그날은 아무 것도 못 맞치곡, 이젠 오널 밤에랑 우리 굴 속에 강 좀이나 자겐 헤연, 굴 속에 간 누원 자앗구나~. [요령]

누원 자단 뒷날 아침인 해가 불끗하게 떠올 때에~, 제일로 큰성님이 문저 일어난 벳깃디 나완 보난, 야~ 돌 우이 ᄀᆞ렛방~석만인허게~ 빙허게 감아진 베염이 잇엇구나~. [요령]

아이고 보난 머리도 이여
귀는 푸는체만인 허엿구나 [요령]

그때엔 아이고 아시덜 불런 "야 이레 왕 보라. 첨 이거 피라곡절헌,

1452) 주인을 멎언 : 머물러.

ᄀ렛방석만인 헤영 앗앗져." 큰성님이 약도리[1453] 들런 "성님아, 조상님아 조상님아 나에게 테운 조상님이건, 나 약도리더레 들어옵서~." [요령]

눈도 아니 거듭 뜬다, 셋아시가 간 "아이고 조상님아 나에게 테운 조상이건 나 약도리에 들어옵서." 눈도 아니 거듭 뜬다. 족은아시가, "나에게 테운 조상이건 나 약도리에 들어옵센." 허난 슬슬허게 기언 들어오난, 지언 일어나젠 허난, 아이고 꼼짝도 아녓구나. 무겁고 서꺼완~, 무섭고 서꺼움도 허고 벰도[1454] 허고, "조상님아 나에게 테운 조상이걸랑, 몸천을 가볍게 헙서~." [요령]

지언 일어사난 가뿐헌 게 우끗허게 일어사앗구나.

그때엔 지어 앗언 ᄆᆞ을로 오란
배남터에 간 모셧더라 [요령]
조상 모셔두언 올라산 게
강남 [요령] 야~ 어~ [요령] 꿩 사농 매 사농이여
앞노리 전노리 허엿구나
이래도 맞치민 사농허고
저래도 맞치민 사농허고 [요령]

사농을 허는 게, 하영 맞혀 그때엔~, 귀약통 남놀게에 허연 들어오란, 그 형님네 이젠 아시 사는 거 보고, 문딱 이젠 돌아가불고 현칩(玄宅)이서 하도 얌전허게 허연 살아가난, 현칩이 ᄌᆞ운사월(自願斜位) 허엿구

1453) 약도리 : 노끈 따위로 그물 같이 맺어 둘레에 고를 대고 긴 끈을 단 물건. =약돌기.
1454) 벰도 : 무겁기도.

나~. [요령]

ᄌᆞ운사우 허연 사는 게, 하도 부제(富者)로 잘 살앙 안씨 하르바님네 피 갈아난 디, 피만 강 문딱 비어두엉 씨 아니 뿌려도, 그 피 갈아난 디 다시 피가 크곡, 그 야~ 보리 갈아난 디, 보리 끄르에 그냥 따시 보리가 나고, ᄎᆞ나룩이여 강나룩이여 헤여난 디, 그냥 그것만 비왕 앗아 불민 그 그르에, 다시 곡석(穀食)이 나곡 허엿구나~. [요령]

영 허연 제주도 일대 거부제(巨富者)로 잘 살안, 영 허는 가운데 서울서, 어전(御殿)에서, 연락이 오기를 무곡(貿穀) 삼백 석을 바찌렌 현칩에 연락이 온 게 아니고, 엉물 김동지(金同知) 영감님 ᄀᆞ레[1455] 아홉 방에[1456] 아홉, 상선(上船) 아홉 중선(中船) 아홉 하선(下船) 아홉을 거느려 사난 그 집이 부제로 잘 살암젠, 그거를 무국(貿穀) 야~ 바찌렌 일렷구나~. [요령]

무국 삼백 석 바찌렌 허난, 김동지 영감은 "못 바치쿠덴 나 그거 바칠 자신 엇수덴." 허난, 현씨 할마님이 "예~ 저희덜이 바찌겟습네다~." [요령]

현씨 할마님이 이견 좋고
총명허고 ᄋᆞ망지난[1457]

하르바님은 탄복(歎服)허연, "아이고~ 어떵 삼백 석을 바찌젠 허염시넨?" 허난 "아이고 모른 소리 맙서 나한테 멧경 내붑센." 헤연, 그때

1455) ᄀᆞ레 : 맷돌.
1456) 방에 : 방아.
1457) ᄋᆞ망지난 : 야무지니까.

에, 야~ 서울 어전에서는 이제는 뒈(升)지기도 보냇구나. 섬지기 보내엇구나 주추ᄉᆞ령을 내여 놓안, “어서 강 무국(貿穀) 삼백 석 강 문딱 뒈영 싯껑[1458] 오렌.” 일런 보내엇구나~. [요령]

보내난, 현씨 할마님은, 열두 말(斗)이 ᄒᆞᆫ 섬이난, 열두 말 뒌건 제일 우터레 놓곡, ᄎᆞᄎᆞᄎᆞ차[1459] 알더레 오라갈수록, 열 말도 놓앙 ᄒᆞᆫ 가멩이 아홉 말도 놓앙 ᄒᆞᆫ 가멩이, ᄋᆢ덥(八) 말도 놓앙 ᄒᆞᆫ 가멩이, 경 현 삼백 석을 노난, 홉지기여 뒈지기여 섬지기 말지기덜은 오란, 처음만 우잇 가멩이덜 앗아 놓앙 뒈민 열두 말 똑기 맞이민 실르라, 또 뒈민 열두 말 뒈민 실르라 실르라 허멍 허단 보난, 삼백 석이난 막 알더렌 가 가난 탁 지치고 다치난, 무조건 문딱 실르라~. [요령]

삼백 석을 허연, 싯끄렌 헤연, 그때엔 아 삼천 석을 허연 [요령] 문딱 싯꺼구나~. 싯끄난 서울, 싯꺼는 가젠 허난, ᄀᆞ레 아홉 방에 아홉 김동지 영감님네 배 빌어 잇언, 그걸 싯껀 간 서울 어전에 간 바찌난, 어서 싯껑 온 야~, 엉물 김동지 영감도 올라오라. 선흘 안칩이서 그때는 현씨 할망이 ᄒᆞᆫ디 다 올라오렌 헤연, 현씨 하르바님신디는, “야~ 무신 베실을 허겟느냐?” [요령] 하르바님신디 현판관(玄判官) 베실을, 야~ 안판관(安判官) 베실을 내여주엇구나~. [요령]

안판관 베실도 내려온다
현씨 할마님은 숙부인(淑夫人) 베실도 내리우고
ᄄᆞ이저~ 엉물 김동지 영감은
배 허영 갓젠 동짓(同知ᄉᆞ) 베실 제문도 내여준다

1458) 싯껑 : 실어서.
1459) ᄎᆞᄎᆞᄎᆞ차 : 차례대로.

아이고 엿날은 동지 베실 허민
지금 ᄀᆞ뜨민 선원찡(船員證) 닮은 거난
에~ 조상님네 안댁(安宅)이 조상도 [신칼점]
순눙 안씨 조상 간장 간장 [신칼점]

다 풀려 놉서~.

조상님네 신나락 만나락 헤영, 간장 간장 ᄆᆞ친 간장이랑, 다 풀려 놉서~.

〈조상신본풀이를 구연하는 모습〉

편자 소개

제주대학교 대학원 한국학협동과정

허남춘, 강소전, 허영선, 한진오, 고범석, 양미경, 정희종, 안현미, 윤순희, 문경미, 양재성, 송정희, 강수경, 김연정, 김윤정

탐라문화총서 23

이용옥 심방 〈본풀이〉

2009년 1월 12일 초판 1쇄 펴냄

편저자 제주대학교 대학원 한국학협동과정
발행인 김흥국
발행처 도서출판 보고사

책임편집 민계연
표지디자인 고은비

등록 1990년 12월 13일 제6-0429
주소 서울특별시 성북구 보문동7가 11번지 2층
전화 922-5120~1(편집), 922-2246(영업)
팩스 922-6990
메일 kanapub3@chol.com
http://www.bogosabooks.co.kr

ISBN 978-89-8433-706-0 93380

정가 26,000원